格致方法·计量经济学研究方法译丛

Asymptotic Theory for Econometricians

计量经济学渐近理论

Halbert White

[美]哈尔伯特·怀特 著

洪永淼 方颖 等 译

格致出版社 上海人民出版社

图书在版编目(CIP)数据

计量经济学渐近理论 /(美)哈尔伯特·怀特著 ；
洪永淼等译. — 上海 ：格致出版社 ：上海人民出版社，
2023.12
(格致方法. 计量经济学研究方法译丛)
ISBN 978-7-5432-3513-7

Ⅰ.①计… Ⅱ.①哈… ②洪… Ⅲ.①计量经济学-
研究 Ⅳ.①F224.0

中国国家版本馆 CIP 数据核字(2023)第 194717 号

责任编辑 刘佳琪 程 倩
封面装帧 路 静

格致方法·计量经济学研究方法译丛
计量经济学渐近理论
[美]哈尔伯特·怀特 著
洪永淼 方颖 等译

出 版 格致出版社
上海人民出版社
(201101 上海市闵行区号景路 159 弄 C 座)
发 行 上海人民出版社发行中心
印 刷 上海盛通时代印刷有限公司
开 本 635×965 1/16
印 张 15.5
插 页 2
字 数 250,000
版 次 2023 年 12 月第 1 版
印 次 2023 年 12 月第 1 次印刷
ISBN 978-7-5432-3513-7/F·1543
定 价 69.00 元

译者序

计量经济学是由经济学、数学、统计学、数据科学、计算机科学等学科交叉产生，但又独立于这些学科的一门交叉学科。它主要通过对经济学理论进行实证分析和检验，对复杂经济系统进行建模与预测，以揭示经济运行规律和解决现实经济问题。经过近一个世纪的发展，计量经济学已经成为一门被广泛运用的成熟学科，是现代经济学理论与方法体系的核心组成部分。计量经济学的发展与经济学各分支学科的发展紧密相关，也相应促进了经济学各分支学科的发展。在现代经济学的教学与研究体系中，计量经济学已经成为与微观经济学、宏观经济学并列的三大学科之一，为经济学以及社会科学诸多领域的量化实证研究提供最核心的方法论基础。

1980 年之前，计量经济学对大多数中国经济学家来说还是一门陌生的学科。那一年，诺贝尔经济学奖获得者劳伦斯 · 克莱因(Lawrence Klein)等人与中国社会科学院合作，在北京颐和园举办计量经济学讲习班，系统讲授了计量经济学的理论、方法与应用，史称“颐和园讲习班”。讲习班的大多数学员后来成为中国第一代计量经济学家，为中国计量经济学的发展做出了重要贡献。2005 年以来，厦门大学经济学科携手中国科学院预测科学研究中心、东北财经大学经济学院等一批高校与科研机构，积极推进国内计量经济学教学与研究的现代化与国际化，每年举办计量经济学与统计学暑期学校，获得国内相关专业广大师生的欢迎，并受邀成为世界计量经济学会的官方活动，许多学员成为教研队伍的骨干力量，对中国计量经济学科的发展起了很大的推动作用。

经过四十多年的发展，中国计量经济学科的教学与研究已取得长足进步，越来越多的海外中青年计量经济学者回国工作，国内高校自己培养的计量经济学者也开始崭露头角，在计量经济学理论研究和应用领域都取得了重要突破。目前，大量由中国学者撰写的高水平的计量经济学方法论文章已在计量经济学与统计学国际顶级与主流学术期刊发表。计量经济学已经成为中国经济学领域少数最接近经济学国际学术前沿的学科之一。

在计量经济学发展的历史上，哈尔伯特·怀特(Halbert White)作为一位世界著名的计量经济学家，在该领域做出奠基性贡献。怀特于 1972 年获得普林斯顿大学经济学学士学位，并于 1976 年在麻省理工学院获得经济学博士学位。毕业之后，他曾在美国罗切斯特大学经济学系任教，后任加州大学圣地亚哥分校 Chancellor's Associates 杰出经济学教授。怀特的研究领域主要包括计量经济学、统计学、人工神经网络、预测以及金融市场。怀特在计量经济学理论与方法上做出了很多原创性贡献。例如，他最重要的学术成就之一是他在 1980 年提出的"稳健标准误""异方差情形下的一致估计量"以及"异方差检验"，这些至今仍被全世界学者广泛引用。与此同时，他发表了大量高水平文章，撰写了很多学术著作，包括《计量经济学渐近理论》(*Asymptotic Theory for Econometricians*)、《估计、推断与设定分析》(*Estimation, Inference, and Specification Analysis*)、《计量经济学理论新视角》(*New Perspectives in Econometric Theory*)等，对计量经济学理论与方法的创新发展起到了至关重要的作用。尤其值得一提的是，怀特在 1992 年出版的《人工神经网络：近似与学习理论》(*Artificial Neural Networks: Approximation and Learning Theory*)一书，就已经介绍了人工神经网络的一些基础数学理论以及人工神经网络在经济学中的应用。从当今人工智能时代回看，他当时在这个领域的开拓性研究彰显了其非凡的前瞻性战略眼光。

翻译一部有影响力的著作可以惠及几代学子，也是译者的幸运。怀特的这本书是一本经典计量经济学教材，在学界有崇高的学术地位和影响力，这也是我们翻译本书的主要原因。本书英文版初版于 1984 年，再版于 2001 年，是计量经济学大样本理论领域公认的标准教材与权威参考书。本书主要介绍了大样本理论的基本概念、方法和应用，旨在提供一个比较全面和统一的大样本理论的分析框架，并将渐近理论的基本方法与工具直接应用到计量经济学家感兴趣的统计量上。此外，本书还特别关注不同的数据生成情境(如横截面、时间序列、面板数据)对计量经济学建模的影响。全书分为八个章节，涉及线性模型和工具变量估计、一致性、大数定律、渐近正态性、中心极限理论、渐近协方差矩阵的估计、含有估计误差协方差矩阵的有效估计、函数中心极限理论和应用，以及进一步研究的方向。本书还附有习题和解答,可以作为对该领域有兴趣的高年级本科生和研究生的教材,也可以作为计量经济学者的参考书。

翻译是一项艰巨而有意义的工作。本书中文版是厦门大学经济学科一部分师生,特别是一批优秀研究生共同努力、协同合作的成果。厦门大学经济学科博士研究生曹云晖、程紫民、邓兴磊、蒋雯、吴子璇初译了正文,硕士研究生陈一鹦、杜冰焱、邬雨宏翻译了习题;曾在厦门大学经济学科学习过的华中科技大学蔡必卿副研究员、复旦大学付中昊副教授、中南财经政法大学田丁石讲师、中国人民大学王霞教授、厦门大学吴吉林教授、西南财经大学徐秋华副教授、山东大学张进峰副教授、浙江大学曾涛副教授等年轻学者多次审校书稿,厦门大学邹至庄经济研究院博士研究生叶仕奇校对了清样。国家自然科学基金委员会"计量建模与经济政策研究"基础科学中心和计量经济学教育部重点实验室(厦门大学)的钟锃光教授级高级工程师、洪国斌助理工程师负责了本书的 LaTeX 排版工作,付出了辛勤的劳动和宝贵的时间。格致出版社的编辑们为本书的出版做了很多细致和专业的工作,给予了很多有益的建议与意见,是本书成功出版的重要保障。本书出版虽几经斟酌和校阅,但翻译错漏在所难免,读者如发现任何问题,欢迎直接联系我们,以便再版时修订更正。怀特曾在 2010 年访问厦门大学经济学科,可惜天妒英才,他因病于 2012 年在美国加州圣地亚哥不幸逝世,享年 61 岁。本书中文版的出版,也是对怀特这位世界计量经济学大家的深切缅怀。

计量经济学在中国的发展面临着许多挑战和机遇,需要不断创新和进步。我们希望本书中文版的出版,能够帮助相关领域的中国学者与学生重读经典,学习计量经济学理论的研究范式,提高处理大规模复杂数据、解决实际经济问题的能力,为进一步推动中国计量经济学的发展贡献力量。

洪永森

2023 年冬于北京中关村

(本文作者为发展中国家科学院院士、世界计量经济学会会士、中国科学院数学与系统科学研究院关肇直首席研究员、中国科学院大学经济与管理学院院长。)

第一版序

在经典线性模型的框架下，构建任意大小样本的普通最小二乘法(OLS)和广义最小二乘法(GLS)的性质都相对容易。虽然经典线性模型框架有助于理解计量经济学中关键的估计和推断统计技术，但它不能完美适用于对经济现象的研究，因为经济学家通常不能进行控制实验，经济数据通常是不受调查者控制的随机过程的结果。被解释变量和解释变量可能都是随机的，方程扰动项可能是非正态的、具有异方差性的或和某种未知序列相关的，并不符合线性模型的经典假设。近年来出现了一系列用于解决上述难题的方法，其中很多方法本质上是对 OLS 的直接修正和拓展[例如 Cochrane-Orcutt 法、两阶段最小二乘法(2SLS)和三阶段最小二乘法(3SLS)]。然而除非在一些特定情况下，否则很难构建这些统计方法的有限样本性质。它们的有效性主要是基于大样本性质，因为大数定律和中心极限定理(CLT, Central Limit Theorems)可以帮助相对容易地构建这些性质。

尽管大样本理论非常重要，但即使是最好的计量经济学教科书，对这部分内容的讨论也相对粗略。这并非是因为教科书质量不佳，而是因为近年来渐近理论领域发展非常迅速，计量经济学家刚发现或建立了可以充分全面处理这些经济数据难点的方法。

本书旨在提供比以前更全面和统一的大样本理论，并将渐近理论的基本工具直接与计量经济学家感兴趣的估计量联系起来。此外，由于经济数据有不同的生成背景(时间序列、横截面、时间序列—横截面)，我们将专门讨论适用于不同背景的方法的相似性和差异性。

本书使用一种相对统一的方式阐述我们的结论，这不仅突出了不同方法之间的相似性，还允许我们在特定的情况下建立更一般化的结论。因此，除了广为人知的结论之外，本书还包括了一些新的结论。

本书既可作为参考书，也可作为研究生的中级计量经济学课程教科书，读者需要熟悉概率统计、微积分和线性代数的基本概念，并对经典线性模型有很好的理解。

由于本书的重点是讨论渐近理论，而非详细讨论计量经济学模型本身的意义和适用范围，因此，标准计量经济学教科书，尤其是在本书第 1 章末尾列出的拓展读物，可以作为对本书内容的补充。

我想感谢所有为本书的诞生提供帮助的人。我要特别感谢 Charles Bates、Ian Domowitz、Rob Engle、Clive Granger、Lars Hansen、David Hendry 和 Murray Rosenblatt；特别感谢 Jeff Wooldridge 提供了习题答案；还要感谢加州大学圣地亚哥分校(UCSD)各个研究生班的学生们，他们在本书的创作过程中不知不觉地充当了不可或缺的“实验品”。我非常感谢 Annetta Whiteman，她以令人难以置信的速度和准确性完成了手稿的录入工作。最后，我要感谢美国国家科学基金会(NSF)SES81-07552 的资助。

修订版序

受邀修订一本早于十五年前写的书是一件令人欣慰的事情。当然,因为本书在出版后的十几年中,以非凡的韧性体现了成书目标。这种韧性正是我对这本书的美好希望,而看到美好希望实现总是令人欣慰的。

本次修订也让我不时感到惭愧和尴尬。错误和遗漏变得非常明显。我时常会想"我当时怎么会这样想"或"我当时怎么会那样做"。尽管如此,这也是纠正错误的机会,我相信这次修订能令人满意,当然,错误仍然可能存在,但我希望它们更无关紧要,或者更不明显,最好两者兼有。

因此,新版的读者将发现许多修订之处,定义得到更正或进一步阐明,结论得到更正或更准确完整的描述。为了进行更精准明晰的阐释,本书的讲解方式也都经过了润色。

修订不仅是修正先前不足的机会,也是更新相关内容的机会。回想起来,本书的第一版比原设想的更为宏大。在写作第一版时,实现本书的整体预期范围和连贯性所必需的基础研究尚不完备。例如,异质混合过程的CLT、最优工具变量估计的理论和渐近协方差估计的理论当时的发展尚不理想。

事实上,为了达到预期的范围和连贯性,第一版尝试揭示了很多需要继续研究的领域,从而为我自己的大量研究和其他人的研究(我自认为)提供了动力和方向。在此期间,计量经济学界的努力使得该学科在新版所需领域和更多领域发展了一系列理论,取得了惊人的成功。因此,第一版中没有实现的目标现在可以实现了。如果本版的理论框架没有统一得更好,那就不能再归咎于该领域发展不足,而是作者本人的责任。

由于这一领域快速发展,新版更新了许多内容,尤其是关于CLT、渐近有效工具变量估计和渐近协方差矩阵估计。特别是原第7章(关于误差协方差矩阵的有效估计)和第4章(关于有效工具变量估计的一节)被删除,代之以第4章关于有效工具变量估计的更易于理解和更具有连贯性的结论。

此外,新研究领域的出现也丰富了本书的内容。在第一版出版时,协整分析还处于起步阶段,研究协整过程模型估计量的渐近性质所需的工具几年之后才逐渐出现。事实上,DeJong 和 Davidson(2000)的结论对于将协整过程的估计与本书前六章所包含的理论紧密结合起来至关重要,这一理论在第二版编写工作开始前几个月才完成。

因此,第二版包含了全新的第7章,这一章主要涉及泛函中心极限定理(FCLT, Functional Central Limit Theorems)及其应用,特别是单位根回归、伪回归和协整过程回归。鉴于这一领域的爆炸性增长,我们无法在新的第7章内对协整进行全面探讨。但是,读者应该能在本章找到进入这个迷人领域所需的所有基础研究工具。

多年来,众多同事的点评和建议对本书内容产生了精妙且显著的影响。在对那些无意中被遗漏的人表示诚挚歉意的同时,我由衷地感谢对本书做出直接和间接贡献的 Takeshi Amemiya、Donald W.K. Andrews、Charles Bates、Herman Bierens、James Davidson、Robert DeJong、Ian Domowitz、Graham Elliott、Robert Engle、A. Ronald Gallant、Arthur Goldberger、Clive W.J. Granger、James Hamilton、Bruce Hansen、Lars Hansen、Jerry Hausman、David Hendry、Søren Johansen、Edward Leamer、James Mackinnon、Whitney Newey、Peter C.B. Phillips、Eugene Savin、Chris Sims、Maxwell Stinchcombe、James Stock、Mark Watson、Kenneth West 和 Jeffrey Wooldridge。特别感谢最初建议我写下这本书的 Mark Salmon。UCSD 的研究生 Jin Seo Cho、Raffaella Giacomini、Andrew Patton、Sivan Ritz、Kevin Sheppard、苏良军和 Nada Wasi 帮助修改了本书。我还要衷心感谢 Peter Reinhard Hansen,他作为编辑,为本修订版的面世提供了宝贵的帮助,并负责修订习题答案。最后,我感谢 Michael J. Bacci 宝贵的后勤支持,以及美国国家科学基金会(NFS) SBR-9811562 的资助。

写于加利福尼亚州德尔马(Del Mar, CA)

2000年6月

参考文献

DeJong R. M. and J. Davidson(2000). "The Functional Central Limit Theorem and Weak Convegence to Stochastic Integrals I: Weakly Dependent Processes," forthcoming in *Econometric Theory*, 16.

目　录

1 线性模型和工具变量估计

本书的目的在于为读者提供研究计量经济学中的估计量和检验统计量的大样本性质所需的工具和概念。因此，我们将始终关注基于以下线性随机关系的估计和推断*

$$Y_t = \mathbf{X}_t'\beta_o + \varepsilon_t,\ t=1,\ \cdots,\ n$$

在上式中，我们共有 n 个观测值，Y_t 为标量形式的因变量，$\mathbf{X}_t$ 为向量形式的解释变量，$\mathbf{X}_t = (X_{t1},\ X_{t2},\ \cdots,\ X_{tk})'$。标量形式的随机扰动 ε_t 无法被观测到，β_o 则是未知的 $k\times 1$ 系数向量。我们关注的是对 β_o 的估计以及关于 β_o 的假设检验问题。我们可以用矩阵形式表示上述关系

$$\mathbf{Y} = \mathbf{X}\beta_o + \varepsilon$$

其中，$\mathbf{Y}$ 是 $n\times 1$ 的向量，以 $\mathbf{X}_t'$ 为行向量的 $\mathbf{X}$ 是 $n\times k$ 的矩阵，ε 则是以 ε_t 为元素的 $n\times 1$ 向量。

大多数的计量经济学估计量可以被视作一个优化问题的解。例如，OLS 估计量对应于最小化残差平方和的 β

$$\begin{aligned}\mathrm{SSR}(\beta) &= (\mathbf{Y}-\mathbf{X}\beta)'(\mathbf{Y}-\mathbf{X}\beta)\\ &= \sum_{t=1}^{n}(Y_t - \mathbf{X}_t'\beta)^2\end{aligned}$$

该最小化问题的一阶条件为

$$\begin{aligned}\partial\mathrm{SSR}(\beta)/\partial\beta &= -2\mathbf{X}'(\mathbf{Y}-\mathbf{X}\beta)\\ &= -2\sum_{t=1}^{n}\mathbf{X}_t(Y_t - \mathbf{X}_t'\beta) = \mathbf{0}\end{aligned}$$

---

* 在全书中，我们统一采用如下符号：标量用标准形式表示，而向量和矩阵用黑体表示，所有的向量均为列向量。

如果$\mathbf{X}'\mathbf{X}=\sum_{t=1}^{n}\mathbf{X}_t\mathbf{X}_t'$是非奇异矩阵，我们就可以求解出这个含有$k$个未知数的方程组的唯一解，即OLS估计量

$$\begin{aligned}\hat{\beta}_n&=(\mathbf{X}'\mathbf{X})^{-1}\mathbf{X}'\mathbf{Y}\\&=(\sum_{t=1}^{n}\mathbf{X}_t\mathbf{X}_t')^{-1}\sum_{t=1}^{n}\mathbf{X}_tY_t\end{aligned}$$

我们主要关心随着n不断增大，诸如$\hat{\beta}_n$的估计量的性质。我们试图寻找条件以得到$\hat{\beta}_n$的性质，例如$\hat{\beta}_n$的分布或者一阶矩以及二阶矩。

经典线性模型的假设允许我们对任意的n得出结论。这些条件和结论可以由下述定理正式表述。

定理 1.1 以下是经典线性模型的假设：

(i) 数据由$Y_t=\mathbf{X}_t'\beta_o+\varepsilon_t$，$t=1, \cdots, n$，$\beta_o\in\mathbb{R}^k$生成。

(ii) $\mathbf{X}$是非随机且有限的$n\times k$的矩阵，$n\geqslant k$。

(iii) $\mathbf{X}'\mathbf{X}$是非奇异的。

(iv) $E(\varepsilon)=\mathbf{0}$。

(v) $\varepsilon\sim N(\mathbf{0}, \sigma_o^2\mathbf{I})$，$\sigma_o^2<\infty$。

(a)（存在性）给定(i)—(iii)，$\hat{\beta}_n$存在且唯一。

(b)（无偏性）给定(i)—(iv)，$E(\hat{\beta}_n)=\beta_o$。

(c)（正态性）给定(i)—(v)，$\hat{\beta}_n\sim N(\beta_o, \sigma_o^2(\mathbf{X}'\mathbf{X})^{-1})$。

(d)（有效性）给定(i)—(v)，$\hat{\beta}_n$是极大似然估计量(MLE)，同时也是最优无偏估计量。这是因为不管β_o的取值是多少，任何其他的无偏估计量的方差协方差矩阵减去$\hat{\beta}_n$的方差协方差矩阵所得到的矩阵为半正定的。

证明：参见Theil(1973, Ch.3)。■

在以上假设的陈述中，$E(\cdot)$表示期望计算，而$\varepsilon\sim N(\mathbf{0}, \sigma_o^2\mathbf{I})$意味着$\varepsilon$服从(～)均值向量为零、协方差矩阵为$\sigma_o^2\mathbf{I}$的多元正态分布，其中$\mathbf{I}$为单位矩阵。

一个估计量的存在性、无偏性、正态性以及有效性等正是我们关注的估计量性质的重点，当然这些是小样本的性质。无偏性告诉我们$\hat{\beta}_n$的分布以未知的真实值β_o为中心，正态性则允许我们运用t分布或F分布来构造置信区间并进行假设检验（参见Theil, 1971, pp.130—146）。而有效性确保了在一系列给定的估计量中，我们的估计量是最精确的，同时也保证了假设检验有着较高的功效。

当然，经典假设相对严格，且经常会在经济学家所面临的现实场景中失效。由于假设(iii)和假设(iv)的失效很容易弥补[如果(iii)失效就排除线性相关的解释变量；如果(iv)失效就在模型中纳入一个常数]，我们主要关心假设(ii)和假设(v)的失效。假设(i)的失效需要专门用一本书进行阐述(例如，参见 White，1994)，因此我们在这里不予考虑。然而，本书所用的工具对于理解和处理假设(i)失效的后果是很重要的。

让我们简要地检查一下假设(ii)和假设(v)失效的后果。首先，假设 ε 存在异方差或序列自相关，那么 $E(\varepsilon\varepsilon')=\mathbf{\Omega}\neq\sigma_o^2\mathbf{I}$。对于 OLS 估计量我们有如下结果：

定理 1.2　假设经典假设(i)至假设(iv)仍然成立，而将(v)替换为(v′)$\varepsilon\sim N(0,\ \mathbf{\Omega})$，$\mathbf{\Omega}$ 有限且非奇异。那么结论(a)和结论(b)仍然成立，(c)被替换为

(c′)（正态性）给定(i)—(v′)，

$$\hat{\beta}_n\sim N(\beta_o,\ (\mathbf{X}'\mathbf{X})^{-1}\mathbf{X}'\mathbf{\Omega}\mathbf{X}(\mathbf{X}'\mathbf{X})^{-1})$$

而结论(d)不再成立，也就是说，$\hat{\beta}_n$ 不再必然是最优无偏估计量。

证明：根据定义，$\hat{\beta}_n=(\mathbf{X}'\mathbf{X})^{-1}\mathbf{X}'\mathbf{Y}$。给定(i)，

$$\hat{\beta}_n=\beta_o+(\mathbf{X}'\mathbf{X})^{-1}\mathbf{X}'\varepsilon$$

其中$(\mathbf{X}'\mathbf{X})^{-1}\mathbf{X}'\varepsilon$ 是服从联合正态分布的随机变量的线性组合。因此$(\mathbf{X}'\mathbf{X})^{-1}\mathbf{X}'\varepsilon$ 也服从联合正态分布。同时，给定假设(ii)和假设(iv)，

$$E((\mathbf{X}'\mathbf{X})^{-1}\mathbf{X}'\varepsilon)=(\mathbf{X}'\mathbf{X})^{-1}\mathbf{X}'E(\varepsilon)=\mathbf{0}$$

给定假设(ii)和假设(v′)，

$$\begin{aligned}\operatorname{var}(\mathbf{X}'\mathbf{X})^{-1}\mathbf{X}'\varepsilon&=E((\mathbf{X}'\mathbf{X})^{-1}\mathbf{X}'\varepsilon\varepsilon'\mathbf{X}(\mathbf{X}'\mathbf{X})^{-1})\\&=(\mathbf{X}'\mathbf{X})^{-1}\mathbf{X}'E(\varepsilon\varepsilon')\mathbf{X}(\mathbf{X}'\mathbf{X})^{-1}\\&=(\mathbf{X}'\mathbf{X})^{-1}\mathbf{X}'\mathbf{\Omega}\mathbf{X}(\mathbf{X}'\mathbf{X})^{-1}\end{aligned}$$

因此，$\hat{\beta}_n\sim N(\beta_o,\ (\mathbf{X}'\mathbf{X})^{-1}\mathbf{X}'\mathbf{\Omega}\mathbf{X}(\mathbf{X}'\mathbf{X})^{-1})$。结论(d)不再成立是因为存在一个协方差矩阵比$\hat{\beta}_n$ 更小的无偏统计量，记为 β_n^*，$\beta_n^*=(\mathbf{X}'\mathbf{\Omega}^{-1}\mathbf{X})^{-1}\mathbf{X}'\mathbf{\Omega}^{-1}\mathbf{Y}$。我们将在后文中讨论它的性质。■

只要 $\mathbf{\Omega}$ 是已知的，序列自相关或者异方差的存在并不会对假设检验或置信区间的构造造成影响。这些仍然可以用(c′)实现，尽管结论(d)的失效

意味着 OLS 估计量并非实现这些目标的最优选择。然而，如果 $\mathbf{\Omega}$ 是未知的(除比例因素外)，假设检验和置信区间的构造不再是一件简单的事情。我们也许可以根据对 $\mathbf{\Omega}$ 的估计量构造检验，但相应的检验统计量的分布可能非常复杂。在第 6 章中我们会看到，在大样本中，利用基于 CLT 和大数定律的简便近似可以大大缓解这个问题。

如果 $\mathbf{\Omega}$ 已知，通过对原始模型的一个线性变换做 OLS 估计，我们将重新得到有效性

$$\mathbf{C}^{-1}\mathbf{Y}=\mathbf{C}^{-1}\mathbf{X}\beta_o+\mathbf{C}^{-1}\varepsilon$$

或者

$$\mathbf{Y}^*=\mathbf{X}^*\beta_o+\varepsilon^*$$

其中 $\mathbf{Y}^*=\mathbf{C}^{-1}\mathbf{Y}$，$\mathbf{X}^*=\mathbf{C}^{-1}\mathbf{X}$，$\varepsilon^*=\mathbf{C}^{-1}\varepsilon$，$\mathbf{C}$ 是 $\mathbf{\Omega}$ 的一个非奇异分解，$\mathbf{CC}'=\mathbf{\Omega}$，$\mathbf{C}^{-1}\mathbf{\Omega}\mathbf{C}^{-1\prime}=\mathbf{I}$。这个变换确保了 $E(\varepsilon^*\varepsilon^{*\prime})=E(\mathbf{C}^{-1}\varepsilon\varepsilon'\mathbf{C}^{-1\prime})=\mathbf{C}^{-1}E(\varepsilon\varepsilon')\mathbf{C}^{-1\prime}=\mathbf{C}^{-1}\mathbf{\Omega}\mathbf{C}^{-1\prime}=\mathbf{I}$，因此假设(v)再次成立。变换后的模型的 OLS 估计量为

$$\begin{aligned}\hat{\beta}_n^* &=(\mathbf{X}^{*\prime}\mathbf{X}^*)^{-1}\mathbf{X}^{*\prime}\mathbf{Y}^*\\ &=(\mathbf{X}'\mathbf{C}^{-1\prime}\mathbf{C}^{-1}\mathbf{X})^{-1}\mathbf{X}'\mathbf{C}^{-1\prime}\mathbf{C}^{-1}\mathbf{Y}\\ &=(\mathbf{X}'\mathbf{\Omega}^{-1}\mathbf{X})^{-1}\mathbf{X}'\mathbf{\Omega}^{-1}\mathbf{Y}\end{aligned}$$

估计量 $\hat{\beta}_n^*$ 被称为 GLS 估计量，它的性质如下：

定理 1.3 *以下是“广义的”经典假设：*

(i) 数据由 $Y_t=\mathbf{X}_t'\beta_o+\varepsilon_t$，$t=1, \cdots, n$，$\beta_o\in\mathbb{R}^k$ 产生。

(ii) $\mathbf{X}$ 是一个非随机且有限的 $n\times k$ 的矩阵，$n\geqslant k$。

(iii*) $\mathbf{\Omega}$ 是有限且正定的，$\mathbf{X}'\mathbf{\Omega}^{-1}\mathbf{X}$ 非奇异。

(iv) $E(\varepsilon)=\mathbf{0}$。

(v*) $\varepsilon\sim N(\mathbf{0}, \mathbf{\Omega})$。

(a) (存在性)给定(i)—(iii*)，$\hat{\beta}_n^*$ 存在且唯一。

(b) (无偏性)给定(i)—(iv)，$E(\hat{\beta}_n^*)=\beta_o$。

(c) (正态性)给定(i)—(v*)，$\hat{\beta}_n^*\sim N(\beta_o, (\mathbf{X}'\mathbf{\Omega}^{-1}\mathbf{X})^{-1})$。

(d) (有效性)给定(i)—(v*)，$\hat{\beta}_n^*$ 是 MLE，同时也是最优无偏估计量。

证明：对 $Y_t^*=\mathbf{X}_t^{*\prime}\beta_o+\varepsilon_t^*$ 运用定理 1.1。■

如果 $\mathbf{\Omega}$ 已知，我们可以通过模型变换给出 OLS 形式的有效估计量。然而，如果 $\mathbf{\Omega}$ 未知，这个变换并不是可以立即得到的。也许我们可以用 $\hat{\mathbf{\Omega}}$ 估计

$\mathbf{\Omega}$，但$\hat{\mathbf{\Omega}}$是随机的，分解得到的$\hat{\mathbf{C}}$也是随机的，因此无法使用定理 1.1。不过，在大样本情形下我们通常可以用一个合适的估计量$\hat{\mathbf{\Omega}}$替代 $\mathbf{\Omega}$。我们将在第 4 章中考虑这个问题。

经典线性模型中的假设检验严重依赖于 t 分布和 F 分布。不过，正态性假设(v)或者(v^*)很可能会失效，此时经典的 t 统计量和 F 统计量通常不再服从 t 分布和 F 分布。然而，当 n 足够大的时候，我们可以用 CLT 来确保$\hat{\beta}_n$ 和$\hat{\beta}_n^*$ 渐近服从正态分布，我们将在第 4 章和第 5 章中了解到这一点。

现在我们来考虑，当假设(ii)失效，也就是解释变量 $\mathbf{X}_t$ 随机的时候，会产生什么结果。在有些情况下，这并不会造成实际问题，因为我们可以考虑 $\mathbf{X}$ 给定时估计量的性质。以无偏性为例，为了阐释无偏性，我们根据假设(i)得到

$$\hat{\beta}_n=\beta_o+(\mathbf{X}'\mathbf{X})^{-1}\mathbf{X}'\varepsilon$$

如果 $\mathbf{X}$ 是随机的，我们不能再认为 $E((\mathbf{X}'\mathbf{X})^{-1}\mathbf{X}'\varepsilon)=(\mathbf{X}'\mathbf{X})^{-1}\mathbf{X}'E(\varepsilon)$，然而，通过取条件期望，我们可以将 $\mathbf{X}$ 看作是固定的，因此我们将得到

$$\begin{aligned}E(\hat{\beta}_n|\mathbf{X})&=\beta_o+E((\mathbf{X}'\mathbf{X})^{-1}\mathbf{X}'\varepsilon|\mathbf{X})\\&=\beta_o+(\mathbf{X}'\mathbf{X})^{-1}\mathbf{X}'\mathbf{E}(\varepsilon|\mathbf{X})\end{aligned}$$

如果我们假设 $E(\varepsilon|\mathbf{X})=\mathbf{0}$，那么条件无偏性成立，也就是说，

$$E(\hat{\beta}_n|\mathbf{X})=\beta_o$$

由此我们可以通过迭代期望法则得到无条件的无偏性（参见第 3 章），也就是说，

$$E(\hat{\beta}_n)=E[E(\hat{\beta}_n|\mathbf{X})]=E(\beta_o)=\beta_o$$

可以进行类似证明得到其他性质。然而，假设 $E(\varepsilon|\mathbf{X})=\mathbf{0}$ 很关键。如果 $E(\varepsilon|\mathbf{X})\neq0$，无论是否对 $\mathbf{X}$ 取条件，$\hat{\beta}_n$ 也不再是无偏的。

在经济学中我们经常会遇到 $E(\varepsilon|\mathbf{X})\neq0$ 的情况。例如，$\mathbf{X}_t$ 中可能包含测量误差。假设数据由如下方式生成

$$Y_t=\mathbf{W}_t'\beta_o+\nu_t,\ E(\mathbf{W}_t\nu_t)=\mathbf{0}$$

然而我们在测量 $\mathbf{W}_t$ 时存在误差 η_t，令 $\mathbf{X}_t=\mathbf{W}_t+\eta_t$，$E(\mathbf{W}_t\eta_t')=\mathbf{0}$，$E(\eta_t\eta_t')\neq\mathbf{0}$，$E(\eta_t\nu_t)=\mathbf{0}$。那么有

$$Y_t = \mathbf{X}_t'\beta_o + \nu_t - \eta_t'\beta_o = \mathbf{X}_t'\beta_o + \varepsilon_t$$

其中,$\varepsilon_t = \nu_t - \eta_t'\beta_o$,则 $E(\mathbf{X}_t\varepsilon_t) = E[(\mathbf{W}_t + \eta_t)(\nu_t - \eta_t'\beta_o)] = -E(\eta_t\eta_t')\beta_o \neq \mathbf{0}$。由于 $E(\varepsilon \mid \mathbf{X}) = \mathbf{0}$ 意味着对所有的 t, $E(\mathbf{X}_t\varepsilon_t) = \mathbf{0}$,因为 $E(\mathbf{X}_t\varepsilon_t) = E[E(\mathbf{X}_t\varepsilon_t \mid \mathbf{X})] = E[\mathbf{X}_t E(\varepsilon_t \mid \mathbf{X})] = \mathbf{0}$。因此 $E(\mathbf{X}_t\varepsilon_t) \neq \mathbf{0}$ 意味着 $E(\varepsilon \mid \mathbf{X}) \neq \mathbf{0}$。由于测量误差的存在,OLS 估计量不再是无偏的。

现在来看另外一个例子,数据生成过程如下

$$\begin{aligned} Y_t &= Y_{t-1}\alpha_0 + \mathbf{W}_t'\delta_o + \varepsilon_t, \quad & E(\mathbf{W}_t\varepsilon_t) = \mathbf{0} \\ \varepsilon_t &= \rho_0\varepsilon_{t-1} + \nu_t, & E(\varepsilon_{t-1}\nu_t) = 0 \end{aligned}$$

这是由滞后因变量 Y_{t-1} 的存在导致的误差序列相关问题。定义 $\mathbf{X}_t = (Y_{t-1}, \mathbf{W}_t')'$, $\beta_o = (\alpha_o, \delta_o')'$。再一次地,我们有

$$Y_t = \mathbf{X}_t'\beta_o + \varepsilon_t$$

但 $E(\mathbf{X}_t\varepsilon_t) = E((Y_{t-1}, \mathbf{W}_t')'\varepsilon_t) = (E(Y_{t-1}\varepsilon_t), \mathbf{0})'$。如果我们同时假设 $E(Y_{t-1}\nu_t) = 0$, $E(Y_{t-1}\varepsilon_{t-1}) = E(Y_t\varepsilon_t)$,且 $E(\varepsilon_t^2) = \sigma_o^2$,可以得到

$$E(Y_{t-1}\varepsilon_t) = \frac{\sigma_o^2\rho_o}{1 - \rho_o\alpha_o}$$

如果 $\rho_0 \neq 0$,则 $E(\mathbf{X}_t\varepsilon_t) \neq \mathbf{0}$,因此 $E(\varepsilon \mid \mathbf{X}) \neq \mathbf{0}$, OLS 估计量不再是无偏的。

作为最后一个例子,我们考虑联立方程组

$$\begin{aligned} Y_{t1} &= Y_{t2}\alpha_0 + \mathbf{W}_{t1}'\delta_o + \varepsilon_{t1}, \quad & E(\mathbf{W}_{t1}\varepsilon_{t1}) = \mathbf{0} \\ Y_{t2} &= \mathbf{W}_{t2}'\gamma_0 + \varepsilon_{t2}, & E(\mathbf{W}_{t2}\varepsilon_{t2}) = \mathbf{0} \end{aligned}$$

假设我们只对第一个方程感兴趣,但是我们知道 $E(\varepsilon_{t1}\varepsilon_{t2}) = \sigma_{12} \neq 0$。定义 $\mathbf{X}_{t1} = (Y_{t2}, \mathbf{W}_{t1}')'$, $\beta_o = (\alpha_o, \delta_o')'$。现在我们感兴趣的方程为

$$Y_{t1} = \mathbf{X}_{t1}'\beta_o + \varepsilon_{t1}$$

在这种情况下,$E(\mathbf{X}_{t1}\varepsilon_{t1}) = E((Y_{t2}, \mathbf{W}_{t1}')'\varepsilon_{t1}) = (E(Y_{t2}\varepsilon_{t1}), \mathbf{0})'$。假设 $E(\mathbf{W}_{t2}\varepsilon_{t1}) = 0$,现在我们有,

$$E(Y_{t2}\varepsilon_{t1}) = E[(\mathbf{W}_{t2}'\gamma_0 + \varepsilon_{t2})\varepsilon_{t1}] = E(\varepsilon_{t1}\varepsilon_{t2}) = \sigma_{12} \neq 0$$

因此 $E(\mathbf{X}_{t1}\varepsilon_{t1}) = (\sigma_{12}, \mathbf{0})' \neq \mathbf{0}$。再一次地,无论是否对 $\mathbf{X}$ 取条件,OLS 估计量不再是无偏的。

在这些情况下,OLS 估计量不仅不再是无偏的,甚至在一些合理条件

下，这个偏差并不会随着 n 的增大而变小。幸运的是，至少在大样本情形下，我们有比 OLS 表现得更好的替代方法。这个替代方法最早被 P.G. Wright(1928)和他的儿子 S. Wright(1925)使用，然后由 Reiersøl(1941, 1945)和 Geary(1949)正式确立。这个方法的思想在于，即便 $E(\mathbf{X}_t\varepsilon_t)\neq\mathbf{0}$，我们也通常可以利用经济理论找到其他和扰动项 ε_t 无关的变量。如果没有这样的变量，观测到的变量和无法观测到的变量 ε_t 之间的相关性会导致我们的估计量失效。因此，这些变量对于我们估计 β_o 起着重要作用。我们将这些工具变量记作 $l\times 1$ 的向量 $\mathbf{Z}_t$，其中 $\mathbf{Z}_t'$ 为 $n\times l$ 的矩阵 $\mathbf{Z}$ 的行向量。

工具变量必须与 $\mathbf{X}_t$ 有紧密的联系，这样才能保证 $\mathbf{Z}'\mathbf{X}$ 是列满秩的。如果我们通过经济理论了解到 $E(\mathbf{X}_t\varepsilon_t)=\mathbf{0}$，那么 $\mathbf{X}_t$ 就可以直接作为工具变量。就像之前看到的那样，$\mathbf{X}_t$ 可能与 ε_t 相关，因此我们不能一直选择 $\mathbf{Z}_t=\mathbf{X}_t$。不过，在之前的那些例子中，数据生成过程已经暗示了一些对 $\mathbf{Z}$ 的合理选择。在测量误差的例子中，可以选择 $\mathbf{Z}_t=\mathbf{W}_t+\xi_t$ 作为有效的工具变量，其中 ξ_t 是 $\mathbf{W}_t$ 的测量误差，ξ_t 与 η_t 和 ν_t 无关。因此 $E(\mathbf{Z}_t\varepsilon_t)=E[(\mathbf{W}_t+\xi_t)(\nu_t-\eta_t'\beta_o)]=\mathbf{0}$。在存在滞后因变量而导致序列自相关的例子中，可以选择 $\mathbf{Z}_t=(\mathbf{W}_t',\ \mathbf{W}_{t-1}')'$ 作为有效的工具变量，只要 $E(\mathbf{W}_{t-1}\varepsilon_t)=\mathbf{0}$(尽管这不太合理)。注意，$Y_{t-1}=Y_{t-2}\alpha_0+\mathbf{W}_{t-1}'\delta_o+\varepsilon_{t-1}$ 确保了 $\mathbf{W}_{t-1}$ 与 Y_{t-1} 相关。在联立方程组的例子中，可以选择 $\mathbf{Z}_t=(\mathbf{W}_{t1}',\ \mathbf{W}_{t2}')'$ 作为有效的工具变量。$Y_{t2}=\mathbf{W}_{t2}'\gamma_0+\varepsilon_{t2}$ 确保了 $\mathbf{W}_{t2}$ 与 Y_{t2} 相关。

在接下来的讨论中，我们假设可以得到上述的工具变量。在第 4 章中，我们将会具体说明怎样选择工具变量最好。

之前我们说过一个重要事实，大多数的计量经济学估计量可以视作一个优化问题的解。在现在的背景下，$E(\mathbf{Z}_t\varepsilon_t)=\mathbf{0}$ 这一零相关性质为我们提供了估计 β_o 的基础。因为 $\varepsilon_t=Y_t-\mathbf{X}_t'\beta_o$，$\beta_o$ 是方程 $E[\mathbf{Z}_t(Y_t-\mathbf{X}_t'\beta_o)]=\mathbf{0}$ 的解。然而，通常我们并不知道解方程所需要的期望值 $E(\mathbf{Z}_tY_t)$ 和 $E(\mathbf{Z}_t\mathbf{X}_t')$。因此，我们用样本平均值替换期望。考虑寻找如下方程的解：

$$n^{-1}\sum_{t=1}^{n}\mathbf{Z}_t(Y_t-\mathbf{X}_t'\beta_o)=\frac{\mathbf{Z}'(\mathbf{Y}-\mathbf{X}\beta_o)}{n}=\mathbf{0}$$

这是一个有着 l 个方程、k 个未知数的方程组。如果 $l<k$，该方程组有多个解；如果 $l=k$，只要 $\mathbf{Z}'\mathbf{X}$ 是非奇异的，唯一解为 $\tilde{\beta}_n=(\mathbf{Z}'\mathbf{X})^{-1}\mathbf{Z}'\mathbf{Y}$；如果 $l>k$，则这些方程无解，尽管可能存在一个 β 的值使 $\mathbf{Z}'(\mathbf{Y}-\mathbf{X}\beta)$ 尽可能地接近零。

这为我们求解优化问题提供了基础。因为经济理论通常导致 $l \geq k$，我们可以通过寻找最小化零点和 $\mathbf{Z}'(\mathbf{Y}-\mathbf{X}\beta)$ 之间的二次型距离的 β 值来估计 β_o：

$$d_n(\beta)=(\mathbf{Y}-\mathbf{X}\beta)'\mathbf{Z}\hat{\mathbf{P}}_n\mathbf{Z}'(\mathbf{Y}-\mathbf{X}\beta)$$

其中，$\hat{\mathbf{P}}_n$ 是一个对称的 $l \times l$ 正定规范化矩阵，$\hat{\mathbf{P}}_n$ 可能是随机的。在这里，$\hat{\mathbf{P}}_n$ 可以是任何对称的正定矩阵。我们将会在第 4 章中看到，$\hat{\mathbf{P}}_n$ 的选择将如何影响我们的估计量的性质，以及如何选择最优的 $\hat{\mathbf{P}}_n$。

我们选择用二次型距离，因为"选择 β 以最小化 $d_n(\beta)$"这一最小化问题有一个方便的线性解，同时我们会得出许多著名的计量经济学估计量。在这里我们不考虑其他的距离度量所得出其他的估计量族。

该最小化问题的一阶条件是

$$\partial d_n(\beta)/\partial\beta=-2\mathbf{X}'\mathbf{Z}\hat{\mathbf{P}}_n\mathbf{Z}'(\mathbf{Y}-\mathbf{X}\beta)=\mathbf{0}$$

只要 $\mathbf{X}'\mathbf{Z}\hat{\mathbf{P}}_n\mathbf{Z}'\mathbf{X}$ 是非奇异的(这也是为什么 $\mathbf{Z}'\mathbf{X}$ 必须是列满秩的)，相应的解即为工具变量估计量(也叫做矩方法估计量)

$$\tilde{\beta}_n=(\mathbf{X}'\mathbf{Z}\hat{\mathbf{P}}_n\mathbf{Z}'\mathbf{X})^{-1}\mathbf{X}'\mathbf{Z}\hat{\mathbf{P}}_n\mathbf{Z}'\mathbf{Y}$$

本书考虑的所有估计量均满足该形式。我们可以通过合理地选择 $\mathbf{Z}$ 或者 $\hat{\mathbf{P}}_n$ 得到许多计量经济学家感兴趣的估计量。例如，令 $\mathbf{Z}=\mathbf{X}$, $\hat{\mathbf{P}}_n=(\mathbf{X}'\mathbf{X}/n)^{-1}$，则 $\tilde{\beta}_n=\hat{\beta}_n$，也就是说工具变量估计量与 OLS 估计量相等。给定任意 $\mathbf{Z}$，选择 $\hat{\mathbf{P}}_n=(\mathbf{Z}'\mathbf{Z}/n)^{-1}$，得到的即为 2SLS 估计量。接下来的章节中讨论的方法将允许我们通过适合于处理经济学中需要面对的大多数情形的方式来选择 $\mathbf{Z}$ 和 $\hat{\mathbf{P}}_n$。

现在我们来考虑 $\tilde{\beta}_n$ 是否无偏。如果数据生成过程满足 $\mathbf{Y}=\mathbf{X}\beta_o+\varepsilon$，我们可以得到

$$\begin{aligned}\tilde{\beta}_n &=(\mathbf{X}'\mathbf{Z}\hat{\mathbf{P}}_n\mathbf{Z}'\mathbf{X})^{-1}\mathbf{X}'\mathbf{Z}\hat{\mathbf{P}}_n\mathbf{Z}'\mathbf{Y}\\ &=(\mathbf{X}'\mathbf{Z}\hat{\mathbf{P}}_n\mathbf{Z}'\mathbf{X})^{-1}\mathbf{X}'\mathbf{Z}\hat{\mathbf{P}}_n\mathbf{Z}'(\mathbf{X}\beta_o+\varepsilon)\\ &=\beta_o+(\mathbf{X}'\mathbf{Z}\hat{\mathbf{P}}_n\mathbf{Z}'\mathbf{X})^{-1}\mathbf{X}'\mathbf{Z}\hat{\mathbf{P}}_n\mathbf{Z}'\varepsilon\end{aligned}$$

因此，

$$E(\tilde{\beta}_n)=\beta_o+E[(\mathbf{X}'\mathbf{Z}\hat{\mathbf{P}}_n\mathbf{Z}'\mathbf{X})^{-1}\mathbf{X}'\mathbf{Z}\hat{\mathbf{P}}_n\mathbf{Z}'\varepsilon]$$

一般来说，即使 $E(\epsilon|\mathbf{Z})=\mathbf{0}$ 也不太可能保证上式中的第二项消失。实际上，上式中第二项的期望甚至可能无法定义。因此，无偏性的概念与工具

变量估计量的研究并没有太大关系。相反地，我们考虑一个更弱的概念：一致性。笼统来说，如果随着 n 不断增大，估计量越来越接近 β_o，则这个估计量对于 β_o 是一致的。在第 2 章和第 3 章中，我们将对这个概念作出更准确的定义并研究 OLS 估计量和工具变量估计量的一致性。在前面所讨论的 $E(\varepsilon|\mathbf{X})\neq\mathbf{0}$ 的例子中，OLS 估计量并不是一致的，然而在一般情况下可以得到一致的工具变量估计量。

尽管在本书中我们只考虑线性随机关系，但这一关系依旧覆盖了多种情况。例如，假设我们有一系列描述一组商品（共 p 个）的需求的方程

$$\begin{aligned} Y_{t1} &= \mathbf{X}_{t1}'\beta_1 + \varepsilon_{t1} \\ Y_{t2} &= \mathbf{X}_{t2}'\beta_2 + \varepsilon_{t2} \\ &\vdots \\ Y_{tp} &= \mathbf{X}_{tp}'\beta_p + \varepsilon_{tp},\ t=1,\ \cdots,\ n \end{aligned}$$

令 $\mathbf{Y}_t$ 为 $p\times 1$ 的向量，$\mathbf{Y}_t=(Y_{t1},\ Y_{t2},\ \cdots,\ Y_{tp})'$，$\varepsilon_t'=(\varepsilon_{t1},\ \varepsilon_{t2},\ \cdots,\ \varepsilon_{tp})'$，$\beta_o=(\beta_1',\ \beta_2',\ \cdots,\ \beta_p')'$，

$$\mathbf{X}_t=\begin{bmatrix} \mathbf{X}_{t1} & \mathbf{0} & \cdots & \mathbf{0} \\ \mathbf{0} & \mathbf{X}_{t2} & \cdots & \mathbf{0} \\ \vdots & \vdots & \ddots & \vdots \\ \mathbf{0} & \mathbf{0} & \cdots & \mathbf{X}_{tp} \end{bmatrix}$$

现在，$\mathbf{X}_t$ 是一个 $k\times p$ 的矩阵，其中，$k=\sum_{i=1}^{p}k_i$，$\mathbf{X}_{ti}$ 是一个 $k_i\times 1$ 的向量。

这个方程组可以写作

$$\begin{bmatrix} Y_{t1} \\ Y_{t2} \\ \vdots \\ Y_{tp} \end{bmatrix} = \begin{bmatrix} \mathbf{X}_{t1} & \mathbf{0} & \cdots & \mathbf{0} \\ \mathbf{0} & \mathbf{X}_{t2} & \cdots & \mathbf{0} \\ \vdots & \vdots & \ddots & \vdots \\ \mathbf{0} & \mathbf{0} & \cdots & \mathbf{X}_{tp} \end{bmatrix}' \begin{bmatrix} \beta_1 \\ \beta_2 \\ \vdots \\ \beta_p \end{bmatrix} + \begin{bmatrix} \varepsilon_{t1} \\ \varepsilon_{t2} \\ \vdots \\ \varepsilon_{tp} \end{bmatrix}$$

或者，

$$\mathbf{Y}_t=\mathbf{X}_t'\beta_o+\varepsilon_t$$

令 $\mathbf{Y}=(\mathbf{Y}_1',\ \mathbf{Y}_2',\ \cdots,\ \mathbf{Y}_n')'$，$\mathbf{X}=(\mathbf{X}_1,\ \mathbf{X}_2,\ \cdots,\ \mathbf{X}_n)'$，$\varepsilon=(\varepsilon_1',\ \varepsilon_2',\ \cdots,\ \varepsilon_n')'$，我们可以将这个方程组写作

$$\mathbf{Y}=\mathbf{X}\beta_o+\varepsilon$$

这里 $\mathbf{Y}$ 的维度为 $pn\times1$，ε 的维度为 $pn\times1$，$\mathbf{X}$ 的维度为 $pn\times k$。这样我们就可以在当前的框架下考虑联立方程组问题。

现在假设我们对于个体 t 在 p 个时期的每一期都有一个观测值：

$$\begin{aligned} Y_{t1} &= \mathbf{X}_{t1}'\beta_o+\varepsilon_{t1} \\ Y_{t2} &= \mathbf{X}_{t2}'\beta_o+\varepsilon_{t2} \\ &\vdots \\ Y_{tp} &= \mathbf{X}_{tp}'\beta_o+\varepsilon_{tp}, \ t=1, \cdots, n \end{aligned}$$

$\mathbf{Y}_t$ 和 ε_t 的定义与前文相同，定义

$$\mathbf{X}_t=[\mathbf{X}_{t1}, \mathbf{X}_{t2}, \cdots, \mathbf{X}_{tp}]$$

为 $k\times p$ 的矩阵。样本观测值现在可以写作

$$\mathbf{Y}_t=\mathbf{X}_t'\beta_o+\varepsilon_t$$

或者

$$\mathbf{Y}=\mathbf{X}\beta_o+\varepsilon$$

其中 $\mathbf{Y}$、$\mathbf{X}$ 和 ε 的定义与前文相同。这样我们就可以在当前的框架下考虑面板数据。更进一步地，通过采取合适的定义，我们同样可以考虑面板数据下联立方程组的情况。

注意，我们之前讨论的 GLS 估计量是通过对线性随机关系进行线性变换得到的，即：

$$\mathbf{Y}^*=\mathbf{X}^*\beta_o+\varepsilon^*$$

其中 $\mathbf{Y}^*=\mathbf{C}^{-1}\mathbf{Y}$, $\mathbf{X}^*=\mathbf{C}^{-1}\mathbf{X}$, $\varepsilon^*=\mathbf{C}^{-1}\varepsilon$, $\mathbf{C}$ 是一个非奇异矩阵。因此在当前框架下，我们可以考虑任何类似的线性变换。

我们之所以只考虑线性模型和工具变量估计量，是因为这样可以为我们所介绍的概念和方法提供清楚的动机，同时关注一个较为简单的讨论。不过，本章所采用的工具有着极为广泛的应用，也和其他模型及估计方法有着直接的联系。

参考文献

Geary, R.C. (1949). "Determination of Linear Relations Between Systematic Parts of

Variables with Errors in Observation, the Variances of Which are Unknown." *Econometrica*, 17, 30—59.

Reiersøl, O. (1941). "Confluence Analysis by Means of Lag Moments and Other Methods of Confluence Analysis." *Econometrica*, 9, 1—24.

——(1945). "Confluence Analysis by Means of Instrumental Sets of Variables." *Akiv för Matematik*, *Astronomi och Fysik*, 32a, 1—119.

Theil, H. (1971). *Principles of Econometrics*. Wiley, New York.

White, H. (1994). *Estimation*, *Inference and Specification Analysis*. Cambridge University Press, New York.

Wright, P. G. (1928). *The Tariff on Animal and Vegetable Oils*. Macmillan, New York.

Wright, S. (1925). "Corn and Hog Correlations," *U. S. Department of Agriculture*, *Bulletin No.1300*, Washington D. C.

拓展读物

下列参考读物为本章讨论的很多问题提供了有用的背景和详细讨论：

Chow, G.C. (1983). *Econometrics*, Chapters 1, 2. McGraw-Hill, New York.

Dhrymes, P. (1978). *Introductory Econometrics*, Chapters 1—3, 6.1—6.3. Springer-Verlag, New York.

Goldberger, A. S. (1964). *Econometric Theory*, Chapters 4, 5. 1—5. 4, 7. 1—7. 4. Wiley, New York.

Hamilton, J. D. (1994). *Time Series Analysis*. Princeton University Press, Princeton.

Harvey, A.C. (1981). *The Econometric Analysis of Time Series*, Chapters 1.2, 1.3, 1.5, 1.6, 2.1—2.4, 2.7—2.10, 7.1—7.2, 8.1, 9.1—9.2. Wiley, New York.

Intriligator, M. (1978). *Econometric Models*, *Techniques and Applications*, Chapters 2, 4, 5, 6.1—6.5, 10. Prentice-Hall, Englewood Cliffs, New Jersey.

Johnston, J. and J. DiNardo (1997). *Econometric Methods*. 4th ed. Chapters 5—8. McGraw-Hill, New York.

Kmenta, J. (1971). *Elements of Econometrics*, Chapters 7, 8, 10.1—10.3. Macmillan, New York.

Maddala, G. S. (1977). *Econometrics*, Chapters 7, 8, 11. 1—11. 4, 14, 16. 1—16.3. McGraw-Hill, New York.

Malinvaud, E. (1970). *Statistical Methods of Econometrics*, Chapters 1—5, 6.1—6.7. North-Holland, Amsterdam.

Theil, H. (1971). *Principles of Econometrics*, Chapters 3, 6, 7.1—7.2, 9. Wiley, New York.

2 一致性

本章将介绍当 $n\to\infty$ 时用于分析 $\hat{\beta}_n$ 和 $\tilde{\beta}_n$ 渐近性质的一些概念。

2.1 极限

极限是最基本的概念。

定义 2.1 令 $\{b_n\}$ 是一个实数序列。若存在实数 b 使得对任意实数 $\delta>0$，总存在整数 $N(\delta)$，并使得对任意 $n\geqslant N(\delta)$，$|b_n-b|<\delta$ 都成立，则称 b 为 $\{b_n\}$ 的极限。

本定义中的 δ 可取任意实数值，但只有在取很小的值时，δ 才在本定义中有意义。因为 δ 取很小的值可以保证无论 n 多大，b_n 序列都可以任意地靠近其极限 b。当极限存在时，则称当 n 趋于无穷时 $\{b_n\}$ 收敛于 b，记作当 $n\to\infty$ 时 $b_n\to b$，也记作 $b=\lim_{n\to\infty}b_n$。当不存在歧义时，通常简记为 $b_n\to b$ 或 $b=\lim b_n$。若对任意 $a\in\mathbb{R}$，存在整数 $N(a)$，使得对任意 $n\geqslant N(a)$，$b_n>a$ 都成立，则记作 $b_n\to\infty$；若 $-b_n\to\infty$，则记 $b_n\to-\infty$。

例 2.2 (i)令 $b_n=1-1/n$，则 $b_n\to 1$。(ii)令 $b_n=(1+a/n)^n$，则 $b_n\to e^a$。(iii)令 $b_n=n^2$，则 $b_n\to\infty$。(iv)令 $b_n=(-1)^n$，则极限不存在。

极限的概念可以直接扩展到实数向量序列上。令 $\mathbf{b}_n$ 为 $k\times 1$ 的向量，其分量为 b_{ni}，$i=1,\cdots,k$。若 $b_{ni}\to b_i$，$i=1,\cdots,k$，则 $\mathbf{b}_n\to\mathbf{b}$，其中，$\mathbf{b}$ 的分量为 b_i，$i=1,\cdots,k$。类似定义可拓展到矩阵的收敛。

通常我们希望考察连续函数序列的极限。为此，后文给出关于连续性的两个等价定义。

定义 2.3 令 $\mathbf{g}:\mathbb{R}^k\to\mathbb{R}^l\ (k,\ l\in\mathbb{N})$，$\mathbf{b}\in\mathbb{R}^k$，(i)若对于任意序列 $\{\mathbf{b}_n\}$，

当 $\mathbf{b}_n \to \mathbf{b}$ 时都有 $\mathbf{g}(\mathbf{b}_n) \to \mathbf{g}(\mathbf{b})$，则称函数 $\mathbf{g}$ 在 $\mathbf{b}$ 处连续。(ii)等价地，若对任意实数 $\varepsilon > 0$，都存在 $\delta(\varepsilon) > 0$，使得当 $\mathbf{a} \in \mathbb{R}^k$ 且 $|a_i - b_i| < \delta(\varepsilon)$, $i = 1, \cdots, k$ 时，$|g_j(\mathbf{a}) - g_j(\mathbf{b})| < \varepsilon$, $j = 1, \cdots, l$ 都成立，则称函数 $\mathbf{g}$ 在 $\mathbf{b}$ 处连续。进一步讲，若 $B \subset \mathbb{R}^k$ 且 $\mathbf{g}$ 在 B 处的每一点都连续，则称 $\mathbf{g}$ 在 B 处连续。

例 2.4 (i)根据以上定义，若 $\mathbf{a}_n \to \mathbf{a}$ 且 $\mathbf{b}_n \to \mathbf{b}$，则 $\mathbf{a}_n + \mathbf{b}_n \to \mathbf{a} + \mathbf{b}$ 且 $\mathbf{a}_n \mathbf{b}_n' \to \mathbf{a}\mathbf{b}'$。(ii)矩阵逆函数在非奇异矩阵的任一点都连续，因此，若 $\mathbf{X}'\mathbf{X}/n \to \mathbf{M}$，则 $(\mathbf{X}'\mathbf{X}/n)^{-1} \to \mathbf{M}^{-1}$，此处 $\mathbf{M}$ 为有界非奇异矩阵。

通常我们只需知道一个特定序列的阶，而无需特别关注其收敛性。以下定义比较了 $\{b_n\}$ 序列和 n^λ 的收敛行为，并通过选择适当的 λ 值来使得 $\{b_n\}$ 序列和 $\{n^\lambda\}$ 具有相同的收敛行为。

定义 2.5 (i)若对有界实数 $\Delta > 0$，存在有界整数 N，使得对任意 $n \geqslant N$，$|n^{-\lambda} b_n| < \Delta$ 都成立，则称 $\{b_n\}$ 至多 n^λ 阶，记 $b_n = O(n^\lambda)$。(ii)若对任意实数 $\delta > 0$，存在有界整数 $N(\delta)$ 使得对任意 $n \geqslant N(\delta)$，$|n^{-\lambda} b_n| < \delta$ 都成立，即 $n^{-\lambda} b_n \to 0$，则称 $\{b_n\}$ 比 n^λ 低阶，记 $b_n = o(n^\lambda)$。

在本定义中，我们让 Δ 表示足够大的正实数常数，而让 δ(或 ε)表示足够小的正实数常数，这种表示方法将在本书中被重复使用。虽然我们可以假设 Δ(或 δ)始终取相同的值，但为了研究方便，本书中允许 Δ(或 δ)视具体情况而取不同值。(为什么?)

根据以上定义，若 $\{n^{-\lambda} b_n\}$ 最终有界，则 $b_n = O(n^\lambda)$；若 $n^{-\lambda} b_n \to 0$，则 $b_n = o(n^\lambda)$。显然，如果 $b_n = o(n^\lambda)$，则 $b_n = O(n^\lambda)$；如果 $b_n = O(n^\lambda)$，则对于任意 $\delta > 0$，$b_n = O(n^{\lambda+\delta})$。当 $b_n = O(n^0)$，则 b_n 有界但不一定有极限，通常将 $O(n^0)$ 记作 $O(1)$；类似地，若 $b_n \to 0$，记 $b_n = o(1)$。

例 2.6 (i)令 $b_n = 4 + 2n + 6n^2$，则对于任意 $\delta > 0$，$b_n = O(n^2)$ 且 $b_n = o(n^{2+\delta})$；(ii)令 $b_n = (-1)^n$，则对于任意 $\delta > 0$，$b_n = O(1)$ 且 $b_n = O(n^\delta)$；(iii)令 $b_n = \exp(-n)$，则对于任意 $\delta > 0$，$b_n = o(n^{-\delta})$，且对于任意 $\delta < 0$，$b_n = O(n^{-\delta})$；(iv) 令 $b_n = \exp(n)$，则对于任意 $\kappa \in \mathbb{R}$，$b_n \neq O(n^\kappa)$。

若向量或矩阵的每一个元素都是 $O(n^\lambda)$ 或 $o(n^\lambda)$，则称该向量或矩阵是 $O(n^\lambda)$ 或 $o(n^\lambda)$。

以下定理是关于序列求和与作积的阶的结论。

命题 2.7 令 a_n 和 b_n 均为标量。(i)若 $a_n = O(n^\lambda)$，$b_n = O(n^\mu)$，则 $a_n b_n = O(n^{\lambda+\mu})$，$a_n + b_n = O(n^\kappa)$，其中 $\kappa = \max[\lambda, \mu]$；(ii)若 $a_n = o(n^\lambda)$，$b_n = o(n^\mu)$；则 $a_n b_n = o(n^{\lambda+\mu})$，$a_n + b_n = o(n^\kappa)$；(iii)若 $a_n = O(n^\lambda)$，$b_n =$

$o(n^{\mu})$；则 $a_n b_n = o(n^{\lambda+\mu})$，$a_n + b_n = O(n^{\kappa})$。

证明：(i) 因为 $a_n = O(n^{\lambda})$，$b_n = O(n^{\mu})$，则存在有界 $\Delta > 0$ 和 $N \in \mathbb{N}$，使得对任意 $n \geqslant N$，都有 $|n^{-\lambda} a_n| < \Delta$，$|n^{-\mu} b_n| < \Delta$。考虑 $a_n b_n$，对任意 $n \geqslant N$，都有 $|n^{-\lambda-\mu} a_n b_n| = |n^{-\lambda} a_n n^{-\mu} b_n| = |n^{-\lambda} a_n| \cdot |n^{-\mu} b_n| < \Delta^2$，因此 $a_n b_n = O(n^{\lambda+\mu})$；考虑 $a_n + b_n$，根据三角不等式，可得 $|n^{-\kappa}(a_n + b_n)| = |n^{-\kappa} a_n + n^{-\kappa} b_n| < |n^{-\kappa} a_n| + |n^{-\kappa} b_n|$；因为 $\kappa \geqslant \lambda$ 且 $\kappa > \mu$，则对任意 $n \geqslant N$ 都有 $|n^{-\kappa}(a_n + b_n)| \leqslant |n^{-\kappa} a_n| + |n^{-\kappa} b_n| \leqslant |n^{-\lambda} a_n| + |n^{-\mu} b_n| < 2\Delta$，因此 $a_n + b_n = O(n^{\kappa})$，$\kappa = \max[\lambda, \mu]$。

(ii) 证明同(i)，这里只需将 Δ 替代为 δ，N 替代为 $N(\delta)$ 即可。

(iii) 因为 $a_n = O(n^{\lambda})$，则存在有界 $\Delta > 0$ 和 $N' \in \mathbb{N}$ 使得对任意 $n \geqslant N'$，都有 $|n^{-\lambda} a_n| < \Delta$。给定 $\delta > 0$，令 $\delta'' = \delta / \Delta$。因为 $b_n = o(n^{\mu})$，则存在 $N''(\delta'')$ 使得对任意 $n \geqslant N''(\delta'')$，都有 $|n^{-\mu} b_n| < \delta''$。现在对任意 $n \geqslant N = \max(N', N''(\delta''))$，都有 $|n^{-\lambda-\mu} a_n b_n| = |n^{-\lambda} a_n n^{-\mu} b_n| = |n^{-\lambda} a_n| \cdot |n^{-\mu} b_n| < \delta'' = \delta$，因此 $a_n b_n = o(n^{\lambda+\mu})$。因为 $b_n = o(n^{\mu})$，当然有 $b_n = O(n^{\mu})$，采用与(i)中类似的证法，可得 $a_n + b_n = O(n^{\kappa})$。■

以下习题是一个重要的特例。

习题 2.8 令 $\mathbf{A}_n$ 为 $k \times k$ 的矩阵，$\mathbf{b}_n$ 为 $k \times 1$ 的向量。如果 $\mathbf{A}_n = o(1)$ 且 $\mathbf{b}_n = O(1)$，证明 $\mathbf{A}_n \mathbf{b}_n = o(1)$。

通常，计量经济学并不只是简单地研究实数序列，而更多的是关注实数随机变量和向量的序列。例如，$\{\mathcal{Z}_t\}$ 是一个实数随机数列，我们通常研究其均值 $\bar{\mathcal{Z}}_n = \sum_{t=1}^{n} \mathcal{Z}_t / n$ 或均值的函数 $\bar{\mathcal{Z}}_n^2$。因为 $\mathcal{Z}_t$ 是随机变量，所以我们必须考虑到其他情况下它们不会发生的可能性。换句话说，$\{Z_t\}$ 序列的不同实现值会导致 $\bar{\mathcal{Z}}_n$ 不同的极限。现在必须将收敛到某一个具体的值作为随机事件来考虑。我们的兴趣将主要集中于那些只在适当定义下才有机会发生不收敛情形的情况。

2.2 几乎必然收敛

与前文极限概念最接近的随机收敛概念是几乎必然收敛。几乎必然收敛的随机序列可以同非随机序列一样处理。

最好将随机变量视为从原空间 Ω 到实数集或实数域上的函数。因此，当我们讨论实数随机变量 b_n 时，我们实际上是在讨论 $b_n: \Omega \to \mathbb{R}$ 的映射。令 ω 是 Ω 中的典型元素，称 $b_n(\omega)$ 为随机变量的实现值。Ω 的子集，例如 $\{\omega \in \Omega: b_n(\omega) \leqslant a\}$，称为“事件”，并给这类事件赋予概率，例如 $P\{\omega \in \Omega: b_n(\omega) \leqslant a\}$，并简记为 $P[b_n \leqslant a]$。虽然后文章节将对此有更详细的解释，但上述阐述对目前而言已足够。

我们通常研究如下的平均数

$$b_n(\cdot) = n^{-1} \sum_{t=1}^{n} Z_t(\cdot)$$

这里用括号内加入虚拟变量（·）符号以强调 b_n 和 Z_t 是函数。

定义 2.9 令 $\{b_n(\cdot)\}$ 为实值随机变量序列。如果存在实数 b 使得 $P(\omega: b_n(\omega) \to b) = 1$，则称 $b_n(\cdot)$ 几乎必然收敛于 b，记作 $b_n(\cdot) \xrightarrow{a.s.} b$。

概率测度 P 决定了整个 $\{Z_t\}$ 序列的联合分布。若 $\{Z_t\}$ 序列的实现值收敛到 b 的概率为 1，或等价地，$\{Z_t\}$ 序列的实现值不收敛到 b 的概率为 0，则称 b_n 几乎必然收敛。不收敛虽有可能存在，但在该定义下几乎永远不会发生。显然，非随机收敛可以推出几乎必然收敛。

因为 $b_n(\omega) \to b$ 的 ω 集合的概率为 1，有时 b_n 也称依概率 1（$w.p.1$）收敛到 b。其他常用术语也称，b_n 在 Ω 中几乎处处收敛（$a.e.$）或 b_n 强一致收敛到 b。当不存在歧义时，我们常省略（·），简记为 $b_n \xrightarrow{a.s.} b$ 而非 $b_n(\cdot) \xrightarrow{a.s.} b$。

例 2.10 令 $\bar{Z}_n \equiv n^{-1} \sum_{t=1}^{n} Z_t$，这里 $\{Z_t\}$ 为独立同分布（i.i.d.）序列，其均值为 $\mu \equiv E(Z_t) < \infty$。根据柯尔莫哥洛夫（Kolmogorov）强大数定律（参见定理 3.1），则有 $\bar{Z}_n \xrightarrow{a.s.} \mu$。

上述例子给出的样本均值的几乎必然收敛可以发生在 $\{Z_t\}$ 序列的各种不同条件下。关于这些条件的讨论将在下一章中进行介绍。

与非随机极限一样，几乎必然收敛的概念也可直接拓展到有限维度的向量和矩阵上。各个元素的几乎必然收敛足以保证向量和矩阵的几乎必然收敛。

几乎必然收敛序列的连续函数的收敛性质类似于非随机序列。

命题 2.11 给定 $\mathbf{g}: \mathbb{R}^k \to \mathbb{R}^l$ $(k, l \in \mathbb{N})$ 和任意的 $k \times 1$ 随机向量序列 $\{\mathbf{b}_n\}$ 并满足 $\mathbf{b}_n \xrightarrow{a.s.} \mathbf{b}$，这里 $\mathbf{b}$ 也是 $k \times 1$ 向量，若 $\mathbf{g}$ 在 $\mathbf{b}$ 处连续，则 $\mathbf{g}(\mathbf{b}_n) \xrightarrow{a.s.} \mathbf{g}(\mathbf{b})$。

证明： 因为由 $\mathbf{b}_n(\omega)\to\mathbf{b}$ 可推出 $\mathbf{g}(\mathbf{b}_n(\omega))\to\mathbf{g}(\mathbf{b})$，所以

$$\{\omega:\mathbf{b}_n(\omega)\to\mathbf{b}\}\subset\{\omega:\mathbf{g}(\mathbf{b}_n(\omega))\to\mathbf{g}(\mathbf{b})\}$$

因此可得

$$1=P\{\omega:\mathbf{b}_n(\omega)\to\mathbf{b}\}<\{\omega:\mathbf{g}(\mathbf{b}_n(\omega))\to\mathbf{g}(\mathbf{b})\}\leqslant 1$$

所以 $\mathbf{g}(\mathbf{b}_n)\xrightarrow{a.s.}\mathbf{g}(\mathbf{b})$。■

此结论是本书中最重要的结论之一，因为许多估计量的一致性都可通过命题 2.11 来证明。

定理 2.12 假设

(i) $\mathbf{Y}_t=\mathbf{X}_t'\beta_o+\varepsilon_t$，$t=1, 2, \cdots$，$\beta_o\in\mathbb{R}^k$；

(ii) $\mathbf{X}'\varepsilon/n\xrightarrow{a.s.}\mathbf{0}$；

(iii) $\mathbf{X}'\mathbf{X}/n\xrightarrow{a.s.}\mathbf{M}$，有界且正定。

则当 n 足够大时，$\hat{\beta}_n$ 几乎必然存在且 $\hat{\beta}_n\xrightarrow{a.s.}\beta_o$。

证明： 因为 $\mathbf{X}'\mathbf{X}/n\xrightarrow{a.s.}\mathbf{M}$，由命题 2.11 得

$$\det(\mathbf{X}'\mathbf{X}/n)\xrightarrow{a.s.}\det(\mathbf{M})$$

由(iii)可知 $\mathbf{M}$ 正定，$\det(\mathbf{M})>0$。则当 n 足够大时，$\det(\mathbf{X}'\mathbf{X}/n)>0$ 几乎必然成立，所以当 n 足够大时，$(\mathbf{X}'\mathbf{X}/n)^{-1}$ 几乎必然存在。因此当 n 足够大时，$\hat{\beta}_n=\beta_o+(\mathbf{X}'\mathbf{X}/n)^{-1}\mathbf{X}'\varepsilon/n$ 几乎必然存在。

由(i)可知 $\hat{\beta}_n=\beta_o+(\mathbf{X}'\mathbf{X}/n)^{-1}\mathbf{X}'\varepsilon/n$，给定(ii)和(iii)，由命题 2.11 可得 $\hat{\beta}_n\xrightarrow{a.s.}\beta_o+\mathbf{M}^{-1}\cdot\mathbf{0}=\beta_o$ ■

在以上证明中，我们提到了几乎必然发生的事件。任何以概率 1 发生的事件都可被称为几乎必然发生事件。（例如，收敛到某一极限或存在逆的矩阵。）

定理 2.12 是许多常见情形下 OLS 估计的一个基本一致性结论。该结论是否成立取决于数据性质。例如，如果我们的观测值是对一个总体进行随机抽样（例如纯横截面数据），则这些数据可被看作服从独立同分布。因为柯尔莫哥洛夫强大数定律（例 2.10）保证了 $\mathbf{X}'\mathbf{X}/n=n^{-1}\sum_{t=1}^{n}\mathbf{X}_t\mathbf{X}_t'\xrightarrow{a.s.}\mathbf{M}$

和 $\mathbf{X}'\varepsilon/n=n^{-1}\sum_{t=1}^{n}\mathbf{X}_t\varepsilon_t \xrightarrow{a.s.} \mathbf{0}$，所以只要满足 $E(\mathbf{X}_t\mathbf{X}_t')=\mathbf{M}$ 有界正定且 $E(\mathbf{X}_t\varepsilon_t)=\mathbf{0}$，则定理 2.12 的条件对于独立同分布数据成立。如果观测值不满足独立性（如时间序列数据），则需要应用不同的大数定律来确保合适的条件成立，我们将在下一章讨论。

工具变量估计量的性质可类似证明。

习题 2.13　证明以下结论。假设

(i) $\mathbf{Y}_t=\mathbf{X}_t'\beta_o+\varepsilon_t$，$t=1, 2, \cdots$，$\beta_o\in\mathbb{R}^k$；

(ii) $\mathbf{Z}'\varepsilon/n \xrightarrow{a.s.} \mathbf{0}$；

(iii) (a) $\mathbf{Z}'\mathbf{X}/n \xrightarrow{a.s.} \mathbf{Q}$，有界且列满秩；

(b) $\hat{\mathbf{P}}_n \xrightarrow{a.s.} \mathbf{P}$，有界且正定。

则当 n 足够大时，$\tilde{\beta}_n$ 几乎必然存在且 $\tilde{\beta}_n \xrightarrow{a.s.} \beta_o$。

以上的一致性结论给出了随机向量序列 $\{\mathbf{Z}_t\}$ 作为工具变量的条件。由(ii)可知，该序列须与误差项序列无关；由(iii.a)可知，该序列须与解释变量足够相关，从而使得 $\mathbf{Z}'\mathbf{X}/n$ 收敛到列满秩矩阵。注意还有一个保证模型可识别的必要阶条件（参见 Fisher，1966，Chapter 2）：$l\geqslant k$（回顾一下，$\mathbf{Z}$ 是 $pn\times l$ 矩阵，$\mathbf{X}$ 是 $pn\times k$ 矩阵）。我们暂时只将工具变量视作给定，并且将在第 4 章讨论如何选择最优工具变量。

以上关于 OLS 和工具变量估计量一致性结论的潜在约束是，它们都要求 $\mathbf{X}'\mathbf{X}/n$，$\mathbf{Z}'\mathbf{X}/n$ 和 $\hat{\mathbf{P}}_n$ 矩阵分别收敛到固定的极限值。当观测值不服从同分布时（例如，分层横截面数据、面板数据和某些时间序列数据），这几个矩阵可能不收敛，定理 2.12 和习题 2.13 的一致性结论就不一定适用。

然而，通过拓展命题 2.11，可以得到不要求 $\mathbf{X}'\mathbf{X}/n$，$\mathbf{Z}'\mathbf{X}/n$ 和 $\hat{\mathbf{P}}_n$ 矩阵收敛的更一般的一致性结论。但我们需要使用一致连续的概念。

定义 2.14　给定 $\mathbf{g}$: $\mathbb{R}^k\to\mathbb{R}^l$（$k$, $l\in\mathbb{N}$），如果对任意 $\varepsilon>0$ 都存在 $\delta(\varepsilon)>0$，使得：若 a，b 均在集合 B 中且 $|a_i-b_i|<\delta(\varepsilon)$，$i=1, \cdots, k$，都有 $|g_j(\mathbf{a})-g_j(\mathbf{b})|<\varepsilon$，$j=1, \cdots, l$，则称 $\mathbf{g}$ 在集合 $B\subset\mathbb{R}^k$ 上一致连续。

注意，一致连续能推出在集合 B 上连续，但在集合 B 上连续不能推出一致连续。一致连续区别于连续的关键在于，δ 仅仅取决于 ε 而与 $\mathbf{b}$ 的取值无关。然而，下面的定理则表明，如果集合 B 是紧集，连续可以推出一致连续。

定理 2.15(一致连续定理) 假设 $\mathbf{g}: \mathbb{R}^k \to \mathbb{R}^l$ 是 $C \subset \mathbb{R}^k$ 上的连续函数。若 C 是紧集,则 $\mathbf{g}$ 是 C 上的一致连续函数。

证明: 参见 Bartle(1976, p.160)。■

现在,我们将命题 2.11 拓展为随机序列 $\{b_n\}$ 并不一定收敛到固定点而是收敛到某非随机序列 $\{c_n\}$,即 $b_n - c_n \xrightarrow{a.s.} 0$ 的情况,这里实数序列 $\{c_n\}$ 不一定收敛。

命题 2.16 令 $\mathbf{g}: \mathbb{R}^k \to \mathbb{R}^l$ 在紧集 $C \subset \mathbb{R}^k$ 上连续。假设 $\{\mathbf{b}_n\}$ 是 $k \times 1$ 随机向量序列,$\{\mathbf{c}_n\}$ 是 $k \times 1$ 向量序列并满足 $\mathbf{b}_n(\cdot) - \mathbf{c}_n \xrightarrow{a.s.} \mathbf{0}$,若存在 $\eta > 0$ 使得对于足够大的 n,都有 $\{\mathbf{c}: |c_i - c_{ni}| < \eta, i=1, \cdots, k\} \subset C$,即当 n 足够大,c_n 一致位于 C 内,则 $\mathbf{g}(\mathbf{b}_n(\cdot)) - \mathbf{g}(\mathbf{c}_n) \xrightarrow{a.s.} \mathbf{0}$。

证明: 令 g_j 是 $\mathbf{g}$ 的第 j 个元素。因为 C 是紧集,由定理 2.15 可知,g_j 在 C 上一致连续。令 $F = \{\omega: \mathbf{b}_n(\omega) - \mathbf{c}_n \to 0\}$,则由 $\mathbf{b}_n - \mathbf{c}_n \xrightarrow{a.s.} 0$ 知 $P(F)=1$。选择 $\omega \in F$,因为对于足够大的 n,$\mathbf{c}_n$ 一致位于 C 内且 $\mathbf{b}_n(\omega) - \mathbf{c}_n \to \mathbf{0}$,$\mathbf{b}_n(\omega)$ 也位于 C 内。由一致连续性得,对任意 $\varepsilon > 0$,存在 $\delta(\varepsilon) > 0$,使得若 $|b_{ni}(\omega) - c_{ni}| < \delta(\varepsilon)$, $i=1, \cdots, k$,则 $|g_j(\mathbf{b}_n(\omega)) - g_j(\mathbf{c}_n)| < \varepsilon$。因此,$\mathbf{g}(\mathbf{b}_n(\omega)) - \mathbf{g}(\mathbf{c}_n) \to \mathbf{0}$。因为以上结论对任意的 $\omega \in F$ 都成立且 $P(F)=1$,则 $\mathbf{g}(\mathbf{b}_n) - \mathbf{g}(\mathbf{c}_n) \xrightarrow{a.s.} \mathbf{0}$。■

为了准确给出有关 OLS 和工具变量估计量的结论,我们参考 White(1982, pp.484—485),先定义以下概念。

定义 2.17 对于 $k \times k$ 矩阵序列 $\{\mathbf{A}_n\}$,若存在 $\delta > 0$,且当 n 足够大时满足 $|\det(\mathbf{A}_n)| > \delta$,则称 $\{\mathbf{A}_n\}$ 是一致非奇异的。如果 $\{\mathbf{A}_n\}$ 是一个正半定矩阵序列且满足一致非奇异,则称 $\{\mathbf{A}_n\}$ 是一致正定的。如果 $\{\mathbf{A}_n\}$ 是一个 $l \times k$ 矩阵,且存在 $k \times k$ 子矩阵序列 $\{\mathbf{A}_n^*\}$ 满足一致非奇异性,则 $\{\mathbf{A}_n\}$ 是一致列满秩的。

如果矩阵序列是一致非奇异的,则该序列中的元素都不会"太接近"奇异。类似地,如果矩阵一致列满秩,则该序列中的元素也都不会"太接近"非列满秩。

以下定理是定理 2.12 和习题 2.13 的拓展。

定理 2.18 假设

(i) $\mathbf{Y}_t = \mathbf{X}_t'\beta_o + \varepsilon_t$, $t=1, 2, \cdots$, $\beta_o \in \mathbb{R}^k$;

(ii) $\mathbf{X}'\varepsilon/n \xrightarrow{a.s.} \mathbf{0}$;

(iii) $\mathbf{X}'\mathbf{X}/n-\mathbf{M}_n \xrightarrow{a.s.} \mathbf{0}$，其中 $\mathbf{M}_n=O(1)$一致正定。

则当 n 足够大时，$\hat{\beta}_n$ 几乎必然存在且$\hat{\beta}_n \xrightarrow{a.s.} \beta_o$。

证明：因为 $\mathbf{M}_n=O(1)$，即当 n 足够大时 $\mathbf{M}_n$ 有界，由命题 2.16 可知，$\det(\mathbf{X}'\mathbf{X}/n)-\det(\mathbf{M}_n) \xrightarrow{a.s.} 0$。由定义 2.17 可知，当 n 足够大时，$\det(\mathbf{M}_n)>\delta>0$，从而当 n 足够大时 $\det(\mathbf{X}'\mathbf{X}/n)>\delta/2>0$ 也几乎必然成立，这意味着当 n 足够大时$(\mathbf{X}'\mathbf{X}/n)^{-1}$ 几乎必然存在。因此，当 n 足够大时$\hat{\beta}_n\equiv(\mathbf{X}'\mathbf{X}/n)^{-1}\mathbf{X}'\mathbf{Y}/n$几乎必然存在。

由(i)可知，$\hat{\beta}_n-\beta_o=(\mathbf{X}'\mathbf{X}/n)^{-1}\mathbf{X}'\varepsilon/n$。给定(ii)和(iii)成立时，由命题 2.16 得，$\hat{\beta}_n-(\beta_o+\mathbf{M}_n^{-1}\cdot\mathbf{0})\xrightarrow{a.s.}\mathbf{0}$ 或$\hat{\beta}_n \xrightarrow{a.s.} \beta_o$。■

与定理 2.12 相比，此处的结论放松了 $\mathbf{X}'\mathbf{X}/n \xrightarrow{a.s.} \mathbf{M}$ 这一条件，而只要求 $\mathbf{X}'\mathbf{X}/n-\mathbf{M}_n \xrightarrow{a.s.} \mathbf{0}$，并允许 $\mathbf{X}'\mathbf{X}/n$ 不收敛于固定值极限。注意，此处 $\det(\mathbf{M}_n)>\delta>0$ 这一条件保证了矩阵的逆运算作为函数的一致连续性。

在给出工具变量对应的结论之前，我们将先证明，在一定的合适条件下，$\{\mathbf{Q}_n'\mathbf{P}_n\mathbf{Q}_n\}$是一致正定的。下面将给出所需的条件。

引理 2.19 如果$\{\mathbf{A}_n\}$是 $O(1)$的 $l\times k$ 矩阵序列并满足一致列满秩；$\{\mathbf{B}_n\}$是 $O(1)$的 $l\times l$ 矩阵序列并一致正定，则$\{\mathbf{A}_n'\mathbf{B}_n\mathbf{A}_n\}$和$\{\mathbf{A}_n'\mathbf{B}_n^{-1}\mathbf{A}_n\}$是 $O(1)$的 $k\times k$ 矩阵序列并一致正定。

证明：参见 White(1982，引理 A.3)。■

习题 2.20 证明以下结论。假设

(i) $\mathbf{Y}_t=\mathbf{X}_t'\beta_o+\varepsilon_t$, $t=1, 2, \cdots$, $\beta_o\in\mathbb{R}^k$;

(ii) $\mathbf{Z}'\varepsilon/n \xrightarrow{a.s.} \mathbf{0}$;

(iii) (a) $\mathbf{Z}'\mathbf{X}/n-\mathbf{Q}_n \xrightarrow{a.s.} \mathbf{0}$，其中 $\mathbf{Q}_n=O(1)$且一致列满秩；

(b) $\hat{\mathbf{P}}_n-\mathbf{P}_n \xrightarrow{a.s.} \mathbf{0}$，其中 $\mathbf{P}_n=O(1)$且对称、一致正定。

则当 n 足够大时，$\tilde{\beta}_n$ 几乎必然存在且$\tilde{\beta}_n \xrightarrow{a.s.} \beta_o$。

阶的概念可以直接拓展到几乎必然收敛序列上。

定义 2.21 (i)如果存在 $\Delta<\infty$, $N<\infty$，使得 $P[|n^{-\lambda}b_n|<\Delta,\ \forall n\geqslant N]=1$，则称随机序列$\{b_n\}$几乎必然至多 n^λ 阶，记作 $b_n=O_{a.s.}(n^\lambda)$。(ii)如

果 $n^{-\lambda}b_n \xrightarrow{a.s.} \mathbf{0}$，则称 $\{b_n\}$ 几乎必然比 n^{λ} 低阶，记作 $b_n = o_{a.s.}(n^{\lambda})$。

$b_n = O_{a.s.}(n^{\lambda})$ 的一个充分条件是 $n^{-\lambda}b_n - a_n \xrightarrow{a.s.} 0$，其中 $a_n = O(1)$。这里的代数运算 $O_{a.s.}$ 和 $o_{a.s.}$ 与 O 和 o 类似。

习题 2.22 令 a_n 和 b_n 为随机标量，请证明：(i) 如果 $a_n = O_{a.s.}(n^{\lambda})$，$b_n = O_{a.s.}(n^{\mu})$，则 $a_n b_n = O_{a.s.}(n^{\lambda+\mu})$ 及 $a_n + b_n = O_{a.s.}(n^{\kappa})$，$\kappa = \max[\lambda, \mu]$；(ii) 如果 $a_n = o_{a.s.}(n^{\lambda})$，$b_n = o_{a.s.}(n^{\mu})$，则 $a_n b_n = o_{a.s.}(n^{\lambda+\mu})$ 和 $a_n + b_n = o_{a.s.}(n^{\kappa})$；(iii) 如果 $a_n = O_{a.s.}(n^{\lambda})$，$b_n = o_{a.s.}(n^{\mu})$，则 $a_n b_n = o_{a.s.}(n^{\lambda+\mu})$ 且 $a_n + b_n = O_{a.s.}(n^{\kappa})$。

2.3 依概率收敛

依概率收敛是比几乎必然收敛稍弱的随机收敛概念。

定义 2.23 令 $\{b_n\}$ 为实值随机变量序列。如果存在实数 b 使得对于任意 $\varepsilon > 0$，当 $n \to \infty$ 时，都有 $P(\omega: |b_n(\omega) - b| < \varepsilon) \to 1$，则称 b_n 依概率收敛于 b，记作 $b_n \xrightarrow{p} b$。

在几乎必然收敛中，概率测度 P 考虑了整个序列 $\{\mathcal{Z}_t\}$ 的联合分布；但在依概率收敛中，我们只需依次考虑 b_n 中实际出现的 $\{\mathcal{Z}_t\}$ 序列的前 n 个元素的联合分布。若序列依概率收敛，当 n 增加时，序列元素 b_n 与 b 的距离越来越不可能大于给定的 $\varepsilon(\varepsilon > 0)$。$b$ 称作 b_n 的概率极限，通常记作 $\text{plim}\, b_n = b$。

依概率收敛也称作弱一致性，作为计量经济学中最为人熟知的随机收敛概念，我们通常将“弱”省略。以下定理给出了依概率收敛与几乎必然收敛间的关系。

定理 2.24 令 $\{b_n\}$ 为随机变量序列。如果 $b_n \xrightarrow{a.s.} b$，则 $b_n \xrightarrow{p} b$。如果 $b_n \xrightarrow{p} b$，则存在子序列 $\{b_{n_j}\}$ 使得 $b_{n_j} \xrightarrow{a.s.} b$。

证明： 参见 Lukacs(1975, p.480)。■

因此，几乎必然收敛可推出依概率收敛，反之不成立。然而，依概率收敛的序列总包含几乎必然收敛的子序列。从本质上来讲，与几乎必然收敛相比，依概率收敛在收敛序列上允许更多的不稳定行为。通过忽略序列中的那些不稳定元素，我们可以得到几乎必然收敛的子序列。Lukacs(1975, pp.34—35)给出了一个依概率收敛但不是几乎必然收敛的例子。

例 2.25 令 $\bar{Z}_n \equiv n^{-1}\sum_{t=1}^{n} Z_t$，这里 $\{Z_t\}$ 是随机变量序列并满足对任意的 t，都有 $E(Z_t)=\mu$，$\text{var}(Z_t)=\sigma^2<\infty$，以及对任意 $t\neq\tau$，都有 $\text{cov}(Z_t, Z_\tau)=0$。则由切比雪夫(Chebyshev)弱大数定律可知，$\bar{Z}_n \xrightarrow{p} \mu$(参见 Rao, 1973, p.112)。

请注意，与例 2.10 不同的是，无需假设此处变量的独立性(只需假设不相关)，或者同分布(只需同均值、方差)。但此例中要求二阶矩存在，而例 2.10 无需此条件。

还需注意的是，在例 2.10 的条件中，几乎必然收敛可直接推出依概率收敛。通常，在相同或相近的条件下，大多数弱一致结论都存在类似的强一致结论。例如，在例 2.25 的条件下，强一致结论也成立。这些类似结论通常需要更加复杂的技术去证明。

给定每个元素都依概率收敛，则向量和矩阵也依概率收敛。

为了证明弱一致序列的连续函数收敛到概率极限的函数，我们需要以下结论。

命题 2.26(蕴含准则, the implication rule) 考虑事件 E 和 F_i，$i=1, \cdots, k$ 满足 $\left(\bigcap_{i=1}^{k} F_i\right) \subset E$，则 $\sum_{i=1}^{k} P(F_i^c) \geq P(E^c)$。

证明：参见 Lukacs(1975, p.7)。■

命题 2.27 给定 $\mathbf{g}: \mathbb{R}^k \to \mathbb{R}^l$，任意 $k\times 1$ 的随机向量序列 $\{\mathbf{b}_n\}$ 满足 $\mathbf{b}_n \xrightarrow{p} \mathbf{b}$，这里 $\mathbf{b}$ 是一个 $k\times 1$ 向量。如果 $\mathbf{g}$ 在 $\mathbf{b}$ 处连续，则 $\mathbf{g}(\mathbf{b}_n) \xrightarrow{p} \mathbf{g}(\mathbf{b})$。

证明：令 g_j 是 $\mathbf{g}$ 的分量。对任意 $\varepsilon>0$，$\mathbf{g}$ 连续意味着存在 $\delta(\varepsilon)>0$，使得：如果 $|b_{ni}(\omega)-b_i|<\delta(\varepsilon)$，$i=1, \cdots, k$，则 $|g_j(\mathbf{b}_n(\omega))-g_j(\mathbf{b})|<\varepsilon$。定义事件 $F_{ni} \equiv \{\omega: |b_{ni}(\omega)-b_i|<\delta(\varepsilon)\}$ 和 $E_n \equiv \{\omega: |g_j(\mathbf{b}_n(\omega))-g_j(\mathbf{b})|<\varepsilon\}$，则 $\left(\bigcap_{i=1}^{k} F_i\right) \subset E_n$。

由蕴含准则可知，$\sum_{i=1}^{k} P(F_{ni}^c) \geq P(E_n^c)$。因为 $\mathbf{b}_n \xrightarrow{p} \mathbf{b}$，对任意 $\eta>0$ 并当 n 足够大时，$P(F_{ni}^c) \leq \eta$。因此 $P(E_n^c) \leq k\eta$，或 $P(E_n) \geq 1-k\eta$。因为 $P(E_n) \leq 1$ 以及 η 可取任意值，所以当 $n\to\infty$ 时，$P(E_n)\to 1$，因此 $g_j(\mathbf{b}_n) \xrightarrow{p}$

$g_j(\mathbf{b})$。因为这对任意 $j=1, \cdots, l$ 都成立，所以 $\mathbf{g}(\mathbf{b}_n) \xrightarrow{p} \mathbf{g}(\mathbf{b})$。■

以上命题可用来构建类似定理 2.12 和习题 2.13 的结论。

定理 2.28 假设

(i) $\mathbf{Y}_t = \mathbf{X}_t' \beta_o + \varepsilon_t$, $t=1, 2, \cdots$, $\beta_o \in \mathbb{R}^k$。

(ii) $\mathbf{X}'\varepsilon/n \xrightarrow{p} \mathbf{0}$。

(iii) $\mathbf{X}'\mathbf{X}/n \xrightarrow{p} \mathbf{M}$，有界且正定。

则 $\hat{\beta}_n$ 依概率存在，且 $\hat{\beta}_n \xrightarrow{p} \beta_o$。

证明：证明步骤和定理 2.12 相同，不同的是这里需用命题 2.27 来代替命题 2.11，用依概率收敛来代替几乎必然收敛。■

由定理 2.24 知，“$\hat{\beta}_n$ 依概率存在”意味着存在$\{\hat{\beta}_{n_j}\}$子序列，使得当 n_j 足够大时 $\hat{\beta}_{n_j}$ 几乎必然存在。换句话说，$\mathbf{X}'\mathbf{X}/n$ 仍然可以这种方式收敛到 $\mathbf{M}$，即 $\mathbf{X}'\mathbf{X}/n$ 在某些 n 值不存在逆，从而使得 $\hat{\beta}_n$ 不存在。然而 $\mathbf{X}'\mathbf{X}/n$ 存在一个几乎必然收敛的子序列，其对应的子序列 $\hat{\beta}_{n_j}$ 在 n_j 足够大时，也几乎必然存在。

习题 2.29 证明以下结论。假设

(i) $\mathbf{Y}_t = \mathbf{X}_t' \beta_o + \varepsilon_t$, $t=1, 2, \cdots$, $\beta_o \in \mathbb{R}^k$；

(ii) $\mathbf{Z}'\varepsilon/n \xrightarrow{p} \mathbf{0}$；

(iii) (a) $\mathbf{Z}'\mathbf{X}/n \xrightarrow{p} \mathbf{Q}$，$\mathbf{Q}$ 有界且列满秩；

(b) $\hat{\mathbf{P}}_n \xrightarrow{p} \mathbf{P}$，$\mathbf{P}$ 有界，对称且正定。

则 $\tilde{\beta}_n$ 依概率存在，且 $\tilde{\beta}_n \xrightarrow{p} \beta_o$。

这些结论在具体环境中是否成立取决于数据的性质。前文提过，$\mathbf{X}'\mathbf{X}/n$、$\mathbf{Z}'\mathbf{X}/n$ 和 $\hat{\mathbf{P}}_n$ 收敛到常数极限的假设限制性太强。我们可通过采用类似于命题 2.16 的方式来放松该假设。以下结论在后面章节中会被经常使用。

命题 2.30 令 $\mathbf{g}: \mathbb{R}^k \to \mathbb{R}^l$ 在紧集 $C \subset \mathbb{R}^k$ 上连续，假设$\{\mathbf{b}_n\}$是 $k \times 1$ 随机向量序列，$\{\mathbf{c}_n\}$是 $k \times 1$ 向量序列，满足 $\mathbf{b}_n - \mathbf{c}_n \xrightarrow{p} \mathbf{0}$ 并且对于充分大的 n，c_n 一致地位于 C 内，则 $\mathbf{g}(\mathbf{b}_n) - \mathbf{g}(\mathbf{c}_n) \xrightarrow{p} \mathbf{0}$。

证明：令 g_j 是 $\mathbf{g}$ 的分量。因为 C 是紧集，由定理 2.15 可知 g_j 一致连续，因此对任意 $\varepsilon > 0$，存在 $\delta(\varepsilon) > 0$，使得：如果 $|b_{ni} - c_{ni}| < \delta(\varepsilon)$，$i=1, \cdots$,

k,则 $|g_j(\mathbf{b}_n)-g_j(\mathbf{c}_n)|<\varepsilon$。定义事件 $F_{ni}\equiv\{\omega: |b_{ni}(\omega)-c_{ni}|<\delta(\varepsilon)\}$ 和 $E_n\equiv\{\omega: |g_j(\mathbf{b}_n(\omega))-g_j(\mathbf{c}_n)|<\varepsilon\}$。则 $\left(\bigcap_{i=1}^k F_i\right)\subset E$。由蕴含准则可知 $\sum_{i=1}^k P(F_{ni}^c)\geqslant P(E_n^c)$。因为 $\mathbf{b}_n-\mathbf{c}_n\xrightarrow{p}\mathbf{0}$,对任意 $\eta>0$,当 n 足够大时 $P(F_{ni}^c)\leqslant\eta$。因此 $P(E_n^c)\leqslant k\eta$,或 $P(E_n)\geqslant 1-k\eta$。因为 $P(E_n)\leqslant 1$ 以及 η 可取任意值,所以当 $n\to\infty$ 时,$P(E_n)\to 1$,因此 $g_j(\mathbf{b}_n)-g_j(\mathbf{c}_n)\xrightarrow{p}0$。因为这对任意 $j=1,\cdots,l$ 都成立,所以 $\mathbf{g}(\mathbf{b}_n)-\mathbf{g}(\mathbf{c}_n)\xrightarrow{p}\mathbf{0}$。■

定理 2.31 假设

(i) $\mathbf{Y}_t=\mathbf{X}_t'\beta_o+\varepsilon_t$, $t=1, 2, \cdots$, $\beta_o\in\mathbb{R}^k$;

(ii) $\mathbf{X}'\varepsilon/n\xrightarrow{p}\mathbf{0}$;

(iii) $\mathbf{X}'\mathbf{X}/n-\mathbf{M}_n\xrightarrow{p}\mathbf{0}$,其中 $\mathbf{M}_n=(1)$,并满足一致正定。

则当 n 足够大时,$\hat{\beta}_n$ 依概率存在且 $\hat{\beta}_n\xrightarrow{p}\beta_o$。

证明:证明步骤和定理 2.18 相同,不同的是这里需用命题 2.30 来代替命题 2.16,用依概率收敛来代替几乎必然收敛。■

习题 2.32 证明以下结论。假设

(i) $\mathbf{Y}_t=\mathbf{X}_t'\beta_o+\varepsilon_t$, $t=1, 2, \cdots$, $\beta_o\in\mathbb{R}^k$;

(ii) $\mathbf{Z}'\varepsilon/n\xrightarrow{p}\mathbf{0}$;

(iii) (a) $\mathbf{Z}'\mathbf{X}/n-\mathbf{Q}_n\xrightarrow{p}\mathbf{0}$, $\mathbf{Q}_n=O(1)$ 且一致列满秩;

(b) $\hat{\mathbf{P}}_n-\mathbf{P}_n\xrightarrow{p}\mathbf{0}$, $\mathbf{P}_n=O(1)$ 且对称、一致正定。

则当 n 足够大时,$\tilde{\beta}_n$ 几乎必然存在且 $\tilde{\beta}_n\xrightarrow{p}\beta_o$。

和几乎必然收敛一样,阶的概念可直接拓展到依概率收敛。

定义 2.33 (i)若对任意 $\varepsilon>0$,存在有限的 $\Delta_\varepsilon>0$ 且 $N_\varepsilon\in\mathbb{N}$,使得对任意 $n\geqslant N_\varepsilon$,都有 $P\{\omega: |n^{-\lambda}b_n(\omega)|>\Delta_\varepsilon\}<\varepsilon$ 成立,则称序列 $\{b_n\}$ 依概率至多 n^λ 阶,记作 $b_n=O_p(n^\lambda)$。(ii)如果 $n^{-\lambda}b_n\xrightarrow{p}0$,则称 $\{b_n\}$ 依概率比 n^λ 低阶,记作 $b_n=o_p(n^\lambda)$。

当 $b_n=O_p(1)$ 时,我们称 $\{b_n\}$ 依概率有界;当 $b_n=o_p(1)$ 时,我们称 $b_n\xrightarrow{p}0$。

例 2.34 令 $b_n=\mathcal{Z}_n$,这里 $\{\mathcal{Z}_t\}$ 是服从 $N(0, 1)$ 的同分布随机变量序

列，则对任意 $n\geqslant 1$，有 $P(\omega:|b_n(\omega)|>\Delta)=P(\omega:|\mathcal{Z}_n|>\Delta)=2\Phi(-\Delta)$ 成立，其中 Φ 是标准正态累积分布函数(c.c.d)。Δ 足够大可使得对任意 $\delta>0$，$2\Phi(-\Delta)<\delta$ 都成立。因此，$b_n=\mathcal{Z}_n=O_p(1)$。

注意，本例中的 Φ 被任意累积分布函数 F 代替，其结论依然成立，即累积分布函数为 F 的任意随机变量都是 $O_p(1)$。

习题 2.35 令 a_n 和 b_n 为随机标量，请证明(i)如果 $a_n=O_P(n^{\lambda})$，$b_n=O_P(n^{\mu})$，则 $a_nb_n=O_P(n^{\lambda+\mu})$ 和 $a_n+b_n=O_P(n^{\kappa})$，$\kappa=\max[\lambda,\mu]$；(ii)如果 $a_n=o_P(n^{\lambda})$，$b_n=o_P(n^{\mu})$，则 $a_nb_n=o_P(n^{\lambda+\mu})$ 和 $a_n+b_n=o_{a.s.}(n^{\kappa})$；(iii)如果 $a_n=O_P(n^{\lambda})$，$b_n=o_P(n^{\mu})$，则 $a_nb_n=o_P(n^{\lambda+\mu})$ 和 $a_n+b_n=O_P(n^{\kappa})$。(提示：应用命题 2.30)

本章最有用的结论是前文练习的一个推论，该推论在第 4 章证明渐近正态性时常用。

推论 2.36(乘积法则，product rule) 令 $\mathbf{A}_n$ 为 $l\times k$，$\mathbf{b}_n$ 为 $k\times 1$。如果 $\mathbf{A}_n=o_p(1)$，$\mathbf{b}_n=O_p(1)$，则 $\mathbf{A}_n\mathbf{b}_n=o_p(1)$。

证明：令 $\mathbf{a}_n\equiv\mathbf{A}_n\mathbf{b}_n$，其中 $\mathbf{A}_n=[A_{nij}]$。则 $a_{ni}=\sum_{j=1}^{k}A_{nij}b_{nj}$。因为 $A_{nij}=o_p(1)$，$b_{nj}=O_p(1)$，由习题 2.35(iii)可知 $A_{nij}b_{nj}=o_p(1)$。因为 k 个 $o_p(1)$ 的和仍为 $o_p(1)$，所以 $\mathbf{a}_n=o_p(1)$，从而证明 $\mathbf{a}_n\equiv\mathbf{A}_n\mathbf{b}_n=o_p(1)$。■

2.4 依 r 阶矩收敛

极限收敛、几乎必然收敛、依概率收敛都是计量经济学中常用的收敛概念，文献中的大多数结论也采用这些概念。在时间序列框架下常用的一个收敛概念是依 r 阶矩收敛。

定义 2.37 令 $\{b_n\}$ 为实值随机变量序列，并满足对于某个 $r>0$，$E|b_n|^r<\infty$。如果存在实数 b，使得当 $n\to\infty$ 时 $E(|b_n-b|^r)\to 0$，则称 b_n 依 r 阶矩收敛到 b，记作 $b_n\xrightarrow{r.m.}b$。

最常见的情况是 $r=2$，称作依二阶矩收敛，记作 $b_n\xrightarrow{q.m.}b$；或者称 b 为 b_n 的均方极限，记作 $\text{l.i.m.}b_n=b$。

当 $r>s$ 时，可由依 r 阶矩收敛推出依 s 阶矩收敛。该结论很有用，可用詹森不等式证明。

命题 2.38(詹森不等式,Jensen's inequality) 令 $g: \mathbb{R} \to \mathbb{R}$ 是区间 $B \subset \mathbb{R}$ 上的凸函数,令 $\mathcal{Z}$ 为满足 $P(\mathcal{Z} \in B)=1$ 的随机变量,则 $g(E(\mathcal{Z})) \leqslant E(g(\mathcal{Z}))$。如果 g 是 B 上的凹函数,则 $g(E(\mathcal{Z})) \geqslant E(g(\mathcal{Z}))$。

证明:参见 Rao(1973, pp.57—58)。■

例 2.39 令 $g(z)=|z|$,由詹森不等式得 $|E(\mathcal{Z})| \leqslant E(|\mathcal{Z}|)$。令 $g(z)=z^2$,由詹森不等式得 $(E(\mathcal{Z}))^2 \leqslant E(\mathcal{Z}^2)$。

定理 2.40 如果 $b_n \xrightarrow{r.m.} b$ 且 $r>s$,则 $b_n \xrightarrow{s.m.} b$。

证明:令 $g(z)=z^q$, $q<1$, $z \geqslant 0$,则 g 是凹函数。令 $z=|b_n-b|^r$, $q=s/r$,由詹森不等式得

$$E(|b_n-b|^s)=E(\{|b_n-b|^r\}^q) \leqslant \{E(|b_n-b|^r)\}^q$$

因为 $E(|b_n-b|^r) \to 0$,所以 $E(\{|b_n-b|^r\}^q)=E(|b_n-b|^s) \to 0$,因此 $b_n \xrightarrow{s.m.} b$。

依 r 阶矩收敛比依概率收敛更强,事实上,依 r 阶矩收敛可以推出依概率收敛。要证明这个结论,需要用到以下广义切比雪夫不等式。

命题 2.41(广义切比雪夫不等式,generalized Chebyshev inequality) 令 $\mathcal{Z}$ 为随机变量并满足 $E|\mathcal{Z}|^r<\infty$, $r>0$,则对于任意的 $\varepsilon>0$,有

$$P(|\mathcal{Z}| \geqslant \varepsilon) \leqslant E(|\mathcal{Z}|^r)/\varepsilon^r$$

证明:参见 Lukacs(1975, pp.8—9)。■

当 $r=1$ 时即得马尔可夫不等式,$r=2$ 时即得切比雪夫不等式。

定理 2.42 如果对于某个 $r>0$ 且 $b_n \xrightarrow{r.m.} b$,则 $b_n \xrightarrow{p} b$。

证明:因为当 $n \to \infty$ 时,$E(|b_n-b|^r) \to 0$,对于所有足够大的 n,有 $E(|b_n-b|^r)<\infty$,由广义切比雪夫不等式可得,对于任意的 $\varepsilon>0$,

$$P(\omega: |b_n(\omega)-b| \geqslant \varepsilon) \leqslant E(|b_n-b|^r)/\varepsilon^r$$

因为 $b_n \xrightarrow{r.m.} b$,所以当 $n \to \infty$ 时,$P(\omega: |b_n(\omega)-b|<\varepsilon) \geqslant 1-E(|b_n-b|^r)/\varepsilon^r \to 1$。因此 $b_n \xrightarrow{P} b$。■

若无附加条件,则依 r 阶矩收敛和几乎必然收敛之间并无必然联系。更多讨论可参见 Lukacs(1975, Ch.2)。

因为依 r 阶矩收敛主要出现在之后章节的结果的条件设定而非结论中,所以我们不提供类似之前的有关 OLS 和工具变量估计量的一致结论。

参考文献

Bartle, R. G.(1976). *The Elements of Real Analysis*. Wiley, New York.

Fisher, F. M.(1966). *The Identification Problem in Econometrics*. McGraw-Hill, New York.

Lukacs, E.(1975). *Stochastic Convergence*. Academic Press, New York.

Rao, C. R.(1973). *Linear Statistical Inference and Its Applications*. Wiley, New York.

White, H. (1982). "Instrumental Variables Regression with Independent Observations." *Econometrica*, 50, 483—500.

3 大数定律

在这一章中,我们将学习大数定律。该定律描述了随机收敛(例如$\mathbf{Z}'\mathbf{X}/n$和$Z'\varepsilon/n$)所需的条件,而随机收敛则进一步保证了前面章节中的一致性结论。由于不同的条件将适用于不同的经济数据(例如时间序列或横截面数据),我们将重点关注这些条件能够适用的经济数据类型。由于强一致性意味着依概率收敛(由定理 2.24),因此本章将重点叙述强一致收敛的结果。

我们所考虑的大数定律都具有如下形式。

命题 3.0 给定一个随机变量序列$\{Z_t\}$的相依性、异质性以及各阶矩的条件限制,$\bar{Z}_n-\bar{\mu}_n\xrightarrow{a.s.}0$,其中$\bar{Z}_n\equiv n^{-1}\sum_{t=1}^{n}Z_t$且$\bar{\mu}_n\equiv E(\bar{Z}_n)$。

本章接下来给出的结果将准确地说明哪些对于相依性、异质性(即,Z_t的分布可能随t变化的程度)以及各阶矩的限制条件是$\bar{Z}_n-\bar{\mu}_n\xrightarrow{a.s.}0$成立的充分条件。正如我们将要看到的,有些时候我们要在这些限制条件之间进行权衡取舍;例如,放松相依性或者异质性的限制可能需要更强的矩条件限制。

3.1 独立同分布观测

最简单的情况就是独立同分布随机变量的情况。

定理 3.1(柯尔莫哥洛夫) 令$\{Z_t\}$为独立同分布的随机变量序列。则当且仅当$E|Z_t|<\infty$且$E(Z_t)=\mu$成立时,有$\bar{Z}_n\xrightarrow{a.s.}\mu$。

证明: 参见 Rao(1973, p.115)。■

上述结果的一个有趣的特点是给出的条件是关于$\bar{\mathcal{Z}}_n \xrightarrow{a.s.} \mu$成立的充分必要条件。同时因为序列$\{\mathcal{Z}_t\}$是独立同分布的，所以$E(\bar{\mathcal{Z}}_n)=\mu$。

为了将上述结果运用到计量经济学的估计量中，我们必须知道$\mathbf{Z}'\mathbf{X}/n=n^{-1}\sum_{t=1}^n \mathcal{Z}_t\mathbf{X}_t'$与$Z'\varepsilon/n=n^{-1}\sum_{t=1}^n \mathcal{Z}_t\varepsilon_t$中的子项都是独立同分布的。当$\{(\mathbf{Z}_t', \mathbf{X}_t', \varepsilon_t)\}$独立同分布时，上述结论是适用的。为了证明这个结论，我们运用如下结果。

命题 3.2 假设$\mathbf{g}: \mathbb{R}^k \to \mathbb{R}^l$为一个连续*函数。(i)若$\boldsymbol{\mathcal{Z}}_t$与$\boldsymbol{\mathcal{Z}}_\tau$同分布，则$\mathbf{g}(\boldsymbol{\mathcal{Z}}_t)$与$\mathbf{g}(\boldsymbol{\mathcal{Z}}_\tau)$同分布。(ii)若$\boldsymbol{\mathcal{Z}}_t$与$\boldsymbol{\mathcal{Z}}_\tau$独立，则$\mathbf{g}(\boldsymbol{\mathcal{Z}}_t)$与$\mathbf{g}(\boldsymbol{\mathcal{Z}}_\tau)$相互独立。

证明: (i)令$\boldsymbol{\mathcal{Y}}_t=\mathbf{g}(\boldsymbol{\mathcal{Z}}_t)$，$\boldsymbol{\mathcal{Y}}_\tau=\mathbf{g}(\boldsymbol{\mathcal{Z}}_\tau)$。定义$A=[\mathbf{z}:\mathbf{g}(\mathbf{z})<\mathbf{a}]$，则对所有的$\mathbf{a}\in\mathbb{R}^l$，$F_t(\mathbf{a})\equiv P[\boldsymbol{\mathcal{Y}}_t\leqslant\mathbf{a}]=P[\boldsymbol{\mathcal{Z}}_t\in A]=P[\boldsymbol{\mathcal{Z}}_\tau\in A]=P[\boldsymbol{\mathcal{Y}}_\tau\leqslant\mathbf{a}]\equiv F_\tau(\mathbf{a})$成立。所以$\mathbf{g}(\boldsymbol{\mathcal{Z}}_t)$与$\mathbf{g}(\boldsymbol{\mathcal{Z}}_\tau)$同分布。(ii)令$A_1=[\mathbf{z}:\mathbf{g}(\mathbf{z})<\mathbf{a}_1]$，$A_2=[\mathbf{z}:\mathbf{g}(\mathbf{z})<\mathbf{a}_2]$。则对所有的$\mathbf{a}_1, \mathbf{a}_2\in\mathbb{R}^l$，$F_{t\tau}(\mathbf{a}_1, \mathbf{a}_2)\equiv P[\boldsymbol{\mathcal{Y}}_t\leqslant\mathbf{a}_1, \boldsymbol{\mathcal{Y}}_\tau\leqslant\mathbf{a}_2]=P[\boldsymbol{\mathcal{Z}}_t\in A_1, \boldsymbol{\mathcal{Z}}_\tau\in A_2]=P[\boldsymbol{\mathcal{Z}}_t\in A_1]P[\boldsymbol{\mathcal{Z}}_\tau\in A_2]=P[\boldsymbol{\mathcal{Y}}_t\leqslant\mathbf{a}_1]P[\boldsymbol{\mathcal{Y}}_\tau\leqslant\mathbf{a}_2]=F_t(\mathbf{a}_1)F_\tau(\mathbf{a}_2)$成立。因此$\mathbf{g}(\boldsymbol{\mathcal{Z}}_t)$与$\mathbf{g}(\boldsymbol{\mathcal{Z}}_\tau)$独立。■

命题 3.3 如果$\{(\mathbf{Z}_t', \mathbf{X}_t', \varepsilon_t)\}$是独立同分布的随机序列，则$\{\mathbf{X}_t\mathbf{X}_t'\}$，$\{\mathbf{X}_t\varepsilon_t\}$，$\{\mathbf{Z}_t\mathbf{X}_t'\}$，$\{\mathbf{Z}_t\varepsilon_t\}$，$\{\mathbf{Z}_t\mathbf{Z}_t'\}$都是独立同分布的随机序列。

证明: 直接可以从命题 3.2 的(i)和(ii)得出。■

为了将解释变量的矩条件写成更为紧凑的形式，我们使用柯西—施瓦茨(Cauchy-Schwarz)不等式，它是如下命题的一个推论。

命题 3.4(赫尔德不等式，Hölder's inequality) 如果$p>1$，$1/p+1/q=1$，$E|\mathcal{Y}|^p<\infty$且$E|\mathcal{Z}|^q<\infty$，则$E|\mathcal{Y}\mathcal{Z}|<[E|\mathcal{Y}|^p]^{1/p}[E|\mathcal{Z}|^q]^{1/q}$。

证明: 参见 Lukacs(1975, p.11)。■

如果$p=q=2$，我们得到柯西—施瓦茨不等式，

$$E|\mathcal{Y}\mathcal{Z}|\leqslant E(\mathcal{Y}^2)^{1/2}E(\mathcal{Z}^2)^{1/2}$$

$\mathbf{X}_t\mathbf{X}_t'$的第$i$, j个元素为$\sum_{h=1}^p X_{thi}X_{thj}$，并且由三角不等式可得，

$$\left|\sum_{h=1}^p X_{thi}X_{thj}\right|\leqslant\sum_{h=1}^p |X_{thi}X_{thj}|$$

---

* 这个结果对定义 3.21 所定义的可测函数同样适用。

因此，根据柯西—施瓦茨不等式可得

$$E\left|\sum_{h=1}^{p} X_{thi}X_{thj}\right| \leqslant \sum_{h=1}^{p} E\mid X_{thi}X_{thj}\mid$$
$$\leqslant \sum_{h=1}^{p}(E\mid X_{thi}\mid^2)^{1/2}(E\mid X_{thj}\mid^2)^{1/2}$$

也就是说，只要 $E|X_{thi}|^2<\infty$ 对所有的 h 和 i 成立，则 $\mathbf{X}_t\mathbf{X}_t'$ 的元素即可满足 $E|\sum_{h=1}^{p}X_{thi}X_{thj}|<\infty$（这正是柯尔莫哥洛夫大数定律所要求的条件）。

结合定理 3.1 和定理 2.12，对于独立同分布观测样本，我们可以得到如下关于 OLS 估计量的一致性结果。

定理 3.5　假设

(i) $\mathbf{Y}_t=\mathbf{X}_t'\beta_o+\varepsilon_t$，$t=1, 2, \cdots$，$\beta_o\in\mathbb{R}^k$；

(ii) $\{(\mathbf{X}_t', \varepsilon_t)\}$ 是一个独立同分布的序列；

(iii) (a) $E(\mathbf{X}_t\varepsilon_t)=\mathbf{0}$；

　　(b) $E|\mathbf{X}_{thi}\varepsilon_{th}|<\infty$，$h=1, \cdots, p$，$i=1, \cdots, k$；

(iv) (a) $E|\mathbf{X}_{thi}|^2<\infty$，$h=1, \cdots, p$，$i=1, \cdots, k$；

　　(b) $\mathbf{M}\equiv E(\mathbf{X}_t\mathbf{X}_t')$ 是正定的。

则对充分大的 n，估计量 $\hat{\beta}_n$ 几乎必然存在，并且 $\hat{\beta}_n \xrightarrow{a.s.} \beta_o$。

证明：由(ii)可知，$\{\mathbf{X}_t\varepsilon_t\}$ 和 $\{\mathbf{X}_t\mathbf{X}_t'\}$ 都是独立同分布的序列。给定(iii)和(iv)，并且由前述的柯西—施瓦茨不等式可知，$\mathbf{X}_t\varepsilon_t$ 和 $\mathbf{X}_t\mathbf{X}_t'$ 的元素具有有限的绝对值期望。根据定理 3.1，$\mathbf{X}'\varepsilon/n=n^{-1}\sum_{t=1}^{n}\mathbf{X}_t\varepsilon_t \xrightarrow{a.s.} \mathbf{0}$ 且 $n^{-1}\sum_{t=1}^{n}\mathbf{X}_t\mathbf{X}_t' \xrightarrow{a.s.} \mathbf{M}$，$\mathbf{M}$ 为有限正定矩阵，所以满足定理 2.12 的条件，结论成立。■

当我们获取的样本是随机样本时（例如简单的横截面数据），上述结论是适用的。然而，对于分层横截面数据，由于每一层的观测样本之间并不是同分布的，上述结果并不适用。同样的，对于时间序列数据，由于序列 $(\mathbf{X}_t\varepsilon_t)$ 一般不是独立的，上述结果也不适用。对于这些情形，我们需要不施加独立同分布条件的大数定律。因为我们假设了(i)，所以可将(ii)设定为 $\{(\mathbf{X}_t', \mathbf{Y}_t)\}$ 是一个独立同分布的序列，并且运用命题 3.2，我们同样可以得到 $\{(\mathbf{X}_t', \varepsilon_t)\}$ 是一个独立同分布序列。

另外,请注意,保证 $E(\mathbf{X}_t\varepsilon_t)=\mathbf{0}$ 的充分条件是对所有的 t, $\mathbf{X}_t$ 与 ε_t 独立且 $E(\varepsilon_t)=\mathbf{0}$;或者,条件 $E(\varepsilon_t|\mathbf{X}_t)=\mathbf{0}$ 也是充分的。若 $E(\mathbf{Y}_t|\mathbf{X}_t)=\mathbf{X}_t'\beta_o$ 并且我们将 ε_t 定义为 $\varepsilon_t\equiv\mathbf{Y}_t-E(\mathbf{Y}_t|\mathbf{X}_t)=Y_t-\mathbf{X}_t'\beta_o$,则可以得到后者的充分条件。所有这些(iii)的替代条件都比简单地要求 $E(\mathbf{X}_t\varepsilon_t)=\mathbf{0}$ 更强。

事实上,通过定义 $\beta_o\equiv E(\mathbf{X}_t\mathbf{X}_t')^{-1}E(\mathbf{X}_t\mathbf{Y}_t)$ 且 $\varepsilon_t\equiv\mathbf{Y}_t-\mathbf{X}_t'\beta_o$,可以保证 $E(\mathbf{X}_t\varepsilon_t)=\mathbf{0}$ 成立(请证明)。因此,我们不对 $\mathbf{Y}_t$ 的数据生成过程施加很强的假定。注意到,在证明 $\hat{\beta}_n$ 的一致性时,我们没有对 ε_t 的二阶矩施加任何限制。事实上,即使 ε_t 的方差无穷大,$\hat{\beta}_n$ 依然是 β_o 的一致估计量。

关于工具变量估计量有如下类似的结果。

习题 3.6 证明如下结果。假设

(i) $\mathbf{Y}_t=\mathbf{X}_t'\beta_o+\varepsilon_t$, $t=1,2,\cdots$, $\beta_o\in\mathbb{R}^k$;

(ii) $\{(\mathbf{Z}_t',\mathbf{X}_t',\varepsilon_t)\}$是一个独立同分布的序列;

(iii) (a) $E(\mathbf{Z}_t\varepsilon_t)=\mathbf{0}$;

(b) $E|Z_{thi}\varepsilon_{th}|<\infty$, $h=1,\cdots,p$, $i=1,\cdots,l$;

(iv) (a) $E|Z_{thi}X_{thj}|<\infty$, $h=1,\cdots,p$, $i=1,\cdots,l$, $j=1,\cdots,k$;

(b) $\mathbf{Q}\equiv E(\mathbf{Z}_t\mathbf{X}_t')$列满秩;

(c) $\hat{\mathbf{P}}_n\xrightarrow{a.s.}\mathbf{P}$,其中 $\mathbf{P}$ 是有限对称正定矩阵。

则对充分大的 n,估计量$\tilde{\beta}_n$ 几乎必然存在,并且$\tilde{\beta}_n\xrightarrow{a.s.}\beta_o$。

3.2 独立异质分布观测

一般而言,假设横截面数据的观测样本相互独立但是具有不同的分布更为恰当。通过某种方式对总体中的样本进行分层(分组)将导致同分布的假定不再成立。然而,只要每一层内或者各层之间的样本是随机的,那么独立性的假定仍然成立。为了适用于这些情况,我们引入如下大数定律。

定理 3.7(马尔可夫) 若$\{\mathcal{Z}_t\}$为独立随机变量序列,且有限均值 $\mu_t\equiv E(\mathcal{Z}_t)$。如果对某一个 $\delta>0$,有 $\sum_{t=1}^{\infty}(E|\mathcal{Z}_t-\mu_t|^{1+\delta})/t^{1+\delta}<\infty$,则 $\bar{\mathcal{Z}}_n-\bar{\mu}_n\xrightarrow{a.s.}0$。

证明:参见 Chung(1974, pp.125—126)。■

上述定理允许随机变量具有异质性(即,不是同分布的),但是我们增加了有关矩条件的约束$\sum_{t=1}^{\infty}(E|\mathcal{Z}_t-\mu_t|^{1+\delta})/t^{1+\delta}<\infty$,这个条件被称为马尔可夫条件。若$\delta=1$,我们可以得到柯尔莫哥洛夫大数定律(例如,参见 Rao, 1973, p.114)。与之相比,马尔可夫条件更为宽泛,允许我们选择任意足够小的δ,从而弱化关于$\mathcal{Z}_t$的限制条件。

通过运用詹森不等式和如下有用的不等式,我们可以得到一个具有更简单矩条件的推论。

命题 3.8(c_r 不等式, the c_r inequality) 若$\mathcal{Y}$和$\mathcal{Z}$是随机变量,并且对某些$r>0$, $E(|\mathcal{Y}|^r)<\infty$且$E(|\mathcal{Z}|^r)<\infty$成立,则$E|\mathcal{Y}+\mathcal{Z}|^r\leqslant c_r(E(|\mathcal{Y}|^r)+E(|\mathcal{Z}|^r))$,其中$c_r$是一个与$r$有关的常数,若$r\leqslant1$,则$c_r=1$,若$r>1$,则$c_r=2^{r-1}$。

证明:参见 Lukacs(1975, p.13)。■

推论 3.9 若$\{\mathcal{Z}_t\}$为独立的随机变量序列且对某些$\delta>0$及所有t,有$E|\mathcal{Z}_t|^{1+\delta}<\Delta<\infty$,则$\bar{\mathcal{Z}}_n-\bar{\mu}_n\xrightarrow{a.s.}0$。

证明:根据命题 3.8,

$$E|\mathcal{Z}_t-\mu_t|^{1+\delta}\leqslant2^{\delta}(E|\mathcal{Z}_t|^{1+\delta}+|\mu_t|^{1+\delta})$$

通过假定$E|\mathcal{Z}_t|^{1+\delta}<\Delta$并且运用詹森不等式可得

$$|\mu_t|\leqslant E|\mathcal{Z}_t|\leqslant(E|\mathcal{Z}_t|^{1+\delta})^{1/1+\delta}$$

从而可知,对所有t,有

$$|\mu_t|^{1+\delta}<\Delta$$

因此,对所有t, $E|\mathcal{Z}_t-\mu_t|^{1+\delta}<2^{1+\delta}\Delta$均成立。进一步地,由于对所有$\delta>0$, $\sum_{t=1}^{\infty}1/t^{1+\delta}<\infty$均成立。因此,

$$\sum_{t=1}^{\infty}E|\mathcal{Z}_t-\mu_t|^{1+\delta}/t^{1+\delta}<2^{1+\delta}\Delta\sum_{t=1}^{\infty}1/t^{1+\delta}<\infty$$

即定理 3.7 中的矩条件得以验证,由应用定理 3.7 可知该推论成立。■

对比定理 3.1,这个推论仅略微加强了矩条件约束,但是却允许观测数据具有异质性。

需要指出的是,我们可以将非随机序列视为以概率 1 在特定观测值上

取值的随机变量序列,即满足独立性非同分布(independent, not identically distributed, i.n.i.d)的随机变量序列。因此,对于某些固定解释变量,只要这些解释变量是固定一致有界的,即满足 $E|\mathcal{Z}_t|^{1+\delta}<\Delta<\infty$,则推论 3.9 就是适用的。若固定解释变量并不是有界的,则可以借助定理 3.7 来处理。为了将推论 3.9 运用于线性模型的情形,我们引入如下推论。

命题 3.10 如果$\{(\mathbf{Z}_t', \mathbf{X}_t', \varepsilon_t)\}$是一个独立的序列,则$\{\mathbf{X}_t\mathbf{X}_t'\}$、$\{\mathbf{X}_t\varepsilon_t\}$、$\{\mathbf{Z}_t\mathbf{X}_t'\}$、$\{\mathbf{Z}_t\varepsilon_t\}$和$\{\mathbf{Z}_t\mathbf{Z}_t'\}$都是独立的序列。

证明:这是命题 3.2(ii)的直接结果。■

为了简化所需的矩条件,我们运用如下赫尔德不等式的推论。

命题 3.11(闵可夫斯不等式,Minkowski's inequality) 令 $q\geqslant 1$。如果 $E(|\mathcal{Y}|^q)<\infty$ 且 $E(|\mathcal{Z}|^q)<\infty$,则 $(E|\mathcal{Y}+\mathcal{Z}|^q)^{1/q}<(E|\mathcal{Y}|^q)^{1/q}+(E|\mathcal{Z}|^q)^{1/q}$。

证明:参见 Lukacs(1975, p.11)。■

为了将推论 3.9 应用于 $\mathbf{X}_t\mathbf{X}_t'$,我们需要保证

$$E\left|\sum_{h=1}^{p}X_{thi}X_{thj}\right|^{1+\delta}$$

是关于 t 一致有界的。该条件可以通过如下推论得到。

推论 3.12 若 $E|X_{thi}^2|^{1+\delta}<\Delta<\infty$ 对某些 $\delta>0$, $h=1, \cdots, p$, $i=1, \cdots, k$ 和所有的 t 成立。则对某些 $\delta>0$, $i, j=1, \cdots, k$ 和所有的 t, $\mathbf{X}_t\mathbf{X}_t'$ 中的元素都满足 $E|\sum_{h=1}^{p}X_{thi}X_{thj}|^{1+\delta}<\Delta'<\infty$,其中 $\Delta'\equiv p^{1+\delta}\Delta$。

证明:由闵可夫斯基不等式可知

$$E\left|\sum_{h=1}^{p}X_{thi}X_{thj}\right|^{1+\delta}\leqslant\left[\sum_{h=1}^{p}(E\mid X_{thi}X_{thj}\mid^{1+\delta})^{1/(1+\delta)}\right]^{1+\delta}$$

根据柯西—施瓦茨不等式可知,

$$E|X_{thi}X_{thj}|^{1+\delta}\leqslant[E|X_{thi}^2|^{1+\delta}]^{1/2}[E|X_{thj}^2|^{1+\delta}]^{1/2}$$

因为 $E|X_{thi}^2|^{1+\delta}<\Delta<\infty$, $h=1, \cdots, p$, $i=1, \cdots, k$,则对所有 $h=1, \cdots, p$ 和 $i, j=1, \cdots, k$,都有

$$E|X_{thi}X_{thj}|^{1+\delta}\leqslant\Delta^{1/2}\Delta^{1/2}=\Delta$$

于是

$$E\left|\sum_{h=1}^{p} X_{thi}X_{thj}\right|^{1+\delta} \leqslant \left[\sum_{h=1}^{p} \Delta^{1/(1+\delta)}\right]^{1+\delta}$$
$$= p^{1+\delta}\Delta = \Delta' \blacksquare$$

其中,条件 $E|X_{thi}^2|^{1+\delta}<\Delta<\infty$ 意味着所有解释变量稍微大于二阶的矩都是一致有界的。类似地,我们可以对 $\mathbf{X}_t\varepsilon_t$ 的每一个元素施加该约束。

习题 3.13 证明如果存在某些 $\delta>0$,使得对 $h=1, \cdots, p$, $i=1, \cdots, k$,和所有的 t, $E|X_{thi}\varepsilon_{th}|^{1+\delta}<\Delta<\infty$ 均成立,则对某些 $\delta>0$, $i=1, \cdots, k$ 和所有的 t,则 $\mathbf{X}_t\varepsilon_t$ 的任意一个元素均满足 $E|\sum_{h=1}^{p} X_{thi}\varepsilon_{th}|^{1+\delta}<\Delta'<\infty$,其中 $\Delta'\equiv p^{1+\delta}\Delta$。

现在我们有了得到 OLS 估计量一致性定理的所有结果。因为相关的证明与定理 3.5 类似,所以我们将其证明作为一道习题。

习题 3.14 证明如下结果,假设

(i) $\mathbf{Y}_t=\mathbf{X}_t'\beta_o+\varepsilon_t$, $t=1, 2, \cdots$, $\beta_o\in\mathbb{R}^k$;

(ii) $\{(\mathbf{X}_t', \varepsilon_t)\}$是一个独立的序列;

(iii) (a) $E(\mathbf{Z}_t\varepsilon_t)=\mathbf{0}$, $t=1, 2, \cdots$;

(b) $E|X_{thi}\varepsilon_{th}|^{1+\delta}<\Delta<\infty$ 对某些 $\delta>0$,所有的 $h=1, \cdots, p$, $i=1, \cdots, k$,和所有的 t 成立;

(iv) (a) $E|X_{thi}^2|^{1+\delta}<\Delta<\infty$ 对某些 $\delta>0$,所有的 $h=1, \cdots, p$, $i=1, \cdots, k$,和所有的 t 成立;

(b) $\mathbf{M}_n\equiv E(\mathbf{X}'\mathbf{X}/n)$是一致正定的。

则对充分大的 n,估计量 $\hat{\beta}_n$ 几乎必然存在,并且 $\hat{\beta}_n \xrightarrow{a.s.} \beta_o$。

对比定理 3.5,我们放松了同分布的假定,为此付出的代价是对(iii.b)和(iv.a)中的矩条件施加了略强的限制。类似地,我们注意到(iv.a)意味着 $\mathbf{M}_n=O(1)$。(为什么?)

相对于定理 3.5,上述结论的应用范围更加宽泛,其适用于固定解释变量、观测值来自分层横截面以及具有(无条件的)异方差误差的模型等情形,而定理 3.5 没有囊括上述任何一种情况。

关于工具变量估计量的结果是类似的。

定理 3.15 假设

(i) $\mathbf{Y}_t=\mathbf{X}_t'\beta_o+\varepsilon_t$, $t=1, 2, \cdots$, $\beta_o\in\mathbb{R}^k$;

(ii) $\{(\mathbf{Z}_t', \mathbf{X}_t', \varepsilon_t)\}$是一个独立的序列;

(iii) (a) $E(\mathbf{Z}_t\varepsilon_t)=\mathbf{0}$, $t=1, 2, \cdots$;

(b) $E|Z_{thi}\varepsilon_{th}|^{1+\delta}<\Delta<\infty$对某些$\delta>0$, 所有的$h=1, \cdots, p$, $i=1, \cdots, l$,和所有的t成立;

(iv) (a) $E|Z_{thi}X_{thj}|^{1+\delta}<\Delta<\infty$对某些$\delta>0$,所有的$h=1, \cdots, p$, $i=1, \cdots, l$, $j=1, \cdots, k$和所有的t成立;

(b) $\mathbf{Q}_n\equiv E(\mathbf{Z}'\mathbf{X}/n)$一致列满秩;

(c) $\hat{\mathbf{P}}_n-\mathbf{P}_n\xrightarrow{a.s.}\mathbf{0}$,其中$\mathbf{P}_n=O(1)$且是对称、一致正定的。

则对充分大的n,估计量$\tilde{\beta}_n$几乎必然存在,并且$\tilde{\beta}_n\xrightarrow{a.s.}\beta_o$。

证明:根据命题3.10, $\{\mathbf{Z}_t\varepsilon_t\}$和$\{\mathbf{Z}_t\mathbf{X}'_t\}$都是独立的序列。进一步地,根据条件(iii.b)和(iv.a),参照推论3.12和习题3.13的证明,可以类似地推出其所有元素均满足推论3.9的矩条件。根据推论3.9可知,$\mathbf{Z}'\varepsilon/n\xrightarrow{a.s.}\mathbf{0}$且$\mathbf{Z}'\mathbf{X}/n-\mathbf{Q}_n\xrightarrow{a.s.}\mathbf{0}$,其中,根据(iv.a)和詹森不等式可得$\mathbf{Q}_n=O(1)$,因此习题2.20的条件都满足,结论得证。■

3.3 非独立同分布观测

经济时间序列一般会呈现出较强的相依性,因此并不适用独立性假设。为了处理这种情形,我们需要允许随机变量存在相依性的大数定律。为了明确到底允许哪种类型的相依性,我们需要清晰地给出一些我们目前为止一直在使用的概率论中的基本概念。

定义3.16 令$\mathcal{F}$表示由集合Ω的子集构成的集合族,如果

(i) $\varnothing$和Ω属于$\mathcal{F}$;

(ii) 若F属于$\mathcal{F}$,则F^c(Ω中F的补集)也属于$\mathcal{F}$;

(iii) 若$\{F_i\}$是$\mathcal{F}$中的一个集合序列,则$\bigcup_{i=1}^{\infty}F_i$也属于$\mathcal{F}$。此时称$\mathcal{F}$是一个$\sigma$-域(或者$\sigma$-代数)。

例如,令$\mathcal{F}=\{\varnothing, \Omega\}$,则很容易验证$\mathcal{F}$是一个$\sigma$-域(尝试验证)。或者令$F$为$\Omega$的一个子集且$\mathcal{F}=\{\varnothing, \Omega, F, F^c\}$。同样地,很容易验证$\mathcal{F}$是一个$\sigma$-域。

若 $\mathcal{F}$ 是关于 Ω 的一个 σ-域，则二元组$(\Omega, \mathcal{F})$构成了一个可测空间。

在 σ-域 $\mathcal{F}$ 中的集合可以被赋予明确的概率。因此，我们可以将 $\mathcal{F}$ 中的集合理解为事件。现在我们可以给出概率，或者更正式地，给出概率测度的一个正式的定义。

定义 3.17 假设$(\Omega, \mathcal{F})$构成一个可测空间。如果映射 $P: \mathcal{F} \to [0, 1]$ 满足如下条件：

(i) $P(\varnothing)=0$；

(ii) 对任意的 $F \in \mathcal{F}$，$P(F^c)=1-P(F)$；

(iii) 对任意不相交的 $\mathcal{F}$ 中的集合序列$\{F_i\}$(即，$F_i \cap F_j=\varnothing$，对所有的 $i \neq j$)，$P(\bigcup_{i=1}^{\infty} F_i)=\sum_{i=1}^{\infty} P(F_i)$。

则称该映射 P 是$(\Omega, \mathcal{F})$上的一个概率测度。

如果$(\Omega, \mathcal{F})$是可测空间，并且 P 是$(\Omega, \mathcal{F})$上的概率测度，则三元组$(\Omega, \mathcal{F}, P)$构成了概率空间。当对应的可测空间不存在混淆时，我们可以将 P 简称为概率测度。因此，概率测度 P 给每一个事件($F \in \mathcal{F}$)分配一个介于 0 到 1 之间的数字，并且这种分配的方式与我们关于概率性质的直觉观念相符。这种理解概率的有力的方式是柯尔莫哥洛夫的许多重要贡献中的一个(Kolmogorov, 1933)。

正式地定义了概率测度后，我们把注意力转移到与计量经济学相关的各种事件类(σ-域)。

回忆一下，开集是一个只包含内点的集合。如果所有在 x 的一个足够小的邻域($\{y: |y-x|<\varepsilon\}$，对某些 $\varepsilon>0$)中的点都属于 B，则 x 是集合 B 中的一个内点。因此(a, b)是开集而$(a, b]$不是开集。

定义 3.18 博雷尔 σ-域 $\mathcal{B}$ 是包含如下集合(叫做博雷尔集，Borel set)的最小集类：

(i) $\mathbb{R}$ 中的所有开集；

(ii) 任何 $\mathcal{B}$ 中集合 B 的补集 B^c；

(iii) 任何 $\mathcal{B}$ 中的集合构成的序列$\{B_i\}$的并集 $\bigcup_{i=1}^{\infty} B_i$。

刚刚定义的 $\mathbb{R}$ 的博雷尔集被称为是由 $\mathbb{R}$ 中的开集生成的。同样的博雷尔集可以由所有的 $\mathbb{R}$ 的开半直线、所有的 $\mathbb{R}$ 的闭半直线、所有的 $\mathbb{R}$ 的开区间，或所有的 $\mathbb{R}$ 的闭区间生成。博雷尔集是一个由可定义概率的事件构成的“丰富”的集类。然而，确实存在不属于 $\mathcal{B}$ 的实直线的子集，概率在此子集上不能被定义；构造这样的集合是非常复杂的(参见 Billingsley, 1979, p.37)。

我们可以将博雷尔σ-域视为由所有实直线上可赋予概率的事件组成。不在$\mathcal{B}$中的集合将不能定义事件。

刚刚定义的博雷尔σ-域与实值随机变量相联系。这一概念可以很容易地被拓展到向量值随机变量。

定义 3.19 博雷尔σ-域$\mathcal{B}^q$，$q<\infty$，是包含如下集合的最小集类：

(i) 所有$\mathbb{R}^q$中的开集；

(ii) 任何$\mathcal{B}^q$中集合B的补集B^c；

(iii) 任何$\mathcal{B}^q$中的集合构成的序列$\{B_i\}$的并集$\bigcup_{i=1}^{\infty} B_i$。

在我们的符号中，$\mathcal{B}$和$\mathcal{B}^1$表达的含义相同。

一般而言，我们感兴趣的是无穷序列$\{(\mathbf{Z}_t', \mathbf{X}_t', \varepsilon_t)\}$。如果$p=1$，这是一个$1\times(l+k+1)$维随机向量的序列；如果$p>1$，那么这是一个$p\times(l+k+1)$维的矩阵序列。然而，我们可以通过简单地将矩阵的各列依次堆叠，将这些矩阵转化为$p(l+k+1)\times 1$维的向量，记为$\text{vec}((\mathbf{Z}_t', \mathbf{X}_t', \varepsilon_t))$(我们将在接下来的分析中去掉vec算子并且理解为其在矩阵情况下是隐含的)。一般来说，我们感兴趣的是q-维随机向量的无穷序列，其中$q=p(l+k+1)$。与这些相对应的是$\mathbb{R}_{\infty}^q$中的博雷尔集，其中$\mathbb{R}_{\infty}^q$定义为可数无穷个$\mathbb{R}^q$的笛卡尔积，即$\mathbb{R}_{\infty}^q=\mathbb{R}^q\times\mathbb{R}^q\cdots$。接下来我们可以认为$\omega$在$\Omega=\mathbb{R}_{\infty}^q$中取值。我们感兴趣的事件是$\mathbb{R}_{\infty}^q$中的博雷尔集，我们对它的定义如下。

定义 3.20 $\mathbb{R}_{\infty}^q$的博雷尔集，表示为$\mathcal{B}_{\infty}^q$，是包含如下集合的最小集类：

(i) 所有形如$\times_{i=1}^{\infty} B_i$的集合，其中每一个$B_i\in\mathcal{B}^q$，且除了有限个$i$以外，有$B_i=\mathbf{R}^q$；

(ii) 任何$\mathcal{B}_{\infty}^q$中集合F的补集F^c；

(iii) 任何$\mathcal{B}_{\infty}^q$中的集合构成的序列$\{F_i\}$的并集$\bigcup_{i=1}^{\infty} F_i$。

以(i)的形式所定义的集合叫做可测有限维积圆柱，于是，$\mathcal{B}_{\infty}^q$是由所有的可测有限维积圆柱所生成的σ-域。当$(\mathbb{R}_{\infty}^q, \mathcal{B}_{\infty}^q)$是一个特定的可测空间时，一个在$(\mathbb{R}_{\infty}^q, \mathcal{B}_{\infty}^q)$上的概率测度$P$将如我们所要求的那样，控制着涉及有限维向量的无穷序列的事件的性质。特别地，当$q=1$时，序列$\{\mathcal{Z}_t\}$的元素$\mathcal{Z}_t(\cdot)$可以被视为从$\Omega=\mathbb{R}_{\infty}^1$到实直线$\mathbb{R}$的函数，这个函数截取$\omega\in\Omega$的第$t$个坐标；其中$\omega=\{z_t\}$，$\mathcal{Z}_t(\omega)=z_t$。当$q>1$，$\mathcal{Z}_t(\cdot)$将$\Omega=\mathbb{R}_{\infty}^q$映射到$\mathbb{R}^q$。

如下定义在我们的分析中起到非常重要的作用。

定义 3.21 假设g是将Ω映射到$\mathbb{R}$的函数。如果对任意实数a，集合

$[\omega: g(\omega) \leqslant a] \in \mathcal{F}$ 成立，则称 g 是 $\mathcal{F}$-可测的。

例 3.22 令$(\Omega, \mathcal{F})=(\mathbb{R}_{\infty}^{q}, \mathcal{B}_{\infty}^{q})$且 $q=1$。对任意的 $a \in \mathbb{R}$，前文定义的 $\mathcal{Z}_t(\cdot)$ 均满足$[\omega: \mathcal{Z}_t(\omega) \leqslant a]=[z_1, \cdots, z_{t-1}, z_t, z_{t+1}, \cdots: z_1<\infty, \cdots, z_{t-1}<\infty, z_t<a, z_{t+1}<\infty, \cdots] \in \mathcal{B}_{\infty}^{q}$，因此其是 $\mathcal{B}_{\infty}^{q}$-可测的。

当一个函数是 $\mathcal{F}$-可测的时候，就意味着我们可以将一个事件的概率，例如$[\mathcal{Z}_t \leqslant a]$的概率表示为 $\mathcal{F}$ 中一个事件$[\omega: \mathcal{Z}_t(\omega) \leqslant a]$的概率。事实上，随机变量就是从 Ω 到 $\mathbb{R}$ 的 $\mathcal{F}$-可测函数。

在定义 3.21 中，当 σ-域为 $\mathcal{B}_{\infty}^{q}$，即 $\mathbb{R}_{\infty}^{q}$ 的博雷尔集时，我们将简单地将其表述为函数 g 是可测的，不再明确地提及 $\mathcal{B}_{\infty}^{q}$。否则，相关的 σ-域将会需要明确地给出。

命题 3.23 假设 f 和 g 是 $\mathcal{F}$-可测的实值函数，并且假设 c 是一个实数。则函数 cf，$f+g$，fg 和 $|f|$ 也都是 $\mathcal{F}$-可测的。

证明： 参见 Bartle(1996，引理 2.6)。■

例 3.24 如果 $\mathcal{Z}_t$ 是可测的，则 $\mathcal{Z}_t/n$ 是可测的，从而 $\bar{\mathcal{Z}}_n=\sum_{t=1}^{n} \mathcal{Z}_t/n$ 也是可测的。

当且仅当这个向量值函数的每一个元素都可测时，这个从 Ω 到 $\mathbb{R}^q$ 的函数是可测的。可测性的概念可以按下面的方式拓展到从 Ω 到 Ω 的变换。

定义 3.25 假设$(\Omega, \mathcal{F})$是可测空间，$T: \Omega \rightarrow \Omega$ 是一个一一变换*。如果 $T^{-1}(\mathcal{F}) \subset \mathcal{F}$，则 T 是可测的。

换言之，如果任何一个变换 T(或其反变换)作用到 $\mathcal{F}$ 的集合其本身就是 $\mathcal{F}$ 中的一个集合，则变换 T 是可测的。这就保证了那些不是事件的集合不可能通过变换转化为事件，同时事件也不可能被转换为非事件。

例 3.26 对任意的 $\omega=(\cdots, z_{t-2}, z_{t-1}, z_t, z_{t+1}, z_{t+2}, \cdots)$，令 $\omega'=T\omega=(\cdots, z_{t-1}, z_t, z_{t+1}, z_{t+2}, z_{t+3}, \cdots)$，也就是 T 通过将 ω 的每一个对应元素的下标 t 向后移动一个位置来对 ω 进行变换。因为对所有 $F \in \mathcal{F}$，$T(F)$在 $\mathcal{F}$ 中且 $T^{-1}(F)$在 $\mathcal{F}$ 中，所以 T 是可测的。

这个例子中的变换常被称为"位移"或者"滞后"算子。通过运用这个变换，对随机变量定义一个对应的变换是可能的。例如，令 $\mathcal{Z}_1(\omega)=\mathcal{Z}(\omega)$，其

* 变换将 Ω 中的一个元素，比如，映射到 Ω 中的另一个元素。比如，当 T 作用在一个集合 F 上时，则我们应理解为 T 作用在 F 中的每一个元素上。类似地，当 T 作用于一个集族 $\mathcal{F}$ 上时，则应该理解为其作用于 $\mathcal{F}$ 中的每一个集合上。

中 $\mathcal{Z}$ 是一个从 Ω 到 $\mathbb{R}$ 的可测函数;于是,只要 T 是一个可测的变换,我们就可以定义随机变量 $\mathcal{Z}_2(\omega)=\mathcal{Z}(T\omega)$, $\mathcal{Z}_3(\omega)=\mathcal{Z}(T^2\omega)$,等等。用这种方式构造的随机变量被称为由可测变换引致的随机变量。

定义 3.27 令$(\Omega, \mathcal{F}, P)$是一个概率空间。如果变换 $T:\Omega\rightarrow\Omega$ 是可测的,并且对所有 $\mathcal{F}$ 中的 F, $P(T^{-1}F)=P(F)$均成立,则称变换 T 是保测(measure preserving)的。

由保测变换引致的随机变量具有如下性质:$P[\mathcal{Z}_1<a]=P[\omega:\mathcal{Z}(\omega)\leqslant a]=P[\omega:\mathcal{Z}(T)\leqslant a]=P[\mathcal{Z}_2\leqslant a]$;即,它们是同分布的。事实上,这些随机变量有一个更强的性质。我们通过如下定义加以说明。

定义 3.28 令 G_1 是序列$\{\mathcal{Z}_1, \mathcal{Z}_2, \cdots\}$的联合分布函数,其中 $\mathcal{Z}_t$ 是一个 $q\times1$ 维向量,并且令 $G_{\tau+1}$ 是序列$\{\mathcal{Z}_{\tau+1}, \mathcal{Z}_{\tau+2}, \cdots\}$的联合分布函数。如果对任意 $\tau>1$, $G_{\tau+1}=G_1$ 均成立,则序列$\{\mathcal{Z}_t\}$是平稳的。

换言之,如果无论第一个观测值的起始日期如何,一个序列中的变量的联合分布是相同的,那么这个序列就是平稳的。

命题 3.29 令 $\mathcal{Z}$ 是一个随机变量(即,$\mathcal{Z}$ 是一个可测函数)并且 T 是一个保测变换。对 Ω 中的任意 ω,令 $\mathcal{Z}_1(\omega)=\mathcal{Z}(\omega)$, $\mathcal{Z}_2(\omega)=\mathcal{Z}(T\omega)$, $\cdots$, $\mathcal{Z}_n(\omega)=\mathcal{Z}(T^{n-1}\omega)$。则$\{\mathcal{Z}_t\}$是一个平稳序列。

证明:参见 Stout(1974, p.169)。■

上述结果的逆命题也成立。

命题 3.30 令$\{\mathcal{Z}_t\}$是平稳序列。则存在一个定义在$(\Omega, \mathcal{F}, P)$上的保测变换 T,使得对 Ω 中的任意 ω, $\mathcal{Z}_1(\omega)=\mathcal{Z}_1(\omega)$, $\mathcal{Z}_2(\omega)=\mathcal{Z}_1(T\omega)$, $\mathcal{Z}_3(\omega)=\mathcal{Z}_1(T^2\omega)$, $\cdots$, $\mathcal{Z}_n(\omega)=\mathcal{Z}(T^{n-1}\omega)$均成立。

证明:参见 Stout(1974, p.170)。■

例 3.31 令$\{\mathcal{Z}_t\}$是一个分布为 $N(0, 1)$的独立同分布随机变量序列,则$\{\mathcal{Z}_t\}$是平稳的。

这个例子中施加的独立性是非常关键的。如果$\{\mathcal{Z}_t\}$中的元素仅仅是同分布的 $N(0, 1)$,则这个序列并不一定是平稳的。实际上,具有相同边际正态分布的随机变量可能具有不同的联合分布。随着下标 t 的不同而改变联合分布,我们就能够在违背平稳条件的同时保留边际正态。由于平稳性假设约束了联合分布而不仅仅是边际分布,因此,从这个角度而言,平稳性假设是对同分布假设的强化。另一方面,平稳性比独立同分布假设要弱,因为独立同分布序列是平稳的,但是平稳序列不一定是独立的。

如果简单地将定理3.1中的独立同分布条件替换为平稳性条件，则该定理给出的大数定律还成立吗？回答是否定的，除非我们施加额外的限制条件。

例3.32 假设$\mathcal{U}_t$是$[0, 1]$上的独立同分布均匀分布随机变量序列，并且$\mathcal{Z}$服从$N(0, 1)$分布，与$\mathcal{U}_t$相互独立，$t=1, 2\cdots$。定义$\mathcal{Y}_t \equiv \mathcal{Z}+\mathcal{U}_t$，则$\{\mathcal{Y}_t\}$是平稳的（为什么？），但是$\bar{\mathcal{Y}}_n \equiv \sum_{t=1}^n \mathcal{Y}_t/n$并不收敛到$E(\mathcal{Y}_t)=\frac{1}{2}$。反之，$\bar{\mathcal{Y}}_n - \mathcal{Z} \xrightarrow{a.s} \frac{1}{2}$。

在这个例子中，$\bar{\mathcal{Y}}_n$收敛到一个随机变量，$\mathcal{Z}+\frac{1}{2}$，而不是一个常数。问题在于序列$\{\mathcal{Y}_t\}$中存在过于严重的相依性。无论我们从序列中未来多远的位置取一个观测值$\mathcal{Y}_t$，初值$\mathcal{Y}_1$仍然在某种程度上决定了$\mathcal{Y}_t$，因为它们中有共同的成分$\mathcal{Z}$。事实上，$\mathcal{Y}_1$与$\mathcal{Y}_t$之间的相关关系对任意的t总是正的。

为了得到大数定律，我们不得不对序列的相依性或“记忆性”施加限制。这种限制之一就是*遍历性*（ergodicity）的概念。

定义3.33 令$(\Omega, \mathcal{F}, P)$是一个概率空间，$\{\mathcal{Z}_t\}$是一个平稳序列，并且T是命题3.30中的保测变换。如果对所有事件$F, G \in \mathcal{F}$

$$\lim_{n\to\infty} n^{-1}\sum_{t=1}^{n} P(F \cap T^t G)=P(F)P(G)$$

均成立，则称$\{\mathcal{Z}_t\}$是遍历的。

如果F和G是独立的，则我们有$P(F \cap G)=P(F)P(G)$。我们可以将事件T^tG想象为事件G向未来移位t期。由于当T是保测变换时，$P(T^tG)=P(G)$成立，所以上述定义意味着，所谓遍历过程（序列）对任意的事件F和G，F和T^tG在均值极限上是独立的。因此，遍历性可以被认为是“平均渐近独立”的一种形式。更多关于保测变换、平稳性和遍历性的讨论，读者可以参考Doob（1953, pp.167—185）和Rosenblatt（1978）。

我们需要的大数定律如下所示。

定理3.34（遍历定理，ergodic theorem） 假设$\{\mathcal{Z}_t\}$是一个平稳遍历的标量序列，满足$E(|\mathcal{Z}_t|)<\infty$，则$\bar{\mathcal{Z}}_n \xrightarrow{a.s.} \mu \equiv E(\mathcal{Z}_t)$。

证明： 参见Stout（194, p.181）。■

为了应用这个结果，我们引入如下定理。

定理 3.35 令 g 是一个映射到 $\mathbb{R}^k$ 的 $\mathcal{F}$-可测函数，并且定义 $\mathcal{Y}_t = \mathrm{g}(\cdots, \mathcal{Z}_{t-1}, \mathcal{Z}_t, \mathcal{Z}_{t+1}, \cdots)$，其中 $\mathcal{Z}_t$ 是 $q\times 1$ 的。(i)如果$\{\mathcal{Z}_t\}$是平稳的，则$\{\mathcal{Y}_t\}$是平稳的。(ii)如果$\{\mathcal{Z}_t\}$是平稳遍历的，则$\{\mathcal{Y}_t\}$也是平稳遍历的。

证明：参见 Stout(1974, pp.170, 182)。■

注意，g 依赖于序列$\{\mathcal{Z}_t\}$中当期和无穷远的过去和未来的值。正如斯托特(Stout)所述，如果 g 只依赖于当前和将来的$\mathcal{Z}_t$，这里给出的结果依然是有效的。

命题 3.36 如果$\{(\mathbf{Z}_t', \mathbf{X}_t', \varepsilon_t)\}$是一个平稳遍历序列，则$\{\mathbf{X}_t\mathbf{X}_t'\}$，$\{\mathbf{X}_t\varepsilon_t\}$，$\{\mathbf{Z}_t\mathbf{X}_t'\}$，$\{\mathbf{Z}_t\varepsilon_t\}$，$\{\mathbf{Z}_t\mathbf{Z}_t'\}$都是平稳遍历序列。

证明：可从定理 3.35 和命题 3.23 直接得出。■

现在我们可以给出一个可用于时间序列数据的结果。

定理 3.37 假设

(i) $\mathbf{Y}_t = \mathbf{X}_t'\beta_o + \varepsilon_t$, $t=1, 2, \cdots$, $\beta_o \in \mathbb{R}^k$；

(ii) $\{(\mathbf{X}_t', \varepsilon_t)\}$是一个平稳遍历序列；

(iii) (a) $E(\mathbf{X}_t\varepsilon_t) = \mathbf{0}$；

(b) $E|X_{thi}\varepsilon_{th}| < \infty$, $h=1, \cdots, p$, $i=1, \cdots, k$；

(iv) (a) $E|X_{thi}|^2 < \infty$, $h=1, \cdots, p$, $i=1, \cdots, k$；

(b) $\mathbf{M} \equiv E(\mathbf{X}_t\mathbf{X}_t')$是正定的。

则对充分大的 n，估计量$\hat{\beta}_n$ 几乎必然存在，并且$\hat{\beta}_n \xrightarrow{a.s.} \beta_o$。

证明：我们验证定理 2.12 中的条件。给定(ii)，根据命题 3.36 可知，$\{\mathbf{X}_t\varepsilon_t\}$和$\{\mathbf{X}_t\mathbf{X}_t'\}$都是平稳遍历序列，并且其元素都有有限的绝对值期望[给定(iii)和(iv)]。根据遍历定理可知(定理 3.34)，$\mathbf{X}'\varepsilon/n \xrightarrow{a.s.} \mathbf{0}$，并且 $\mathbf{X}'\mathbf{X}/n \xrightarrow{a.s.} \mathbf{M}$，其中 $\mathbf{M}$ 是有限正定的。因此定理 2.12 的条件成立，结论得证。■

与定理 3.5 相比，我们将独立同分布的假设替换为解释变量与误差项都是平稳遍历的这样一个严格弱条件。在两个结果中，我们都只施加了二阶矩和交叉矩有限的条件。因此定理 3.5 可以被视为定理 3.37 的一个推论。

我们也可以对习题 3.6 中关于工具变量估计量的结论加以拓展。

习题 3.38 证明如下结果。假定

(i) $\mathbf{Y}_t = \mathbf{X}_t'\beta_o + \varepsilon_t$, $t=1, 2, \cdots$, $\beta_o \in \mathbb{R}^k$；

(ii) $\{(\mathbf{Z}_t', \mathbf{X}_t', \varepsilon_t)\}$是一个平稳遍历序列；

(iii) (a) $E(\mathbf{Z}_t\varepsilon_t)=\mathbf{0}$;

(b) $E|Z_{thi}\varepsilon_{th}|<\infty$, $h=1, \cdots, p$, $i=1, \cdots, l$;

(iv) (a) $E|Z_{thi}X_{thj}|<\infty$, $h=1, \cdots, p$, $i=1, \cdots, l$, $j=1, \cdots, k$;

(b) $\mathbf{Q}\equiv E(\mathbf{Z}_t\mathbf{X}_t')$是列满秩的;

(c) $\hat{\mathbf{P}}_n \xrightarrow{a.s.} \mathbf{P}$,其中 $\mathbf{P}$ 是有限对称正定矩阵。

则对于充分大的 n,估计量$\tilde{\beta}_n$ 几乎必然存在,并且$\tilde{\beta}_n \xrightarrow{a.s.} \beta_o$。

定理 3.37 与习题 3.38 在经济上的适用性主要取决于经济时间序列平稳遍历的假定是否合理。在理论上判断遍历性是否成立是比较困难的(虽然对于特定的马尔可夫序列,该条件成立;参见 Stout, 1974, pp. 185—200);而在实证中,虽然可以检验或拒绝遍历性(参见,如 Domowitz and El-Gamal, 1993; Corradi, Swamson and White, 2000),但是,由于该定义涉及无穷期样本,其无法严格验证。进一步地,许多重要的经济时间序列似乎并不平稳,反而存在异质性,表现为均值、方差和协方差随着时间变化。

3.4 非独立异质分布观测

为了将前面一章的一致性结果应用于相依且分布不同的观测,我们需要找到确保大数定律继续成立的条件。这可以通过将遍历性假设替换为更强的条件来达到。在这种环境下适用的序列相依条件被称为混合条件。

为了给出这些条件,我们使用如下定义。

定义 3.39 由$\{\mathcal{Z}_t, t=n, \cdots, n+m\}$生成博雷尔 σ-域,记为 $\mathcal{B}_n^{n+m}=\sigma(\mathcal{Z}_n, \cdots, \mathcal{Z}_{n+m})$,它是包含如下集合的 Ω 上的最小 σ-代数

(i) 所有形如$\times_{i=1}^{n-1}\mathbb{R}^q \times_{i=n}^{n+m} B_i \times_{i=n+m+1}^{\infty}\mathbb{R}^q$的集合,其中 $B_i\in\mathcal{B}^q$;

(ii) 任何 $\mathcal{B}_n^{m+n}$ 中的集合 A 的补集 A^c;

(iii) 任何 $\mathcal{B}_n^{m+n}$ 中的序列$\{A_i\}$的并集$\bigcup_{i=1}^{\infty}A_i$。

σ-域 $\mathcal{B}_n^{m+n}$ 是使得$\mathcal{Z}_t$, $t=n, \cdots, n+m$ 可测的由 Ω 的子集构成的最小 σ-域。换言之,$\mathcal{B}_n^{m+n}$ 是使我们能用 $\mathcal{B}_n^{m+n}$ 中事件的概率,如$[\omega: \mathcal{Z}_n(\omega)<\mathbf{a}_1, \mathcal{Z}_{n+1}(\omega)<\mathbf{a}_2]$,来表述事件,如$[\mathcal{Z}_n<\mathbf{a}_1, \mathcal{Z}_{n+1}<\mathbf{a}_2]$的概率的最小事件类。我们基于一个博雷尔 σ-域定义“混合”,其中该博雷尔 σ-域是由向无穷远的

过去和未来两个方向延伸的过程$\{\boldsymbol{Z}_t\}_{t=-\infty}^{\infty}$的历史子集生成的。对于我们的目的而言，我们可以认为$\boldsymbol{Z}_1$是我们可观测到的第一个观测，因此当$t\leqslant 0$时，$\boldsymbol{Z}_t$的实现值是不可观测的。在下文中，这是无关紧要的。如果我们可以观测到$t\leqslant 0$时$\boldsymbol{Z}_t$的实现值，那么重要的是此时$\boldsymbol{Z}_t$的性质。

定义 3.40　定义$\mathcal{B}_{-\infty}^{n}\equiv\sigma(\cdots,\ \boldsymbol{Z}_n)$是当$a\to-\infty$时，$\Omega$中包含$\sigma$-域$\mathcal{B}_a^n$并集的最小子集类；定义$\mathcal{B}_{n+m}^{\infty}\equiv\sigma(\boldsymbol{Z}_{n+m},\ \cdots)$是当$a\to\infty$时，$\Omega$中包含$\sigma$-域$\mathcal{B}_{n+m}^{a}$的并集的最小子集类。

直观地，我们可以认为$\mathcal{B}_{-\infty}^{n}$包含了序列$\{\boldsymbol{Z}_t\}$在时刻$n$之前的所有信息，而$\mathcal{B}_{n+m}^{a}$则包含了序列$\{\boldsymbol{Z}_t\}$从时刻$n+m$开始之后的所有信息。

我们现在定义σ-域之间相依关系的两种测度方法。

定义 3.41　令$\mathcal{G}$和$\mathcal{H}$是σ-域，且定义

$$\phi(\mathcal{G},\ \mathcal{H})\equiv\sup_{\{G\in\mathcal{G},\ H\in\mathcal{H};P(G>0)\}}|P(H|G)-P(H)|$$

$$\alpha(\mathcal{G},\ \mathcal{H})\equiv\sup_{\{G\in\mathcal{G},\ H\in\mathcal{H}\}}|P(G\cap H)-P(G)P(H)|$$

直觉上，ϕ和α通过$\mathcal{H}$中的事件和$\mathcal{G}$中的事件在相应的σ-域同时发生的概率和每个事件发生概率的乘积之间的差异来测度$\mathcal{H}$中的事件与$\mathcal{G}$中的事件的相依程度。当且仅当$\phi(\mathcal{G},\ \mathcal{H})$和$\alpha(\mathcal{G},\ \mathcal{H})$等于0时，$\mathcal{G}$和$\mathcal{H}$中的事件才是独立的。函数$\alpha$提供了相依性的一个绝对测度，而$\phi$提供了相依性的一个相对测度。

定义 3.42　对于一个随机向量序列$\{\boldsymbol{Z}_t\}$，$\mathcal{B}_{-\infty}^{n}$和$\mathcal{B}_{n+m}^{\infty}$，如定义3.40所示，定义如下混合系数

$$\phi(m)\equiv\sup_n\phi(\mathcal{B}_{-\infty}^{n},\ \mathcal{B}_{n+m}^{\infty})\quad 并且\ \alpha(m)\equiv\sup_n\alpha(\mathcal{B}_{-\infty}^{n},\ \mathcal{B}_{n+m}^{\infty})$$

如果对于序列$\{\boldsymbol{Z}_t\}$，当$m\to\infty$时，$\phi(m)\to 0$，则称$\{\boldsymbol{Z}_t\}$为ϕ-混合。

如果对于序列$\{\boldsymbol{Z}_t\}$，当$m\to\infty$时，$\alpha(m)\to 0$，则称$\{\boldsymbol{Z}_t\}$为α-混合。

$\phi(m)$和$\alpha(m)$测度了间隔至少m期的事件之间还存在多少相依性。因此，如果对于某些m，$\phi(m)=0$或$\alpha(m)=0$，那么相距m期的事件是独立的。通过允许当$m\to\infty$时，$\phi(m)$和$\alpha(m)$趋于零，我们考虑事件是渐近独立的情形。在概率论的文献中，ϕ-混合序列也被称为一致混合（参见Iosifescu and Theodorescu，1969），而α-混合序列也被称为强混合（参见Rosenblatt，1956）。因为$\phi(m)\geqslant\alpha(m)$，$\phi$-混合可推出$\alpha$-混合。

例 3.43　(i)若$\{Z_t\}$是γ-相依序列（即对所有$\tau>\gamma$，Z_t与$Z_{t-\tau}$相互独

立),则对所有 $m>\gamma$, $\phi(m)=\alpha(m)=0$ 成立。(ii)若$\{Z_t\}$是一个非随机序列,则它是一个独立的序列,因此对所有 $m>0$, $\phi(m)=\alpha(m)=0$ 成立。(iii)若 $Z_t=\rho_0 Z_{t-1}+\varepsilon_t$, $t=1, \cdots, n$,其中$|\rho_0|<1$ 并且 ε_t 是独立同分布的,服从 $N(0, 1)$[这被称作高斯 $AR(1)$过程],则当 $m\to\infty$时 $\alpha(m)\to 0$,尽管当 $m\to\infty$时,$\phi(m)\nrightarrow 0$(Ibragimov and Linnik, 1971, pp.312—313)。

混合的概念有一个意味深长的物理解释。根据 Halmos(1956)改编的一个例子,我们设想一种干马提尼酒,它最初由 99%的杜松子酒和 1%的苦艾酒混合而成(苦艾酒在上层)。马提尼酒由调酒棒有规则地搅拌;t 随着每次搅拌而增加。我们观察在任何一个可测的集合中(即,马提尼酒的体积)杜松子酒与苦艾酒的比例。如果不管我们观测到的体积有多大,这些比例在多次搅拌之后趋于 99%和 1%,则这个过程就是混合。在这个例子中,随机过程对应于每个时点给定粒子的位置,这可以被一个三维的向量序列$\{\mathbf{Z}_t\}$所表示。

对于平稳序列,混合的概念相对于遍历性有一个更强的记忆要求,因为给定平稳性,混合可推出遍历性,正如以下结果所示。

命题 3.44 令$\{Z_t\}$是平稳序列。如果当 $m\to\infty$时,$\alpha(m)\to 0$,则$\{Z_t\}$是遍历的。

证明:参见 Rosenblatt(1978)。■

请注意,如果当 $m\to\infty$时,$\phi(m)\to 0$,则当 $m\to\infty$时,$\alpha(m)\to 0$,因此 ϕ-混合过程也是遍历的。然而,遍历过程并不一定是混合的。另一方面,对于不满足严格平稳的序列,混合也是有定义的,所以从这个角度来说,混合的定义更一般化。更多关于混合和遍历的讨论详见 Rosenblatt(1972, 1978)。

为了叙述混合序列的大数定律,我们引入如下定义。

定义 3.45 令 $a\in\mathbb{R}$。(i)如果对某些 $\varepsilon>0$, $\phi(m)=O(m^{-a-\varepsilon})$,则 ϕ 的阶数是$-a$。(ii)如果对某些 $\varepsilon>0$, $\alpha(m)=O(m^{-a-\varepsilon})$,则 α 的阶数是$-a$。

该定义对有关随机序列的记忆性做了精确陈述,我们将这种记忆性与用 a 表述的矩条件联系起来。当 a 变小时,序列表现出越来越强的相依性,而当 $a\to\infty$时,序列表现出弱相依性。

例 3.46 (i)假设序列$\{Z_t\}$满足独立性,并且 $Z_t\sim N(0, \sigma_t^2)$。则$\{Z_t\}$具有阶数为-1 的 ϕ(这不是可以使用的最小的阶数)。(ii)若 Z_t 为高斯 $AR(1)$过程,则可以证明,对任意 $a\in\mathbb{R}$,$\{Z_t\}$具有阶数为$-a$ 的 α,因为 $\alpha(m)$随着 m 以指数的速度衰减。

这个例子的结果可以被拓展到很多有限自回归移动平均(ARMA)过程。在一些宽泛的条件下,有限 ARMA 过程具有指数衰减型的记忆。

基于混合的定义,我们可以陈述一个由 McLeish(1975)提出的大数定律。该定理适用于异质的相依序列。

定理 3.47(麦克莱什) 记$\{\mathcal{Z}_t\}$为一个标量序列,其具有有限的均值$\mu_t \equiv E(\mathcal{Z}_t)$。进一步假设,对满足$0<\delta<r$(其中$r\geqslant 1$)的某些$\delta$,$\sum_{t=1}^{\infty}(E|\mathcal{Z}_t-\mu_t|^{r+\delta}/t^{r+\delta})^{1/r}<\infty$成立。如果$\phi$的阶数是$-r/(2r-1)$或者$\alpha$的阶数是$-r/(r-1)$,$r>1$,则$\bar{\mathcal{Z}}_n-\bar{\mu}_n \xrightarrow{a.s.} 0$。

证明:参见 McLeish(1975,定理 2.10)。■

这个结果拓展了定理 3.7 所述的马尔可夫大数定律(对应于定理 3.47 中$r=1$的特殊情况)。

参照类似于推论 3.9 的证明方法,我们可以得到如下推论。

推论 3.48 假设$\{\mathcal{Z}_t\}$是阶数为$-r/(2r-1)$(其中$r>1$)的ϕ-混合序列,或者阶数为$-r/(r-1)$(其中$r>1$)的α混合序列,并且对某些$\delta>0$和所有的t,满足$E(|\mathcal{Z}_t|^{r+\delta})<\Delta<\infty$。则$\bar{\mathcal{Z}}_n-\bar{\mu}_n \xrightarrow{a.s.} 0$。

假设r可以任意地无限趋近于 1,我们便可得出推论 3.9 的一个拓展。这一拓展适用于指数衰减记忆的序列。对于存在长记忆的序列,r更大,矩条件限制也相应地增加。此处,我们在可允许的相依程度和充分的矩条件限制之间作出一个明显的权衡。

为了应用这个结果,我们引入如下定理。

定理 3.49 记$\mathbf{g}$表示一个映射到$\mathbb{R}^k$的可测函数,并且定义$\boldsymbol{\mathcal{Y}}_t \equiv \mathbf{g}(\boldsymbol{\mathcal{Z}}_t, \boldsymbol{\mathcal{Z}}_{t+1}, \cdots, \boldsymbol{\mathcal{Z}}_{t+\tau})$,其中$\tau$是有限的。如果$q\times 1$维向量序列$\{\boldsymbol{\mathcal{Z}}_t\}$是阶数为$-a$的$\phi$-混合序列($\alpha$-混合),其中$a>0$,则$\{\boldsymbol{\mathcal{Y}}_t\}$是阶数为$-a$的$\phi$-混合序列(或$\alpha$-混合)。

证明:参见 White 和 Domowitz(1984, Lemma 2.1)。■

换言之,混合过程的可测函数仍然是混合的,并且具有相同的阶数。然而,需要指出的是,虽然对任意有限或者无限的τ,遍历过程的可测函数依然保持遍历性,但是,只有在τ有限的情况下,混合的特征才得以保证。

命题 3.50 如果$\{(\mathbf{Z}_t', \mathbf{X}_t', \varepsilon_t)\}$是阶数为$-a$的混合序列,则$\{\mathbf{X}_t\mathbf{X}_t'\}$,$\{\mathbf{X}_t\varepsilon_t\}$,$\{\mathbf{Z}_t\mathbf{X}_t'\}$,$\{\mathbf{Z}_t\varepsilon_t\}$,$\{\mathbf{Z}_t\mathbf{Z}_t'\}$都是阶数为$-a$的混合序列。

证明:根据定理 3.49 和命题 3.23 可以直接得到上述结果。■

至此,我们可以将习题 3.14 的结果拓展到相依性和异质性被允许存在的情形。

习题 3.51　证明如下结果。假设

(i) $\mathbf{Y}_t=\mathbf{X}_t'\beta_o+\varepsilon_t$, $t=1, 2, \cdots, \beta_o\in\mathbb{R}^k$;

(ii) $\{(\mathbf{X}_t', \varepsilon_t)\}$是阶数为$-r/(2r-1)$,其中 $r>1$ 的 ϕ-混合序列,或者阶数为$-r/(r-1)$,其中 $r>1$ 的 α 混合序列;

(iii) (a) $E(\mathbf{X}_t\varepsilon_t)=\mathbf{0}$, $t=1, 2, \cdots$;

(b) 对某些 $\delta>0$ 和所有 t, $E|X_{thi}\varepsilon_{th}|^{r+\delta}<\Delta<\infty$, $h=1, \cdots, p$, $i=1, \cdots, k$ 成立;

(iv) (a) 对某些 $\delta>0$ 和所有 t, $E|X_{thi}^2|^{r+\delta}<\Delta<\infty$, $h=1, \cdots, p$, $i=1, \cdots, k$ 成立;

(b) $\mathbf{M}_n\equiv E(\mathbf{X}'\mathbf{X}/n)$是一致正定的;

则对于充分大的 n,估计量$\hat{\beta}_n$ 几乎必然存在,并且$\hat{\beta}_n\xrightarrow{a.s.}\beta_o$。

在上述结论中,令 $r=1$ 就可以直接推出习题 3.14 的结果。与本章的第一个一致性结论,即定理 3.5 相比,本结论放松了独立同分布的假设,但是在一定程度上加强了对矩条件的约束。该结论的适用范围非常广泛,特别地,我们允许解释变量 $\mathbf{X}_t$ 中同时包含滞后因变量和非随机变量。此外,我们允许回归误差 ε_t 存在异方差或者序列相关。

习题 3.51 的结果很强大,能够被应用于经济学家所面临的非常多的情形。对于混合观测值的线性模型的更多讨论,参见 Domowitz(1983)。

应用习题 3.51 时常常涉及如下结果,它允许期望与无穷求和互换顺序。

命题 3.52　若$\{\mathcal{Z}_t\}$是满足$\sum_{t=1}^{\infty}E|\mathcal{Z}_t|<\infty$的随机变量序列,则$\sum_{t=1}^{\infty}\mathcal{Z}_t$几乎必然收敛,并且

$$E\Big(\sum_{t=1}^{\infty}\mathcal{Z}_t\Big)=\sum_{t=1}^{\infty}E(\mathcal{Z}_t)<\infty$$

证明:参见 Billingsley(1979, p.181)。■

这个结果在如下练习中验证习题 3.51 的条件时起到了关键作用。

习题 3.53　(i)$Y_t=\alpha_oY_{t-1}+\beta_oX_t+\varepsilon_t$,其中 Y_t, X_t 和 ε_t 都是标量,叙述保证 OLS 估计量一致性的充分条件(提示:闵可夫斯基不等式可以被用于无穷求和;即,给定$\{\mathcal{Z}_t\}$满足$\sum_{t=1}^{\infty}E(|\mathcal{Z}_t|^p)^{1/p}<\infty$, $p>1$,则 $E|\sum_{t=1}^{\infty}\mathcal{Z}_t|^P\leqslant(\sum_{t=1}^{\infty}E(|\mathcal{Z}_t|^p)^{1/p})^p$)。(ii)找出一个不适用于习题 3.51 的简单例子。

工具变量估计量一致性的条件由如下结果给出。

定理 3.54 假设

(i) $\mathbf{Y}_t=\mathbf{X}_t'\beta_o+\varepsilon_t$, $t=1, 2, \cdots$, $\beta_o\in\mathbb{R}^k$;

(ii) $\{(\mathbf{Z}_t', \mathbf{X}_t', \varepsilon_t)\}$是阶数为$-r/(2r-1)$,其中$r>1$的$\phi$-混合序列,或阶数为$-r/(r-1)$,其中$r>1$的$\alpha$混合序列;

(iii) (a) $E(\mathbf{Z}_t\varepsilon_t)=\mathbf{0}$, $t=1, 2, \cdots$;

(b) 对某些$\delta>0$和所有t, $E|Z_{thi}\varepsilon_{th}|^{r+\delta}<\Delta<\infty$, $h=1, \cdots, p$, $i=1, \cdots, l$成立;

(iv) (a) 对某些$\delta>0$和所有t, $E|Z_{thi}X_{thj}|^{r+\delta}<\Delta<\infty$, $h=1, \cdots, p$, $i=1, \cdots, l$, $j=1, \cdots, k$;

(b) $\mathbf{Q}_n\equiv E(\mathbf{Z}'\mathbf{X}/n)$一致列满秩;

(c) $\hat{\mathbf{P}}_n-\mathbf{P}_n\xrightarrow{a.s.}\mathbf{0}$,其中$\mathbf{P}_n=O(1)$且是对称且一致正定的。

则对充分大的n,估计量$\tilde{\beta}_n$几乎必然存在,并且$\tilde{\beta}_n\xrightarrow{a.s.}\beta_o$。

证明:根据命题 3.50,$\{\mathbf{Z}_t\varepsilon_t\}$和$\{\mathbf{Z}_t\mathbf{X}_t'\}$都是混合序列且其元素满足推论 3.48 的条件[给定(iii.b)和(iv.a)]。根据推论 3.48 以及给定(iv.a)的条件,利用詹森不等式可得$\mathbf{Z}'\varepsilon/n\xrightarrow{a.s.}\mathbf{0}$且$\mathbf{Z}'\mathbf{X}/n-\mathbf{Q}_n\xrightarrow{a.s.}\mathbf{0}$,其中$\mathbf{Q}_n=O(1)$。因此满足习题 2.20 的条件,结论得证。■

虽然混合是极好的相依性概念,但它与遍历性存在相同的问题,即,它在某种程度上难于从理论中验证并且亦不可能从实证中验证。一个可供选择的相依性概念是渐近不相关,它较容易从理论中验证。

定义 3.55 对于标量序列$\{\mathcal{Z}_t\}$,如果存在常数$\{\rho_\tau, \tau>0\}$,对所有的$\tau>0$,均有$0\leqslant\rho_\tau\leqslant1$, $\sum_{\tau=0}^{\infty}\rho_\tau<\infty$,并且$\operatorname{cov}(\mathcal{Z}_t, \mathcal{Z}_{t+\tau})\leqslant\rho_\tau(\operatorname{var}(\mathcal{Z}_t)\operatorname{var}(\mathcal{Z}_{t+\tau}))^{1/2}$成立,其中对所有的$t$, $\operatorname{var}(\mathcal{Z}_t)<\infty$均成立,则称$\{\mathcal{Z}_t\}$具有渐近不相关的元素(或者是渐近不相关的)。

请注意,ρ_τ仅仅是$\mathcal{Z}_t$与$\mathcal{Z}_{t+\tau}$相关系数的一个上界,实际上,二者的相关性可能依赖于t。此外,上述定义仅限制了正相关的程度,若$\mathcal{Z}_t$与$\mathcal{Z}_{t+\tau}$负相关,我们可以设定$\rho_\tau=0$。进一步地,由于$\sum_{\tau=0}^{\infty}\rho_\tau<\infty$,所以当$\tau\to\infty$时,$\rho_\tau\to0$。而$\rho_\tau\to0$成立的充分条件是,对于充分大的$\tau$,存在某些$\delta>0$,使得$\rho_\tau<\tau^{-1-\delta}$。

例 3.56 若$\mathcal{Z}_t=\rho_o\mathcal{Z}_{t-1}+\varepsilon_t$,其中$\varepsilon_t$是独立同分布的,满足$E(\varepsilon_t)=0$, $\operatorname{var}(\varepsilon_t)=\sigma_o^2$, $E(\mathcal{Z}_{t-1}\varepsilon_t)=0$,则$\operatorname{corr}(\mathcal{Z}_t, \mathcal{Z}_{t+\tau})\leqslant\rho_o^\tau$。如果$0\leqslant\rho_o<1$,

$\sum_{\tau=0}^{\infty}\rho_o^{\tau}=1/(1-\rho_o)<\infty$，则序列$\{\mathcal{Z}_t\}$是渐近不相关的。

如果一个序列具有不变的有限方差，并且协方差只依赖于 $\mathcal{Z}_t$ 与 $\mathcal{Z}_{t+\tau}$之间的时间滞后期，则该序列是协方差平稳的(平稳性可以推出协方差平稳，但是相对于平稳性，协方差平稳更弱，即一个非平稳的序列可以是协方差平稳的)。若协方差平稳序列具有有限阶的 ARMA 表示形式，则可以直接验证其具有渐近不相关的元素(参见 Granger and Newbold, 1977, Ch.1)。对于这种情况，许多著名的公式都给出了 ρ_τ 的表达式(参见 Granger and Newbold, 1977, Ch.1)，并且可以直接验证条件$\sum_{\tau=0}^{\infty}\rho_\tau<\infty$成立。因此，尽管渐近不相关序列未必是平稳遍历的，或者是协方差平稳的，但是容易验证许多协方差平稳序列以及平稳遍历序列是渐近不相关的。对 ϕ 或者 α 混合序列施加宽泛的阶条件，可以证明混合过程是渐近不相关的。然而，渐近不相关序列未必是混合的。

以下是适用于渐近不相关序列的大数定律。

定理 3.57 若$\{\mathcal{Z}_t\}$是一个标量序列，并且具有渐近不相关的元素，其均值 $\mu_t\equiv E(\mathcal{Z}_t)$以及 $\sigma_t^2\equiv\text{var}(\mathcal{Z}_t)<\Delta<\infty$。则 $\bar{\mathcal{Z}}_n-\bar{\mu}_n\xrightarrow{a.s.}0$。

证明：由 Stout(1974, Theorem 3.7.2)直接可得。■

与推论 3.48 相比，我们将相依性的约束条件从渐近独立(混合)放松到渐近不相关，但是我们将矩条件的要求从对 $r+\delta$ 阶矩的约束($r>1$, $\delta>0$)变更到对二阶矩的约束。通常，这是对矩条件约束的加强。

由于随机变量的函数变换会改变随机变量的相关性性质，所以不存在类似于命题 3.2、定理 3.35，或者定理 3.49 的直观拓展结果。为了得到 OLS 和工具变量估计量的一致性结果，我们必须直接假设所有相应的序列都是渐近不相关的，从而保证从定理 2.18 或者习题 2.20 中得到的几乎必然收敛成立。由于渐近不相关序列不会在本书余下的内容中起重要作用，故我们略去叙述和证明这种序列的有关结果。

3.5 鞅差序列

到目前为止，我们得到的所有一致性的结果都明确要求 $E(\mathbf{X}_t\varepsilon_t)=\mathbf{0}$ 或

者 $E(\mathbf{Z}_t\varepsilon_t)=\mathbf{0}$。经济理论在说明这些假设的合理性方面起到了至关重要的作用。实际上,经济理论往往可以支持更强的假设,例如 $E(\varepsilon_t|\mathbf{X}_t)=\mathbf{0}$ 或 $E(\varepsilon_t|\mathbf{Z}_t)=\mathbf{0}$。这两个假设可以推出 $E(\mathbf{X}_t\varepsilon_t)=\mathbf{0}$ 或者 $E(\mathbf{Z}_t\varepsilon_t)=\mathbf{0}$。特别地,若得到了 $\mathbf{X}_t$ 的观测值,则 $\mathbf{X}_t'\beta_o$ 描述了我们所期待观测到的 $\mathbf{Y}_t$ 的值,因此 $\mathbf{X}_t'\beta_o$ 是以 $\mathbf{X}_t$ 为条件的 $\mathbf{Y}_t$ 的条件期望,即,$E(\mathbf{Y}_t|\mathbf{X}_t)=\mathbf{X}_t'\beta_o$。定义 $\varepsilon_t=\mathbf{Y}_t-E(\mathbf{Y}_t|\mathbf{X}_t)=\mathbf{Y}_t-\mathbf{X}_t'\beta_o$。基于下文关于条件期望的代数性质,我们可以直接证得 $E(\varepsilon_t|\mathbf{X}_t)=\mathbf{0}$。

更严格的经济理论之一(严格体现在对数据的表现方式施加大量结构上的约束)是理性预期理论。这个理论不仅经常用于说明假设 $E(\varepsilon_t|\mathbf{X}_t)=\mathbf{0}$ 的合理性,而且用于说明下列等式的合理性

$$E(\varepsilon_t|\mathbf{X}_t,\mathbf{X}_{t-1},\cdots;\varepsilon_{t-1},\varepsilon_{t-2},\cdots)=\mathbf{0}$$

即,以误差项 ε_t 的所有历史实现值以及解释变量 $\mathbf{X}_t$ 的当前和历史实现值为条件,ε_t 的条件期望为零。该假设允许我们对方便有效的鞅差序列使用大数定律。

为了定义什么是鞅差序列并叙述相关的结果,我们需要更加详细地探讨条件期望的性质。

到目前为止我们依赖于读者的直觉去理解什么是条件期望,其严格的定义如下所示。

定义 3.58 记 $\mathcal{Y}$ 表示一个 $\mathcal{F}$-可测的随机变量,满足 $E(|\mathcal{Y}|)<\infty$。记 $\mathcal{G}$ 表示一个包含于 $\mathcal{F}$ 的 σ-域。则存在一个随机变量 $E(\mathcal{Y}|\mathcal{G})$,称为以 $\mathcal{G}$ 为条件的 $\mathcal{Y}$ 的条件期望,使得

(i) $E(\mathcal{Y}|\mathcal{G})$ 是 $\mathcal{G}$-可测的,并且 $E(|E(\mathcal{Y}|\mathcal{G})|)<\infty$

(ii) 对所有的属于 $\mathcal{G}$ 的集合 G,$E(\mathcal{Y}|\mathcal{G})$ 满足

$$E(1_{[G]}E(\mathcal{Y}|\mathcal{G}))=E(1_{[G]}\mathcal{Y})$$

其中 $1_{[G]}$ 是示性函数,其在集合 G 上取值为 1,否则取值为 0。

正如 Doob(1953, p.18)所述,由于任何一个依概率 1 等于 $E(\mathcal{Y}|\mathcal{G})$ 的随机变量均满足该定义,所以该定义实际上囊括了满足这些条件的整个随机变量类。然而,根据此定义设定的随机变量类中的任一元素都适用于描述条件期望,因此,我们将不区分这个类中的元素。

为了将条件期望转化为我们熟悉的形式,我们以如下方式将上述定义与 $\mathcal{Y}_t$ 基于其他随机变量 $\boldsymbol{\mathcal{Z}}_t$,其中 $t=a,\cdots,b$ 的条件期望关联起来。

定义 3.59 记 $\mathcal{Y}_t$ 为随机变量，满足 $E(|\mathcal{Y}_t|)<\infty$。此外，$\mathcal{B}_a^b=\sigma(\boldsymbol{\mathcal{Z}}_a, \boldsymbol{\mathcal{Z}}_{a+1}, \cdots, \boldsymbol{\mathcal{Z}}_b)$ 表示由随机向量 $\boldsymbol{\mathcal{Z}}_t(t=a, \cdots, b)$ 生成的 σ-代数。则 $\mathcal{Y}_t$ 基于 $\boldsymbol{\mathcal{Z}}_t(t=a, \cdots, b)$ 的条件期望定义为

$$E(\mathcal{Y}_t|\boldsymbol{\mathcal{Z}}_a, \cdots, \boldsymbol{\mathcal{Z}}_b)\equiv E(\mathcal{Y}_t|\mathcal{B}_a^b)$$

如下所述，条件期望 $E(\mathcal{Y}_t|\mathcal{B}_a^b)$ 可以用 $\boldsymbol{\mathcal{Z}}_t$，其中 $t=a, \cdots, b$ 的可测函数表示。

命题 3.60 记 $\mathcal{B}_a^b=\sigma(\boldsymbol{\mathcal{Z}}_a, \boldsymbol{\mathcal{Z}}_{a+1}, \cdots, \boldsymbol{\mathcal{Z}}_b)$，则存在一个可测函数 g 使得

$$E(\mathcal{Y}_t|\boldsymbol{\mathcal{Z}}_a, \cdots, \boldsymbol{\mathcal{Z}}_b)=g(\boldsymbol{\mathcal{Z}}_a, \cdots, \boldsymbol{\mathcal{Z}}_b)$$

证明：根据 Doob(1953, Theorem 1.5, p.603)直接可得。■

例 3.61 若 $\mathcal{Y}$ 和 $\mathcal{Z}$ 服从联合正态分布，并且满足 $E(\mathcal{Y})=E(\mathcal{Z})=0$，$\text{var}(\mathcal{Y})=\sigma_{\mathcal{Y}}^2$, $\text{var}(\mathcal{Z})=\sigma_{\mathcal{Z}}^2$, $\text{cov}(\mathcal{Y}, \mathcal{Z})=\sigma_{YZ}$，则

$$E(\mathcal{Y}|\mathcal{Z})=(\sigma_{\mathcal{YZ}}/\sigma_{\mathcal{Z}}^2)\mathcal{Z}$$

我们可以认为，经济理论相当于为命题 3.60 中的函数 g 设定了一个特定的形式。对于例 3.61 而言，我们可以通过随机变量联合分布的形式直接得到函数 g 的表示形式。若一个经济理论是有效的，则通过该经济理论得到的函数 g 应当与随机变量联合分布导出的函数形式一致；否则的话，经济理论仅能为我们所考虑的随机变量之间的统计关系提供一个近似。

现在我们叙述一些条件期望的关键性质。

命题 3.62(条件期望的线性性质) 记 $a_1, \cdots, a_k$ 为有限的常数，假设 $\mathcal{Y}_1, \cdots, \mathcal{Y}_k$ 是随机变量，满足 $E(|\mathcal{Y}_j|)<\infty$, $j=1, \cdots, k$。则 $E(a_j|\mathcal{G})=a_j$，并且

$$E\left(\sum_{j=1}^{k}a_j\mathcal{Y}_j \mid \mathcal{G}\right)=\sum_{j=1}^{k}a_jE(\mathcal{Y}_j \mid \mathcal{G})$$

证明：参见 Doob(1953, p.23)。■

命题 3.63 如果 $\mathcal{Y}$ 是一个随机变量，并且 $\mathcal{Z}$ 是一个关于 $\mathcal{G}$ 的可测随机变量，满足 $E(|\mathcal{Y}|)<\infty$ 且 $E(|\mathcal{Z}Y|)<\infty$，则下式以概率 1 成立

$$E(\mathcal{ZY}|\mathcal{G})=\mathcal{Z}E(\mathcal{Y}|\mathcal{G})$$

和

$$E([\mathcal{Y}-E(\mathcal{Y}|\mathcal{G})]\mathcal{Z})=0$$

证明:参见 Doob(1953, p.22)。■

例 3.64 记 $\mathcal{G}=\sigma(\mathbf{X}_t)$,则 $E(\mathbf{X}_t\mathbf{Y}_t|\mathbf{X}_t)=\mathbf{X}_tE(\mathbf{Y}_t|\mathbf{X}_t)$。定义 $\varepsilon_t=\mathbf{Y}_t-E(\mathbf{Y}_t|\mathbf{X}_t)$,则 $E(\mathbf{X}_t\varepsilon_t)=E(\mathbf{X}_t[\mathbf{Y}_t-E(\mathbf{Y}_t|\mathbf{X}_t)])=\mathbf{0}$。

如果设定 $E(\mathbf{Y}_t|\mathbf{X}_t)=\mathbf{X}_t'\beta_o$,则上述例题的结果验证了 OLS 估计量的正交条件,即 $E(\mathbf{X}_t\varepsilon_t)=\mathbf{0}$。

对于条件期望,詹森不等式依然成立。

命题 3.65(条件詹森不等式) 假设 $g:\mathbb{R}\to\mathbb{R}$ 为区间 $B\subset\mathbb{R}$ 上的凸函数,$\mathcal{Y}$ 是一个随机变量,满足 $P[\mathcal{Y}\in B]=1$。如果 $E(|\mathcal{Y}|)<\infty$,并且 $E(|g(\mathcal{Y})|)<\infty$,则对任意 Ω 中的集合的 σ-域 $\mathcal{G}$

$$g[E(\mathcal{Y}|\mathcal{G})]\leqslant E(g(\mathcal{Y})|\mathcal{G})$$

均成立。如果 g 是凹函数,则

$$g[E(\mathcal{Y}|\mathcal{G})]\geqslant E(g(\mathcal{Y})|\mathcal{G})$$

证明:参见 Doob(1953, p.33)。■

例 3.66 记 $g(y)=|y|$,则由条件詹森不等式可知 $|E(\mathcal{Y}|\mathcal{G})|<E(|\mathcal{Y}||\mathcal{G})$。

命题 3.67 假设 $\mathcal{G}$ 和 $\mathcal{H}$ 都是 σ-域,并且 $\mathcal{G}\subset\mathcal{H}$。若 $E(\mathcal{Y}|\mathcal{H})$ 的某些形式是关于 $\mathcal{G}$ 可测的,则下式以概率 1 成立

$$E(\mathcal{Y}|\mathcal{H})=E(\mathcal{Y}|\mathcal{G})$$

证明:参见 Doob(1953, p.21)。■

换言之,若一个 σ-域包含于另一个 σ-域,且以较大 σ-域为条件的期望关于较小的 σ-域是可测的,则以这两个不同的 σ-域为条件的条件期望是相等的。否则,这两个条件期望之间不存在必然的联系。

例 3.68 假设 $E(\mathcal{Y}_t|\mathcal{H}_{t-1})=0$,其中 $\mathcal{H}_{t-1}=\sigma(\cdots,\mathcal{Y}_{t-2},\mathcal{Y}_{t-1})$。定义 $\mathcal{G}_{t-1}=\sigma(\mathcal{Y}_{t-1})$ 满足 $\mathcal{G}_{t-1}\subset\mathcal{H}_{t-1}$,并且 $E(\mathcal{Y}_t|\mathcal{H}_{t-1})=0$ 是关于 $\mathcal{G}_{t-1}$ 可测的。因此,根据命题 3.67 可知,$E(\mathcal{Y}_t|\mathcal{Y}_{t-1})=E(\mathcal{Y}_t|\mathcal{G}_{t-1})=E(\mathcal{Y}_t|\mathcal{H}_{t-1})=0$。

条件期望最有用的性质之一是迭代期望法则。

命题 3.69(迭代期望法则) 假设 $E(|\mathcal{Y}|)<\infty$,并且 $\mathcal{G}$ 是 Ω 中集合的 σ-域,则

$$E[E(\mathcal{Y}|\mathcal{G})]=E(\mathcal{Y})$$

证明:在定义 3.58 中令 $G=\Omega$ 即可得到。■

例 3.70　假设 $E(\varepsilon_t|\mathbf{X}_t)=\mathbf{0}$,则根据命题 3.69 可知,$E(\varepsilon_t)=E(E(\varepsilon_t|\mathbf{X}_t))=\mathbf{0}$。

如下结果是一个更一般的结论。

命题 3.71(迭代期望法则)　假设 $\mathcal{G}$ 和 $\mathcal{H}$ 都是 Ω 中集合的 σ-域,并且满足 $\mathcal{H}\subset\mathcal{G}$, $E(|\mathcal{Y}|)<\infty$,则

$$E[E(\mathcal{Y}|\mathcal{G})|\mathcal{H}]=E(\mathcal{Y}|\mathcal{H})$$

证明:参见 Doob(1953, p.37)。■

命题 3.69 是命题 3.71 在 $\mathcal{H}=\{\varnothing, \Omega\}$时的一个特例。显然,此时 $\mathcal{H}$ 是一个 σ-域。

有了迭代期望法则,容易证明条件期望具有最优预测的性质,即将随机变量 $\mathcal{Y}$ 的条件期望作为预测值,得到的预测均方误差小于其他任何相对于相同的 σ-域可测的预测值的预测均方误差。

定理 3.72　假设 $\mathcal{Y}$ 是一个随机变量,满足 $E(\mathcal{Y}^2)<\infty$,并且记$\hat{\mathcal{Y}}\equiv E(\mathcal{Y}|\mathcal{G})$。则对任意其他 $\mathcal{G}$ 可测随机变量$\tilde{\mathcal{Y}}$, $E((\mathcal{Y}-\hat{\mathcal{Y}})^2)\leqslant E((\mathcal{Y}-\tilde{\mathcal{Y}})^2)$。

证明:在$(\mathcal{Y}-\tilde{\mathcal{Y}})^2$ 中加上$\hat{\mathcal{Y}}$再减去$\hat{\mathcal{Y}}$得到

$$\begin{aligned}E((\mathcal{Y}-\tilde{\mathcal{Y}})^2)&=E((\mathcal{Y}-\hat{\mathcal{Y}}+\hat{\mathcal{Y}}-\tilde{\mathcal{Y}})^2)\\&=E((\mathcal{Y}-\hat{\mathcal{Y}})^2+2E((\mathcal{Y}-\hat{\mathcal{Y}})(\hat{\mathcal{Y}}-\tilde{\mathcal{Y}}))\\&\quad+E((\hat{\mathcal{Y}}-\tilde{\mathcal{Y}})^2)\end{aligned}$$

根据迭代期望法则和命题 3.63 可得

$$\begin{aligned}E((\mathcal{Y}-\hat{\mathcal{Y}})(\hat{\mathcal{Y}}-\tilde{\mathcal{Y}}))&=E[E((\mathcal{Y}-\hat{\mathcal{Y}})(\hat{\mathcal{Y}}-\tilde{\mathcal{Y}})|\mathcal{G})]\\&=E[E(\mathcal{Y}-\hat{\mathcal{Y}}|\mathcal{G})(\hat{\mathcal{Y}}-\tilde{\mathcal{Y}})]\end{aligned}$$

但是 $E(\mathcal{Y}-\hat{\mathcal{Y}}|\mathcal{G})=0$,因此 $E((\mathcal{Y}-\hat{\mathcal{Y}})(\hat{\mathcal{Y}}-\tilde{\mathcal{Y}}))=0$ 且

$$E((\mathcal{Y}-\tilde{\mathcal{Y}})^2)=E((\mathcal{Y}-\hat{\mathcal{Y}})^2+E((\hat{\mathcal{Y}}-\tilde{\mathcal{Y}})^2)$$

因为右端最后一项是非负的,结果得证。■

该结果为我们提供了另一种对条件期望的解释方式。在预测 $\mathcal{Y}$ 时,$\mathcal{Y}$ 基于 $\mathcal{G}$ 的条件期望给出了基于特定信息集(σ-域)$\mathcal{G}$ 的最小化均方误差预测值。

有了如下的定义(参见 Stout, 1974, p.30),我们将有足够的背景信息

去定义鞅差序列的概念。

定义 3.73 假设$\{\mathcal{Y}_t\}$是一个标量随机变量序列，并且$\{\mathcal{F}_t\}$是一个σ-域序列，对所有的t满足$\mathcal{F}_t \subset \mathcal{F}$且$\mathcal{F}_{t-1} \subset \mathcal{F}_t$（即，$\{\mathcal{F}_t\}$是一个$\sigma$-域的递增序列，也叫做一个滤波）。如果$\mathcal{Y}_t$是关于$\mathcal{F}_t$可测的，则称$\{\mathcal{F}_t\}$是对序列$\{\mathcal{Y}_t\}$自适应的，并且称$\{\mathcal{Y}_t, \mathcal{F}_t\}$为自适应随机序列。

假设$\mathcal{F}_t$是由当前和过去的$\mathcal{Y}_t$生成的σ-域，即，$\mathcal{F}_t = \sigma(\cdots, \mathcal{Y}_{t-1}, \mathcal{Y}_t)$，则$\{\mathcal{Y}_t, \mathcal{F}_t\}$构成了一个自适应随机序列。显然，$\{\mathcal{F}_t\}$是递增的，并且$\mathcal{Y}_t$总是关于$\mathcal{F}_t$可测的。然而，$\mathcal{F}_t$可以包含比$\mathcal{Y}_t$的当前和过去值更多的信息，它也可以包含其他随机变量的当前和过去值信息。例如，令$\mathcal{Y}_t = \mathcal{Z}_{t1}$，其中$\boldsymbol{\mathcal{Z}}_t' = (\mathcal{Z}_{t1}, \cdots, \mathcal{Z}_{tq})$，令$\mathcal{F}_t = \sigma(\cdots, \boldsymbol{\mathcal{Z}}_{t-1}, \boldsymbol{\mathcal{Z}}_t)$，则$\mathcal{F}_t$仍然是递增的，并且$\mathcal{Y}_t$也是关于$\mathcal{F}_t$可测的，因此$\{\mathcal{Y}_t, \mathcal{F}_t\}$是一个自适应随机序列。这是与我们的目标最相关的情形。

定义 3.74 假设$\{\mathcal{Y}_t, \mathcal{F}_t\}$是一个自适应随机序列。如果对所有$t>1$，$E(\mathcal{Y}_t | \mathcal{F}_{t-1}) = 0$成立，则$\{\mathcal{Y}_t, \mathcal{F}_t\}$是一个鞅差序列。

例 3.75 (i)假设$\{\mathcal{Y}_t\}$是一个独立同分布的随机变量序列，满足$E(\mathcal{Y}_t)=0$。记$\mathcal{F}_t = \sigma(\cdots, \mathcal{Y}_{t-1}, \mathcal{Y}_t)$，则$\{\mathcal{Y}_t, \mathcal{F}_t\}$是一个鞅差序列。(ii)（莱维过程，the Lévy device）假设$\{\mathcal{Y}_t, \mathcal{F}_t\}$是一个自适应随机序列，对所有$t$，满足$E(|\mathcal{Y}_t|)<\infty$。则$\mathcal{Y}_t - E(\mathcal{Y}_t | \mathcal{F}_{t-1})$是关于$\mathcal{F}_t$可测的，并且根据线性性质可知，

$$E[\mathcal{Y}_t - E(\mathcal{Y}_t | \mathcal{F}_{t-1}) | \mathcal{F}_{t-1}] = E(\mathcal{Y}_t | \mathcal{F}_{t-1}) - E(\mathcal{Y}_t | \mathcal{F}_{t-1}) = 0$$

因此，$\{\mathcal{Y}_t - E(\mathcal{Y}_t | \mathcal{F}_{t-1}), \mathcal{F}_t\}$是一个鞅差序列。

在一些特定情形下，例题 3.75(ii)提供了有价值的结果。基于该结论，研究者可以通过考察鞅差序列和条件期望序列的性质探讨任意一个随机变量序列的性质（参见 Stout, 1974, p.33）。

在经济学中，我们通常用有效市场理论或者理性预期理论去论证鞅差序列假设的合理性，例如，Samuelson(1965)。在这些理论中，随机变量$\mathcal{Y}_t$表示竞争市场中交易的资产或商品的价格变化，$\mathcal{F}_t$表示市场参与者可获得的由所有当前和过去信息构成的σ-域，$\mathcal{F}_t = \sigma(\cdots, \mathcal{Z}_{t-1}, \mathcal{Z}_t)$，其中$\mathcal{Z}_t$是可观测信息的有限维向量，包括关于$\mathcal{Y}_t$的信息。零利润（无套利）条件则保证了$E(\mathcal{Y}_t | \mathcal{F}_{t-1})=0$成立。注意，若$\mathcal{G}_t = \sigma(\cdots, \mathcal{Y}_{t-1}, \mathcal{Y}_t)$，则$\{\mathcal{Y}_t, \mathcal{G}_t\}$也是一个自适应随机序列，并且因为$\mathcal{G}_t \subset \mathcal{F}_t$，由命题 3.71 可得

$$E(\mathcal{Y}_t \mid \mathcal{G}_{t-1})=E[E(\mathcal{Y}_t \mid \mathcal{F}_{t-1}) \mid \mathcal{G}_{t-1}]=0$$

因此$\{\mathcal{Y}_t, \mathcal{G}_t\}$也是一个鞅差序列。

在回归模型中,鞅差假设通常以如下形式出现。假设我们获得了标量 Y_t 的观测值(现在令 $p=1$),我们感兴趣的是基于变量 $\mathbf{Z}_t$ 以及 Y_t 的历史信息去解释或者预测 Y_t。记 $\mathcal{F}_{t-1}$ 为包含用于解释或者预测 Y_t 信息的 σ-域,即,$\mathcal{F}_{t-1}=\sigma(\cdots,(\mathbf{Z}_{t-1}', Y_{t-2})', (\mathbf{Z}_t', Y_{t-1})')$。则由命题 3.60 可得

$$E(Y_t \mid \mathcal{F}_{t-1})=g(\cdots, (\mathbf{Z}_{t-1}', Y_{t-2})', (\mathbf{Z}_t', Y_{t-1})')$$

其中 g 是 $\mathbf{Z}_t$ 的当前和历史值以及 Y_t 的历史值的某些函数。令 $\mathbf{X}_t$ 包含$(\mathbf{Z}_t', Y_{t-1})$的当前值和有限个滞后值,例如,对某些 $\tau<\infty$, $\mathbf{X}_t=((\mathbf{Z}_{t-\tau}', Y_{t-\tau-1})', \cdots, (\mathbf{Z}_t', Y_{t-1})')'$。于是,经济理论通常用于验证如下假设的合理性:对某些 $\beta_o<\infty$,

$$g(\cdots, (\mathbf{Z}_{t-1}', Y_{t-2})', (\mathbf{Z}_t', Y_{t-1})')=\mathbf{X}_t'\beta_o$$

如果该假设成立,我们则有

$$E(Y_t \mid \mathcal{F}_{t-1})=\mathbf{X}_t'\beta_o$$

请注意,根据定义,Y_t 是关于 $\mathcal{F}_t$ 可测的,于是$\{Y_t, \mathcal{F}_t\}$是一个自适应随机序列。因此根据莱维过程可知,$\{Y_t-E(Y_t \mid \mathcal{F}_{t-1}), \mathcal{F}_t\}$是一个鞅差序列。记

$$\varepsilon_t=Y_t-\mathbf{X}_t'\beta_o$$

并且 $E(Y_t \mid \mathcal{F}_{t-1})=\mathbf{X}_t'\beta_o$ 成立,则 $\varepsilon_t=Y_t-E(Y_t \mid \mathcal{F}_{t-1})$,因此$\{\varepsilon_t, \mathcal{F}_t\}$是一个鞅差序列。对于 OLS 估计具有直接的重要意义的是,$\{\mathcal{F}_t\}$也自适应于每一个解释变量和误差项之间的交乘序列$\{X_{ti}\varepsilon_t\}$,其中 $i=1, \cdots, k$。于是,容易验证$\{X_{ti}\varepsilon_t, \mathcal{F}_t\}$也是鞅差序列,因为根据命题 3.63 有

$$E(X_{ti}\varepsilon_t \mid \mathcal{F}_{t-1})=X_{ti}E(\varepsilon_t \mid \mathcal{F}_{t-1})=0$$

如下定理给出了鞅差序列的大数定律。

定理 3.76(Chow) 假设$\{\mathcal{Z}_t, \mathcal{F}_t\}$是一个鞅差序列。如果对某些 $r>1$,$\sum_{t=1}^{\infty}(E|\mathcal{Z}_t|^{2r})/t^{1+r}<\infty$,则 $\bar{\mathcal{Z}}_n \xrightarrow{a.s.} 0$。

证明:参见 Stout(1974, pp.154—155)。■

请注意上述结果与马尔可夫大数定律,即定理 3.7 的相似性。在定理

3.7 中,更强的独立性假设代替了鞅差假设,然而,若满足独立性,我们对矩条件的要求相对此处要弱。一个类似于推论 3.9 的推论也同样成立。

习题 3.77 证明如下论述。假设$\{\mathcal{Z}_t, \mathcal{F}_t\}$是一个鞅差序列,对某些 $r>1$ 及所有 t,有 $E|\mathcal{Z}_t|^{2r}<\Delta<\infty$,则 $\bar{\mathcal{Z}}_n \xrightarrow{a.s.} 0$。

基于上述结果以及混合序列的大数定律,我们可以得出如下关于 OLS 估计量的一致性结论。

定理 3.78 假设

(i) $\mathbf{Y}_t=\mathbf{X}_t'\beta_o+\varepsilon_t$, $t=1, 2, \cdots$, $\beta_o \in \mathbb{R}^k$;

(ii) $\{\mathbf{X}_t\}$是阶数为$-r/(2r-1)$(其中 $r>1$)的 ϕ-混合序列,或者阶数为$-r/(r-1)$(其中 $r>1$)的 α 混合序列;

(iii) (a) $\{X_{thi}\varepsilon_{th}, \mathcal{F}_{t-1}\}$是一个鞅差序列, $h=1, \cdots, p$, $i=1, \cdots, k$;

(b) 对所有的 $h=1, \cdots, p$, $i=1, \cdots, k$ 和 t, $E|X_{thi}\varepsilon_{th}|^{2r}<\Delta<\infty$ 成立;

(iv) (a) 对某些 $\delta>0$,所有的 $h=1, \cdots, p$, $i=1, \cdots, k$ 和 t, $E|X_{thi}^2|^{r+\delta}<\Delta<\infty$成立;

(b) $\mathbf{M}_n \equiv E(\mathbf{X}'\mathbf{X}/n)$是一致正定的。

则对充分大的 n,估计量$\hat{\beta}_n$ 几乎必然存在,并且$\hat{\beta}_n \xrightarrow{a.s.} \beta_o$。

证明: 为了验证定理 2.18 的条件成立,我们首先注意到 $\mathbf{X}'\varepsilon/n=\sum_{h=1}^{p}\mathbf{X}_h'\varepsilon_h/n$,其中 $\mathbf{X}_h'$ 是行为 $\mathbf{X}_{th}$ 的 $n\times k$ 矩阵,ε_h 是元素为 ε_{th} 的 $n\times 1$ 维向量。根据假设(iii.a)可知,$\{X_{thi}\varepsilon_{th}, \mathcal{F}_t\}$是一个鞅差序列。根据(iii.b)可知,习题 3.77 的矩条件成立,因此 $n^{-1}\sum X_{thi}\varepsilon_{th} \xrightarrow{a.s.} 0$,其中 $h=1, \cdots, p$, $i=1, \cdots, k$。于是,根据命题 2.11, $\mathbf{X}'\varepsilon/n \xrightarrow{a.s.} \mathbf{0}$。进一步地,给定(ii)和(iv.a),命题 3.50 保证了$\{\mathbf{X}_t\mathbf{X}_t'\}$是一个混合序列,并且满足推论 3.48 的条件。给定(iv.a),根据詹森不等式可得 $\mathbf{X}'\mathbf{X}/n-\mathbf{M}_n \xrightarrow{a.s.} \mathbf{0}$, $\mathbf{M}_n=O(1)$。因此,定理 2.18 的条件成立,结论得证。■

请注意,对 $\mathbf{X}_t$ 施加的条件(ii)以及(iv.a)保证了 $\mathbf{X}'\mathbf{X}/n-\mathbf{M}_n \xrightarrow{a.s.} \mathbf{0}$ 成立,并且我们可以采用任何能够保证相同结论成立的其他条件加以替代。

工具变量估计量的结果也可类似得到。

习题 3.79 证明如下结果,假设

(i) $\mathbf{Y}_t=\mathbf{X}_t'\beta_o+\varepsilon_t$, $t=1, 2, \cdots$, $\beta_o \in \mathbb{R}^k$;

(ii) $\{(\mathbf{Z}_t', \mathbf{X}_t', \varepsilon_t)\}$是阶数为$-r/(2r-1)$(其中$r>1$)的$\phi$混合序列,或者阶数为$-r/(r-1)$($r>1$)的$\alpha$混合序列;

(iii) (a) $\{Z_{thi}\varepsilon_{th}, \mathcal{F}_t\}$是一个鞅差序列,$h=1, \cdots, p$, $i=1, \cdots, l$;

(b) 对$h=1, \cdots, p$, $i=1, \cdots, l$和所有t,均有$E|Z_{thi}\varepsilon_{th}|^{2r}<\Delta<\infty$,成立;

(iv) (a) 对某些$\delta>0$, $h=1, \cdots, p$, $i=1, \cdots, l$, $j=1, \cdots, k$和所有t, $E|Z_{thi}X_{thj}|^{r+\delta}<\Delta<\infty$成立;

(b) $\mathbf{Q}_n\equiv E(\mathbf{Z}'\mathbf{X}/n)$一致列满秩;

(c) $\hat{\mathbf{P}}_n-\mathbf{P}_n \xrightarrow{a.s.} \mathbf{0}$,其中$\mathbf{P}_n=O(1)$且是对称、一致正定的。

则对充分大的n,估计量$\tilde{\beta}_n$几乎必然存在,并且$\tilde{\beta}_n \xrightarrow{a.s.} \beta_o$。

与OLS估计量的结论一样,(ii)和(iv.a)可以被其他任何能够保证$\mathbf{Z}'\mathbf{X}/n-\mathbf{Q}_n \xrightarrow{a.s} \mathbf{0}$成立的条件替换。注意,假设(ii)比我们这里必须要求的条件要强。相反,$\{(\mathbf{Z}_t'\mathbf{X}_t')\}$只要满足适当的混合条件就足够了。然而,如本书后文所述,假设(ii)保证了估计的协方差矩阵具有一致性。

参考文献

Bartle, R. G. (1966). *The Elements of Integration*. Wiley, New York.

Billingsley, P. (1979). *Probability and Measure*. Wiley, New York.

Chung, K. L. (1974). *A Course in Probability Theory*. Harcourt, New York.

Corradi, V., N. Swanson, and H. White (2000). "Testing for stationarity-ergodicity and for Comovement Between Nonlinear Discrete Time Markov Processes." *Journal of Econometrics*, 96, 39—73.

Domowitz, I. (1983). "The Linear Model with Stochastic Regressors and Heteroskedastic Dependent Errors." Discussion Paper, Center for Mathematical Studies in Economics and Management Sciences, Northwestern University, Evanston, Illinois.

——and M. A. El-Gamal (1993). "A Consistent Test of Stationary-ergodicity." *Econometric Theory*, 9, 589—601.

Doob, J. L. (1953). *Stochastic Processes*. Wiley, New York.

Granger, C. W. J. and P. Newbold (1977). Forecasting Economic Time Series. Academic Press, New York.

Halmos, P. R. (1956). *Lectures in Ergodic Theory*. Chelsea Publishing, New York.

Ibragimov, I. A. and Y. V. Linnik (1971). *Independent and Stationary Sequences of Random Variables*. Wolters-Noordhoff, The Netherlands.

Iosifescu, M. and R. Theodorescu (1969). *Random Processes and Learning*. Springer-Verlag, New York.

Kolmogorov, A. N. (1933). *Grundbegriffe der Wahrscheinlichkeitsrechnung*. Ergebnisse der Mathematik und ihrer Grenzgebiete, Vol.2, No.3. SpringerVerlag, Berlin.

Lukacs, E. (1975). *Stochastic Convergence*. Academic Press, New York.

McLeish, D. L. (1975). "A Maximal Inequality and Dependent Strong Laws." *Annals of Probability*, 3, 826—836.

Rao, C. R. (1973). *Linear Statistical Inference and Its Applications*. Wiley, New York.

Rosenblatt, M. (1956). "A Central Limit Theorem and a Strong Mixing Condition." *Proc. Nat. Acad. Sci.* U.S.A., 42, 43—47.

(1972). "Uniform Ergodicity and Strong Mixing." *Z. Wahrsch. Verw. Gebiete*, 24, 79—84.

(1978). "Dependence and Asymptotic Independence for Random Processes." In *Studies in Probability Theory*, M. Rosenblatt, ed., Mathematical Association of America, Washington, D.C.

Samuelson, P. (1965). "Proof that Properly Anticipated Prices Fluctuate Randomly." *Industrial Management Review*. 6, 41—49.

Stout, W. F. (1974). *Almost Sure Convergence*. Academic Press, New York.

White, H. and I. Domowitz (1984). "Nonlinear Regression with Dependent Observations." *Econometrica*, 52, 143—162.

4 渐近正态性

在经典的线性模型中，即在解释变量固定且扰动项独立同分布于正态分布的情形下，对任意样本量 n，OLS 估计量 $\hat{\beta}_n$ 服从多元正态分布，且满足 $E(\hat{\beta}_n)=\beta_o$ 和 $\mathrm{var}(\hat{\beta}_n)=\sigma_o^2(\mathbf{X}'\mathbf{X})^{-1}$。这个事实形成了基于 t 统计量或者 F 统计量的假设检验的基础。当样本量足够大时，诸如 $\hat{\beta}_n$ 这样的计量估计量在更一般的条件下具有近似的正态分布，且这个事实形成了大样本统计假设检验的基础。本章我们研究决定 $\hat{\beta}_n$ 的渐近分布的一些工具，以及在大样本条件下这些渐近分布如何被用于假设检验和如何得到渐近有效性。

4.1 依分布收敛

最基础的概念就是依分布收敛。

定义 4.1 令 $\{\mathbf{b}_n\}$ 是一个有限维的随机向量序列且有联合分布 $\{F_n\}$。如果对任何 $F(\mathbf{z})$ 的连续点 $\mathbf{z}$，$F_n(\mathbf{z})\to F(\mathbf{z})$，其中 F 是一个随机变量 $\mathcal{Z}$ 的分布函数，则 $\mathbf{b}_n$ 依分布收敛到随机变量 $\mathcal{Z}$，记作 $\mathbf{b}_n \xrightarrow{d} \mathcal{Z}$。

受此启发，$\mathbf{b}_n$ 的分布趋于随机变量 $\mathcal{Z}$ 的分布，则分布函数 F 可以当做随机变量 $\mathbf{b}_n$ 的分布函数的近似。当 $\mathbf{b}_n \xrightarrow{d} \mathcal{Z}$ 时，我们同样说 $\mathbf{b}_n$ 依分布收敛到 $\mathcal{Z}$（写成 $\mathbf{b}_n \xrightarrow{L} \mathcal{Z}$），或者 $\mathbf{b}_n$ 渐近地服从分布 F，表示为 $\mathbf{b}_n \overset{A}{\sim} F$。则 F 叫做 $\mathbf{b}_n$ 的极限分布。注意，这个定义所设定的是逐点收敛且仅在使 F 连续的点 $\mathbf{z}$ 处成立（连续点）。

例 4.2 令 $\{\mathbf{b}_n\}$ 是一个独立同分布的随机变量序列，有分布函数 F。则明显地，F 就是序列 $\mathbf{b}_n$ 的极限分布。

上述例子表明依分布收敛是一个非常弱的收敛概念,且它本身并不能推出任何关于随机变量序列收敛的结论。

例 4.3 令$\{Z_t\}$是独立同分布随机变量序列,有均值μ和有限的方差$\sigma^2>0$。定义

$$b_n \equiv \frac{\bar{Z}_n - E(\bar{Z}_n)}{(\mathrm{var}(\bar{Z}_n))^{1/2}} = n^{-1/2}\sum\nolimits_{t=1}^{n}(Z_t-\mu)/\sigma$$

则根据林德伯格-列维(*Lindeberg-Levy*)的 CLT(定理 5.2),$b_n \overset{A}{\sim} N(0,1)$。

换言之,被标准化之后的独立同分布序列的样本均值$\bar{Z}_n$的分布会趋近于标准正态分布。这个结果在关于序列$\{Z_t\}$的更一般条件下也成立。使得这个收敛成立的条件将会在下一章节进行详细地讨论。在本章中,我们简单地假定只要满足这些条件,依分布收敛就保证成立。

即使得到的极限分布是一个退化随机变量的分布,依分布收敛也同样是有意义的。

引理 4.4 假设$b_n \xrightarrow{p} b$(b是一个常数)。则$b_n \overset{A}{\sim} F_b$,其中$F_b$是一个随机变量$Z$的分布函数,这个随机变量以概率 1 等于$b$(例如,$b_n \xrightarrow{d} b$)。同样如果$b_n \xrightarrow{A} F_b$,则$b_n \xrightarrow{p} b$。

证明:参见 Rao(1973, p.20)。■

换言之,依概率收敛到一个常数意味着依分布收敛到一个常数,反之亦然。

如下引理是依分布收敛的一个有用结果。

引理 4.5 如果$b_n \xrightarrow{d} Z$,则b_n是$O_p(1)$。

证明:如果给定任意$\delta>0$,存在某些$\Delta_\delta<\infty$使得当$n\geqslant N_\delta$时,$P[|b_n|>\Delta_\delta]<\delta$成立,则$b_n$是$O_p(1)$。因为$b_n \xrightarrow{d} Z$,假设(不失一般性地)$\Delta_\delta$和$-\Delta_\delta$都是随机变量$Z$分布函数的连续点,则$P[|b_n|>\Delta_\delta]\to P[|Z|>\Delta_\delta]$。因此对所有$n\geqslant N_\delta$,有$|P[|b_n|>\Delta_\delta]-P[|Z|>\Delta_\delta]|<\delta$成立,即$P[|b_n|>\Delta_\delta]<\delta+P[|Z|>\Delta_\delta]$对所有$n\geqslant N_\delta$成立。由于当$\Delta_\delta$充分大时,$P[|Z|>\Delta_\delta]<\delta$成立,所以当$\Delta_\delta$充分大且$n\geqslant N_\delta$时,$P[|b_n|>\Delta_\delta]<2\delta$成立。■

这个结果帮助我们证明如下有用的引理。

引理 4.6(乘积法则) 从推论 2.36 知,如果$\mathbf{A}_n=o_p(1)$且$\mathbf{b}_n=O_p(1)$,

则 $\mathbf{A}_n\mathbf{b}_n=o_p(1)$。因此如果 $\mathbf{A}_n \xrightarrow{p} \mathbf{0}$ 且 $\mathbf{b}_n \xrightarrow{d} \mathcal{Z}$，则 $\mathbf{A}_n\mathbf{b}_n \xrightarrow{p} \mathbf{0}$。

此外，该结果常与下述引理结合使用。下述引理是将依概率收敛与依分布收敛关联起来的最重要结果之一。

引理 4.7（渐近等价） 令 $\{\mathbf{a}_n\}$ 和 $\{\mathbf{b}_n\}$ 为两个随机向量序列，如果 $\mathbf{a}_n-\mathbf{b}_n \xrightarrow{p} \mathbf{0}$ 且 $\mathbf{b}_n \xrightarrow{d} \boldsymbol{\mathcal{Z}}$，则 $\mathbf{a}_n \xrightarrow{d} \boldsymbol{\mathcal{Z}}$。

证明：参见 Rao(1973, p.123)。■

如果我们想要推导 $\mathbf{a}_n$ 的渐近分布，但是直接推导比较困难时，上述引理提供了有益的帮助。通常我们很容易找到 $\mathbf{b}_n$ 的渐近分布，且满足 $\mathbf{a}_n-\mathbf{b}_n \xrightarrow{p} \mathbf{0}$，而引理 4.7 则保证了 $\mathbf{a}_n$ 与 $\mathbf{b}_n$ 有相同的极限分布，即 $\mathbf{a}_n$ 与 $\mathbf{b}_n$"渐近等价"。联合运用引理 4.6 和引理 4.7 是证明 OLS 估计量和工具变量估计量渐近正态性的关键工具。

另一个研究依分布收敛的有用的工具是特征函数。

定义 4.8 令 $\boldsymbol{\mathcal{Z}}$ 是一个 $k\times1$ 维随机向量且有分布函数 F。则 $\boldsymbol{\mathcal{Z}}$ 的特征函数定义为 $f(\boldsymbol{\lambda})\equiv E(\exp(i\boldsymbol{\lambda}'\boldsymbol{\mathcal{Z}}))$，其中 $i^2=-1$ 且 $\boldsymbol{\lambda}$ 是一个 $k\times1$ 维实数向量。

例 4.9 令 $\mathcal{Z}$ 是一个非随机的实数，$\mathcal{Z}=c$，则 $f(\lambda)=E(\exp(i\lambda\mathcal{Z}))=E(\exp(i\lambda c))=\exp(i\lambda c)$。

例 4.10 (i)令 $\mathcal{Z}\sim N(\mu,\ \sigma^2)$，则 $f(\lambda)=\exp(i\lambda\mu-\lambda^2\sigma^2/2)$。(ii)令 $\boldsymbol{\mathcal{Z}}\sim N(\boldsymbol{\mu},\ \boldsymbol{\Sigma})$，其中 $\boldsymbol{\mu}$ 是一个 $k\times1$ 维向量且 $\boldsymbol{\Sigma}$ 是一个 $k\times k$ 矩阵，则 $f(\boldsymbol{\lambda})\equiv E(\exp(i\boldsymbol{\lambda}'\boldsymbol{\mu}-\boldsymbol{\lambda}'\boldsymbol{\Sigma}\boldsymbol{\lambda}/2))$。

Lukacs(1970, p.18)提供了一个常见的特征函数表。

因为特征函数是一个概率密度函数的傅里叶变换，所以任何一个特征函数都唯一地决定了一个分布函数，正如如下结果所正式地表达的一样。

定理 4.11（唯一性定理） 当且仅当它们的特征函数相等时，两个分布函数相等。

证明：参见 Lukacs(1974, p.14)。■

因此我们可以通过研究随机变量的分布函数或者其特征函数去研究随机变量的性质，哪种方式较为方便我们便使用哪一种。

例 4.12 一个随机变量的线性变换分布可以通过特征函数很容易地被推出。考虑 $\boldsymbol{\mathcal{Y}}=\mathbf{A}\boldsymbol{\mathcal{Z}}$，其中 $\mathbf{A}$ 是一个 $q\times k$ 的矩阵且 $\boldsymbol{\mathcal{Z}}$ 是一个 $k\times1$ 维随机向量。令 $\boldsymbol{\theta}$ 是 $q\times1$ 向量，则

$$f_{\mathcal{Y}}(\boldsymbol{\theta}) = E(\exp(i\boldsymbol{\theta}'\mathcal{Y})) = E(\exp(i\boldsymbol{\theta}'\mathbf{A}\boldsymbol{\mathcal{Z}}))$$
$$= E(\exp(i\boldsymbol{\lambda}'\boldsymbol{\mathcal{Z}})) = f_{\mathcal{Z}}(\boldsymbol{\lambda})$$

定义 $\boldsymbol{\lambda} = \mathbf{A}'\boldsymbol{\theta}$。若$\boldsymbol{\mathcal{Z}} \sim N(\mu, \boldsymbol{\Sigma})$，

$$f_{\mathcal{Y}}(\boldsymbol{\theta}) = f_{\mathcal{Z}}(\boldsymbol{\lambda}) = \exp(i\boldsymbol{\lambda}'\boldsymbol{\mu} - \boldsymbol{\lambda}'\boldsymbol{\Sigma}\boldsymbol{\lambda}/2)$$
$$= \exp(i\boldsymbol{\theta}'\mathbf{A}\boldsymbol{\mu} - \boldsymbol{\theta}'\mathbf{A}\boldsymbol{\Sigma}\mathbf{A}'\boldsymbol{\theta}/2)$$

因此根据唯一性定理,$\boldsymbol{\mathcal{Y}} \sim N(\mathbf{A}\mu, \mathbf{A}\boldsymbol{\Sigma}\mathbf{A}')$成立。

其他有关特征函数有用的事实陈述如下。

命题 4.13 令 $\mathcal{Y} = a\mathcal{Z} + b$，$a$，$b \in \mathbb{R}$。则

$$f_{\mathcal{Y}}(\lambda) = f_{\mathcal{Z}}(a\lambda)\exp(i\lambda b)$$

证明:

$$f_y(\lambda) = E(\exp(i\lambda\mathcal{Y})) = E(\exp(i\lambda(a\mathcal{Z} + b)))$$
$$= E(\exp(i\lambda a\mathcal{Z})\exp(i\lambda b))$$
$$= E(\exp(i\lambda a\mathcal{Z}))\exp(i\lambda b) = f_{\mathcal{Z}}(\lambda a)\exp(i\lambda b) \ \blacksquare$$

命题 4.14 令 $\mathcal{Y}$ 和 $\mathcal{Z}$ 独立。则如果 $\mathcal{X} = \mathcal{Y} + \mathcal{Z}$,则 $f_{\mathcal{X}}(\lambda) = f_{\mathcal{Z}}(\lambda) f_{\mathcal{Y}}(\lambda)$。

证明:根据独立性,有

$$f_{\mathcal{X}}(\lambda) = E(\exp(i\lambda\mathcal{X})) = E(\exp(i\lambda(\mathcal{Y} + \mathcal{Z})))$$
$$= E(\exp(i\lambda\mathcal{Y})\exp(i\lambda\mathcal{Z}))$$
$$= E(\exp(i\lambda\mathcal{Y}))E(\exp(i\lambda\mathcal{Z}))$$

因此 $f_{\mathcal{X}}(\lambda) = f_{\mathcal{Z}}(\lambda) f_{\mathcal{Y}}(\lambda)$。$\blacksquare$

命题 4.15 如果一个分布函数 F 的 k 阶矩 μ_k 存在,则 F 的特征函数 f 满足 k 阶可微且 $f^{(k)}(0) = i^k \mu_k$,其中 $f^{(k)}$ 是函数 f 的 k 阶导数。

证明:这是 Lukacs(1970, Corollary 3 to Theorem 2.3.1, p.22)推论的直接结果。

例 4.16 假设 $\mathcal{Z} \sim N(0, \sigma^2)$。则 $f'(0) = 0$，$f''(0) = -\sigma^2$，$f'''(0) = -\sigma^2$,以此类推。

在研究依分布收敛时,我们主要用到如下结果。

定理 4.17(连续性定理) 令$\{\mathbf{b}_n\}$是一个 $k \times 1$ 维随机变量序列,其特征函数序列为$\{f_n(\boldsymbol{\lambda})\}$。如果 $\mathbf{b}_n \xrightarrow{d} \boldsymbol{\mathcal{Z}}$,则对任意的 $\boldsymbol{\lambda}$，$f_n(\boldsymbol{\lambda}) \rightarrow f(\boldsymbol{\lambda})$,其中 $f(\boldsymbol{\lambda}) = E(\exp(i\boldsymbol{\lambda}'\boldsymbol{\mathcal{Z}}))$。更进一步,如果对任意 $\boldsymbol{\lambda}$，$f_n(\boldsymbol{\lambda}) \rightarrow f(\boldsymbol{\lambda})$且 f 在 $\boldsymbol{\lambda} =$

$\mathbf{0}$ 点连续，则 $\mathbf{b}_n \xrightarrow{d} \mathcal{Z}$，其中 $f(\boldsymbol{\lambda})=E(\exp(i\boldsymbol{\lambda}'\mathcal{Z}))$。

证明：参见 Lukacs(1970, pp.49—50)。■

这个结果实际上说明的是，依分布收敛与对应特征函数的收敛是等价的。这个结果的意义在于，通常研究特征函数的极限要比研究分布函数的极限容易。如果一个特征函数序列 f_n 收敛到一个在 $\boldsymbol{\lambda}=\mathbf{0}$ 点连续的函数 f，这个定理保证了这个函数 f 是一个特征函数，且 $\mathbf{b}_n$ 的极限分布函数 F 与特征函数 $f(\boldsymbol{\lambda})$ 对应。

在下文中，极限分布 F 要么是退化随机变量（即依概率收敛到一个常数），要么是多元正态分布（由 CLT 可知）。在后一种情况下，对随机变量进行标准化通常是比较方便的，因此其渐近分布是标准多元正态分布。基于此，我们可以使用矩阵的平方根。

习题 4.18 证明如下结果。令 $\mathbf{V}$ 是一个正定（半正定）对称矩阵。则存在一个正定（半正定）对称矩阵平方根 $\mathbf{V}^{1/2}$，满足 $\mathbf{V}^{1/2}$ 中的元素是 $\mathbf{V}$ 的连续函数且 $\mathbf{V}^{1/2}\mathbf{V}^{1/2}=\mathbf{V}$（提示：将 $\mathbf{V}$ 表示为 $\mathbf{V}=\mathbf{Q}'\mathbf{D}\mathbf{Q}$，其中 $\mathbf{Q}$ 是一个正交矩阵，$\mathbf{D}$ 是对角矩阵，且 $\mathbf{V}$ 的特征值排列于其对角线）。

习题 4.19 请证明，如果 $\mathcal{Z}\sim N(\mathbf{0}, \mathbf{V})$，则给定 $\mathbf{V}$ 是正定时，$\mathbf{V}^{-1/2}\mathcal{Z}\sim N(\mathbf{0}, \mathbf{I})$ 成立，其中 $\mathbf{V}^{-1/2}=(\mathbf{V}^{1/2})^{-1}$。

定义 4.20 令 $\{\mathbf{b}_n\}$ 是一个随机向量序列。如果存在一个矩阵序列 $\{\mathbf{V}_n\}$，满足 $\mathbf{V}_n$ 非奇异对所有充分大的 n 都成立且 $\mathbf{V}_n^{-1/2}\mathbf{b}_n \overset{A}{\sim} N(\mathbf{0}, \mathbf{I})$，则 $\mathbf{V}_n$ 被称为 $\mathbf{b}_n$ 的渐近协方差矩阵，记为 $\text{avar}(\mathbf{b}_n)$。

当 $\text{var}(\mathbf{b}_n)$ 有限时，我们可以定义 $\mathbf{V}_n=\text{var}(\mathbf{b}_n)$。虽然一般而言 $\mathbf{V}_n$ 的极限存在，但 $\mathbf{b}_n$ 的渐近表现并不依赖于此。然而通常我们将至少要求，当 n 充分大时，$\mathbf{V}_n$ 与 $\mathbf{V}_n^{-1}$ 的最小的特征值有界地一致远离零。即使 $\text{var}(\mathbf{b}_n)$ 不是有限时，渐近协方差矩阵也可能存在，只是在这个时候我们也不能将其写成 $\mathbf{V}_n=\text{var}(\mathbf{b}_n)$。

例 4.21 定义 $b_n=\mathcal{Z}+\mathcal{Y}/n$，其中 $\mathcal{Z}\sim N(0, 1)$，$\mathcal{Y}$ 服从柯西分布且与 $\mathcal{Z}$ 独立。则对所有 n，$\text{var}(b_n)$ 是无限大的，但是根据引理 4.7 有 $b_n \overset{A}{\sim} N(0, 1)$ 成立。因此 $\text{avar}(b_n)=1$。

给定序列 $\{\mathbf{V}_n^{-1/2}\mathbf{b}_n\}$ 依分布收敛，我们经常感兴趣的是 $\mathbf{b}_n$ 的线性组合的特征 $\{\mathbf{A}_n\mathbf{b}_n\}$，其中 $\mathbf{A}_n$ 像 $\mathbf{V}_n^{-1/2}$ 一样，并不要求收敛到特定的极限。我们可以使用连续性定理的如下推论，利用特征函数研究该组合序列。

推论 4.22 如果 $\boldsymbol{\lambda}\in\mathbb{R}^k$ 且一个特征函数序列 $\{f_n(\boldsymbol{\lambda})\}$ 收敛到特征函数 $f(\boldsymbol{\lambda})$，则这个收敛在每一个 $\mathbb{R}^k$ 的紧子集中是一致收敛的。

证明：这是 Lukacs(1970, p.50)的一个直接拓展。■

该结果表明 $\mathbb{R}^k$ 中的任意一个紧子集 $f_n(\boldsymbol{\lambda})$ 与 $f(\boldsymbol{\lambda})$ 之间的距离不依赖于 $\boldsymbol{\lambda}$，但是仅仅依赖于 n。这个事实在证明如下结果的时候是非常重要的。

引理 4.23 令 $\{\mathbf{b}_n\}$ 是一个 $k\times1$ 维随机向量序列且有对应的特征函数序列 $\{f_n(\boldsymbol{\lambda})\}$，假定 $f_n(\boldsymbol{\lambda})\to f(\boldsymbol{\lambda})$。如果 $\{\mathbf{A}_n\}$ 是任何非随机的 $q\times k$ 矩阵序列且满足 $\mathbf{A}_n=O(1)$，则序列 $\{\mathbf{A}_n\mathbf{b}_n\}$ 有特征函数序列 $\{f_n^*(\boldsymbol{\theta})\}$，其中 $\boldsymbol{\theta}$ 是 $q\times 1$ 维，且对任意的 $\boldsymbol{\theta}$，$f_n^*(\boldsymbol{\theta})-f(\mathbf{A}_n'\boldsymbol{\theta})\to0$ 成立。

证明：从例 4.12 可知 $f_n^*(\boldsymbol{\theta})=f_n(\mathbf{A}_n'\boldsymbol{\theta})$。因为 $\mathbf{A}_n=O(1)$，所以对固定的 $\boldsymbol{\theta}$ 与任意充分大的 n，$\boldsymbol{\lambda}_n\equiv\mathbf{A}_n'\boldsymbol{\theta}$ 在 $\mathbb{R}^k$ 中的一个紧集中取值，记为 $\mathcal{N}_{\boldsymbol{\theta}}$。又因为 $f_n(\boldsymbol{\lambda})\to f(\boldsymbol{\lambda})$，根据推论 4.22，我们有 $f_n(\boldsymbol{\lambda}_n)-f(\boldsymbol{\lambda}_n)\to0$ 对所有 $\mathcal{N}_{\boldsymbol{\theta}}$ 中的 $\boldsymbol{\lambda}_n$ 一致。因此对固定的 $\boldsymbol{\theta}$，$f_n(\mathbf{A}_n'\boldsymbol{\theta})-f(\mathbf{A}_n'\boldsymbol{\theta})=f_n^*(\boldsymbol{\theta})-f(\mathbf{A}_n'\boldsymbol{\theta})\to0$ 对任意是 $O(1)$ 的序列 $\{\mathbf{A}_n\}$ 成立。因为 $\boldsymbol{\theta}$ 是任意的，结果得证。■

根据上述结果我们可以得到如下经常用到的结论。

推论 4.24 令 $\{\mathbf{b}_n\}$ 是一个 $k\times1$ 维随机变量序列且满足 $\mathbf{V}_n^{-1/2}\mathbf{b}_n\overset{A}{\sim}N(\mathbf{0},\mathbf{I})$，其中 $\{\mathbf{V}_n\}$ 和 $\{\mathbf{V}_n^{-1}\}$ 都是 $O(1)$。令 $\{\mathbf{A}_n\}$ 是一个非随机的 $q\times k$ 维矩阵序列且行满秩，且对于充分大的 n，$\{\mathbf{A}_n\}$ 为 $O(1)$ 对 n 是一致的。则序列 $\{\mathbf{A}_n\mathbf{b}_n\}$ 满足 $\boldsymbol{\Gamma}_n^{-1/2}\mathbf{A}_n\mathbf{b}_n\overset{A}{\sim}N(\mathbf{0},\mathbf{I})$，其中 $\boldsymbol{\Gamma}_n\equiv\mathbf{A}_n'\mathbf{V}_n\mathbf{A}_n$ 且 $\boldsymbol{\Gamma}_n$ 和 $\boldsymbol{\Gamma}_n^{-1}$ 都是 $O(1)$。

证明：根据引理 2.19 有 $\boldsymbol{\Gamma}_n=O(1)$。给定关于 $\{\mathbf{A}_n\}$ 和 $\{\mathbf{V}_n\}$ 的条件以及 $\boldsymbol{\Gamma}_n=O(1)$，且 $\det(\boldsymbol{\Gamma}_n)>\delta>0$ 对充分大的 n 成立，则 $\boldsymbol{\Gamma}_n^{-1}=O(1)$。令 $f_n^*(\boldsymbol{\theta})$ 是 $\boldsymbol{\Gamma}_n^{-1/2}\mathbf{A}_n\mathbf{b}_n=\boldsymbol{\Gamma}_n^{-1/2}\mathbf{A}_n\mathbf{V}_n^{1/2}\mathbf{V}_n^{-1/2}\mathbf{b}_n$ 的特征函数，因为 $\boldsymbol{\Gamma}_n^{-1/2}\mathbf{A}_n\mathbf{V}_n^{1/2}=O(1)$，运用引理 4.23 可得 $f_n^*(\boldsymbol{\theta})-f(\mathbf{V}_n^{1/2}\mathbf{A}_n'\boldsymbol{\Gamma}_n^{-1/2}\boldsymbol{\theta})\to0$，其中 $f(\boldsymbol{\lambda})=\exp(-\boldsymbol{\lambda}'\boldsymbol{\lambda}/2)$ 为 $\mathbf{V}_n^{-1/2}\mathbf{b}_n$ 的特征函数的极限。根据 $\boldsymbol{\Gamma}_n^{-1/2}$ 的定义可得 $f(\mathbf{V}_n^{1/2}\mathbf{A}_n'\boldsymbol{\Gamma}_n^{-1/2}\boldsymbol{\theta})=\exp(-\boldsymbol{\theta}'\boldsymbol{\Gamma}_n^{-1/2}\mathbf{A}_n\mathbf{V}_n\ \mathbf{A}_n'\boldsymbol{\Gamma}_n^{-1/2}\boldsymbol{\theta}/2)=\exp(-\boldsymbol{\theta}'\boldsymbol{\theta}/2)$，因此 $f_n^*(\boldsymbol{\lambda})-\exp(-\boldsymbol{\theta}'\boldsymbol{\theta}/2)\to0$，于是根据定理 4.17 可知，$\boldsymbol{\Gamma}_n^{-1/2}\mathbf{A}_n\mathbf{b}_n\overset{A}{\sim}N(\mathbf{0},\mathbf{I})$ 成立。■

这个结果使得我们能够完成如下关于 OLS 估计量的一般渐近正态性的证明。

定理 4.25 给定

(i) $\mathbf{Y}_t=\mathbf{X}_t'\beta_o+\varepsilon_t$，$t=1, 2, \cdots$，$\beta_o\in\mathbb{R}^k$；

(ii) $\mathbf{V}_n^{-1/2}n^{-1/2}\mathbf{X}'\varepsilon\overset{A}{\sim}N(\mathbf{0},\mathbf{I})$，$\mathbf{V}_n\equiv\operatorname{var}(n^{-1/2}\mathbf{X}'\varepsilon)$ 是 $O(1)$ 且是一致正定的。

(iii) $\mathbf{X}'\mathbf{X}/n-\mathbf{M}_n \xrightarrow{p} 0$ 其中 $\mathbf{M}_n \equiv E(\mathbf{X}'\mathbf{X}/n)$ 是 $O(1)$ 且一致正定。

则

$$\mathbf{D}_n^{-1/2}\sqrt{n}(\hat{\beta}_n-\beta_o) \overset{A}{\sim} N(\mathbf{0}, \mathbf{I})$$

其中 $\mathbf{D}_n \equiv \mathbf{M}_n^{-1}\mathbf{V}_n\mathbf{M}_n^{-1}$，且 $\mathbf{D}_n^{-1}$ 是 $O(1)$。另外假定

(iv) 存在一个矩阵 $\hat{\mathbf{V}}_n$，是半正定的且对称满足 $\hat{\mathbf{V}}_n-\mathbf{V}_n \xrightarrow{p} \mathbf{0}$，则 $\hat{\mathbf{D}}_n-\mathbf{D}_n \xrightarrow{p} \mathbf{0}$，其中

$$\hat{\mathbf{D}}_n \equiv (\mathbf{X}'\mathbf{X}/n)^{-1}\hat{\mathbf{V}}_n(\mathbf{X}'\mathbf{X}/n)^{-1}$$

证明：因为根据(iii)，$\mathbf{X}'\mathbf{X}/n-\mathbf{M}_n \xrightarrow{p} \mathbf{0}$ 且 $\mathbf{M}_n$ 是有限非奇异的，$(\mathbf{X}'\mathbf{X}/n)^{-1}$ 和 $\hat{\beta}_n$ 依概率 1 存在。给定(i)且 $(\mathbf{X}'\mathbf{X}/n)^{-1}$ 存在，则

$$\sqrt{n}(\hat{\beta}_n-\beta_o)=(\mathbf{X}'\mathbf{X}/n)^{-1}n^{-1/2}\mathbf{X}'\varepsilon$$

因此给定(ii)，

$$\sqrt{n}(\hat{\beta}_n-\beta_o)-\mathbf{M}_n^{-1}n^{-1/2}\mathbf{X}'\varepsilon=[(\mathbf{X}'\mathbf{X}/n)^{-1}-\mathbf{M}_n^{-1}]\mathbf{V}_n^{1/2}\mathbf{V}_n^{-1/2}n^{-1/2}\mathbf{X}'\varepsilon$$

或者左乘 $\mathbf{D}_n^{-1/2}$，得

$$\mathbf{D}_n^{-1/2}\sqrt{n}(\hat{\beta}_n-\beta_o)-\mathbf{D}_n^{-1/2}\mathbf{M}_n^{-1}n^{-1/2}\mathbf{X}'\varepsilon=\mathbf{D}_n^{-1/2}[(\mathbf{X}'\mathbf{X}/n)^{-1}-\mathbf{M}_n^{-1}]\mathbf{V}_n^{1/2}\mathbf{V}_n^{-1/2}n^{-1/2}\mathbf{X}'\varepsilon$$

对上式等号后内容运用乘积法则引理 4.6 以及渐近等价引理 4.7 就可以得出我们想要的结果。现在根据(ii)可得 $\mathbf{V}_n^{-1/2}n^{-1/2}\mathbf{X}'\varepsilon \overset{A}{\sim} N(\mathbf{0}, \mathbf{I})$；更进一步，因为给定(ii)和(iii)$\mathbf{D}_n^{-1/2}$ 和 $\mathbf{V}_n^{1/2}$ 是 $O(1)$，且给定(iii)以及命题 2.30，$[(\mathbf{X}'\mathbf{X}/n)^{-1}-\mathbf{M}_n^{-1}]$ 是 $o_p(1)$，所以我们可得 $\mathbf{D}_n^{-1/2}[(\mathbf{X}'\mathbf{X}/n)^{-1}-\mathbf{M}_n^{-1}]\mathbf{V}_n^{1/2}$ 是 $o_p(1)$ 成立。因此根据引理 4.5，

$$\mathbf{D}_n^{-1/2}\sqrt{n}(\hat{\beta}_n-\beta_o)-\mathbf{D}_n^{-1/2}\mathbf{M}_n^{-1}n^{-1/2}\mathbf{X}'\varepsilon \xrightarrow{p} \mathbf{0}$$

根据引理 4.7，$\mathbf{D}_n^{-1/2}\sqrt{n}(\hat{\beta}_n-\beta_o)$ 的渐近分布和 $\mathbf{D}_n^{-1/2}\mathbf{M}_n^{-1}n^{-1/2}\mathbf{X}'\varepsilon$ 的渐近分布是一样的。根据推论 4.24，我们立即得出这个随机变量的渐近分布为 $\mathbf{D}_n^{-1/2}\mathbf{M}_n^{-1}n^{-1/2}\mathbf{X}'\varepsilon \overset{A}{\sim} N(\mathbf{0}, \mathbf{I})$。

因为(ii)、(iii)和(iv)成立，根据命题 2.30 我们可以直接推出 $\hat{\mathbf{D}}_n-\mathbf{D}_n \xrightarrow{p} \mathbf{0}$。■

这个结果的结构十分直接。给定线性数据生成过程,我们仅仅要求$(\mathbf{X}'\mathbf{X}/n)$和$(\mathbf{X}'\mathbf{X}/n)^{-1}$是$O_p(1)$,且经过被渐近协方差矩阵的逆平方根标准化之后,$n^{-1/2}\mathbf{X}'\varepsilon$是渐近服从标准正态分布的。$\sqrt{n}(\hat{\beta}_n-\beta_o)$的渐近协方差分散矩阵是$\mathbf{D}_n$,它可以被$\hat{\mathbf{D}}_n$一致估计。请注意,这个结果允许解释变量随机且没有对误差项ε_t的序列相关或者异质性施加任何限制,仅要求保证条件(ii)成立。正如我们即将在下一章看到的一样,仅仅较弱的条件就可以保证(ii)的成立。

在特殊的情况下,$\mathbf{V}_n$可能存在特殊结构。例如,当ε_t是独立同分布的标量并满足$E(\varepsilon_t)=0$, $E(\varepsilon_t^2)=\sigma_o^2$,且$\mathbf{X}_t$非随机时,$\mathbf{V}_n=\sigma_o^2\mathbf{X}'\mathbf{X}/n$。则要得到$\mathbf{V}_n$的一致估计仅仅要求找到$\sigma_o^2$的一个一致估计量。

在如下更一般的情形下我们通常可以写成

$$\mathbf{V}_n=E(\mathbf{X}'\varepsilon\varepsilon'\mathbf{X}/n)=E(\mathbf{X}'\mathbf{\Omega}_n\mathbf{X}/n)$$

有关$\mathbf{\Omega}_n$的结构的信息有助于找到关于$\mathbf{V}_n$的一致估计量。然而,即使$\mathbf{\Omega}_n$是未知的,事实证明得到$\mathbf{V}_n$的一致估计量通常也是可行的。使得$\mathbf{V}_n$被一致估计的条件将在第6章详细讨论。

关于工具变量估计量的结果,也可以得到一个类似于定理4.25的结论。由于证明与定理4.25非常类似,所以证明部分作为一个习题留给读者完成。

习题 4.26 证明如下的结果。给定

(i) $\mathbf{Y}_t=\mathbf{X}_t'\beta_o+\varepsilon_t$, $t=1, 2, \cdots$, $\beta_o\in\mathbb{R}^k$;

(ii) $\mathbf{V}_n^{-1/2}n^{-1/2}\mathbf{Z}'\varepsilon\overset{A}{\sim}N(\mathbf{0}, \mathbf{I})$,其中$\mathbf{V}_n\equiv\mathrm{var}(n^{-1/2}\mathbf{Z}'\varepsilon)$是$O(1)$且一致正定;

(iii) (a) $\mathbf{Z}'\mathbf{X}/n-\mathbf{Q}_n\xrightarrow{p}0$,其中$\mathbf{Q}_n\equiv E(\mathbf{Z}'\mathbf{X}/n)$是$O(1)$且一致列满秩。

(b) 存在$\hat{\mathbf{P}}_n$满足$\hat{\mathbf{P}}_n-\mathbf{P}_n\xrightarrow{p}0$且$\mathbf{P}_n=O(1)$是对称一致正定的,则$\mathbf{D}_n^{-1/2}\sqrt{n}(\tilde{\beta}_n-\beta_o)\overset{A}{\sim}N(\mathbf{0}, \mathbf{I})$,其中

$$\mathbf{D}_n\equiv(\mathbf{Q}_n'\mathbf{P}_n\mathbf{Q}_n)^{-1}\mathbf{Q}_n'\mathbf{P}_n\mathbf{V}_n\mathbf{P}_n\mathbf{Q}_n(\mathbf{Q}_n'\mathbf{P}_n\mathbf{Q}_n)^{-1}$$

且$\mathbf{D}_n^{-1}$都是$O(1)$。

另外假设

(iv) 存在一个对称半正定的矩阵$\hat{\mathbf{V}}_n$满足$\hat{\mathbf{V}}_n-\mathbf{V}_n\xrightarrow{p}\mathbf{0}$,则$\hat{\mathbf{D}}_n-\mathbf{D}_n\xrightarrow{p}\mathbf{0}$,其中

$$\hat{\mathbf{D}}_n=(\mathbf{X}'\mathbf{Z}\hat{\mathbf{P}}_n\mathbf{Z}'\mathbf{X}/n^2)^{-1}(\mathbf{X}'\mathbf{Z}/n)\hat{\mathbf{P}}_n\ \hat{\mathbf{V}}_n\ \hat{\mathbf{P}}_n(\mathbf{Z}'\mathbf{X}/n)(\mathbf{X}'\mathbf{Z}\hat{\mathbf{P}}_n\mathbf{Z}'\mathbf{X}/n^2)^{-1}$$

4.2 假设检验

假设检验是对给定估计量渐近正态性的直接且重要的应用。通常我们感兴趣的假设能够表示为如下参数的线性组合

$$\mathbf{R}\beta_o = \mathbf{r}$$

其中 $\mathbf{R}$ 是一个给定的 $q\times k$ 维矩阵且 $\mathbf{r}$ 是给定的 $q\times 1$ 维向量,$\mathbf{R}\beta_o=\mathbf{r}$ 帮助我们设定了感兴趣的假设。例如,如果假设是 β_o 中的所有元素之和为 1,则 $\mathbf{R}=[1, \cdots, 1]$且 $\mathbf{r}=1$。

很多种不同的方法可以被用于计算检验统计量,检验原假设 $\mathbf{R}\beta_o=\mathbf{r}$ 和备择假设 $\mathbf{R}\beta_o\neq\mathbf{r}$。此处将探讨瓦尔德(Wald)、拉格朗日乘数以及拟似然比统计量等方法。

虽然构造检验统计量的方法不一样,但是我们对它们的渐近分布的推导方式是一样的。在每一种情况下,我们基于渐近正态性质获得一个渐近分布为卡方分布 χ^2 的统计量。为了做到这一点我们使用如下结果。

引理 4.27 令 $\mathbf{g}: \mathbb{R}^k\to\mathbb{R}^l$ 在 $\mathbb{R}^k$ 上连续且令 $\mathbf{b}_n \xrightarrow{d} \boldsymbol{\mathcal{Z}}$, $\boldsymbol{\mathcal{Z}}$是一个 $k\times 1$ 维随机向量,则 $\mathbf{g}(\mathbf{b}_n)\xrightarrow{d}\mathbf{g}(\boldsymbol{\mathcal{Z}})$。

证明:参见 Rao(1973, p.124)。■

推论 4.28 令 $\mathbf{V}_n^{-1/2}\mathbf{b}_n \overset{A}{\sim} N(\mathbf{0}, \mathbf{I}_k)$,则

$$\mathbf{b}_n'\mathbf{V}_n^{-1}\mathbf{b}_n=\mathbf{b}_n'\mathbf{V}_n^{-1/2}\mathbf{V}_n^{-1/2}\mathbf{b}_n \overset{A}{\sim}\chi_k^2$$

其中 χ_k^2 是自由度为 k 的卡方随机变量。

证明:通过假定 $\mathbf{V}_n^{-1/2}\mathbf{b}_n \xrightarrow{d} \boldsymbol{\mathcal{Z}}\sim N(\mathbf{0}, \mathbf{I}_k)$,函数 $g(\mathbf{z})=\mathbf{z}'\mathbf{z}$ 在 $\mathbb{R}^k$ 上连续。因此

$$\mathbf{b}_n'\mathbf{V}_n^{-1}\mathbf{b}_n=g(\mathbf{V}^{-1/2}\mathbf{b}_n)\xrightarrow{d}g(\mathcal{Z})=\mathcal{Z}'\mathcal{Z}\sim\chi_k^2 \quad ■$$

通常 $\mathbf{V}_n$ 是未知的,但是存在一个关于 $\mathbf{V}_n$ 的一致估计量 $\hat{\mathbf{V}}_n$,满足 $\hat{\mathbf{V}}_n-\mathbf{V}_n\xrightarrow{p}\mathbf{0}$。为了将推论 4.28 中的 $\mathbf{V}_n$ 替换为 $\hat{\mathbf{V}}_n$,我们使用如下引理。

引理 4.29 令 $\mathbf{g}: \mathbb{R}^k\to\mathbb{R}^l$ 在 $\mathbb{R}^k$ 上连续。如果 $\mathbf{a}_n-\mathbf{b}_n\xrightarrow{p}\mathbf{0}$ 且 $\mathbf{b}_n\xrightarrow{d}\boldsymbol{\mathcal{Z}}$,则

$\mathbf{g}(\mathbf{a}_n)-\mathbf{g}(\mathbf{b}_n)\xrightarrow{p}\mathbf{0}$ 且 $\mathbf{g}(\mathbf{a}_n)\xrightarrow{d}\mathbf{g}(\mathcal{Z})$。

证明: Rao(1973, p.124)证明了 $\mathbf{g}(\mathbf{a}_n)-\mathbf{g}(\mathbf{b}_n)\xrightarrow{p}\mathbf{0}$。$\mathbf{g}(\mathbf{a}_n)\xrightarrow{d}\mathbf{g}(\mathcal{Z})$ 可由引理 4.7 和引理 4.27 推出。■

基于上述结论,我们能够证明下述定理。该定理是推导瓦尔德、拉格朗日乘数以及拟似然比检验渐近分布的基础。

定理 4.30 令 $\mathbf{V}_n^{-1/2}\mathbf{b}_n \overset{A}{\sim} N(\mathbf{0}, \mathbf{I}_k)$,且假定存在半正定且对称的矩阵 $\hat{\mathbf{V}}_n$ 满足 $\hat{\mathbf{V}}_n-\mathbf{V}_n\xrightarrow{p}\mathbf{0}$,其中 $\mathbf{V}_n$ 是 $O(1)$,且对于所有充分大的 n, $\det(\mathbf{V}_n)>\delta>0$,则 $\mathbf{b}_n'\hat{\mathbf{V}}_n^{-1}\mathbf{b}_n \overset{A}{\sim}\chi_k^2$。

证明: 我们运用引理 4.29,并考虑 $\hat{\mathbf{V}}_n^{-1/2}\mathbf{b}_n-\mathbf{V}_n^{-1/2}\mathbf{b}_n$,其中 $\hat{\mathbf{V}}_n^{-1/2}$ 对所有充分大的 n 依概率存在。现在可得

$$\hat{\mathbf{V}}_n^{-1/2}\mathbf{b}_n-\mathbf{V}_n^{-1/2}\mathbf{b}_n=(\hat{\mathbf{V}}_n^{-1/2}\mathbf{V}_n^{1/2}-\mathbf{I})\mathbf{V}_n^{-1/2}\mathbf{b}_n$$

根据假定 $\mathbf{V}_n^{-1/2}\mathbf{b}_n \overset{A}{\sim} N(\mathbf{0}, \mathbf{I}_k)$ 且根据命题 2.30,有 $\hat{\mathbf{V}}_n^{-1/2}\mathbf{V}_n^{1/2}-\mathbf{I}\xrightarrow{p}\mathbf{0}$。根据乘积法则引理 4.6,我们有 $\hat{\mathbf{V}}_n^{-1/2}\mathbf{b}_n-\mathbf{V}_n^{-1/2}\mathbf{b}_n\xrightarrow{p}\mathbf{0}$。因为 $\mathbf{V}^{-1/2}\mathbf{b}_n\xrightarrow{d}\mathcal{Z}\overset{A}{\sim}N(\mathbf{0}, \mathbf{I}_k)$ 和引理 4.29,有 $\mathbf{b}_n'\hat{\mathbf{V}}_n^{-1}\mathbf{b}_n \overset{A}{\sim}\chi_k^2$。■

分析瓦尔德统计量相对而言是最简单的,尽管在给定的情形下它可能不是最容易计算的统计量。瓦尔德统计量的思想是当原假设成立时,$\mathbf{R}\hat{\beta}_n$ 和 $\mathbf{R}\beta_o=\mathbf{r}$ 应该很接近,所以 $\mathbf{R}\hat{\beta}_n-\mathbf{r}$ 与 0 相差较大即是拒绝原假设的证据。为了说明 $\mathbf{R}\hat{\beta}_n-\mathbf{r}$ 与 0 之间相差多大才能拒绝原假设,我们需要决定其渐近分布。

定理 4.31(瓦尔德检验, Wald test) 令定理 4.25 的条件满足且令 $\text{rank}(\mathbf{R})=q<k$,则在 H_0:$\mathbf{R}\beta_o=\mathbf{r}$ 成立时,

(i) $\mathbf{\Gamma}_n^{-1/2}\sqrt{n}(\mathbf{R}\hat{\beta}_n-\mathbf{r})\overset{A}{\sim}N(\mathbf{0}, \mathbf{I})$,其中

$$\mathbf{\Gamma}_n\equiv\mathbf{R}\mathbf{D}_n\mathbf{R}'=\mathbf{R}\mathbf{M}_n^{-1}\mathbf{V}_n\mathbf{M}_n^{-1}\mathbf{R}'$$

(ii) 瓦尔德统计量 $\mathcal{W}_n\equiv n(\mathbf{R}\hat{\beta}_n-\mathbf{r})'\hat{\mathbf{\Gamma}}_n^{-1}(\mathbf{R}\hat{\beta}_n-\mathbf{r})\overset{A}{\sim}\chi_q^2$,其中

$$\hat{\mathbf{\Gamma}}_n\equiv\mathbf{R}\hat{\mathbf{D}}_n\mathbf{R}'=\mathbf{R}(\mathbf{X}'\mathbf{X}/n)^{-1}\hat{\mathbf{V}}_n(\mathbf{X}'\mathbf{X}/n)^{-1}\mathbf{R}'$$

证明: (i) 在 H_0 下,$\mathbf{R}\hat{\beta}_n-\mathbf{r}=\mathbf{R}(\hat{\beta}_n-\beta_o)$,则

$$\mathbf{\Gamma}_n^{-1/2}\sqrt{n}(\mathbf{R}\hat{\beta}_n-\mathbf{r})=\mathbf{\Gamma}_n^{-1/2}\mathbf{R}\mathbf{D}_n^{1/2}\mathbf{D}_n^{-1/2}\sqrt{n}(\hat{\beta}_n-\beta_o)$$

根据推论 4.24，$\boldsymbol{\Gamma}_n^{-1/2}\sqrt{n}(\mathbf{R}\hat{\beta}_n-\mathbf{r})\overset{A}{\sim}N(\mathbf{0},\mathbf{I})$成立。

(ii) 因为根据定理 4.25，$\hat{\mathbf{D}}_n-\mathbf{D}_n\xrightarrow{p}\mathbf{0}$ 成立，则从命题 2.30 可知$\hat{\boldsymbol{\Gamma}}_n-\boldsymbol{\Gamma}_n\xrightarrow{p}\mathbf{0}$。给定(i)中的结果，根据定理 4.30 可知(ii)成立。■

因为 $\mathbf{V}_n$ 的一个一致估计量($\hat{\mathbf{V}}_n$)被用于计算$\hat{\boldsymbol{\Gamma}}_n$，所以不管误差项是否存在序列相关以及异方差，这个形式的瓦尔德统计量都是适用的。特别地，当用$\hat{\sigma}_n^2(\mathbf{X}'\mathbf{X}/n)$一致估计 $\mathbf{V}_n$，瓦尔德检验可以简化为

$$\mathcal{W}_n=n(\mathbf{R}\hat{\beta}_n-\mathbf{r})'[\mathbf{R}(\mathbf{X}'\mathbf{X}/n)^{-1}\mathbf{R}']^{-1}(\mathbf{R}\hat{\beta}_n-\mathbf{r})/\hat{\sigma}_n^2$$

上式仅仅是 q 乘以检验假设 $\mathbf{R}\beta_o=\mathbf{r}$ 时的标准的 F 统计量。这个统计量是否渐近服从卡方分布主要取决于$\hat{\mathbf{V}}_n=\hat{\sigma}_n^2(\mathbf{X}'\mathbf{X}/n)$是否是 $\mathbf{V}_n$ 的一致估计量；如果$\hat{\mathbf{V}}_n$ 不是 $\mathbf{V}_n$ 的一致估计量，则一般这个形式的 $\mathcal{W}_n$ 的渐近分布并不服从卡方分布。

当施加约束条件 $\mathbf{R}\beta_o=\mathbf{r}$ 使得 β_o 难以估计时，使用瓦尔德统计量最为方便。当施加在 β_o 上的约束条件较为简单时(如 $\mathbf{R}\beta_o=\mathbf{r}$ 表明 β_o 的最后一个元素为零)，拉格朗日乘数统计量更容易计算。

拉格朗日乘数统计量背后的逻辑是：受约束的 OLS 估计可以通过解如下式得到

$$\min_\beta(\mathbf{Y}-\mathbf{X}\beta)'(\mathbf{Y}-\mathbf{X}\beta)/n,\ \text{s.t.}\mathbf{R}\beta=\mathbf{r}$$

上式等价于找到如下拉格朗日公式的鞍点

$$\mathcal{L}=(\mathbf{Y}-\mathbf{X}\beta)'(\mathbf{Y}-\mathbf{X}\beta)/n+(\mathbf{R}\beta-\mathbf{r})'\boldsymbol{\lambda}$$

拉格朗日乘数 $\boldsymbol{\lambda}$ 可以视为给定约束的影子价格，即当约束合理时，其取值比较小，反之亦然(参见 Engle，1981，for a general discussion)。拉格朗日乘数检验可以被想象成检验假设 $\boldsymbol{\lambda}=\mathbf{0}$ 是否成立。

上述优化问题的一阶条件为

$$\partial\mathcal{L}/\partial\beta=2(\mathbf{X}'\mathbf{X}/n)\beta-2\mathbf{X}'\mathbf{Y}/n+\mathbf{R}'\boldsymbol{\lambda}=\mathbf{0}$$

$$\partial\mathcal{L}/\partial\boldsymbol{\lambda}=\mathbf{R}\beta-\mathbf{r}=\mathbf{0}$$

为了估计拉格朗日乘数，将 $\mathbf{R}(\mathbf{X}'\mathbf{X}/n)^{-1}$左乘第一个方程，且设定 $\mathbf{R}\beta=\mathbf{r}$，则有

$$\ddot{\boldsymbol{\lambda}}_n=2(\mathbf{R}(\mathbf{X}'\mathbf{X}/n)^{-1}\mathbf{R}')^{-1}(\mathbf{R}\hat{\beta}_n-\mathbf{r})$$

$$\ddot{\beta}_n = \hat{\beta}_n - (\mathbf{X}'\mathbf{X}/n)^{-1}\mathbf{R}'\ddot{\boldsymbol{\lambda}}_n/2$$

其中$\ddot{\beta}_n$是约束条件下的OLS估计量(自动满足$\mathbf{R}\ddot{\beta}_n=\mathbf{r}$)。在这种形式下,$\ddot{\boldsymbol{\lambda}}_n$即是一个关于$\mathbf{R}\hat{\beta}_n-\mathbf{r}$的简单非奇异变换。因此,很容易证明如下定理。

定理 4.32(拉格朗日乘数检验,Lagrange multiplier test) 令定理 4.25 中的条件成立且令 $\text{rank}(\mathbf{R})=q<k$,则在 H_0:$\mathbf{R}\beta_o=\mathbf{r}$ 下,

(i) $\boldsymbol{\Lambda}_n^{-1/2}\sqrt{n}\,\ddot{\boldsymbol{\lambda}}_n \overset{A}{\sim} N(\mathbf{0},\ \mathbf{I})$,其中

$$\boldsymbol{\Lambda}_n \equiv 4(\mathbf{R}\mathbf{M}_n^{-1}\mathbf{R}')^{-1}\boldsymbol{\Gamma}_n(\mathbf{R}\mathbf{M}_n^{-1}\mathbf{R}')^{-1}$$

关于$\boldsymbol{\Gamma}_n$的定义见定理 4.31。

(ii) 拉格朗日乘数统计量 $\mathcal{LM}_n \equiv n\,\ddot{\boldsymbol{\lambda}}'\hat{\boldsymbol{\Lambda}}_n^{-1}\ddot{\boldsymbol{\lambda}}_n \overset{A}{\sim} \chi_q^2$,其中

$$\hat{\boldsymbol{\Lambda}}_n \equiv 4(\mathbf{R}(\mathbf{X}'\mathbf{X}/n)^{-1}\mathbf{R}')^{-1}\mathbf{R}(\mathbf{X}'\mathbf{X}/n)^{-1}\ddot{\mathbf{V}}_n(\mathbf{X}'\mathbf{X}/n)^{-1}\mathbf{R}' \times(\mathbf{R}(\mathbf{X}'\mathbf{X}/n)^{-1}\mathbf{R}')^{-1}$$

$\ddot{\mathbf{V}}_n$是由约束条件下的回归计算出来的,且在H_0成立的情况下,满足$\ddot{\mathbf{V}}_n-\mathbf{V}_n\xrightarrow{p}\mathbf{0}$。

证明:(i) 考虑差值

$$\begin{aligned}&\boldsymbol{\Lambda}_n^{-1/2}\sqrt{n}\,\ddot{\boldsymbol{\lambda}}_n-2\boldsymbol{\Lambda}_n^{-1/2}(\mathbf{R}\mathbf{M}_n^{-1}\mathbf{R}')^{-1}\sqrt{n}(\mathbf{R}\hat{\beta}_n-\mathbf{r})\\&=2\boldsymbol{\Lambda}_n^{-1/2}[(\mathbf{R}(\mathbf{X}'\mathbf{X}/n)^{-1}\mathbf{R}')^{-1}-(\mathbf{R}\mathbf{M}_n^{-1}\mathbf{R}')^{-1}]\boldsymbol{\Gamma}_n^{1/2}\boldsymbol{\Gamma}_n^{-1/2}\sqrt{n}(\mathbf{R}\hat{\beta}_n-\mathbf{r})\end{aligned}$$

根据定理 4.31 可知,$\boldsymbol{\Gamma}_n^{-1/2}\sqrt{n}(\mathbf{R}\hat{\beta}_n-\mathbf{r})\overset{A}{\sim}N(\mathbf{0},\ \mathbf{I})$。因为$(\mathbf{X}'\mathbf{X}/n)-\mathbf{M}_n\xrightarrow{p}\mathbf{0}$,根据命题 2.30 以及$\boldsymbol{\Lambda}_n^{-1/2}$和$\boldsymbol{\Gamma}_n^{-1/2}$都是$O(1)$,所以我们有$\boldsymbol{\Lambda}_n^{-1/2}[\mathbf{R}(\mathbf{X}'\mathbf{X}/n)^{-1}\mathbf{R}'-(\mathbf{R}\mathbf{M}_n\mathbf{R}')^{-1}]\boldsymbol{\Gamma}_n^{1/2}\xrightarrow{p}\mathbf{0}$成立。因此根据乘积法则引理 4.6 有,

$$\boldsymbol{\Lambda}_n^{-1/2}\sqrt{n}\,\ddot{\boldsymbol{\lambda}}_n-2\boldsymbol{\Lambda}_n^{-1/2}(\mathbf{R}\mathbf{M}_n^{-1}\mathbf{R}')^{-1}\sqrt{n}(\mathbf{R}\hat{\beta}_n-\mathbf{r})\xrightarrow{p}\mathbf{0}$$

根据引理 4.7 知,$\boldsymbol{\Lambda}_n^{-1/2}\sqrt{n}\,\ddot{\boldsymbol{\lambda}}_n$和$2\boldsymbol{\Lambda}_n^{-1/2}(\mathbf{R}\mathbf{M}_n^{-1}\mathbf{R}')^{-1}\sqrt{n}(\mathbf{R}\hat{\beta}_n-\mathbf{r})$有相同的渐近分布。从推论 4.24 立即可得$2\boldsymbol{\Lambda}_n^{-1/2}(\mathbf{R}\mathbf{M}_n^{-1}\mathbf{R}')^{-1}\sqrt{n}(\mathbf{R}\hat{\beta}_n-\mathbf{r})\overset{A}{\sim}N(\mathbf{0},\ \mathbf{I})$;因此$\boldsymbol{\Lambda}_n^{-1/2}\sqrt{n}\,\ddot{\boldsymbol{\lambda}}_n\overset{A}{\sim}N(\mathbf{0},\ \mathbf{I})$成立。

(ii) 根据假定$\ddot{\mathbf{V}}_n-\mathbf{V}_n\xrightarrow{p}\mathbf{0}$和命题 2.30 可得,$(\mathbf{X}'\mathbf{X}/n)-\mathbf{M}_n\xrightarrow{p}\mathbf{0}$和$\hat{\boldsymbol{\Lambda}}_n-$

$\Lambda_n \xrightarrow{p} \mathbf{0}$成立。给定(i)中的结果，由定理 4.30 可得(ii)成立。■

请注意，$\ddot{\mathbf{V}}_n$ 被替换成 $\hat{\mathbf{V}}_n$，瓦尔德和拉格朗日乘数统计量是一样的。这就说明这两个统计量应该是渐近等价的。

习题 4.33 证明在定理 4.31、定理 4.32 的条件下 $\mathcal{W}_n - \mathcal{LM}_n \xrightarrow{p} 0$。

虽然为了简化证明，我们在定理 4.32 的证明过程中借助了 $\ddot{\boldsymbol{\lambda}}_n$ 是 $\mathbf{R}\hat{\beta}_n - \mathbf{r}$的一个线性组合的事实，但是运用拉格朗日乘数统计量的重点是可以避免计算 $\hat{\beta}_n$，而是仅计算较为简单的 $\ddot{\beta}_n$。例如，当数据由 $\mathbf{Y} = \mathbf{X}_1\beta_1 + \mathbf{X}_2\beta_2 + \varepsilon$ 产生且 H_0 设定 β_2（一个 $q \times 1$ 维向量）是零时，计算 $\ddot{\beta}_n$ 就非常简单，此时

$$\mathbf{R} = \underset{(q\times(k-q))(q\times q)}{[\mathbf{0} : \mathbf{I}]}, \quad \underset{(q\times 1)}{\mathbf{r} = \mathbf{0}}$$

且 $\ddot{\beta}_n' = (\ddot{\beta}_{1n}', 0)$，其中 $\ddot{\beta}_{1n} = (\mathbf{X}_1'\mathbf{X}_1)^{-1}\mathbf{X}_1'\mathbf{Y}$。

习题 4.34 定义 $\ddot{\varepsilon} = \mathbf{Y} - \mathbf{X}_1\ddot{\beta}_{1n}$。证明在 $H_0 : \beta_2 = \mathbf{0}$ 下，

$$\ddot{\boldsymbol{\lambda}}_n = 2\mathbf{X}_2'(\mathbf{I} - \mathbf{X}_1(\mathbf{X}_1'\mathbf{X}_1)^{-1}\mathbf{X}_1')\varepsilon/n = 2\mathbf{X}_2'\ddot{\varepsilon}/n$$

（提示：$\mathbf{R}\hat{\beta}_n - \mathbf{r} = \mathbf{R}(\mathbf{X}'\mathbf{X}/n)^{-1}\mathbf{X}'(\mathbf{Y} - \mathbf{X}\ddot{\beta}_n)/n$）

对于 $\mathbf{R}$ 的特定形式，运用定理 4.32(ii)，我们得到

$$\mathcal{LM}_n = n\,\ddot{\boldsymbol{\lambda}}_n'[(-\mathbf{X}_2'\mathbf{X}_1(\mathbf{X}_1'\mathbf{X}_1)^{-1} : \mathbf{I}_q)\ddot{\mathbf{V}}_n(-\mathbf{X}_2'\mathbf{X}_1(\mathbf{X}_1'\mathbf{X}_1)^{-1} : \mathbf{I}_q)']^{-1}\ddot{\boldsymbol{\lambda}}_n/4$$

当 $\ddot{\mathbf{V}}_n = \ddot{\sigma}_n^2(\mathbf{X}'\mathbf{X}/n)$能够一致地估计 $\mathbf{V}_n$，其中 $\ddot{\sigma}_n^2 = \ddot{\varepsilon}'\ddot{\varepsilon}/n$ 时，$\mathcal{LM}_n$ 统计量可以进一步被简化。

习题 4.35 如果 $\ddot{\sigma}_n^2(\mathbf{X}'\mathbf{X}/n) - \mathbf{V}_n \xrightarrow{p} \mathbf{0}$ 且 $\beta_2 = \mathbf{0}$，证明 $\mathcal{LM}_n = n\,\ddot{\varepsilon}'\mathbf{X}(\mathbf{X}'\mathbf{X})^{-1}\mathbf{X}'\ddot{\varepsilon}/\ddot{\varepsilon}'\ddot{\varepsilon}$，这就是 n 乘以 $\ddot{\varepsilon}$ 对 $\mathbf{X}$ 做回归的 R^2。

当 $\mathbf{V}_n = \sigma_o^2\mathbf{M}_n$ 时，上述习题中的结果预示着一个十分简单的检验 $\beta_2 = \mathbf{0}$ 的步骤。第一，将 $\mathbf{Y}$ 对 $\mathbf{X}_1$ 回归并且构造约束条件下的 $\ddot{\varepsilon}$，然后将 $\ddot{\varepsilon}$ 对 $\mathbf{X}$ 回归。将样本量 n 与这个回归的 R^2（例如，在有常数的回归中不调整）相乘就能得出 $\mathcal{LM}_n$ 统计量，其具有渐近卡方分布。正如 Engle(1981)所证明的，很多有趣的检验统计量都可以以这种方式计算。

当误差项 ε_t 是独立同分布的标量且是服从 $N(0, \sigma_o^2)$分布的随机变量时，OLS 估计量同样是 MLE，因为 $\hat{\beta}_n$ 为下式的解

$$\max \mathcal{L}(\beta, \sigma; \mathbf{Y})=\exp[-n\log\sqrt{2\pi}-n\log\sigma-\frac{1}{2}\sum\nolimits_{t=1}^{n}(Y_t-\mathbf{X}'_t\beta)^2/\sigma^2]$$

其中 $\mathcal{L}(\beta, \sigma; \mathbf{Y})$是基于正态性假定下的样本似然函数。当误差项不服从独立同分布的 $N(0, \sigma_o^2)$时，$\hat{\beta}_n$ 被称为拟极大似然估计量(QMLE)。

当$\hat{\beta}_n$ 是 MLE 时，假设检验可以基于对数似然比构造统计量

$$\mathcal{LR}_n=\log\left[\frac{\mathcal{L}(\ddot{\beta}_n, \ddot{\sigma}_n; \mathbf{Y})}{\mathcal{L}(\hat{\beta}_n\hat{\sigma}_n; \mathbf{Y})}\right]$$

其中，和前文一样，$\hat{\sigma}_n^2=n^{-1}\sum_{t=1}^{n}(Y_t-\mathbf{X}'_t\hat{\beta}_n)^2$，且$\ddot{\beta}_n$ 和$\ddot{\sigma}_n$ 为下式的解

$$\max \mathcal{L}(\beta, \sigma; \mathbf{Y}), \quad \text{s.t.}\mathbf{R}\beta=\mathbf{r}$$

很容易证明$\ddot{\beta}_n$ 是约束条件下的 OLS 估计量且$\ddot{\sigma}_n^2=\ddot{\varepsilon}'\ddot{\varepsilon}/n$ 和之前一样。对数似然比总是非负的且小于等于 1。我们可以由简单的代数运算推出

$$\mathcal{LR}_n=(n/2)\log(\hat{\sigma}_n^2/\ddot{\sigma}_n^2)$$

因为$\ddot{\sigma}_n^2=\hat{\sigma}_n^2+(\hat{\beta}_n-\ddot{\beta}_n)'(\mathbf{X}'\mathbf{X}/n)(\hat{\beta}_n-\ddot{\beta}_n)$(请证明)，

$$\mathcal{LR}_n=-(n/2)\log[1+(\hat{\beta}_n-\ddot{\beta}_n)'(\mathbf{X}'\mathbf{X}/n)(\hat{\beta}_n-\ddot{\beta}_n)/\hat{\sigma}_n^2]$$

为了推导这个统计量的渐近分布，我们运用微积分里面的中值定理。

定理 4.36(中值定理)　令 s：$\mathbb{R}^k\to\mathbb{R}$ 是定义在一个开凸集 $\boldsymbol{\Theta}\subset\mathbb{R}^k$上的函数，$s$ 在 $\boldsymbol{\Theta}$ 上连续可微且有 $k\times1$ 维梯度∇s。则对任意点 $\boldsymbol{\theta}$ 和 $\boldsymbol{\theta}_o\in\boldsymbol{\Theta}$，存在处于连接 $\boldsymbol{\theta}$ 和 $\boldsymbol{\theta}_o$ 的部分中的$\bar{\boldsymbol{\theta}}$满足 $s(\boldsymbol{\theta})=s(\boldsymbol{\theta}_o)+\nabla s(\bar{\boldsymbol{\theta}})'(\boldsymbol{\theta}-\boldsymbol{\theta}_o)$。

证明：参见 Bartle(1976, p.365)。■

对于当前的应用，我们选择 $s(\theta)=\log(1+\theta)$。如果我们设定 $\theta_o=0$，则有 $s(\theta)=\log(1)+(1/(1+\bar{\theta}))\theta=\theta/(1+\bar{\theta})$成立，其中$\bar{\theta}$位于$\theta$ 和零之间。令 $\theta_n=(\hat{\beta}_n-\ddot{\beta}_n)'(\mathbf{X}'\mathbf{X}/n)(\hat{\beta}_n-\ddot{\beta}_n)/\ddot{\sigma}_n^2$，则在 H_0 下，$|\bar{\theta}_n|<|\theta_n|\xrightarrow{p}0$，因此 $\bar{\theta}_n\xrightarrow{p}0$。现在运用中值定理得出

$$\mathcal{LR}_n=-(n/2)(1+\bar{\theta}_n)^{-1}(\hat{\beta}_n-\ddot{\beta}_n)'(\mathbf{X}'\mathbf{X}/n)(\hat{\beta}_n-\ddot{\beta}_n)/\ddot{\sigma}_n^2$$

因为$(1+\bar{\theta}_n)^{-1}\xrightarrow{p}1$，如果下式第二项极限分布存在，根据引理 4.6 有

$$-2\mathcal{LR}_n-n(\hat{\beta}_n-\ddot{\beta}_n)'(\mathbf{X}'\mathbf{X}/n)(\hat{\beta}_n-\ddot{\beta}_n)/\hat{\sigma}_n^2\xrightarrow{p}0$$

更进一步地，由于

$$\hat{\beta}_n - \ddot{\beta}_n = (\mathbf{X}'\mathbf{X}/n)^{-1}\mathbf{R}'(\mathbf{R}(\mathbf{X}'\mathbf{X}/n)^{-1}\mathbf{R}')^{-1}(\mathbf{R}\hat{\beta}_n - \mathbf{r})$$

因此

$$-2\mathcal{LR}_n - n(\mathbf{R}\hat{\beta}_n - \mathbf{r})'[\mathbf{R}(\mathbf{X}'\mathbf{X}/n)^{-1}\mathbf{R}']^{-1}(\mathbf{R}\hat{\beta}_n - \mathbf{r})/\hat{\sigma}_n^2 \xrightarrow{p} 0$$

式中的第二项是瓦尔德统计量，其中 $\hat{\mathbf{V}}_n = \hat{\sigma}_n^2(\mathbf{X}'\mathbf{X}/n)$，只要 $\hat{\sigma}_n^2(\mathbf{X}'\mathbf{X}/n)$ 是 $\mathbf{V}_n$ 的一致估计，则 $-2\mathcal{LR}_n$ 与瓦尔德统计量是渐近等价的且都渐近地服从卡方分布。如果该条件不成立，则 $-2\mathcal{LR}_n$ 的渐近分布一般来说并不是卡方分布。它确实有极限分布，但不是一个简单的已经被制成表列出来的分布或者是一个容易被计算的分布（参见 White，1994，CH. 6，for further detalls）。注意，本质上它没有违背正态性假定，但是如果 $\mathbf{V}_n$ 与 $\sigma_n^2\mathbf{M}_n$ 不等，则 $-2\mathcal{LR}_n$ 就不是渐近卡方分布。

如下定理对 $\mathcal{LR}_n$ 统计量做了正式的陈述。

定理 4.37（似然比检验） 令定理 4.25 的条件成立，又令 $\text{rank}(\mathbf{R}) = q < k$ 且 $\hat{\sigma}_n^2(\mathbf{X}'\mathbf{X}/n) - \mathbf{V}_n \xrightarrow{p} 0$。则在 $H_0: \mathbf{R}\beta_o = \mathbf{r}$ 下，$-2\mathcal{LR}_n \overset{A}{\sim} \chi_q^2$。

证明： 将定理 4.31 中的 $\hat{\mathbf{V}}_n$ 设定为 $\hat{\mathbf{V}}_n = \hat{\sigma}_n^2(\mathbf{X}'\mathbf{X}/n)$。从该定理的论据可知，$-2\mathcal{LR}_n - \mathcal{W}_n \xrightarrow{p} 0$。因为 $\mathcal{W}_n \overset{A}{\sim} \chi_q^2$，根据引理 4.7 可得 $-2\mathcal{LR}_n \overset{A}{\sim} \chi_q^2$。■

前文介绍的中值定理为推导非线性假设的检验统计量的渐近分布提供了一个较为方便的方法。通常来说，非线性假设可以被表示为

$$H_0: s(\beta_o) = \mathbf{0}$$

其中 $s: \mathbb{R}^k \to \mathbb{R}^q$ 是一个关于 β 的连续可微函数。

习题 4.38 假设 $\mathbf{Y} = \mathbf{X}_1\beta_1 + \mathbf{X}_2\beta_2 + \mathbf{X}_3\beta_3 + \varepsilon$，其中 $\mathbf{X}_1$、$\mathbf{X}_2$ 及 $\mathbf{X}_3$ 都是 $n \times 1$ 维且 β_1、β_2 及 β_3 都是标量。更进一步地，我们假定原假设为 $\beta_3 = \beta_1\beta_2$，则原假设可以表示为 $s(\beta_o) = \beta_3 - \beta_1\beta_2 = 0$。

就像线性约束那样，我们可以基于 $\mathbf{s}(\hat{\beta}_n)$ 的渐近分布构造一个瓦尔德检验；还可以基于拉格朗日乘数构造拉格朗日乘数检验，这个拉格朗日乘数从最小化带有约束的 OLS 目标函数（或其他估计）中被推导出来；或者我们可以构造一个对数似然比检验。

现以基于 $\mathbf{s}(\hat{\beta}_n)$ 的瓦尔德检验为例予以说明。与之前一样，当 $\mathbf{s}(\hat{\beta}_n)$ 的值与 0 相差较大时，即为拒绝 H_0 提供了证据。为了说明 $\mathbf{s}(\hat{\beta}_n)$ 必须离零点多远才能拒绝 H_0，我们需要确定其渐近分布。这由如下定理给出。

定理4.39(瓦尔德检验) 令定理4.25的条件成立且令 $\text{rank}(\nabla \mathbf{s}(\beta_o))=q\leqslant k$,其中$\nabla \mathbf{s}$是$\mathbf{s}$的$k\times q$维梯度矩阵。则在$H_0$:$\mathbf{s}(\beta_o)=\mathbf{0}$下,

(i) $\mathbf{\Gamma}_n^{-1/2}\sqrt{n}\,\mathbf{s}(\hat{\beta}_n)\overset{A}{\sim}N(\mathbf{0},\ \mathbf{I})$,其中

$$\mathbf{\Gamma}_n\equiv\nabla \mathbf{s}(\beta_o)'\mathbf{D}_n\,\nabla \mathbf{s}(\beta_o)$$

(ii) 瓦尔德统计量 $\mathcal{W}_n\equiv n\mathbf{s}(\hat{\beta}_n)'\hat{\mathbf{\Gamma}}_n^{-1}\mathbf{s}(\hat{\beta}_n)\overset{A}{\sim}\chi_q^2$,其中

$$\begin{aligned}\hat{\mathbf{\Gamma}}_n&=\nabla \mathbf{s}(\hat{\beta}_n)'\hat{\mathbf{D}}_n\,\nabla \mathbf{s}(\hat{\beta}_n)\\&=\nabla \mathbf{s}(\hat{\beta}_n)'(\mathbf{X}'\mathbf{X}/n)^{-1}\hat{\mathbf{V}}_n(\mathbf{X}'\mathbf{X}/n)^{-1}\nabla \mathbf{s}(\hat{\beta}_n)\end{aligned}$$

证明:(i) 因为$\mathbf{s}(\beta)$是一个向量函数,我们对其每一个元素$s_i(\beta)$, $i=1, \cdots, q$运用中值定理,得到

$$s_i(\hat{\beta}_n)=s_i(\beta_o)+\nabla s_i(\bar{\beta}_n^{(i)})'(\hat{\beta}_n-\beta_o)$$

其中$\bar{\beta}_n^{(i)}$是$k\times1$维向量且位于连接$\hat{\beta}_n$与β_o的部分。上标(i)表明中值可能因$s(\beta)$中元素$s_i(\beta)$不同而不同。

在H_0下,$s_i(\beta_o)=0$, $i=1, \cdots, q$,则

$$\sqrt{n}\,s_i(\hat{\beta}_n)=\nabla s_i(\bar{\beta}_n^{(i)})'\sqrt{n}(\hat{\beta}_n-\beta_o)$$

因此我们考虑差值

$$\begin{aligned}&\sqrt{n}\,s_i(\hat{\beta}_n)-\nabla s_i(\beta_o)'\sqrt{n}(\hat{\beta}_n-\beta_o)\\&=(\nabla s_i(\bar{\beta}_n^{(i)})-\nabla s_i(\beta_o))'\sqrt{n}(\hat{\beta}_n-\beta_o)\\&=(\nabla s_i(\bar{\beta}_n^{(i)})-\nabla s_i(\beta_o))'\mathbf{D}_n^{1/2}\mathbf{D}_n^{-1/2}\sqrt{n}(\hat{\beta}-\beta_o)\end{aligned}$$

根据定理4.25,$\mathbf{D}_n^{-1/2}\sqrt{n}(\hat{\beta}_n-\beta_o)\overset{A}{\sim}N(\mathbf{0},\ \mathbf{I})$。因为$\hat{\beta}_n\xrightarrow{p}\beta_o$,则$\bar{\beta}_n^{(i)}\xrightarrow{p}\beta_o$,于是根据命题2.27,$\nabla s_i(\bar{\beta}_n^{(i)})-\nabla s_i(\beta_o)\xrightarrow{p}0$成立,因为$\mathbf{D}_n^{1/2}$是$O(1)$,我们有$(\nabla s_i(\bar{\beta}_n^{(i)})-\nabla s_i(\beta_o))'\mathbf{D}_n^{1/2}\xrightarrow{p}0$。根据引理4.6有

$$\sqrt{n}\,s_i(\hat{\beta}_n)-\nabla s_i(\beta_o)'\sqrt{n}(\hat{\beta}_n-\beta_o)\xrightarrow{p}\mathbf{0},\ i=1, \cdots, q$$

将上式以向量形式表示为

$$\sqrt{n}\,\mathbf{s}(\hat{\beta}_n)-\nabla \mathbf{s}(\beta_o)'\sqrt{n}(\hat{\beta}_n-\beta_o)\xrightarrow{p}\mathbf{0}$$

且因为 $\mathbf{\Gamma}_n^{-1/2}$ 是 $O(1)$ 可知，

$$\mathbf{\Gamma}_n^{-1/2}\sqrt{n}\,\mathbf{s}(\hat{\beta}_n)-\mathbf{\Gamma}_n^{-1/2}\,\nabla\mathbf{s}(\beta_o)'\sqrt{n}\,(\hat{\beta}_n-\beta_o)\xrightarrow{p}\mathbf{0}$$

由推论 4.24 直接得出

$$\mathbf{\Gamma}_n^{-1/2}\,\nabla s(\beta_o)'\sqrt{n}\,(\hat{\beta}_n-\beta_o)\overset{A}{\sim}N(\mathbf{0},\ \mathbf{I})$$

则根据引理 4.7，有 $\mathbf{\Gamma}_n^{-1/2}\sqrt{n}\,\mathbf{s}(\hat{\beta}_n)\overset{A}{\sim}N(\mathbf{0},\ \mathbf{I})$。

(ii) 根据定理 4.25 有 $\hat{\mathbf{D}}_n-\mathbf{D}_n\xrightarrow{p}\mathbf{0}$，且根据命题 2.27 有 $\nabla\mathbf{s}(\hat{\beta}_n)-\nabla\mathbf{s}(\beta_o)\xrightarrow{p}\mathbf{0}$，由命题 2.30 得 $\hat{\mathbf{\Gamma}}_n-\mathbf{\Gamma}_n\xrightarrow{p}\mathbf{0}$。给定(i)中的结果，(ii)可以从定理 4.30 中推出。■

请注意，这个结果与定理 4.31 存在相似点。定理 4.31 给出了线性假设 $\mathbf{R}\beta_o=\mathbf{r}$ 下的瓦尔德检验。在当前的情况下，$\mathbf{s}(\beta_o)$ 相当于 $\mathbf{R}\beta_o-\mathbf{r}$，然而在计算协方差矩阵的时候，$\nabla\mathbf{s}(\beta_o)'$ 相当于 $\mathbf{R}$。

习题 4.40　写出检验例子 4.38 中的假设的瓦尔德统计量。

习题 4.41　给出检验假设 $H_0:\mathbf{s}(\beta_o)=\mathbf{0}$ 对 $H_1:\mathbf{s}(\beta_o)\neq\mathbf{0}$ 的拉格朗日乘数统计量，并且在定理 4.25 的条件下推导它的渐近分布。

习题 4.42　基于工具变量估计量 $\tilde{\beta}_n$ 给出用于检验假设 $\mathbf{R}\beta_o=\mathbf{r}$ 和 $\mathbf{s}(\beta_o)=\mathbf{0}$ 的瓦尔德和拉格朗日乘数统计量，且在习题 4.26 的条件下推导它们的渐近分布。

4.3　渐近有效性

给定一类估计量(例如，由工具变量估计量形成的类)，我们希望在这类估计量中找到具有最小渐近协方差矩阵的估计量(假定该估计量存在且能够计算)。我们之所以这样做，是因为这样的估计量更为精确，并且一般而言可以用于构造更为有效的检验统计量。在下文中，为了简单起见，我们将 $\text{avar}(\sqrt{n}\,(\tilde{\beta}_n-\beta_o))$ 写成 $\text{avar}(\tilde{\beta}_n)$。为了寻找该估计量，我们首先引入渐近有效性的定义。

定义 4.43　令 $\mathcal{P}$ 是一个数据生成过程的集合，满足对任何一个数据生

成过程 $P^o\in\mathcal{P}$,存在一个对应的系数向量 $\beta^o\in\mathbb{R}^k$。令 ε 表示形如 $\{\tilde{\beta}_n\}$ 的一类估计量,满足对任意 $P^o\in\mathcal{P}$,有 $\mathbf{D}_n^{o\,-1/2}\sqrt{n}\,(\tilde{\beta}_n-\beta^o)\xrightarrow{d^o}N(\mathbf{0},\ \mathbf{I})$,其中 $\{\mathrm{avar}^o(\tilde{\beta}_n)\equiv\mathbf{D}_n^o\}$ 是非随机的一致非奇异 $O(1)$。当 n 充分大时,若对任何 $P^o\in\mathcal{P}$ 和 n,矩阵 $\mathrm{avar}^o(\tilde{\beta}_n)-\mathrm{avar}^o(\beta_n^*)$ 是半正定的,则 $\{\beta_n^*\}\in\varepsilon$ 相对于 $\{\tilde{\beta}_n\}\in\varepsilon$ 是渐近有效的。如果对 $\mathcal{P}$ 而言,估计量 $\{\beta_n^*\}\in\varepsilon$ 相对于 ε 中其他所有估计量渐近有效,那么 $\mathcal{P}$ 的估计量在 ε 中渐近有效。

我们在这里使用 β^o 而非 β_o 是为了强调 β^o 对应于($\mathcal{P}$)中众多数据生成过程中(至少)一种可能的数据生成过程(P^o)。

我们考虑由工具变量估计量构成的一类估计量 ε,

$$\tilde{\beta}_n=(\mathbf{X}'\mathbf{Z}\hat{\mathbf{P}}_n\mathbf{Z}'\mathbf{X})^{-1}\mathbf{X}'\mathbf{Z}\hat{\mathbf{P}}_n\mathbf{Z}'\mathbf{Y}$$

这类估计量因 $\hat{\mathbf{P}}_n$ 和 $\mathbf{Z}$ 的选择不同而存在差异。对于满足习题 4.26 的条件的任何数据生成过程 P^o,$\tilde{\beta}_n$ 的渐近协方差矩阵为

$$\mathbf{D}_n=(\mathbf{Q}_n'\mathbf{P}_n\mathbf{Q}_n)^{-1}\mathbf{Q}_n'\mathbf{P}_n\mathbf{V}_n\mathbf{P}_n\mathbf{Q}_n(\mathbf{Q}_n'\mathbf{P}_n\mathbf{Q}_n)^{-1}$$

现在开始,我们将 $\mathbf{D}_n$(和其他量)对 P^o 的依赖性视为隐含条件,且通过考虑怎么选择矩阵 $\hat{\mathbf{P}}_n$ 去尽可能地使 $\mathbf{D}_n$ 变小来进行分析。

在以上阐述中,我们令 $\hat{\mathbf{P}}_n$ 是任何正定矩阵。然而根据证明,对于由工具变量估计量形成的类,在给定工具变量 $\mathbf{Z}$ 的情况下,通过设定 $\hat{\mathbf{P}}_n=\hat{\mathbf{V}}_n^{-1}$ 我们可以得到一个渐近有效估计量。要证明这个结论,我们首先引入如下命题。

命题 4.44 令 $\mathbf{A}$ 和 $\mathbf{B}$ 都是 k 阶正定矩阵,当且仅当 $\mathbf{B}^{-1}-\mathbf{A}^{-1}$ 为半正定时,$\mathbf{A}-\mathbf{B}$ 是半正定的。

证明: 这由 Goldberger(1964, Theorem 1.7.21, p.38)可得。■

这个结果十分有用,因为在我们所感兴趣的情形里,验证 $\mathbf{B}^{-1}-\mathbf{A}^{-1}$ 是否半正定相对于直接验证 $\mathbf{A}-\mathbf{B}$ 半正定一般而言更容易。

命题 4.45 给定工具变量 $\mathbf{Z}$,令 $\mathcal{P}$ 是由满足习题 4.26 中的条件的概率测度形成的集合。那么选择 $\hat{\mathbf{P}}_n=\hat{\mathbf{V}}_n^{-1}$ 可以得出如下的工具变量估计量

$$\beta_n^*=(\mathbf{X}'\mathbf{Z}\,\hat{\mathbf{V}}_n^{-1}\mathbf{Z}'\mathbf{X})^{-1}\mathbf{X}'\mathbf{Z}\,\hat{\mathbf{V}}_n^{-1}\mathbf{Z}'\mathbf{Y}$$

对于 $\mathcal{P}$,该估计量在由如下形式的工具变量估计量构成的类 ε 中渐近有效。

$$\tilde{\beta}_n=(\mathbf{X}'\mathbf{Z}\hat{\mathbf{P}}_n\mathbf{Z}'\mathbf{X})^{-1}\mathbf{X}'\mathbf{Z}\hat{\mathbf{P}}_n\mathbf{Z}'\mathbf{Y}$$

证明:根据习题 4.26,我们有

$$\text{avar}(\beta_n^*)=(\mathbf{Q}_n'\mathbf{V}_n^{-1}\mathbf{Q}_n)^{-1}$$

根据命题 4.44,当且仅当下式为半正定时,$\text{avar}(\tilde{\beta}_n)-\text{avar}(\beta_n^*)$是半正定的:

$$(\text{avar}(\beta_n^*))^{-1}-(\text{avar}(\tilde{\beta}_n))^{-1}$$

现在,对于充分大的 n,

$$\begin{aligned}&(\text{avar}(\beta_n^*))^{-1}-(\text{avar}(\hat{\beta}))^{-1}\\&=\mathbf{Q}_n'\mathbf{V}_n^{-1}\mathbf{Q}_n-\mathbf{Q}_n'\mathbf{P}_n\mathbf{Q}_n(\mathbf{Q}_n'\mathbf{P}_n\mathbf{V}_n\mathbf{P}_n\mathbf{Q}_n)^{-1}\mathbf{Q}_n'\mathbf{P}_n\mathbf{Q}_n\\&=\mathbf{Q}_n'V_n^{-1/2}(\mathbf{I}-\mathbf{V}_n^{1/2}\mathbf{P}_n\mathbf{Q}_n(\mathbf{Q}_n'\mathbf{P}_n\mathbf{V}_n^{1/2}\mathbf{V}_n^{1/2}\mathbf{P}_n\mathbf{Q}_n)^{-1}\mathbf{Q}_n'\mathbf{P}_n\mathbf{V}_n^{1/2})\mathbf{V}_n^{-1/2}\mathbf{Q}_n\\&=\mathbf{Q}_n'\mathbf{V}_n^{-1/2}(\mathbf{I}-\mathbf{G}_n(\mathbf{G}_n'\mathbf{G}_n)^{-1}G_n')\mathbf{V}^{-1/2}\mathbf{Q}_n\end{aligned}$$

其中 $\mathbf{G}_n\equiv\mathbf{V}_n^{-1/2}\mathbf{P}_n\mathbf{Q}_n$。这是一个在幂等矩阵下的二次型,因此是半正定的。且这对 $\mathcal{P}$ 中的所有 P^o 成立,则结果得证。■

Hansen(1982)考虑对由形如 $E(g(\mathbf{X}_t, \mathbf{Y}_t, \mathbf{Z}_t, \beta_o))=\mathbf{0}$ 中的矩条件定义的隐含参数 β_o 进行有效估计,其中 g 是一个 $l\times1$ 维向量值函数。与我们构造工具变量估计量的方法类似,汉森(Hansen)对估计量的构造是通过解如下式

$$\min_\beta[n^{-1}\sum_{t=1}^n\mathbf{g}(\mathbf{X}_t, \mathbf{Y}_t, \mathbf{Z}_t, \beta)]'\hat{\mathbf{P}}_n[n^{-1}\sum_{t=1}^n\mathbf{g}(\mathbf{X}_t, \mathbf{Y}_t, \mathbf{Z}_t, \beta)]$$

尽可能地让以下样本矩接近 0,

$$n^{-1}\sum_{t=1}^n\mathbf{g}(\mathbf{X}_t, \mathbf{Y}_t, \mathbf{Z}_t, \beta)$$

汉森证明了"矩估计方法"估计量是一致并且渐近正态的,且如果选择 $\hat{\mathbf{P}}_n=\hat{\mathbf{V}}_n^{-1}$,其满足 $\hat{\mathbf{V}}_n-\mathbf{V}_n\xrightarrow{p}\mathbf{0}$,其中

$$\mathbf{V}_n=\text{var}(n^{-1/2}\sum_{t=1}^n\mathbf{g}(\mathbf{X}_t, \mathbf{Y}_t, \mathbf{Z}_t, \beta_o))$$

则我们能够得到矩估计量方法类中的渐近有效估计量。汉森将 $\hat{\mathbf{P}}_n=\hat{\mathbf{V}}_n^{-1}$ 的矩估计量称为广义矩方法(GMM)估计量。

因此命题 4.45 的估计量 β_n^* 是如下情形的 GMM 估计量

$$\mathbf{g}(\mathbf{X}_t, \mathbf{Y}_t, \mathbf{Z}_t, \beta_o) = \mathbf{Z}_t(\mathbf{Y}_t - \mathbf{X}_t'\beta_o)$$

因为定义的矩条件 $E(\mathbf{Z}_t(\mathbf{Y}_t - \mathbf{X}_t'\beta_o)) = \mathbf{0}$ 是关于 β_o 的线性函数，所以我们将 β_n^* 称作“线性”GMM 估计量。

习题 4.46 给定工具变量 $\mathbf{X}$，假定

$$\mathbf{V}_n^{-1/2} \sum \mathbf{X}_t \varepsilon_t \overset{A}{\sim} N(\mathbf{0}, \mathbf{I})$$

其中 $\mathbf{V}_n = \sigma_o^2 \mathbf{M}_n$。请根据命题 4.45 证明，渐近有效的工具变量估计量是最小二乘估计 $\hat{\beta}_n$。

习题 4.47 给定工具变量 $\mathbf{Z}$，假定

$$\mathbf{V}_n^{-1/2} \sum \mathbf{Z}_t \varepsilon_t \overset{A}{\sim} N(\mathbf{0}, \mathbf{I})$$

其中 $\mathbf{V}_n = \sigma_o^2 \mathbf{L}_n$ 且 $\mathbf{L}_n \equiv E(\mathbf{Z}'\mathbf{Z}/n)$。请根据命题 4.45 证明，渐近有效的工具变量估计量是 2SLS 估计量

$$\tilde{\beta}_{2SLS} = (\mathbf{X}'\mathbf{Z}(\mathbf{Z}'\mathbf{Z})^{-1}\mathbf{Z}'\mathbf{X})^{-1}\mathbf{X}'\mathbf{Z}(\mathbf{Z}'\mathbf{Z})^{-1}\mathbf{Z}'\mathbf{Y}$$

请注意，只要 σ_o^2 是有限的，其在习题 4.46 和习题 4.47 中都不起作用。为简便起见，我们将设定 $\sigma_o^2 = 1$，从而省略 σ_o^2。

在上一节，我们探讨了约束 $\mathbf{s}(\beta_o) = \mathbf{0}$，在此，如果我们相信或者已知这些约束是对的(例如，根据经济理论推理得到)，接下来，我们将说明，施加这些约束条件可以进一步改善渐近效率(当然，渐近效率得以改善的前提条件是这些约束必须成立)。

假定约束 $\mathbf{s}(\beta_o) = \mathbf{0}$，其中 $\mathbf{s}: \mathbb{R}^k \to \mathbb{R}^q$ 是一个已知的连续可微函数，满足 $\mathrm{rank}(\nabla \mathbf{s}(\beta_o)) = q$ 且 $\nabla \mathbf{s}(\beta_o)$ 是 $k \times q$ 阶有限的；则约束条件下的工具变量估计量为如下式的解

$$\min_{\beta} (\mathbf{Y} - \mathbf{X}\beta)'\mathbf{Z}\hat{\mathbf{P}}_n\mathbf{Z}'(\mathbf{Y} - \mathbf{X}\beta), \quad \text{s.t. } \mathbf{s}(\beta) = \mathbf{0}$$

其等价于找到拉格朗日算数的鞍点

$$\mathcal{L} = (\mathbf{Y} - \mathbf{X}\beta)'\mathbf{Z}\hat{\mathbf{P}}_n\mathbf{Z}'(\mathbf{Y} - \mathbf{X}\beta) + \mathbf{s}(\beta)'\boldsymbol{\lambda}$$

上式对应的一阶条件为

$$\frac{\partial \mathcal{L}}{\partial \beta} = 2(\mathbf{X}'\mathbf{Z}\hat{\mathbf{P}}_n\mathbf{Z}'\mathbf{X})\beta - 2\mathbf{X}'\mathbf{Z}\hat{\mathbf{P}}_n\mathbf{Z}'\mathbf{Y} + \nabla \mathbf{s}(\beta)\boldsymbol{\lambda} = \mathbf{0}$$

$$\frac{\partial \mathcal{L}}{\partial \boldsymbol{\lambda}}=\mathbf{s}(\beta)=\mathbf{0}$$

设定$\tilde{\beta}_n=(\mathbf{X}'\mathbf{Z}\hat{\mathbf{P}}_n\mathbf{Z}'\mathbf{X})^{-1}\mathbf{X}'\mathbf{Z}\hat{\mathbf{P}}_n\mathbf{Z}'\mathbf{Y}$，且将 $\mathbf{s}(\beta)$在 $\mathbf{s}(\hat{\beta})$附近进行中值展开得到

$$\frac{\partial \mathcal{L}}{\partial \beta}=2(\mathbf{X}'\mathbf{Z}\hat{\mathbf{P}}_n\mathbf{Z}'\mathbf{X})(\beta-\tilde{\beta}_n)+\nabla\mathbf{s}(\beta)\boldsymbol{\lambda}=\mathbf{0}$$

$$\frac{\partial \mathcal{L}}{\partial \boldsymbol{\lambda}}=\mathbf{s}(\tilde{\beta}_n)+\nabla\bar{\mathbf{s}}'(\beta-\tilde{\beta}_n)=\mathbf{0}$$

其中$\nabla\bar{\mathbf{s}}'$为 $q\times k$ 维雅可比(Jacobian)矩阵且第 i 行在$\bar{\beta}_n^{(i)}$ 处取值。为了从第一个方程中解出 $\boldsymbol{\lambda}$，左乘$\nabla\bar{\mathbf{s}}'(\mathbf{X}'\mathbf{Z}\hat{\mathbf{P}}_n\mathbf{Z}'\mathbf{X})^{-1}$得

$$2\nabla\bar{\mathbf{s}}(\beta-\tilde{\beta}_n)+\nabla\bar{\mathbf{s}}'(\mathbf{X}'\mathbf{Z}\hat{\mathbf{P}}_n\mathbf{Z}'\mathbf{X})^{-1}\nabla\mathbf{s}(\beta)\boldsymbol{\lambda}=\mathbf{0}$$

将$-\mathbf{s}(\tilde{\beta}_n)=\nabla\bar{\mathbf{s}}'(\beta-\tilde{\beta}_n)$代入替换，且对$\nabla\bar{\mathbf{s}}'(\mathbf{X}'\mathbf{Z}\hat{\mathbf{P}}_n\mathbf{Z}'\mathbf{X})^{-1}\nabla\mathbf{s}(\beta)$求逆得

$$\boldsymbol{\lambda}=2[\nabla\bar{\mathbf{s}}'(\mathbf{X}'\mathbf{Z}\hat{\mathbf{P}}_n\mathbf{Z}'\mathbf{X})^{-1}\nabla\mathbf{s}(\beta)]^{-1}\mathbf{s}(\tilde{\beta}_n)$$

则根据上述关于$\partial\mathcal{L}/\partial\beta$ 的表达式可知

$$\beta-\tilde{\beta}_n=-(\mathbf{X}'\mathbf{Z}\hat{\mathbf{P}}_n\mathbf{Z}'\mathbf{X})^{-1}\nabla\mathbf{s}(\beta)\boldsymbol{\lambda}/2$$

通过替换 $\boldsymbol{\lambda}$ 的表达式，我们可以得到 β 的表达式

$$\beta=\tilde{\beta}_n-(\mathbf{X}'\mathbf{Z}\hat{\mathbf{P}}_n\mathbf{Z}'\mathbf{X})^{-1}\nabla\mathbf{s}(\beta)[\nabla\bar{\mathbf{s}}'(\mathbf{X}'\mathbf{Z}\hat{\mathbf{P}}_n\mathbf{Z}'\mathbf{X})^{-1}\nabla\mathbf{s}(\beta)]^{-1}\mathbf{s}(\tilde{\beta}_n)$$

因为未知参数 β 同时出现在了方程两边。另外，出现在这个方程中的是$\nabla\bar{\mathbf{s}}$，它有 q 行且每一行依赖于 β 和$\tilde{\beta}_n$ 之间的一个中值，因此，一般而言，我们难以基于以上封闭式得到 β 的显示解。

然而，在实际计算过程中，通过将上式右端的$\nabla\bar{\mathbf{s}}$和$\nabla\mathbf{s}(\beta)$替换成$\nabla\mathbf{s}(\tilde{\beta})$，我们可以得到渐近等价的结果，则替换之后可以得出如下式

$$\begin{aligned}\beta_n^{*}=\tilde{\beta}_n-(\mathbf{X}'\mathbf{Z}\hat{\mathbf{P}}_n\mathbf{Z}'\mathbf{X})^{-1}\nabla\mathbf{s}(\tilde{\beta}_n)[\nabla\mathbf{s}(\tilde{\beta}_n)'\\ \times(\mathbf{X}'\mathbf{Z}\hat{\mathbf{P}}_n\mathbf{Z}'\mathbf{X})^{-1}\nabla\mathbf{s}(\tilde{\beta}_n)]^{-1}\mathbf{s}(\tilde{\beta}_n)\end{aligned}$$

这为我们计算约束条件下的工具变量估计量提供了一个非常方便的方法。首先我们计算无约束的估计量，然后我们从无约束估计量中减去一个“修正因子”来“施加”约束得到

$$(\mathbf{X}'\mathbf{Z}\hat{\mathbf{P}}_n\mathbf{Z}'\mathbf{X})^{-1}\nabla\mathbf{s}(\tilde{\beta}_n)[\nabla\mathbf{s}(\tilde{\beta}_n)'(\mathbf{X}'\mathbf{Z}\hat{\mathbf{P}}_n\mathbf{Z}'\mathbf{X})^{-1}\nabla\mathbf{s}(\tilde{\beta}_n)]^{-1}\mathbf{s}(\tilde{\beta}_n)$$

我们说“施加”是因为对任意有限的 n，β_n^* 不可能恰好满足约束条件。然而，通过对上述两步过程不断迭代，就可以得到以任何精度满足约束条件的估计量。也就是上述公式中将$\tilde{\beta}_n$ 替换成 β_n^* 得到的第二轮估计量，记为 β_n^{**}。重复这个过程直到得到的估计量与上一次估计量的差异充分小。然而，这个迭代过程对结果中的估计量的渐近协方差矩阵没有影响。

习题 4.48 定义

$$\beta_n^{**}=\beta_n^*-(\mathbf{X}'\mathbf{Z}\hat{\mathbf{P}}_n\mathbf{Z}'\mathbf{X})^{-1}\nabla\mathbf{s}(\beta_n^*)$$
$$\times[\nabla\mathbf{s}(\beta_n^*)'(\mathbf{X}'\mathbf{Z}\mathbf{P}_n\mathbf{Z}'\mathbf{X})^{-1}\nabla\mathbf{s}(\beta_n^*)]^{-1}\mathbf{s}(\beta_n^*)$$

请证明在习题 4.26 的条件以及关于 $\mathbf{s}$ 的条件$\sqrt{n}(\beta_n^{**}-\beta_n^*)\xrightarrow{p}\mathbf{0}$ 下，$\sqrt{n}(\beta_n^*-\beta_o)$与$\sqrt{n}(\beta_n^{**}-\beta_o)$有同样的渐近分布(提示：证明$\sqrt{n}\nabla\mathbf{s}(\beta_n^*)\xrightarrow{p}\mathbf{0}$)。

因此，我们可以仅仅比较估计量 β_n^* 和$\tilde{\beta}_n$ 的渐近表现，考察施加约束条件 $\mathbf{s}(\beta_o)=\mathbf{0}$ 的影响。

正如命题 4.45 所述，渐近有效工具变量估计量需要满足$\hat{\mathbf{P}}_n=\hat{\mathbf{V}}_n^{-1}$。因此我们考察施加约束条件$\hat{\mathbf{P}}_n=\hat{\mathbf{V}}_n^{-1}$ 对工具变量估计量的影响。

定理 4.49 假定习题 4.26 的条件成立且$\hat{\mathbf{P}}_n=\hat{\mathbf{V}}_n^{-1}$，设定 $\mathbf{s}:\mathbb{R}^k\to\mathbb{R}^q$ 是连续可微的函数且满足 $\mathbf{s}(\beta_o)=\mathbf{0}$，$\nabla\mathbf{s}(\beta_o)$是有限的且 $\text{rank}(\nabla\mathbf{s}(\beta_o))=q$。定义$\tilde{\beta}_n=(\mathbf{X}'\mathbf{Z}\hat{\mathbf{V}}_n^{-1}\mathbf{Z}'\mathbf{X})^{-1}\mathbf{X}'\mathbf{Z}\hat{\mathbf{V}}_n^{-1}\mathbf{Z}'\mathbf{Y}$ 且 $\hat{\mathbf{P}}_n=\hat{\mathbf{V}}_n^{-1}$ 时，β_n^* 为满足前文约束条件的约束工具变量估计量，则下式为半正定矩阵。

$$\begin{aligned}&\text{avar}(\tilde{\beta}_n)-\text{avar}(\beta_n^*)\\&\quad=\text{avar}(\tilde{\beta}_n)\nabla\mathbf{s}(\beta_o)[\nabla\mathbf{s}(\beta_o)'\text{avar}(\tilde{\beta}_n)\nabla\mathbf{s}(\beta_o)]^{-1}\nabla\mathbf{s}(\beta_o)'\text{avar}(\tilde{\beta}_n)\end{aligned}$$

证明：根据习题 4.26 有

$$\text{avar}(\tilde{\beta}_n)=(\mathbf{Q}_n'\mathbf{V}_n^{-1}\mathbf{Q}_n)^{-1}$$

对 $\mathbf{s}(\tilde{\beta}_n)$在 β_o 附近做中值展开可得 $\mathbf{s}(\tilde{\beta}_n)=\mathbf{s}(\beta_o)+\nabla\bar{\mathbf{s}}'(\tilde{\beta}_n-\beta_o)$，且因为 $\mathbf{s}(\beta_o)=\mathbf{0}$，我们有 $\mathbf{s}(\tilde{\beta}_n)=\nabla\bar{\mathbf{s}}'(\tilde{\beta}_n-\beta_o)$。用这个表达式替换公式中的 β_n^* 得到

$$\sqrt{n}(\beta_n^*-\beta_o)=\tilde{\mathbf{A}}_n\sqrt{n}(\tilde{\beta}_n-\beta_o)$$

其中

$$\tilde{\mathbf{A}}_n = \mathbf{I} - (\mathbf{X}'\mathbf{Z}\,\hat{\mathbf{V}}_n^{-1}\mathbf{Z}'\mathbf{X})^{-1}\nabla\mathbf{s}(\tilde{\beta}_n)[\nabla\mathbf{s}(\tilde{\beta}_n)' \\ \times(\mathbf{X}'\mathbf{Z}\,\hat{\mathbf{V}}_n^{-1}\mathbf{Z}'\mathbf{X})^{-1}\nabla\mathbf{s}(\tilde{\beta}_n)]^{-1}\nabla\bar{\mathbf{s}}'$$

在习题 4.26 的条件下，$\tilde{\beta}_n \xrightarrow{p} \beta_o$，且命题 2.30 可以保证$\tilde{\mathbf{A}}_n - \mathbf{A}_n \xrightarrow{p} \mathbf{0}$，其中

$$\mathbf{A}_n = \mathbf{I} - \text{avar}(\tilde{\beta}_n)\nabla\mathbf{s}(\beta_0)[\nabla\mathbf{s}(\beta_o)'\text{avar}(\tilde{\beta}_n)\nabla\mathbf{s}(\beta_0)]^{-1}\nabla\mathbf{s}(\beta_o)'$$

因此根据引理 4.6

$$\sqrt{n}(\beta_n^* - \beta_o) - \mathbf{A}_n\sqrt{n}(\tilde{\beta}_n - \beta_o) = (\tilde{\mathbf{A}}_n - \mathbf{A}_n)\sqrt{n}(\tilde{\beta}_n - \beta_o) \xrightarrow{p} \mathbf{0}$$

因为作为习题 4.26 的一个结果，$\sqrt{n}(\tilde{\beta}_n - \beta_o)$是 $O_p(1)$。根据引理 4.7 中的渐近等价定义，我们得到$\sqrt{n}(\beta_n^* - \beta_o)$和 $\mathbf{A}_n\sqrt{n}(\tilde{\beta}_n - \beta_o)$有相同的渐近分布。根据引理 4.23，$\sqrt{n}(\beta_n^* - \beta_o)$是渐近正态的，均值为零且

$$\text{avar}(\beta_n^*) = \mathbf{\Gamma}_n = \mathbf{A}_n\,\text{avar}(\tilde{\beta}_n)\mathbf{A}_n'$$

直接对上式进行代数运算可得

$$\text{avar}(\beta_n^*) = \text{avar}(\tilde{\beta}_n) - \text{avar}(\tilde{\beta}_n)\nabla\mathbf{s}(\beta_o) \\ \times[\nabla\mathbf{s}(\beta_o)'\text{avar}(\tilde{\beta}_n)\nabla\mathbf{s}(\beta_o)]^{-1}\nabla\mathbf{s}(\beta_o)'\text{avar}(\tilde{\beta}_n)$$

结果可以直接得证。■

这个定理说明，相对于无约束的工具变量估计量，施加了正确的先验约束条件的工具变量估计量可以提升渐近效率。有趣的是，若在给定工具变量的情况下，$\tilde{\beta}_n$ 并非有效率的估计，则根据 β_n^* 的表达式施加的约束不一定可以在$\tilde{\beta}_n$ 的基础上提升效率。

需要进一步指出的是，约束估计量 β_n^* 的渐近分布集中于一个 $k-q$ 维的$\mathbb{R}^k$ 的子空间，因此 avar(β_n^*)将不会是非奇异的。相反，它的秩等于 $k-q$。特别地，我们可以看到

$$\sqrt{n}(\beta_n^* - \beta_o) = \sqrt{n}\,\mathbf{A}_n(\tilde{\beta}_n - \beta_o)$$

但是

$$\begin{aligned}\nabla\mathbf{s}(\beta_o)'\mathbf{A}_n &= \nabla\mathbf{s}(\beta_o)'(\mathbf{I} - \text{avar}(\tilde{\beta}_n)\nabla\mathbf{s}(\beta_o) \\ &\quad\times[\nabla\mathbf{s}(\beta_o)'\text{avar}(\tilde{\beta}_n)\nabla\mathbf{s}(\beta_o)]^{-1}\nabla\mathbf{s}(\beta_o)') \\ &= \nabla\mathbf{s}(\beta_o)' - \nabla\mathbf{s}(\beta_o)' \\ &= \mathbf{0}\end{aligned}$$

因此，我们有

$$\text{avar}(\sqrt{n}\nabla\mathbf{s}(\beta_o)'(\beta_n^*-\beta_o))=\mathbf{0}$$

提升工具变量估计量渐近效率的另一种方式是引入其他有效的工具变量。为了证明这一方式，我们利用关于分块矩阵求逆的公式并进行如下简便陈述。

命题 4.50 定义 $k\times k$ 维非奇异对称矩阵

$$\mathbf{A}=\begin{bmatrix}\mathbf{B} & \mathbf{C}'\\ \mathbf{C} & \mathbf{D}\end{bmatrix}$$

其中 $\mathbf{B}$ 是 $k_1\times k_1$ 阶，$\mathbf{C}$ 是 $k_2\times k_1$ 阶且 $\mathbf{D}$ 是 $k_2\times k_2$ 阶。则定义 $\mathbf{E}\equiv\mathbf{D}-\mathbf{C}\mathbf{B}^{-1}\mathbf{C}'$，

$$\mathbf{A}^{-1}=\begin{bmatrix}\mathbf{B}^{-1}(\mathbf{I}+\mathbf{C}'\mathbf{E}^{-1}\mathbf{C}\mathbf{B}^{-1}) & -\mathbf{B}^{-1}\mathbf{C}'\mathbf{E}^{-1}\\ -\mathbf{E}^{-1}\mathbf{C}\mathbf{B}^{-1} & \mathbf{E}^{-1}\end{bmatrix}$$

证明：参见 Goldberger(1964, p.27)。■

命题 4.51 将 $\mathbf{Z}$ 划分为 $\mathbf{Z}=(\mathbf{Z}_1,\mathbf{Z}_2)$，且令 $\mathcal{P}$ 为使得 $\mathbf{Z}_1$ 和 $\mathbf{Z}_2$ 都满足习题 4.26 的条件的所有概率测度所组成的集合。定义 $\mathbf{V}_{1n}=E(\mathbf{Z}_1'\varepsilon\varepsilon'\mathbf{Z}_1/n)$，且估计量为

$$\tilde{\beta}_n=(\mathbf{X}'\mathbf{Z}_1\hat{\mathbf{V}}_{1n}^{-1}\mathbf{Z}_1'\mathbf{X})^{-1}\mathbf{X}'\mathbf{Z}_1\hat{\mathbf{V}}_{1n}^{-1}\mathbf{Z}_1'\mathbf{Y}$$

$$\beta_n^*=(\mathbf{X}'\mathbf{Z}\hat{\mathbf{V}}_n^{-1}\mathbf{Z}'\mathbf{X})^{-1}\mathbf{X}'\mathbf{Z}\hat{V}_n^{-1}\mathbf{Z}'\mathbf{Y}$$

则对 $\mathcal{P}$ 中的任何 P^o，当 n 充分大时，均有 $\text{avar}(\tilde{\beta}_n)-\text{avar}(\beta_n^*)$ 是一个半正定的矩阵。

证明：将 $\mathbf{Q}_n$ 划分为 $\mathbf{Q}_n'=(\mathbf{Q}_{1n}',\mathbf{Q}_{2n}')$ 的形式，其中 $\mathbf{Q}_{1n}=E(\mathbf{Z}_1'\mathbf{X}/n)$，$\mathbf{Q}_{2n}=E(\mathbf{Z}_2'\mathbf{X}/n)$，且将 $\mathbf{V}_n$ 划分为

$$\mathbf{V}_n=\begin{bmatrix}\mathbf{V}_{1n} & \mathbf{V}_{12n}\\ \mathbf{V}_{21n} & \mathbf{V}_{2n}\end{bmatrix}$$

根据划分求逆公式有

$$\mathbf{V}_n^{-1}=\begin{bmatrix}\mathbf{V}_{1n}^{-1}(\mathbf{I}+\mathbf{V}_{12n}\mathbf{E}_n^{-1}\mathbf{V}_{21n})\mathbf{V}_{1n}^{-1} & -\mathbf{V}_{1n}^{-1}\mathbf{V}_{12n}\mathbf{E}_n^{-1}\\ -\mathbf{E}_n^{-1}\mathbf{V}_{21n}\mathbf{V}_{1n}^{-1} & \mathbf{E}_n^{-1}\end{bmatrix}$$

其中 $\mathbf{E}_n=\mathbf{V}_{2n}-\mathbf{V}_{21n}\mathbf{V}_{1n}^{-1}V_{12n}$。根据习题 4.26，我们有

$$\text{avar}(\tilde{\beta}_n)=(\mathbf{Q}_{1n}'\mathbf{V}_{1n}^{-1}\mathbf{Q}_{1n})^{-1}$$

$$\text{avar}(\beta_n^*)=(\mathbf{Q}_n'\mathbf{V}_n^{-1}\mathbf{Q}_n)^{-1}$$

应用命题 4.44 且考虑

$$\begin{aligned}
&(\text{avar}(\beta_n^*))^{-1}-(\text{avar}(\tilde{\beta}_n))^{-1}\\
=&\mathbf{Q}_n'\mathbf{V}_n^{-1}\mathbf{Q}_n-\mathbf{Q}_{1n}'\mathbf{V}_{1n}^{-1}Q_{1n}\\
=&[\mathbf{Q}_{1n}',\ \mathbf{Q}_{2n}']\mathbf{V}_n^{-1}[\mathbf{Q}_{1n}',\ \mathbf{Q}_{2n}']'-\mathbf{Q}_{1n}'\mathbf{V}_{1n}^{-1}Q_{1n}\\
=&\mathbf{Q}_{1n}'(\mathbf{V}_{1n}^{-1}+\mathbf{V}_{1n}^{-1}\mathbf{V}_{12n}\mathbf{E}_n^{-1}\mathbf{V}_{21n}\mathbf{V}_{1n}^{-1})\mathbf{Q}_{1n}\\
&-\mathbf{Q}_{2n}'\mathbf{E}_n^{-1}\mathbf{V}_{21n}\mathbf{V}_{1n}^{-1}\mathbf{Q}_{1n}-\mathbf{Q}_{1n}'\mathbf{V}_{1n}^{-1}\mathbf{V}_{12n}\mathbf{E}_n^{-1}\mathbf{Q}_{2n}\\
&+\mathbf{Q}_{2n}'\mathbf{E}_n^{-1}\mathbf{Q}_{2n}-\mathbf{Q}_{1n}'\mathbf{V}_{1n}^{-1}\mathbf{Q}_{1n}\\
=&(\mathbf{Q}_{1n}'\mathbf{V}_{1n}^{-1}\mathbf{V}_{12n}-\mathbf{Q}_{2n}')\mathbf{E}_n^{-1}(\mathbf{V}_{21n}\mathbf{V}_{1n}^{-1}\mathbf{Q}_{1n}-\mathbf{Q}_{2n})
\end{aligned}$$

因为 $\mathbf{E}_n^{-1}$ 是对称正定矩阵(为什么?),我们可以将其写成 $\mathbf{E}_n^{-1}=\mathbf{E}_n^{-1/2}\mathbf{E}_n^{-1/2}$,则

$$\begin{aligned}
&(\text{avar}(\beta_n^*))^{-1}-(\text{avar}(\tilde{\beta}_n))^{-1}\\
=&(\mathbf{Q}_{1n}'\mathbf{V}_{1n}^{-1}\mathbf{V}_{12n}-\mathbf{Q}_{2n}')\mathbf{E}_n^{-1/2}\mathbf{E}_n^{-1/2}(\mathbf{V}_{21n}\mathbf{V}_{1n}^{-1}\mathbf{Q}_{1n}-\mathbf{Q}_{2n})
\end{aligned}$$

因为上式是矩阵与其转置的乘积,则由此立即可得$(\text{avar}(\beta_n^*))^{-1}-(\text{avar}(\tilde{\beta}_n))^{-1}$是半正定的。这个结果对 $\mathcal{P}$ 中的任何 P^o 都成立,根据命题 4.44 可得 $\text{avar}(\tilde{\beta}_n)-\text{avar}(\beta_n^*)$是半正定的。■

这个结果实际上说明的是通过包含额外的工具变量,工具变量估计量的渐近精度不可能变差。进一步地,我们可以探讨在哪些特定情形下,$\text{avar}(\beta_n^*)=\text{avar}(\tilde{\beta}_n)$,即引入额外的工具变量并不改变工具变量估计量的渐近精度。

命题 4.52 令命题 4.51 的条件成立,当且仅当

$$E(\mathbf{X}'\mathbf{Z}_1/n)E(\mathbf{Z}_1'\varepsilon\varepsilon'\mathbf{Z}_1/n)^{-1}E(\mathbf{Z}_1'\varepsilon\varepsilon'\mathbf{Z}_2/n)-E(\mathbf{X}'\mathbf{Z}_2/n)=\mathbf{0}$$

时,$\text{avar}(\tilde{\beta}_n)=\text{avar}(\beta_n^*)$成立。

证明:从命题 4.51 的证明的最后一行可以立即得到。■

为了解释上述命题中的充要条件,考虑如下特殊情况

$$E(\mathbf{Z}'\varepsilon\varepsilon'\mathbf{Z}/n)=E(\mathbf{Z}'\mathbf{Z}/n)$$

在这种情况下,命题 4.52 中的差值可以被下式一致估计

$$n^{-1}(\mathbf{X}'\mathbf{Z}_1(\mathbf{Z}_1'\mathbf{Z}_1)^{-1}\mathbf{Z}_1'\mathbf{Z}_2-\mathbf{X}'\mathbf{Z}_2)=n^{-1}\mathbf{X}[\mathbf{Z}_1(\mathbf{Z}_1'\mathbf{Z}_1)^{-1}\mathbf{Z}_1'-\mathbf{I}]\mathbf{Z}_2$$

这个式子被视为 $\mathbf{Z}_2$ 与 $\mathbf{X}$ 在某个空间中投影的向量积，这个空间即为与 $\mathbf{Z}_1$ 列向量横跨的空间正交的空间。如果我们定义 $\tilde{\mathbf{X}}=\mathbf{X}(\mathbf{Z}_1(\mathbf{Z}_1'\mathbf{Z}_1)^{-1}\mathbf{Z}_1'-\mathbf{I})$，则命题 4.52 中的差可以被 $\tilde{\mathbf{X}}'\mathbf{Z}_2/n$ 一致估计，因此当且仅当 $\tilde{\mathbf{X}}'\mathbf{Z}_2/n \xrightarrow{p} \mathbf{0}$ 时，$\text{avar}(\tilde{\beta}_n)=\text{avar}(\beta_n^*)$。也就是说，如果 $\mathbf{Z}_2$ 与 $\tilde{\mathbf{X}}$ 是不相关的，那么将 $\mathbf{Z}_2$ 加入工具变量的集合是没有效果的，$\tilde{\mathbf{X}}$ 即为 $\mathbf{X}$ 对 $\mathbf{Z}_1$ 回归的残差。

由命题 4.51 和命题 4.52 延伸出的一个有趣结果是，当存在异方差或者未知形式的序列相关时，可能存在一些比 OLS 估计量更有效的线性估计量。这个结果已经分别被 Cragg(1983)和 Chamberlain(1982)证明。为了构造这些估计量，首先要找到与 ε_t 无关的工具变量。如果 $E(\varepsilon_t|\mathbf{X}_t)=\mathbf{0}$，那么这种工具变量很容易找到，因为任何一个关于 $\mathbf{X}_t$ 的可测函数都与 ε_t 不相关。因此，我们可以设定 $\mathbf{Z}_t=(\mathbf{X}_t', \mathbf{z}(\mathbf{X}_t)')'$，其中 $\mathbf{z}(\mathbf{X}_t)$ 是关于 $\mathbf{X}_t$ 的可测函数 $(l-k)\times 1$ 维向量。

例 4.53 令 $p=k=1$，则有 $Y_t=X_t\beta_o+\varepsilon_t$，其中 Y_t、X_t 和 ε_t 都是标量。假定 X_t 是非随机的，且为了简便，我们假定 $M_n\equiv n^{-1}\sum_{t=1}^n X_t^2\to 1$。令 ε_t 满足独立且异质性分布，因此 $E(\varepsilon_t)=0$ 且 $E(\varepsilon_t^2)=\sigma_t^2$。另外假定 $\mathbf{X}_t>\delta>0$ 对所有 t 成立，令 $z(X_t)=X_t^{-1}$ 且 $\mathbf{Z}_t=(X_t, X_t^{-1})'$。我们考虑 $\hat{\beta}_n=(\mathbf{X}'\mathbf{X})^{-1}\mathbf{X}'\mathbf{Y}$ 和 $\beta_n^*=(\mathbf{X}'\mathbf{Z}\hat{\mathbf{V}}_n^{-1}\mathbf{Z}'\mathbf{X})^{-1}\mathbf{X}'\mathbf{Z}\hat{\mathbf{V}}_n^{-1}\mathbf{Z}'\mathbf{Y}$，且假定有足够的其他假定条件可以保证两个估计量满足习题 4.26 的条件。根据命题 4.51 和命题 4.52，可以得出当且仅当下式成立时，$\text{avar}(\hat{\beta}_n)>\text{avar}(\beta_n^*)$ 成立。

$$(n^{-1}\sum_{t=1}^n \sigma_t^2 X_t^2)^{-1}(n^{-1}\sum_{t=1}^n \sigma_t^2)-1\neq 0$$

或者等价地，当且仅当 $n^{-1}\sum_{t=1}^n \sigma_t^2 X_t^2\neq n^{-1}\sum_{t=1}^n \sigma_t^2$ 时，如果 $\sigma_t=X_t^{-1}$，这必将成立(用詹森不等式证明这个结论)。

同样根据命题 4.51 与命题 4.52，当 $\mathbf{V}_n\neq\mathbf{L}_n$ 时，可能存在比 2SLS 估计量更有效的估计量。如果 $l>k$，则无需增加额外工具变量，也有可能改善 2SLS 估计量的效率(参见 White, 1982)；但是正如命题 4.51 所表明的，额外的工具变量(例如，$\mathbf{Z}_t$ 的函数)可以进一步提升效率。

目前的结论是，在特定的情况下，引入额外工具变量并不一定可以改善估计量的效率。这就引导我们去思考，是否存在一个最佳工具变量的集合，即若使用该集合的工具变量进行估计，我们并不能通过引入额外的工具变量来提升估计量的效率。如果存在，那么原则上我们将确切地知道某组给定的工具变量是否是最好的。

为了回答这个问题,我们介绍由 Bates 和 White(1993)提出的方法,这个方法允许直接构造最佳工具变量集。简言之,这个方法与我们考虑 $\hat{\mathbf{P}}_n$ 的最佳选择时采用的方法相反。当时我们似乎将最好的选择 $\hat{\mathbf{V}}_n^{-1}$ 从"帽子符号"中拉出(就像魔法一样!),然后简单地核查其最优性。似乎不存在关于我们如何找到这个选择的任何提示(这是关于有效性文献的一个共同特征,使其具有很多神奇的特征)。然而,根据贝茨(Bates)—怀特(White)的方法,我们将可以一步一步地看到怎样构造最佳(最有效率的)工具变量。

贝茨和怀特考虑一类依赖于参数 γ 的估计量 ε,满足对 $\mathcal{P}$ 中任意的数据生成过程 P^o 有,

$$\sqrt{n}(\hat{\boldsymbol{\theta}}_n(\gamma)-\boldsymbol{\theta}^o)=\mathbf{H}_n^o(\gamma)^{-1}\sqrt{n}\,\mathbf{s}_n^o(\gamma)+o_{p^o}(1) \tag{4.1}$$

其中,$\hat{\boldsymbol{\theta}}_n(\gamma)$是一个依赖于参数 γ 估计量,γ 在集合 $\boldsymbol{\Gamma}$ 中取值;$\boldsymbol{\theta}^o=\boldsymbol{\theta}(P^o)$是一个对应于数据生成过程 P^o 的 $k\times1$ 维参数向量;$\mathbf{H}_n^o(\gamma)$是非随机非奇异的 $k\times k$ 维矩阵,依赖于 γ 和 P^o; $s_n^o(\gamma)$是一个依赖于 γ 和 P^o 的 $k\times1$ 维随机向量满足 $I_n^o(\gamma)^{-1/2}\sqrt{n}\,s_n^o(\gamma)\xrightarrow{d^o}N(\mathbf{0},\ \mathbf{I})$,其中 $\mathbf{I}_n^o(\gamma)\equiv\mathrm{var}^o(\sqrt{n}\,s_n^o(\gamma))$,$\xrightarrow{d^o}$表示在 P^o 下依分布收敛,且 var^o 表示在 P^o 下的方差;且 $o_{p^o}(1)$表示依概率 P^o 消失的项。贝茨和怀特考虑如何在 $\boldsymbol{\Gamma}$ 中选择 γ 以得到渐近有效的估计量。

实际上,贝茨和怀特考虑了更一般的情形,然而,在此处,式(4.1)就足够了。

为了将贝茨和怀特的方法与我们的工具变量估计方法的框架关联起来,我们将因变量的数据生成过程写成一个明显依赖于 P^o 的形式。具体而言,我们可以写成

$$\mathbf{Y}_t^o=\mathbf{X}_t^{o\prime}\beta^o+\varepsilon_t,\ t=1,\ 2,\ \cdots$$

这样做的理由如下:在我们的系统中,数据生成过程 P^o 决定着所有随机变量[定义为在潜在的可测空间$(\Omega,\ \mathcal{F})$上的可测映射]的概率表现。给定我们的数据生成过程的方式,映射 ε_t 的概率表现被 P^o 决定,但是映射本身并不由 P^o 决定,因此我们并没有给 ε_t 加上上标"o"。

另一方面,不同的 β^o 值(在贝茨—怀特的设定下对应于 $\boldsymbol{\theta}^o$)给出了关于

因变量的不同映射；因此我们写成 $\mathbf{Y}_t^o$，且将 β^o 视为由 P^o 决定，例如，$\beta^o=\beta(P^o)$。另外，因为 $\mathbf{Y}_t^o$ 的滞后项或者 $\mathbf{Y}_t^o$ 本身（回忆联立方程框架）可能在解释变量的矩阵中出现，不同的 β^o 可能产生解释变量不同的映射，所以我们用 $\mathbf{X}_t^o$ 表示。

接下来，我们考虑工具变量。这些同样是 $\{\Omega,\ \mathcal{F}\}$ 上的可测映射且其概率表现由 P^o 决定。正如我们即将看到的那样，让这些映射依赖于 P^o 同样是有用的。因此，我们写成 $\mathbf{Z}_t^o$。因为我们的目标是选择最佳工具变量，所以我们让 $\mathbf{Z}_t^o$ 依赖于 γ 并将其写成 $\mathbf{Z}_t^o(\gamma)$ 以强调这个依赖关系。那么最佳选择即产生了对最佳工具变量的选择。后面我们将重新审视这一点并对 γ 的解释进行拓展。

在习题 4.26(ii) 中，我们假定 $\mathbf{V}_n^{-1/2}n^{-1/2}\mathbf{Z}'\varepsilon \xrightarrow{d} N(\mathbf{0},\ \mathbf{I})$，其中 $\mathbf{V}_n\equiv \operatorname{var}(n^{-1/2}\mathbf{Z}'\varepsilon)$。对于贝茨—怀特的框架，有 $\mathbf{Z}_t^o(\gamma)$，这就变成 $\mathbf{V}_n^o(\gamma)^{-1/2}n^{-1/2}\mathbf{Z}^o(\gamma)'\varepsilon \xrightarrow{do} N(\mathbf{0},\ \mathbf{I})$，其中 $\mathbf{V}_n^o(\gamma)\equiv \operatorname{var}(n^{-1/2}\mathbf{Z}^o(\gamma)'\varepsilon)$，且 $\mathbf{Z}^o(\gamma)$ 是 $np\times l$ 维矩阵，包含分块 $\mathbf{Z}_t^o(\gamma)'$。在(iii.a)中，我们假定 $\mathbf{Z}'\mathbf{X}/n-\mathbf{Q}_n=o_p(1)$，其中 $\mathbf{Q}_n\equiv E(\mathbf{Z}'\mathbf{X}/n)$ 是 $O(1)$ 且一致列满秩。这就变成 $\mathbf{Z}^o(\gamma)'\mathbf{X}^o/n-\mathbf{Q}_n^o=o_{p^o}(1)$，其中 $\mathbf{Q}_n^o\equiv E^o(\mathbf{Z}^o(\gamma)'\mathbf{X}^o/n)$ 是 $O(1)$ 有一致列满秩；$E^o(\cdot)$ 表示关于 P^o 的期望。在(iii.b)中，我们假定 $\hat{\mathbf{P}}_n-\mathbf{P}_n=o_p(1)$，其中 $\mathbf{P}_n$ 是 $O(1)$ 且一致正定。这就变成 $\hat{\mathbf{P}}_n(\gamma)-\mathbf{P}_n^o(\gamma)=o_{p^o}(1)$，其中 $\mathbf{P}_n^o(\gamma)$ 是 $O(1)$ 且一致正定。最后，工具变量估计量有如下形式

$$\tilde{\beta}_n(\gamma)=(\mathbf{X}^{o\prime}\mathbf{Z}^o(\gamma)\hat{\mathbf{P}}_n(\gamma)\mathbf{Z}^o(\gamma)'\mathbf{X}^o)^{-1}\mathbf{X}^{o\prime}\mathbf{Z}^o(\gamma)\hat{\mathbf{P}}_n(\gamma)\mathbf{Z}^o(\gamma)'\mathbf{Y}^o$$

我们将对习题 4.26 予以拓展，得到如下定理。

定理 4.54 令 $\mathcal{P}$ 是定义在 $(\Omega,\ \mathcal{F})$ 上的概率测度 P^o 的集合，且令 $\mathbf{\Gamma}$ 为由元素 γ 组成的集合。假定对任何 $\mathcal{P}$ 中的 P^o

(i) $\mathbf{Y}_t^o=X_t^{o\prime}\beta^o+\varepsilon_t$，$t=1,\ 2,\ \cdots,\ \beta^o\in\mathbb{R}^k$；

对任何一个 $\mathbf{\Gamma}$ 中的 γ 和 $\mathcal{P}$ 中的 P^o，令 $\{\mathbf{Z}_{nt}^o(\gamma)\}$ 为一个双阵列 $p\times l$ 维随机矩阵序列，满足

(ii) $n^{-1/2}\sum_{t=1}^n\mathbf{Z}_{nt}^o(\gamma)\varepsilon_t-n^{1/2}\mathbf{m}_n^o(\gamma)=o_{p^o}(1)$，其中

$$\mathbf{V}_n^o(\gamma)^{-1/2}n^{1/2}\mathbf{m}_n^o(\gamma)\xrightarrow{d^o}N(\mathbf{0},\ \mathbf{I})$$

且 $\mathbf{V}_n^o(\gamma)\equiv \operatorname{var}^o(n^{1/2}\mathbf{m}_n^o(\gamma))$ 是 $O(1)$ 且一致正定；

(iii) (a) $n^{-1}\sum_{t=1}^{n}\mathbf{Z}_{nt}^{o}(\gamma)\mathbf{X}_{t}^{o\prime}-\mathbf{Q}_{n}^{o}(\gamma)=o_{p^{o}}(1)$，其中 $\mathbf{Q}_{n}^{o}(\gamma)$ 是 $O(1)$ 且一致列满秩。

(b) 存在 $\hat{\mathbf{P}}_{n}(\gamma)$ 满足 $\hat{\mathbf{P}}_{n}(\gamma)-\mathbf{P}_{n}^{o}(\gamma)=o_{p^{o}}(1)$，$\mathbf{P}_{n}^{o}(\gamma)=O(1)$ 且是对称一致正定的。

则对任何一个 $\mathbf{\Gamma}$ 中的 γ 和 $\mathcal{P}$ 中的 P^{o}

$$\mathbf{D}_{n}^{o}(\gamma)^{-1/2}\sqrt{n}(\tilde{\beta}_{n}(\gamma)-\beta^{o})\xrightarrow{d^{o}}N(\mathbf{0},\mathbf{I})$$

其中

$$\begin{aligned}\mathbf{D}_{n}^{o}(\gamma)\equiv&(\mathbf{Q}_{n}^{o}(\gamma)'\mathbf{P}_{n}^{o}(\gamma)\mathbf{Q}_{n}^{o}(\gamma))^{-1}\\&\times\mathbf{Q}_{n}^{o}(\gamma)'\mathbf{P}_{n}^{o}(\gamma)\mathbf{V}_{n}^{o}(\gamma)\mathbf{P}_{n}^{o}(\gamma)\mathbf{Q}_{n}^{o}(\gamma)(\mathbf{Q}_{n}^{o}(\gamma)'\mathbf{P}_{n}^{o}(\gamma)\mathbf{Q}_{n}^{o}(\gamma))^{-1}\end{aligned}$$

且 $\mathbf{D}_{n}^{o}(\gamma)^{-1}$ 是 $O(1)$。

证明：对任何一个 $\mathbf{\Gamma}$ 中的 γ 和 $\mathcal{P}$ 中的 P^{o} 使用习题 4.26 中的证明即可得证。■

这个结果具有广泛的适用性，接下来我们将会进一步讨论。特别地，在上述定理中，令 $\{\mathbf{Z}_{nt}^{o}(\gamma)\}$ 是一个双阵列矩阵序列。在某些情形下单个阵列（序列）$\{\mathbf{Z}_{t}^{o}(\gamma)\}$ 就足够了。在这种情况下我们可以简单地令 $\mathbf{m}_{n}^{o}(\gamma)=n^{-1}\mathbf{Z}^{o}(\gamma)'\varepsilon$，则 $\mathbf{V}_{n}^{o}(\gamma)\equiv\text{var}^{o}(n^{-1/2}\mathbf{Z}^{o}(\gamma)'\varepsilon)$，与习题 4.26 类似。在这种情况下，同样可得 $\mathbf{Q}_{n}^{o}(\gamma)=E^{o}(\mathbf{Z}^{o}(\gamma)'\mathbf{X}^{o}/n)$。对于当前的应用，单个阵列就足够了。然而，定理 4.54 的双阵列设定增加了更多的灵活度，进一步扩大了该定理的适用性。回顾习题 4.26 的证明可知，当我们选择 $\hat{\mathbf{P}}_{n}(\gamma)$ 并使其满足 $\mathbf{P}_{n}^{o}(\gamma)=\mathbf{V}_{n}^{o}(\gamma)^{-1}$，即渐近有效的选择时，有

$$\begin{aligned}\sqrt{n}(\tilde{\beta}_{n}(\gamma)-\beta^{o})=&(\mathbf{Q}_{n}^{o}(\gamma)'\mathbf{V}_{n}^{o}(\gamma)^{-1}\mathbf{Q}_{n}^{o}(\gamma))^{-1}\\&\times\mathbf{Q}_{n}^{o}(\gamma)'\mathbf{V}_{n}^{o}(\gamma)^{-1}n^{-1/2}\mathbf{Z}^{o}(\gamma)'\varepsilon+o_{p^{o}}(1)\end{aligned}$$

将这个表达式与式(4.1)比较，我们发现 $\tilde{\beta}_{n}(\gamma)$ 对应于 $\hat{\boldsymbol{\theta}}_{n}(\gamma)$，$\varepsilon$ 是形如 $\varepsilon\equiv\{\{\tilde{\beta}_{n}(\gamma)\},\ \gamma\in\mathbf{\Gamma}\}$ 的估计量的集合，β^{o} 对应于 $\boldsymbol{\theta}^{o}$，且我们可以设定

$$\mathbf{H}_{n}^{o}(\gamma)=\mathbf{Q}_{n}^{o}(\gamma)'\mathbf{V}_{n}^{o}(\gamma)^{-1}\mathbf{Q}_{n}^{o}(\gamma)$$
$$\mathbf{s}_{n}^{o}(\gamma)=\mathbf{Q}_{n}^{o}(\gamma)'\mathbf{V}_{n}^{o}(\gamma)^{-1}n^{-1}\mathbf{Z}^{o}(\gamma)'\varepsilon$$
$$\mathbf{I}_{n}^{o}(\gamma)=\mathbf{H}_{n}^{o}(\gamma)$$

我们对于最佳工具变量的构造本质上就是利用这些对应关系。

Bates 和 White(1993)的定理 2.6 是运用贝茨—怀特的方法构造最佳工

具变量的关键，如下所述。

命题 4.55 假设对在非空集合 $\mathbf{\Gamma}$ 中的所有 γ 和 $\mathcal{P}$ 中的所有 P^o，$\hat{\boldsymbol{\theta}}_n(\gamma)$ 满足式(4.1)，且假设在 $\mathbf{\Gamma}$ 中存在 γ^* 满足

$$\mathbf{H}_n^o(\gamma)=\mathrm{cov}^o(\sqrt{n}\,\mathbf{s}_n^o(\gamma),\ \sqrt{n}\,\mathbf{s}_n^o(\gamma^*)) \tag{4.2}$$

对所有 $\gamma\in\mathbf{\Gamma}$ 且 $\mathcal{P}$ 中的所有 P^o 成立。则对所有 $\gamma\in\mathbf{\Gamma}$ 和 $\mathcal{P}$ 中的所有 P^o 以及所有充分大的 n，下式是半正定的。

$$\mathrm{avar}^o(\hat{\boldsymbol{\theta}}_n(\gamma))-\mathrm{avar}^o(\hat{\boldsymbol{\theta}}_n(\gamma^*))$$

证明：给定式(4.1)，对任何一个 $\mathbf{\Gamma}$ 中的 γ 和 $\mathcal{P}$ 中的 P^o 以及充分大 n，我们有

$$\mathrm{avar}^o(\hat{\boldsymbol{\theta}}_n(\gamma))=\mathbf{H}_n^o(\gamma)^{-1}\mathbf{I}_n^o(\gamma)\mathbf{H}_n^o(\gamma)^{-1}$$
$$\mathrm{avar}^o(\hat{\boldsymbol{\theta}}_n(\gamma^*))=\mathbf{H}_n^o(\gamma^*)^{-1}\mathbf{I}_n^o(\gamma^*)\mathbf{H}_n^o(\gamma^*)^{-1}=\mathbf{H}_n^o(\gamma^*)^{-1}$$

因此

$$\mathrm{avar}^o(\hat{\boldsymbol{\theta}}_n(\gamma))-\mathrm{avar}^o(\hat{\boldsymbol{\theta}}_n(\gamma^*))=\mathbf{H}_n^o(\gamma)^{-1}\mathbf{I}_n^o(\gamma)\mathbf{H}_n^o(\gamma)^{-1}-\mathbf{H}_n^o(\gamma^*)^{-1}$$

我们现在可以证明，这个量等于

$$\mathrm{var}^o(\mathbf{H}_n^o(\gamma)^{-1}\sqrt{n}\,\mathbf{s}_n^o(\gamma)-\mathbf{H}_n^o(\gamma^*)^{-1}\sqrt{n}\,\mathbf{s}_n^o(\gamma^*))$$

请注意，式(4.2)意味着

$$\mathrm{var}^o\begin{bmatrix}\sqrt{n}\,\mathbf{s}_n^o(\gamma)\\ \sqrt{n}\,\mathbf{s}_n^o(\gamma^*)\end{bmatrix}=\begin{pmatrix}\mathbf{I}_n^o(\gamma) & \mathbf{H}_n^o(\gamma)\\ \mathbf{H}_n^o(\gamma) & \mathbf{H}_n^o(\gamma^*)\end{pmatrix}$$

因此 $\mathbf{H}_n^o(\gamma)^{-1}\sqrt{n}\,\mathbf{s}_n^o(\gamma)-\mathbf{H}_n^o(\gamma^*)^{-1}\sqrt{n}\,\mathbf{s}_n^o(\gamma^*)$ 的方差为

$$\begin{aligned}&\mathbf{H}_n^o(\gamma)^{-1}\mathbf{I}_n^o(\gamma)\mathbf{H}_n^o(\gamma)^{-1}+\mathbf{H}_n^o(\gamma^*)^{-1}\mathbf{H}_n^o(\gamma^*)\mathbf{H}_n^o(\gamma^*)^{-1}\\&-\mathbf{H}_n^o(\gamma)^{-1}\mathbf{H}_n^o(\gamma)\mathbf{H}_n^o(\gamma^*)^{-1}-\mathbf{H}_n^o(\gamma^*)^{-1}\mathbf{H}_n^o(\gamma)\mathbf{H}_n^o(\gamma)^{-1}\\&=\mathbf{H}_n^o(\gamma)^{-1}\mathbf{I}_n^o(\gamma)\mathbf{H}_n^o(\gamma)^{-1}-\mathbf{H}_n^o(\gamma^*)^{-1}\end{aligned}$$

正如前文说明的那样。因为这个量是一个方差协方差矩阵，所以它是半正定的，结果得证。■

给定一个由估计量形成的类，那么找到渐近有效的估计量的关键是找到 γ^*，使其对 $\mathbf{\Gamma}$ 中的所有 γ 和 $\mathcal{P}$ 中的所有 P^o 都满足

$$\mathbf{H}_n^o(\gamma)=\mathrm{cov}^o(\sqrt{n}\,\mathbf{s}_n^o(\gamma),\ \sqrt{n}\,\mathbf{s}_n^o(\gamma^*))$$

寻找最佳的工具变量通常是比较复杂的。然而,若如前文所述,首先考虑 $\mathbf{Z}_t^o(\gamma)$以及要求误差项序列$\{\varepsilon_t\}$具有充分好的性质,则我们可以找到关键点。因此考虑对 $\mathbf{Z}_t^o(\gamma)$运用式(4.2),对应的结果为

$$\mathbf{Q}_n^o(\gamma)'\mathbf{V}_n^o(\gamma)^{-1}\mathbf{Q}_n^o(\gamma)=$$
$$\mathrm{cov}^o(\mathbf{Q}_n^o(\gamma)'\mathbf{V}_n^o(\gamma)^{-1}n^{-1/2}\mathbf{Z}^o(\gamma)'\varepsilon,\ \mathbf{Q}_n^o(\gamma^*)'\mathbf{V}_n^o(\gamma^*)^{-1}n^{-1/2}\mathbf{Z}^o(\gamma^*)'\varepsilon)$$

定义 $\mathbf{C}_n^o(\gamma,\ \gamma^*)\equiv\mathrm{cov}^o(n^{-1/2}\mathbf{Z}^o(\gamma)'\varepsilon,\ n^{-1/2}\mathbf{Z}^o(\gamma^*)'\varepsilon)$,我们有如下简单的表达式

$$\begin{aligned}\mathbf{Q}_n^o(\gamma)'\mathbf{V}_n^o(\gamma)^{-1}\mathbf{Q}_n^o(\gamma)=&\mathbf{Q}_n^o(\gamma)'\mathbf{V}_n^o(\gamma)^{-1}\\&\times\mathbf{C}_n^o(\gamma,\ \gamma^*)\mathbf{V}_n^o(\gamma^*)^{-1}\mathbf{Q}_n^o(\gamma^*)\end{aligned}$$

因此找到 γ^*,使其对所有 γ

$$\mathbf{Q}_n^o(\gamma)=\mathbf{C}_n^o(\gamma,\ \gamma^*)\mathbf{V}_n^o(\gamma^*)^{-1}\mathbf{Q}_n^o(\gamma^*)$$

成立即可。

为了使得这个选择容易处理,我们假定 ε_t 具有看似可信的结构。特别地,我们假定存在一个递增的 σ-域序列$\{\mathcal{F}_t\}$适应于$\{\varepsilon_t\}$,满足对 $\mathcal{P}$ 中的任何 P^o, $\{\varepsilon_t,\ \mathcal{F}_t\}$是一个鞅差序列,即 $E^o(\varepsilon_t\,|\,\mathcal{F}_{t-1})=0$。又因为工具变量序列$\{\mathbf{Z}_t^o\}$必须与 ε_t 不相关。因此很自然地,我们将注意力集中于关于 $\mathcal{F}_{t-1}$ 可测的工具变量 $\mathbf{Z}_t^o(\gamma)$,则

$$\begin{aligned}E^o(\mathbf{Z}_t^o(\gamma)\varepsilon_t)&=E^o(E^o(\mathbf{Z}_t^o(\gamma)\varepsilon_t\,|\,\mathcal{F}_{t-1}))\\&=E^o(\mathbf{Z}_t^o(\gamma)E^o(\varepsilon_t\,|\,\mathcal{F}_{t-1}))=\mathbf{0}\end{aligned}$$

对$\{\varepsilon_t\}$和$\{\mathbf{Z}_t^o(\gamma^*)\}$施加这些约束,我们有

$$\begin{aligned}\mathbf{C}_n^o(\gamma,\ \gamma^*)&=\mathrm{cov}^o(n^{-1/2}\mathbf{Z}^o(\gamma)'\varepsilon,\ n^{-1/2}\mathbf{Z}^o(\gamma^*)'\varepsilon)\\&=n^{-1}\sum_{t=1}^{n}E^o(\mathbf{Z}_t^o(\gamma)\varepsilon_t\varepsilon_t'\mathbf{Z}_t^o(\gamma^*)')\\&=n^{-1}\sum_{t=1}^{n}E^o(E^o(\mathbf{Z}_t^o(\gamma)\varepsilon_t\varepsilon_t'\mathbf{Z}_t^o(\gamma^*)'\mid\mathcal{F}_{t-1}))\\&=n^{-1}\sum_{t=1}^{n}E^o(\mathbf{Z}_t^o(\gamma)E^o(\varepsilon_t\varepsilon_t'\mid\mathcal{F}_{t-1})\mathbf{Z}_t^o(\gamma^*)')\\&=n^{-1}\sum_{t=1}^{n}E^o(\mathbf{Z}_t^o(\gamma)\boldsymbol{\Omega}_t^o\mathbf{Z}_t^o(\gamma^*)')\end{aligned}$$

其中 $\mathbf{\Omega}_t^o \equiv E^o(\varepsilon_t \varepsilon_t' | \mathcal{F}_{t-1})$。第一个等式根据定义得到，第二个等式根据 ε_t 的鞅差性质得到，第三个等式根据迭代期望法则得到，第四个等式根据命题 3.63 得到。

因此，我们寻找 γ^*，使其满足

$$n^{-1}\sum_{t=1}^{n} E^o(\mathbf{Z}_t^o(\gamma)\mathbf{X}_t^{o\prime}) =$$
$$n^{-1}\sum_{t=1}^{n} E^o(\mathbf{Z}_t^o(\gamma)\mathbf{\Omega}_t^o \mathbf{Z}_t^o(\gamma^*)')\mathbf{V}_n^o(\gamma^*)^{-1}\mathbf{Q}_n^o(\gamma^*)$$

或者根据迭代期望法则，

$$\begin{aligned} & n^{-1}\sum_{t=1}^{n} E^o(E^o(\mathbf{Z}_t^o(\gamma)\mathbf{X}_t^{o\prime} \mid \mathcal{F}_{t-1})) \\ & = n^{-1}\sum_{t=1}^{n} E^o(\mathbf{Z}_t^o(\gamma)E^o(\mathbf{X}_t^{o\prime} \mid \mathcal{F}_{t-1})) \\ & = n^{-1}\sum_{t=1}^{n} E^o(\mathbf{Z}_t^o(\gamma)\,\widetilde{\mathbf{X}}_t^{o\prime}) \\ & = n^{-1}\sum_{t=1}^{n} E^o(\mathbf{Z}_t^o(\gamma)\mathbf{\Omega}_t^o \mathbf{Z}_t^o(\gamma^*)')\mathbf{V}_n^o(\gamma^*)^{-1}\mathbf{Q}_n^o(\gamma^*) \end{aligned}$$

其中我们定义 $\widetilde{\mathbf{X}}_t^o \equiv E^o(\mathbf{X}_t^o | \mathcal{F}_{t-1})$。

仔细观察最后一个方程，我们可以看到，如果选择 γ^*，使其满足下式，则等式成立。

$$\mathbf{Q}_n^o(\gamma^*)'\mathbf{V}_n^o(\gamma^*)^{-1}\mathbf{Z}_t^o(\gamma^*)\mathbf{\Omega}_t^o = \widetilde{\mathbf{X}}_t^o \tag{4.3}$$

如果我们合理假设 $\mathbf{\Omega}_t^o \equiv E^o(\varepsilon_t \varepsilon_t' | \mathcal{F}_{t-1})$ 是非奇异的，则有

$$\mathbf{Q}_n^o(\gamma^*)'\mathbf{V}_n^o(\gamma^*)^{-1}\mathbf{Z}_t^o(\gamma^*) = \widetilde{\mathbf{X}}_t^o \mathbf{\Omega}_t^{o-1}$$

由于上式两端都是关于 $\mathcal{F}_{t-1}$ 可测的，因此该等式是可行的。我们必须选择 $\mathbf{Z}_t^o(\gamma^*)$，使其满足其一个特定的线性组合等于 $\widetilde{\mathbf{X}}_t^o \mathbf{\Omega}_t^{o-1}$。

然而，因为 γ^* 同样在 $\mathbf{Q}_n^o(\gamma^*)$ 和 $\mathbf{V}_n^o(\gamma^*)$ 中出现，这似乎依然颇具挑战。尽管如此，我们依旧考虑关于 $\mathbf{Z}_t^o(\gamma^*)$ 的最简单的选择

$$\mathbf{Z}_t^o(\gamma^*) = \widetilde{\mathbf{X}}_t^o \mathbf{\Omega}_t^{o-1}$$

要让上式成立，则 $\mathbf{Q}_n^o(\gamma^*)' = \mathbf{V}_n^o(\gamma^*)$ 一定得成立，则 $\mathbf{Q}_n^o(\gamma^*)'\mathbf{V}_n^o(\gamma^*)^{-1} = \mathbf{I}$。基于 $\mathbf{Z}_t^o(\gamma^*)$ 的此种选择，有

$$\begin{aligned} \mathbf{V}_n^o(\gamma^*) & = \mathrm{var}^o(n^{-1/2}\sum_{t=1}^{n}\mathbf{Z}_t^o(\gamma^*)\varepsilon_t) \\ & = n^{-1}\sum_{t=1}^{n} E^o(\mathbf{Z}_t^o(\gamma^*)\varepsilon_t\varepsilon_t'\mathbf{Z}_t^o(\gamma^*)') \end{aligned}$$

$$
\begin{aligned}
&= n^{-1}\sum_{t=1}^{n} E^{o}(\mathbf{Z}_t^o(\gamma^*)\boldsymbol{\Omega}_t^o\mathbf{Z}_t^o(\gamma^*)') \\
&= n^{-1}\sum_{t=1}^{n} E^{o}(\widetilde{\mathbf{X}}_t^o\boldsymbol{\Omega}_t^{o-1}\boldsymbol{\Omega}_t^o\boldsymbol{\Omega}_t^{o-1}\widetilde{\mathbf{X}}_t^{o\prime}) \\
&= n^{-1}\sum_{t=1}^{n} E^{o}(\widetilde{\mathbf{X}}_t^o\boldsymbol{\Omega}_t^{o-1}\widetilde{\mathbf{X}}_t^{o\prime}) \\
&= n^{-1}\sum_{t=1}^{n} E^{o}(\mathbf{Z}_t^o(\gamma^*)\widetilde{\mathbf{X}}_t^{o\prime}) \\
&= n^{-1}\sum_{t=1}^{n} E^{o}(\mathbf{Z}_t^o(\gamma^*)E^{o}(\mathbf{X}_t^{o\prime}\mid\mathcal{F}_{t-1})) \\
&= n^{-1}\sum_{t=1}^{n} E^{o}(\mathbf{Z}_t^o(\gamma^*)\mathbf{X}_t^{o\prime}) \\
&= \mathbf{Q}_n^o(\gamma^*)
\end{aligned}
$$

因此，$\mathbf{Z}_t^o(\gamma^*)=\widetilde{\mathbf{X}}_t^o\boldsymbol{\Omega}_t^{o-1}$ 这一选择满足式(4.2)的充分条件，从而得到了最佳的工具变量。

然而，当 $\boldsymbol{\Omega}_t^o\equiv E^o(\varepsilon_t\varepsilon_t'|\mathcal{F}_{t-1})$ 或者 $\widetilde{\mathbf{X}}_t^o\equiv E^o(\mathbf{X}_t^o|\mathcal{F}_{t-1})$ 都未知或者无法被观测时，使用这些最佳工具变量将存在明显的困难。我们将看到，施加某些合理的假设可以解决这些困难。然而，在处理一般化情形之前，我们考虑两种能够解决该困难的重要特殊情形。这为处理更一般的情形提供了可借鉴的思路，并且自然地引导我们构造具有更广泛适用性的处理方法。

因此，假设如下矩条件

$$
E^o(\varepsilon_t\varepsilon_t'|\mathcal{F}_{t-1})=\boldsymbol{\Omega}_t,\ t=1,\ 2,\ \cdots
$$

其中 $\boldsymbol{\Omega}_t$ 是一个已知 $p\times p$ 维矩阵(接下来我们将考虑 $\boldsymbol{\Omega}_t$ 未知的情形)。尽管这对 $\mathcal{P}$ 施加了限制，但是并没有完全限制，因为即使 $\boldsymbol{\Omega}_t$ 是一样的，对 P^o 的不同选择也意味着 ε_t 的不同分布。

如果我们同样要求 $\mathbf{X}_t^o$ 是关于 $\mathcal{F}_{t-1}$ 可测的，则可以得出

$$
\begin{aligned}
\widetilde{\mathbf{X}}_t^o &= E^o(\mathbf{X}_t^o|\mathcal{F}_{t-1}) \\
&= \mathbf{X}_t^o
\end{aligned}
$$

因此 $\widetilde{\mathbf{X}}_t^o=\mathbf{X}_t^o$ 是可观测的。请注意，这意味着

$$
E^o(\mathbf{Y}_t^o|\mathcal{F}_{t-1})=E^o(\mathbf{X}_t^{o\prime}\beta^o+\varepsilon_t|\mathcal{F}_{t-1})=\mathbf{X}_t^{o\prime}\beta^o
$$

因此 $\mathbf{Y}_t^o$ 的条件均值仍然通过 β^o 依赖于 P^o，但是我们可以认为(i')定义了

一个能够用于预测的关系，这个要求排除了联立方程的情况，但是仍然允许 $\mathbf{X}_t^o$ 包含 $\mathbf{Y}_t^o$ 的滞后项。

基于对 $\mathcal{P}$ 的这些限制，$\mathbf{Z}_t^o(\gamma^*)=\widetilde{\mathbf{X}}_t^o\boldsymbol{\Omega}_t^{o-1}=\mathbf{X}_t^o\boldsymbol{\Omega}_t^{-1}$ 提供了一个可用的最优工具变量集，这也表明了最优工具变量估计量的存在性依赖集合 $\mathcal{P}$ 中备选的数据生成过程。

现在让我们考察在这种设定下，根据选出的最优工具变量推导得到的估计量。

习题 4.56 记 $\mathbf{X}_t$ 是关于 $\mathcal{F}_{t-1}$ 可测的，且假定 $\boldsymbol{\Omega}_t=E^o(\varepsilon_t\varepsilon_t'|\mathcal{F}_{t-1})$ 对 $\mathcal{P}$ 中的所有 P^o 成立。证明：选择 $\mathbf{Z}_t^o(\gamma^*)=\mathbf{X}_t^o\boldsymbol{\Omega}_t^{-1}$，则有 $\mathbf{V}_n(\gamma^*)=E(n^{-1}\sum_{t=1}^n\mathbf{X}_t^o\boldsymbol{\Omega}_t^{-1}\mathbf{X}_t^{o\prime})$。进一步证明，如果设定条件 $\hat{\mathbf{V}}_n(\gamma^*)=n^{-1}\sum_{t=1}^n\mathbf{X}_t^o\boldsymbol{\Omega}_t^{-1}\mathbf{X}_t^{o\prime}$，将得出 GLS 估计量

$$\begin{aligned}\beta_n^* &=(n^{-1}\sum_{t=1}^n\mathbf{X}_t^o\boldsymbol{\Omega}_t^{-1}X_t^{o\prime})^{-1}n^{-1}\sum_{t=1}^n\mathbf{X}_t^o\boldsymbol{\Omega}_t^{-1}\mathbf{Y}_t^o\\ &=(\mathbf{X}'\boldsymbol{\Omega}^{-1}\mathbf{X})^{-1}\mathbf{X}'\boldsymbol{\Omega}^{-1}\mathbf{Y}\end{aligned}$$

其中 $\boldsymbol{\Omega}$ 是 $np\times np$ 维分块对角矩阵，且其 $p\times p$ 对角分块为 $\boldsymbol{\Omega}_t$，$t=1, \cdots, n$，其余位置元素都为零，而且我们在写 $\mathbf{X}$ 与 $\mathbf{Y}$ 时舍弃了"o"的上标。

这是 GLS 估计量，它的有限样本有效性已经在第 1 章被探讨过。我们现在的讨论说明，在大样本情况下，不需要对扰动项 ε_t 施加正态分布的约束，也无需假设解释变量 $\mathbf{X}_t^o$ 是非随机的，也同样可以得到类似于有限样本的有效性结论。

事实上，我们现在已经证明了如下 GLS 估计量渐近有效性的(a)部分的结果。

定理 4.57(有效率的 GLS, efficiency of GLS) 假定定理 4.54 的条件成立且 $\mathcal{P}$ 满足对 $\mathcal{P}$ 中的任意 P^o

(i) $\mathbf{Y}_t^o=\mathbf{X}_t^{o\prime}\beta^o+\varepsilon_t$，$t=1, 2, \cdots$，$\beta^o\in\mathbb{R}^k$；

其中$\{(\mathbf{X}_{t+1}^o, \varepsilon_t), \mathcal{F}_t\}$是一个适应的随机序列，满足 $E^o(\varepsilon_t|\mathcal{F}_{t-1})=\mathbf{0}$，$t=1, 2, \cdots$；且

(ii) $\boldsymbol{\Omega}_t=E^o(\varepsilon_t\varepsilon_t'|\mathcal{F}_{t-1})$是一个已知的有限非奇异的 $p\times p$ 维矩阵，$t=1, 2, \cdots$；

(iii) 对任意 $\gamma\in\boldsymbol{\Gamma}$，$\mathbf{Z}_t^o(\gamma)$是 $\mathcal{F}_{t-1}$ 可测的，$t=1, 2, \cdots$，且 $\mathbf{Q}_n^o(\gamma)=n^{-1}\sum_{t=1}^nE^o(\mathbf{Z}_t^o(\gamma)\mathbf{X}_t^{o\prime})$

则

(a) $\mathbf{Z}_t^o(\gamma^*)=\mathbf{X}_t^o\mathbf{\Omega}_t^{-1}$ 可得

$$\beta_n^*=(n^{-1}\sum_{t=1}^n\mathbf{X}_t^o\mathbf{\Omega}_t^{-1}\mathbf{X}_t^{o\prime})^{-1}n^{-1}\sum_{t=1}^n\mathbf{X}_t^o\mathbf{\Omega}_t^{-1}\mathbf{Y}_t^o$$

其对于 $\mathcal{P}$ 在 ε 中是渐近有效的。

(b) 更进一步，β_n^* 的渐近协方差矩阵为

$$\text{avar}^o(\beta_n^*)=[n^{-1}\sum_{t=1}^n E^o(\mathbf{X}_t^o\mathbf{\Omega}_t^{-1}\mathbf{X}_t^{o\prime})]^{-1}$$

其可以被下式一致估计

$$\hat{\mathbf{D}}_n=[n^{-1}\sum_{t=1}^n\mathbf{X}_t^o\mathbf{\Omega}_t^{-1}\mathbf{X}_t^{o\prime}]^{-1}$$

也就是，$\hat{\mathbf{D}}_n-\text{avar}^o(\beta_n^*)\xrightarrow{p^o}\mathbf{0}$。

我们将(b)的证明留作一道习题。

习题 4.58 证明定理 4.57(b)。

正如第 1 章所述，因为协方差矩阵$\{\mathbf{\Omega}_t\}$通常是未知的，所以 GLS 估计量通常是不可行的。尽管如此，我们可以假定 $\varepsilon_t\varepsilon_t'$的数据生成过程，并在此基础上刻画 $\mathbf{\Omega}_t$，即

$$E^o(\varepsilon_t\varepsilon_t'|\mathcal{F}_{t-1})=\mathbf{h}(\mathbf{W}_t^o,\ \boldsymbol{\alpha}^o)$$

其中 $\mathbf{h}$ 是将 $\mathcal{F}_{t-1}$可测的随机变量 $\mathbf{W}_t^o$ 和未知参数$\boldsymbol{\alpha}^o$ 映射到 $p\times p$ 维矩阵的已知函数。可以看到不同的 P^o 能够被不同的$\boldsymbol{\alpha}^o$ 所调节，且 $\mathbf{W}_t^o$ 可能依赖于 P^o。

考虑标量($p=1$)中的一个特例。假设 $\mathbf{h}(\mathbf{W}_t^o,\ \boldsymbol{\alpha}^o)=\boldsymbol{\alpha}_0^o+\boldsymbol{\alpha}_1^o\varepsilon_{t-1}^2+\cdots+\boldsymbol{\alpha}_q^o\varepsilon_{t-q}^2$，其中 $\mathbf{W}_t^o=(\varepsilon_{t-1}^2,\ \cdots,\ \varepsilon_{t-q}^2)$，则得到了 Engle(1982)的 ARCH($q$)数据生成过程。类似地，若假设 $\mathbf{W}_t^o=(\varepsilon_{t-1}^2,\ \varepsilon_{t-2}^2,\ \cdots)$，则可以得到 Bollerslev (1986)的 GARCH(1, 1)数据生成过程，该过程可以视为一个 ARCH(∞)数据生成过程。

不论是将 $\mathcal{P}$ 中的哪个 P^o 作为数据生成过程，如果我们能够得到一个关于 $\boldsymbol{\alpha}^o$ 的一致估计量，记为$\hat{\boldsymbol{\alpha}}_n$，那么我们希望在将未知的 $\mathbf{\Omega}_t=\mathbf{h}(\mathbf{W}_t^o,\ \boldsymbol{\alpha}^o)$替换成估计量$\hat{\mathbf{\Omega}}_{nt}=\mathbf{h}(\mathbf{W}_t^o,\ \hat{\boldsymbol{\alpha}}_n)$之后，仍然可能获得形如下式的有效估计量

$$\beta_n^*=(n^{-1}\sum_{t=1}^n\mathbf{X}_t^o\hat{\mathbf{\Omega}}_{nt}^{-1}\mathbf{X}_t^{o\prime})^{-1}n^{-1}\sum_{t=1}^n\mathbf{X}_t^o\hat{\mathbf{\Omega}}_{nt}^{-1}\mathbf{Y}_t^o$$

因为这种估计量在计算上是可行的,所以往往被称作“可行的”GLS(FGLS)估计量。与之相反,在缺少有关 $\mathbf{\Omega}_t$ 的信息的情况下,GLS 是不可行的。

仔细观察 FGLS 估计量,我们发现它同样是一个工具变量估计量,其中

$$\mathbf{Z}_{nt}^o = \mathbf{X}_t^o\ \hat{\mathbf{\Omega}}_{nt}^{-1}$$

$$\hat{\mathbf{P}}_n = n^{-1}\sum\nolimits_{t=1}^{n}\mathbf{X}_t^o\,\hat{\mathbf{\Omega}}_{nt}^{-1}\mathbf{X}_t^{o\prime}$$

请注意,$\mathbf{Z}_{nt}^o = \mathbf{X}_t^o\ \hat{\mathbf{\Omega}}_{nt}^{-1}$ 现在用了双阵列,以明显地表示其同时依赖于 n 和 t。显然,定理 4.54 适用于这种双下标形式。这也体现了由在定理 4.54 中引入双下标带来的灵活性。为了适应这些选择及其他类似选择,我们现在详细阐述有关 $\mathbf{Z}_{nt}^o$ 和 γ 的设定。具体地,我们令

$$\mathbf{Z}_{nt}^o(\gamma) = \mathbf{Z}_{t2}^o(\gamma_2)\zeta(\mathbf{Z}_{t1}^o(\gamma_1),\ \gamma_{3n})$$

现在 γ 有三个部分:$\gamma = (\gamma_1,\ \gamma_2,\ \gamma_3)$,其中 $\gamma_3 = \{\gamma_{3n}\}$ 是一个 $\mathcal{F}_{t-1}$ 可测的映射序列,ζ 是一个已知的函数,满足 $\zeta(\mathbf{Z}_{t1}^o(\gamma_1),\ \gamma_{3n})$ 是一个 $p\times p$ 维矩阵,且 $\mathbf{Z}_{t1}^o(\gamma_1)$ 和 $\mathbf{Z}_{t2}^o(\gamma_2)$ 都是 $\mathcal{F}_{t-1}$ 可测对所有 γ_1 和 γ_2 成立,其中 $\mathbf{Z}_{t1}^o(\gamma_1)$ 是一个 $l\times p$ 维随机矩阵。

通过设定 $\mathbf{Z}_{t1}^o(\gamma_1) = \mathbf{X}_t^o$, $\mathbf{Z}_{t2}^o(\gamma_2) = \mathbf{W}_t^o$,且 $\zeta = (\mathbf{h})^{-1}$ 我们得到

$$\begin{aligned}\mathbf{Z}_{nt}^o(\gamma) &= \mathbf{X}_t^o(\mathbf{h}(\mathbf{W}_t^o,\ \hat{\boldsymbol{\alpha}}_n))^{-1}\\ &= \mathbf{X}_t^o\ \hat{\mathbf{\Omega}}_{nt}^{-1}\end{aligned}$$

其他的可以产生一致渐近正态的工具变量估计量的设定也同样适用。

要求 ζ 已知这一约束并不过分;特别地,我们可以选择满足 $\zeta(\mathbf{z}_1,\ \gamma_{3n}) = \gamma_{3n}(\mathbf{z}_1)$ 的 ζ,其允许考虑协方差矩阵逆 $\mathbf{\Omega}_t^{o-1}$ 的非参数估计量和参数估计量,例如 ARCH(设定 $\gamma_{3n}(\cdot) = [\mathbf{h}(\cdot,\ \hat{\boldsymbol{\alpha}}_n)]^{-1}$)。

根据定理 4.54,并且将 $\mathbf{Z}^o(\gamma)$ 视作对应分块元素为 $\mathbf{Z}_{nt}^o(\gamma)'$ 的 $np\times l$ 维矩阵,可以进一步探讨哪些关于 γ 的选择是适用的。我们将 $\mathcal{P}$ 予以扩展,使其包含这样的数据生成过程,即基于 $(\gamma_1,\ \gamma_3)$ 的一些选择,$\mathbf{\Omega}_t^{o-1}$ 能够被 $\zeta(\mathbf{Z}_{t1}^o(\gamma_1),\ \gamma_{3n})$ 充分好地估计的数据生成过程[“充分好”在这里意味着定理 4.54 的(ii)和(iii)成立]。在此我们不再需要设定 $\mathbf{m}_n^o(\gamma) = \sum_{t=1}^{n}\mathbf{Z}_{nt}^o(\gamma)\varepsilon_t/n$,因此,需要用到定理 4.54(ii)所述的一般形式。即使对于表现良好的 $\mathbf{m}_n^o(\gamma)$,$n^{-1/2}\sum_{t=1}^{n}\mathbf{Z}_{nt}^o(\gamma)\varepsilon_t - n^{1/2}\mathbf{m}_n^o(\gamma) = o_{p^o}(1)$ 成立,γ_{3n} 的出现和函数 ζ 的本质也可能导致式子 $n^{-1/2}\sum_{t=1}^{n}\mathbf{Z}_{nt}^o(\gamma)\varepsilon_t$ 具有有限二阶矩的条件不成立。相似地,

虽然样本均值 $n^{-1}\sum_{t=1}^{n}\mathbf{Z}_{nt}^{o}(\gamma)\mathbf{X}_{t}^{o\prime}$ 可能有定义良好的概率极限 $\mathbf{Q}_{n}^{o}(\gamma)$，但依然无法保证 $E^{o}(\mathbf{Z}_{nt}^{o}(\gamma)\mathbf{X}_{t}^{o\prime})$ 一定存在。

首先考虑 $\mathbf{m}_{n}^{o}$ 的形式。为简洁起见，令 $\gamma_{t1}^{o}\equiv\mathbf{Z}_{t1}^{o}(\gamma_{1})$ 且 $\gamma_{t2}^{o}\equiv\mathbf{Z}_{t2}^{o}(\gamma_{2})$，则

$$\mathbf{Z}_{nt}^{o}(\gamma)=\mathbf{Z}_{t2}^{o}(\gamma_{2})\zeta(\mathbf{Z}_{t1}^{o}(\gamma_{1}),\ \gamma_{3n})\equiv\gamma_{t2}^{o}\zeta(\gamma_{t1}^{o},\ \gamma_{3n})$$

我们有

$$\begin{aligned}n^{-1/2}\sum_{t=1}^{n}\mathbf{Z}_{nt}^{o}(\gamma)\varepsilon_{t}&=n^{-1/2}\sum_{t=1}^{n}\gamma_{t2}^{o}\zeta(\gamma_{t1}^{o},\ \gamma_{3n})\varepsilon_{t}\\&=n^{-1/2}\sum_{t=1}^{n}\gamma_{t2}^{o}\zeta(\gamma_{t1}^{o},\ \gamma_{3}^{o})\varepsilon_{t}\\&\quad+n^{-1/2}\sum_{t=1}^{n}\gamma_{t2}^{o}[\zeta(\gamma_{t1}^{o},\ \gamma_{3n})-\zeta(\gamma_{t1}^{o},\ \gamma_{3}^{o})]\varepsilon_{t}\end{aligned}$$

其中我们将 γ_{3}^{o} 视为 γ_{3n} 在 P^{o} 下的概率极限。如果保证第二项依概率消失的充分的正则条件是可得到的，即

$$n^{-1/2}\sum_{t=1}^{n}\gamma_{t2}^{o}[\zeta(\gamma_{t1}^{o},\ \gamma_{3n})-\zeta(\gamma_{t1}^{o},\ \gamma_{3}^{o})]\varepsilon_{t}=o_{p^{o}}(1)$$

则我们可以设定

$$n^{1/2}\mathbf{m}_{n}^{o}(\gamma)=n^{-1/2}\sum_{t=1}^{n}\gamma_{t2}^{o}\zeta(\gamma_{t1}^{o},\ \gamma_{3}^{o})\varepsilon_{t}$$

为了保证“充分的正则条件”成立，我们可以假设所选择的 $\boldsymbol{\Gamma}$ 和 $\mathcal{P}$ 中的所有元素，即所有的 $\gamma\in\boldsymbol{\Gamma}$ 和 $\mathcal{P}$ 中的所有 P^{o} 都满足所需要的收敛性质。

$\mathbf{Q}_{n}^{o}$ 的形式是类似的。记 $\mathbf{Z}_{nt}^{o}(\gamma)=\gamma_{t2}^{o}\zeta(\gamma_{t1}^{o},\ \gamma_{3n})$，则我们有

$$\begin{aligned}n^{-1}\sum_{t=1}^{n}\mathbf{Z}_{nt}^{o}(\gamma)\mathbf{X}_{t}^{o\prime}&=n^{-1}\sum_{t=1}^{n}\gamma_{t2}^{o}\zeta(\gamma_{t1}^{o},\ \gamma_{3n})\mathbf{X}_{t}^{o\prime}\\&=n^{-1}\sum_{t=1}^{n}\gamma_{t2}^{o}\zeta(\gamma_{t1}^{o},\ \gamma_{3}^{o})\mathbf{X}_{t}^{o\prime}\\&\quad+n^{-1}\sum_{t=1}^{n}\gamma_{t2}^{o}[\zeta(\gamma_{t1}^{o},\ \gamma_{3n})-\zeta(\gamma_{t1}^{o},\ \gamma_{3}^{o})]\mathbf{X}_{t}^{o\prime}\end{aligned}$$

如果 $\boldsymbol{\Gamma}$ 和 $\mathcal{P}$ 被选择后满足

$$n^{-1}\sum_{t=1}^{n}\gamma_{t2}^{o}\zeta(\gamma_{t1}^{o},\ \gamma_{3}^{o})\mathbf{X}_{t}^{o\prime}-n^{-1}\sum_{t=1}^{n}E^{o}[\gamma_{t2}^{o}\zeta(\gamma_{t1}^{o},\ \gamma_{3}^{o})\mathbf{X}_{t}^{o\prime}]=o_{p^{o}}(1)$$

且

$$n^{-1}\sum_{t=1}^{n}\gamma_{t2}^{o}[\zeta(\gamma_{t1}^{o},\ \gamma_{3n})-\zeta(\gamma_{t1}^{o},\ \gamma_{3}^{o})]\mathbf{X}_{t}^{o\prime}=o_{p^{o}}(1)$$

则我们可以设定

$$\mathbf{Q}_n^o(\gamma)=n^{-1}\sum_{t=1}^{n}E^o[\gamma_{t2}^o\zeta(\gamma_{t1}^o, \gamma_3^o)\mathbf{X}_t^{o\prime}]$$

设定 $\mathbf{V}_n^o(\gamma)\equiv\text{var}^o(n^{1/2}\mathbf{m}_n^o(\gamma))$，贝茨—怀特的对应量现在为

$$\mathbf{H}_n^o(\gamma)=\mathbf{Q}_n^o(\gamma)'\mathbf{V}_n^o(\gamma)^{-1}\mathbf{Q}_n^o(\gamma)$$
$$\mathbf{s}_n^o(\gamma)=\mathbf{Q}_n^o(\gamma)'\mathbf{V}_n^o(\gamma)^{-1}\mathbf{m}_n^o(\gamma)$$
$$\mathbf{I}_n^o(\gamma)=\mathbf{H}_n^o(\gamma)$$

（和之前一样，我们设定 $\mathbf{P}_n^o=\mathbf{V}_n^{o-1}$）。根据与命题 4.55 类似的论据可知，有效率的充分条件是

$$\mathbf{Q}_n^o(\gamma)=\mathbf{C}_n^o(\gamma, \gamma^*)\mathbf{V}_n^o(\gamma^*)^{-1}\mathbf{Q}_n^o(\gamma^*)$$

其中 $\mathbf{C}_n^o(\gamma, \gamma^*)\equiv\text{cov}^o(n^{1/2}\mathbf{m}_n^o(\gamma), n^{1/2}\mathbf{m}_n^o(\gamma^*))$。

根据与得出方程(4.3)类似的论据，我们发现如下条件成立时，充分条件是成立的。

$$\mathbf{Q}_n^o(\gamma^*)'\mathbf{V}_n^o(\gamma^*)^{-1}\mathbf{Z}_{t2}^o(\gamma_2^*)\zeta(\mathbf{Z}_{t1}^o(\gamma_1^*), \gamma_3^{*o})\mathbf{\Omega}_t^o=\mathbf{X}_t^o$$

选择 $\mathbf{Z}_{t2}^o(\gamma_2^*)=\mathbf{X}_t^o$ 且 $\zeta(\mathbf{Z}_{t1}^o(\gamma_1^*), \gamma_3^{*o})=\mathbf{\Omega}_t^{o-1}$ 可以像之前一样，保证式子 $\mathbf{Q}_n^o(\gamma^*)'=\mathbf{V}_n^o(\gamma^*)$成立，则可推出最优性。因此关于 $\mathbf{Z}_{nt}^o(\gamma)$的最佳选择是

$$\mathbf{Z}_{nt}^o(\gamma^*)=\mathbf{X}_t^o\hat{\mathbf{\Omega}}_{nt}^{-1}$$

其中$\hat{\mathbf{\Omega}}_{nt}^{-1}=\zeta(\mathbf{Z}_{t1}^o(\gamma_1^*), \gamma_{3n}^*)$满足 $\zeta(\mathbf{Z}_{t1}^o(\gamma_1^*), \gamma_3^{*o})=\mathbf{\Omega}_t^{o-1}$。特别地，如果 $\mathbf{\Omega}_t^o=\mathbf{h}(\mathbf{W}_t^o, \boldsymbol{\alpha}^o)$，则设定 $\zeta(\mathbf{z}_1, \gamma_{3n})=\gamma_{3n}(\mathbf{z}_1)$，$\mathbf{Z}_{t1}^o(\gamma_1^*)=\mathbf{W}_t^o$ 且 $\gamma_3^{*o}=[\mathbf{h}(\cdot, \boldsymbol{\alpha}^o)]^{-1}$，就能给出最佳工具变量的选择。

我们将这个结果正式阐述如下。

定理 4.59(FGLS 的有效性) 假定定理 4.54 的条件成立且除了 $\mathcal{P}$ 满足对 $\mathcal{P}$ 中的任意 P^o

(i) $\mathbf{Y}_t^o=\mathbf{X}_t^{o\prime}\beta^o+\varepsilon_t$, $t=1, 2, \cdots$, $\beta^o\in\mathbb{R}^k$；

其中$\{(\mathbf{X}_{t+1}^o, \varepsilon_t), \mathcal{F}_t\}$是一个适应的随机序列，满足 $E^o(\varepsilon_t|\mathcal{F}_{t-1})=\mathbf{0}$, $t=1, 2, \cdots$；且

(ii) $\mathbf{\Omega}_t^o=E^o(\varepsilon_t\varepsilon_t'|\mathcal{F}_{t-1})$是一个未知有限非奇异的 $p\times p$ 维矩阵，$t=1, 2, \cdots$；

(iii) 对任意 $\gamma\in\mathbf{\Gamma}$，

$$\mathbf{Z}_{nt}^{o}(\gamma)=\mathbf{Z}_{t2}^{o}(\gamma_2)\gamma_{3n}(\mathbf{Z}_{t1}^{o}(\gamma_1))$$

$\gamma\equiv(\gamma_1,\gamma_2,\gamma_3)$，其中对所有 $n=1,2,\cdots$，$\gamma_3\equiv\{\gamma_{3n}\}$是一个$\mathcal{F}$可测的映射序列，且对所有 γ_1 和 γ_2，$t=1,2,\cdots$，$\mathbf{Z}_{t1}^{o}(\gamma_1)$和 $\mathbf{Z}_{t2}^{o}(\gamma_2)$都是 $\mathcal{F}_{t-1}$ 可测的；还存在 γ_3^{o} 满足

$$\mathbf{m}_n^{o}(\gamma)=n^{-1}\sum_{t=1}^{n}\mathbf{Z}_{t2}^{o}(\gamma_2)\gamma_3^{o}(\mathbf{Z}_{t1}^{o}(\gamma_1))\varepsilon_t$$

且

$$\mathbf{Q}_n^{o}(\gamma)=n^{-1}\sum_{t=1}^{n}E(\mathbf{Z}_{t2}^{o}(\gamma_2)\gamma_3^{o}(\mathbf{Z}_{t1}^{o}(\gamma_1))X_t^{o\prime})$$

(iv) 对一些 γ_1^* 和 γ_3^*，$\hat{\mathbf{\Omega}}_{nt}^{-1}=\gamma_{3n}^*(\mathbf{Z}_{t1}^{o}(\gamma_1^*))$，其中 $\gamma_{3n}^*(\mathbf{Z}_{t1}^{o}(\gamma_1^*))=\mathbf{\Omega}_t^{o-1}$。则

(a) 由 $\mathbf{Z}_{nt}^{o}(\gamma^*)=\mathbf{X}_t^{o}\hat{\mathbf{\Omega}}_{nt}^{-1}$ 可得

$$\beta_n^*=(n^{-1}\sum_{t=1}^{n}\mathbf{X}_t^{o}\hat{\mathbf{\Omega}}_{nt}^{-1}\mathbf{X}_t^{o\prime})^{-1}n^{-1}\sum_{t=1}^{n}\mathbf{X}_t^{o}\hat{\mathbf{\Omega}}_{nt}^{-1}\mathbf{Y}_t^{o}$$

对于 $\mathcal{P}$ 而言，这是 ε 中是渐近有效的。

(b) 更进一步，β_n^* 的渐近协方差矩阵为

$$\text{avar}^{o}(\beta_n^*)=[n^{-1}\sum_{t=1}^{n}E^{o}(\mathbf{X}_t^{o}\mathbf{\Omega}_t^{o-1}\mathbf{X}_t^{o\prime})]^{-1}$$

其一致估计量为

$$\hat{\mathbf{D}}_n=[n^{-1}\sum_{t=1}^{n}\mathbf{X}_t^{o}\ \hat{\mathbf{\Omega}}_{nt}^{-1}\mathbf{X}_t^{o\prime}]^{-1}$$

也就是，$\hat{\mathbf{D}}_n-\text{avar}^{o}(\beta_n^*)\xrightarrow{p^{o}}\mathbf{0}$。

证明：(a)运用命题 4.55 和定理 4.59 之前的论据即可。(b)我们将对(b)的证明留作一道习题。■

习题 4.60 证明定理 4.59 的(b)部分。

需要证明

$$n^{-1}\sum_{t=1}^{n}\gamma_{t2}^{o}[\gamma_{3n}(\gamma_{t1}^{o})-\gamma_3^{o}(\gamma_{t1}^{o})]\varepsilon_t=o_{p^{o}}(1)$$

且

$$n^{-1}\sum_{t=1}^{n}\gamma_{t2}^{o}[\gamma_{3n}(\gamma_{t1}^{o})-\gamma_3^{o}(\gamma_{t1}^{o})]\mathbf{X}_t^{o\prime}=o_{p^{o}}(1)$$

依赖于关于 $\mathbf{\Omega}_t^{o}$ 的认识以及估计方式。以下习题提供了一种可能性。

习题 4.61 假定当 $p=1$ 时，定理 4.59(i)和(ii)成立且

$$\mathbf{\Omega}_t^o=\alpha_1^o+\alpha_2^o W_t^o,\ t=1,\ 2,\ \cdots,$$

其中在退化时 $W_t^o=1$，否则 $W_t^o=0$。

(i) 令 $\hat{\varepsilon}_t=\mathbf{Y}_t^o-\mathbf{X}_t^{o\prime}\hat{\beta}_n$，其中 $\hat{\beta}_n$ 是 OLS 估计量，且令 $\hat{\boldsymbol{\alpha}}_n=(\hat{\alpha}_{1n},\ \hat{\alpha}_{2n})'$ 为 $\hat{\varepsilon}_t^2$ 为对常数以及 W_t^o 回归的 OLS 估计量。证明在一些必要的条件成立时，$\hat{\boldsymbol{\alpha}}_n=\hat{\boldsymbol{\alpha}}^o+o_{p^o}(1)$成立，其中 $\boldsymbol{\alpha}^o=(\alpha_1^o,\ \alpha_2^o)'$。

(ii) 接下来，验证对于如下设定，定理 4.59(iii)和(iv)成立。

$$\mathbf{Z}_{nt}^o(\gamma^*)=\mathbf{X}_t^o(\hat{\alpha}_{1n}+\hat{\alpha}_{2n}W_t^o)^{-1}$$

当我们对 $\mathbf{\Omega}_t^o$ 的结构知之甚少时，可以考虑使用其非参数估计量，例如 White 和 Stinchcombe(1991)。随机等度连续(stochastic equicontinuity)的概念(参见 Andrews 1994a, b)在这种情况下扮演着重要的角色，但是我们在这里对此不作过多的探讨。

现在，到了该处理更一般情形的时候了，在这种情况下，有 $\tilde{\mathbf{X}}_t^o\equiv E(\mathbf{X}_t^o\,|\,\mathcal{F}_{t-1})$而非 $\mathbf{X}_t^o$。通过设定

$$\mathbf{Z}_{nt}^o(\gamma)=\gamma_{4n}(\underset{l\times p}{\mathbf{Z}_{t2}^o}(\gamma_2))\gamma_{3n}(\underset{p\times p}{\mathbf{Z}_{t1}^o}(\gamma_1))$$

我们可以调整选择

$$\mathbf{Z}_{nt}(\gamma)=\hat{\mathbf{X}}_t\hat{\mathbf{\Omega}}_{nt}^{-1}$$

其中 $\hat{\mathbf{X}}_{nt}=\gamma_{4n}(\mathbf{Z}_{t2}^o(\gamma_2))=\gamma_{4n}(\gamma_{t2}^o)$是一个关于 $\tilde{\mathbf{X}}_t^o$ 的估计量。正如我们现在所期待的，这种选择产生了最优的工具变量估计量。

为了说明上述结论，我们考察 $\mathbf{m}_n^o$ 和 $\mathbf{Q}_n^o$。我们有

$$\begin{aligned}n^{-1/2}\sum_{t=1}^{n}\mathbf{Z}_{nt}^o(\gamma)\varepsilon_t&=n^{-1/2}\sum_{t=1}^{n}\gamma_{4n}(\gamma_{t2}^o)\gamma_{3n}(\gamma_{t1}^o)\varepsilon_t\\&=n^{-1/2}\sum_{t=1}^{n}\gamma_4^o(\gamma_{t2}^o)\gamma_3^o(\gamma_{t1}^o)\varepsilon_t\\&\quad+n^{-1/2}\sum_{t=1}^{n}[\gamma_{4n}(\gamma_{t2}^o)\gamma_{3n}(\gamma_{t1}^o)-\gamma_4^o(\gamma_{t2}^o)\gamma_3^o(\gamma_{t1}^o)]\varepsilon_t\\&=n^{1/2}\mathbf{m}_n^o(\gamma)+o_{p^o}(1)\end{aligned}$$

只要我们设定 $\mathbf{m}_n^o(\gamma)=n^{-1}\sum_{t=1}^{n}\gamma_4^o(\gamma_{t2}^o)\gamma_3^o(\gamma_{t1}^o)\varepsilon_t$ 和

$$n^{-1}\sum_{t=1}^{n}[\gamma_{4n}(\gamma_{t2}^o)\gamma_{3n}(\gamma_{t1}^o)-\gamma_4^o(\gamma_{t2}^o)\gamma_3^o(\gamma_{t1}^o)]\varepsilon_t=o_{p^o}(1)$$

类似地，

$$
\begin{aligned}
n^{-1}\sum_{t=1}^{n}\mathbf{Z}_{nt}^{o}(\gamma)X_{t}^{o\prime}&=n^{-1}\sum_{t=1}^{n}\gamma_{4n}(\gamma_{t2}^{o})\gamma_{3n}(\gamma_{t1}^{o})\mathbf{X}_{t}^{o\prime}\\
&=n^{-1}\sum_{t=1}^{n}\gamma_{4}^{o}(\gamma_{t2}^{o})\gamma_{3}^{o}(\gamma_{t1}^{o})\mathbf{X}_{t}^{o\prime}\\
&\quad+n^{-1}\sum_{t=1}^{n}[\gamma_{4n}(\gamma_{t2}^{o})\gamma_{3n}(\gamma_{t1}^{o})-\gamma_{4}^{o}(\gamma_{t2}^{o})\gamma_{3}^{o}(\gamma_{t1}^{o})]\mathbf{X}_{t}^{o\prime}
\end{aligned}
$$

只要第二项依概率($-P^{o}$)消失且可以对第一项使用大数定律，我们可以记

$$
\mathbf{Q}_{n}^{o}(\gamma)=n^{-1}\sum\nolimits_{t=1}^{n}E^{o}(\gamma_{4}^{o}(\gamma_{t2}^{o})\gamma_{3}^{o}(\gamma_{t1}^{o})\mathbf{X}_{t}^{o\prime})
$$

设定 $\mathbf{V}_{n}^{o}(\gamma)\equiv\mathrm{var}^{o}(n^{1/2}\mathbf{m}_{n}^{o}(\gamma))$，贝茨—怀特的对应量为

$$
\begin{aligned}
\mathbf{H}_{n}^{o}(\gamma)&=\mathbf{Q}_{n}^{o}(\gamma)'\mathbf{V}_{n}^{o}(\gamma)^{-1}\mathbf{Q}_{n}^{o}(\gamma)\\
\mathbf{s}_{n}^{o}(\gamma)&=\mathbf{Q}_{n}^{o}(\gamma)'\mathbf{V}_{n}^{o}(\gamma)^{-1}\mathbf{m}_{n}^{o}(\gamma)\\
\mathbf{I}_{n}^{o}(\gamma)&=\mathbf{H}_{n}^{o}(\gamma)
\end{aligned}
$$

且保证渐近有效性的充分条件为

$$
\mathbf{Q}_{n}^{o}(\gamma)=\mathbf{C}_{n}^{o}(\gamma,\gamma^{*})\mathbf{V}_{n}^{o}(\gamma^{*})^{-1}\mathbf{Q}_{n}^{o}(\gamma^{*})
$$

类似于式(4.3)的论证表明，充分条件成立的条件是

$$
\mathbf{Q}_{n}^{o}(\gamma^{*})'\mathbf{V}_{n}^{o}(\gamma^{*})^{-1}\gamma_{4}^{*o}(\mathbf{Z}_{t2}^{o}(\gamma_{2}^{*}))\gamma_{3}^{*o}(\mathbf{Z}_{t1}^{o}(\gamma_{1}^{*}))\mathbf{\Omega}_{t}^{o}=\widetilde{\mathbf{x}}_{t}^{o}
$$

若 $\gamma_{3}^{*o}(\mathbf{Z}_{t1}^{o}(\gamma_{1}^{*}))=\mathbf{\Omega}_{t}^{o-1}$ 和 $\gamma_{4}^{*o}(\mathbf{Z}_{t2}^{o}(\gamma_{2}^{*}))=\widetilde{\mathbf{X}}_{t}^{o}$ 成立，则上式成立，因为其保证了 $\mathbf{Q}_{n}^{o}(\gamma^{*})'=\mathbf{V}_{n}^{o}(\gamma^{*})^{-1}$成立。

我们现在陈述关于工具变量估计量的渐近有效性结果。

定理 4.62(有效率的工具变量) 假设定理 4.54 的条件成立且对 $\mathcal{P}$ 中的任意 P^{o} 满足

(i) $\mathbf{Y}_{t}^{o}=\mathbf{X}_{t}^{o\prime}\beta^{o}+\varepsilon_{t}$，$t=1, 2, \cdots$，$\beta^{o}\in\mathbb{R}^{k}$；其中$\{\varepsilon_{t}, \mathcal{F}_{t}\}$是一个适应的随机序列，满足 $E^{o}(\varepsilon_{t}|\mathcal{F}_{t-1})=0$，$t=1, 2, \cdots$；

(ii) $\mathbf{\Omega}_{t}^{o}=E^{o}(\varepsilon_{t}\varepsilon_{t}'|\mathcal{F}_{t-1})$是一个未知有限非奇异的 $p\times p$ 维矩阵，$t=1, 2, \cdots$；

(iii) 对任意 $\gamma\in\mathbf{\Gamma}$，

$$
\mathbf{Z}_{nt}^{o}(\gamma)=\gamma_{4n}(\mathbf{Z}_{t2}^{o}(\gamma_{2}))\gamma_{3n}(\mathbf{Z}_{t1}^{o}(\gamma_{1}))
$$

其中 $\gamma \equiv (\gamma_1, \gamma_2, \gamma_3, \gamma_4)$，$\gamma_3 \equiv \{\gamma_{3n}\}$ 且 $\gamma_4 \equiv \{\gamma_{4n}\}$ 对所有 $n=1, 2, \cdots$，γ_{3n} 和 γ_{4n} 是一个 $\mathcal{F}$ 可测的映射序列，且对所有 γ_1 和 γ_2，$\mathbf{Z}_{t1}^o(\gamma_1)$ 和 $\mathbf{Z}_{t2}^o(\gamma_2)$ 都是 $\mathcal{F}_{t-1}$ 可测的，其中 $t=1, 2, \cdots$；存在 γ_3^o 和 γ_4^o 满足

$$\mathbf{m}_n^o(\gamma) = n^{-1}\sum_{t=1}^{n} \gamma_4^o(\mathbf{Z}_{t2}^o(\gamma_2))\gamma_3^o(\mathbf{Z}_{t1}^o(\gamma_1))\varepsilon_t$$

且

$$\mathbf{Q}_n^o(\gamma) = n^{-1}\sum_{t=1}^{n} E^o(\gamma_4^o(\mathbf{Z}_{t2}^o(\gamma_2))\gamma_3^o(\mathbf{Z}_{t1}^o(\gamma_1))\mathbf{X}_t^{o\prime})$$

(iv) 对某些 γ_1^* 和 γ_3^*，$\hat{\mathbf{\Omega}}_{nt}^{-1} = \gamma_{3n}^*(\mathbf{Z}_{t1}^o(\gamma_1^*))$，其中 $\gamma_{3n}^{*o}(\mathbf{Z}_{t1}^o(\gamma_1^*)) = \mathbf{\Omega}_t^{o-1}$，且对某些 γ_2^* 和 γ_4^*，$\hat{\mathbf{X}}_t = \gamma_{4n}^*(\mathbf{Z}_{t2}^o(\gamma_2^*))$，其中 $\gamma_4^{*o}(\mathbf{Z}_{t2}^o(\gamma_2^*)) = E^o(\mathbf{X}_t^o \mid \mathcal{F}_{t-1})$。则

(a) $\mathbf{Z}_{nt}^o(\gamma^*) = \hat{\mathbf{X}}_{nt}\hat{\mathbf{\Omega}}_{nt}^{-1}$ 那么对于 $\mathcal{P}$ 而言

$$\beta_n^* = (n^{-1}\sum_{t=1}^{n} \hat{\mathbf{X}}_{nt}\hat{\mathbf{\Omega}}_{nt}^{-1}\mathbf{X}_t^{o\prime})^{-1} n^{-1}\sum_{t=1}^{n} \hat{\mathbf{X}}_{nt}\hat{\mathbf{\Omega}}_{nt}^{-1}\mathbf{Y}_t^o$$

在 ε 中是渐近有效的。

(b) 更进一步，β_n^* 的渐近协方差矩阵为

$$\text{avar}^o(\beta_n^*) = [n^{-1}\sum_{t=1}^{n} E^o(\tilde{\mathbf{X}}_t^o\,\mathbf{\Omega}_t^{o-1}\,\tilde{\mathbf{X}}_t^{o\prime})]^{-1}$$

其一致估计量为

$$\hat{\mathbf{D}}_n = 2[n^{-1}\sum_{t=1}^{n} \hat{\mathbf{X}}_{nt}\hat{\mathbf{\Omega}}_{nt}^{-1}\mathbf{X}_t^{o\prime} + n^{-1}\sum_{t=1}^{n} \mathbf{X}_t^o\hat{\mathbf{\Omega}}_{nt}^{-1}\hat{\mathbf{X}}_{nt}^{\prime}]^{-1}$$

即，$\hat{\mathbf{D}}_n - \text{avar}^o(\beta_n^*) \xrightarrow{p^o} \mathbf{0}$。

证明：(a)运用命题 4.55 和定理 4.62 之前的论据即可。(b)我们将对(b)的证明留作一个习题。■

习题 4.63 证明定理 4.62(b)。

现有文献中存在关于 $\text{avar}^o(\beta_n^*)$ 的其他一致估计量，例如

$$\tilde{\mathbf{D}}_n = [n^{-1}\sum_{t=1}^{n} \hat{\mathbf{X}}_{nt}\hat{\mathbf{\Omega}}_{nt}^{-1}\hat{\mathbf{X}}_{nt}^{\prime}]^{-1}$$

然而，该估计量的一致性需要施加额外的条件。然而，无需施加任何假设，就可得之前的估计量 $\hat{\mathbf{D}}_n$ 是一致的。

习题 4.64 假定条件 4.62(i)和(ii)成立且

$$\mathbf{\Omega}_t^o=\mathbf{\Sigma}^o$$

$$E^o(\mathbf{X}_t^{o\prime}\mid\mathcal{F}_{t-1})=\mathbf{Z}_t^{o\prime}\boldsymbol{\pi}^o,\ t=1,\ 2,\ \cdots,$$

其中 $\boldsymbol{\pi}^o$ 是一个 $l\times k$ 维矩阵。

(i) (a) 令 $\hat{\boldsymbol{\pi}}_n=(n^{-1}\sum_{t=1}^n\mathbf{Z}_t^o\mathbf{Z}_t^{o\prime})^{-1}n^{-1}\sum_{t=1}^n\mathbf{Z}_t^o\mathbf{X}_t^{o\prime}$。给出简单的条件使得 $\hat{\boldsymbol{\pi}}_n=\boldsymbol{\pi}^o+o_{p^o}(1)$。

(b) 令 $\hat{\mathbf{\Sigma}}_n=n^{-1}\sum_{t=1}^n\hat{\varepsilon}_t\hat{\varepsilon}_t'$，其中 $\hat{\varepsilon}_t=\mathbf{Y}_t^o-\mathbf{X}_t^{o\prime}\tilde{\beta}_n$，

$$\tilde{\beta}_n=(\mathbf{X}'\mathbf{Z}(\mathbf{Z}'\mathbf{Z})^{-1}\mathbf{Z}'\mathbf{X})^{-1}\mathbf{X}'\mathbf{Z}(\mathbf{Z}'\mathbf{Z})^{-1}\mathbf{Z}'\mathbf{Y}$$

(2SLS 估计量)。给出简单的条件使得 $\hat{\mathbf{\Sigma}}_n=\mathbf{\Sigma}^o+o_{p^o}(1)$。

(ii) 对 $\mathbf{Z}_{nt}^o(\gamma^*)=\hat{\boldsymbol{\pi}}_n'\mathbf{Z}_t^o\hat{\mathbf{\Sigma}}_n^{-1}$，验证条件 4.62(i)和(ii)成立。由此得出的估计量是 3SLS 估计量。

参考文献

Andrews, A. (1994a). "Asymptotics for Semiparametric Econometric-models via Stochastic Equicontinuity." *Econometrica*, 62, 43—72.

—— (1994b). "Empirical Process Methods in Econometrics." In *Handbook of Econometrics*, 4. Engle, R. F. and D. L. McFadden, eds., 2247—2294. North Holland, Amsterdam.

Bartle, R. G. (1976). *The Elements of Real Analysis*. Wiley, New York.

Bates C. E. and H. White(1993). "Determination of Estimtors with Minimum Asymptotic Covariance Matrices." *Econometric Theory*, 9, 633—648.

Bollerslev, T. (1986). "Generalized Autoregressive Conditional Heteroskedasticity." *Journal of Econometrics*, 31, 307—327.

Chamberlain, G. (1982). "Multivariate Regression Models for Panel Data." *Journal of Econometrics*, 18, 5—46.

Cragg, J. (1983). "More Efficient Estimation in the Presence of Heteroskedasticity of Unknown Form." *Econometrica*, 51, 751—764.

Engle, R. F. (1981). "Wald, Likelihood Ratio, and Lagrange Multiplier Tests in Econometrics." In *Handbook of Econometrics*, 2, Z. Griliches and M. Intrilligator, eds., North Holland, Amsterdam.

(1982). "Autoregressive Conditional Heteroskedasticity with Estimates of the Variance of United Kingdom Inflation." *Econometrica*, 50, 987—1008.

Goldberger, A. S. (1964). *Econometric Theory*. Wiley, New York.

Hansen, L. P. (1982). "Large Sample Properties of Generalized Method of Moments

Estimators." *Econometrica*, 50, 1029—1054.

Lukacs, E. (1970). *Characteristic Functions*. Griffin, London.

(1975). *Stochastic Convergence*. Academic Press, New York.

Rao, C. R. (1973). *Linear Statistical Inference and Its Applications*. Wiley, New York.

White, H. (1982). "Instrumental Variables Regression with Independent Observations." *Econometrica*, 50, 483—500.

(1994). *Estimation, Inference and Specification Analysis*. Cambridge University Press, New York.

and M. Stinchcombe(1991). "Adaptive Efficient Weighted Least Squares with Dependent Observations." In *Directions in Robust Statistics and Diagnostics*, W. Stahel and S. Weisberg, eds., 337—364. IMA Volumes in Mathemaics and Its Applications. Springer-Verlag, New York.

5 中心极限定理

这一章我们将介绍多种类型的 CLT，这些定理为保证前几章中关于 $n^{-1/2}\mathbf{X}'\varepsilon$ 或 $n^{-1/2}\mathbf{Z}'\varepsilon$ 渐近正态性的结论成立提供了条件。和大数定律一样，我们会根据不同类型的数据使用不同的条件。本章所讨论的 CLT 适用于第 3 章所考虑的各种情形，我们会特别关注其中的相似之处。

我们所考虑的 CLT 的一般形式如下。

命题 5.0 给定关于标量序列 $\{\mathcal{Z}_t\}$ 的矩、相依性和异质性的条件约束，我们有 $(\bar{\mathcal{Z}}_n-\bar{\mu}_n)/(\bar{\sigma}_n/\sqrt{n})=\sqrt{n}(\bar{\mathcal{Z}}_n-\bar{\mu}_n)/\bar{\sigma}_n \overset{A}{\sim} N(0,1)$，其中 $\bar{\mu}_n\equiv E(\bar{\mathcal{Z}}_n)$，$\bar{\sigma}_n^2/n\equiv \text{var}(\bar{\mathcal{Z}}_n)$。

换句话说，在一般条件下，经过适当标准化，序列的样本平均值的极限分布为标准正态分布。接下来的结果准确指明了推导渐近正态性所需要满足的约束条件。与大数定律相似，这些限制之间存在自然的权衡。通常，如果允许序列存在更强的相依性或异质性，就必须施加更严格的矩条件。

尽管前一章的结果对 $n^{-1/2}\mathbf{X}'\varepsilon$ 或 $n^{-1/2}\mathbf{Z}'\varepsilon$ 等向量的联合分布施加了渐近正态性假设，但实际上我们只需要研究关于标量序列的 CLT。这一简化主要得益于以下命题。

命题 5.1（克莱默—沃尔德定理，Cramér-Wold device） 已知 $\{\mathbf{b}_n\}$ 是一个 $k\times 1$ 维的随机向量序列，并且对于任何 $k\times 1$ 实数向量 $\boldsymbol{\lambda}$ 满足：$\boldsymbol{\lambda}'\boldsymbol{\lambda}=1$，$\boldsymbol{\lambda}'\mathbf{b}_n \overset{A}{\sim} \boldsymbol{\lambda}'\mathcal{Z}$，其中 $\mathcal{Z}$ 是 $k\times 1$ 维的向量且其联合分布函数为 F。那么，$\mathbf{b}_n$ 的极限分布函数存在并且等于 F。

证明： 参见 Rao(1973，p.123)。■

在一般性的条件下，如果有

$$n^{-1/2}\sum_{t=1}^{n}\boldsymbol{\lambda}'\mathbf{V}_n^{-1/2}\mathbf{X}_t\varepsilon_t \overset{A}{\sim} \boldsymbol{\lambda}'\mathcal{Z}$$

或者

$$n^{-1/2}\sum_{t=1}^{n}\boldsymbol{\lambda}'\mathbf{V}_n^{-1/2}\mathbf{Z}_t\varepsilon_t \overset{A}{\sim} \boldsymbol{\lambda}'\mathcal{Z}$$

其中 $\mathcal{Z}\sim N(\mathbf{0},\ \mathbf{I})$，则可以根据定理 5.1 得到预期的结论，即

$$\mathbf{V}_n^{-1/2}n^{-1/2}\mathbf{X}'\varepsilon \overset{A}{\sim} N(\mathbf{0},\ \mathbf{I})$$

或者

$$\mathbf{V}_n^{-1/2}n^{-1/2}\mathbf{Z}'\varepsilon \overset{A}{\sim} N(\mathbf{0},\ \mathbf{I})$$

在后面的讨论中，我们假设向量 $\boldsymbol{\lambda}$ 恒为单位范数，即 $\boldsymbol{\lambda}'\boldsymbol{\lambda}=1$。

5.1 独立同分布观测

与大数定律相似，观测值满足独立同分布的假设时的情形是最简单的。

定理 5.2（林德伯格—列维定理，Lindeberg-Lévy Theorem） 已知 $\{\mathcal{Z}_t\}$ 是一个独立同分布的随机标量序列，且有 $\mu\equiv E(\mathcal{Z}_t)$，$\sigma^2\equiv \text{var}(\mathcal{Z}_t)<\infty$。如果 $\sigma^2\neq 0$，则有：

$$\begin{aligned}\sqrt{n}(\bar{\mathcal{Z}}_n-\bar{\mu}_n)/\bar{\sigma}_n &= \sqrt{n}(\bar{\mathcal{Z}}_n-\mu)/\sigma \\ &= n^{-1/2}\sum_{t=1}^{n}(\mathcal{Z}_t-\mu)/\sigma \overset{A}{\sim} N(0,\ 1)\end{aligned}$$

证明：令 $f(\lambda)$ 为 $\mathcal{Z}_t-\mu$ 的特征函数，并且令 $f_n(\lambda)$ 为 $\sqrt{n}(\bar{\mathcal{Z}}_n-\bar{\mu}_n)/\bar{\sigma}_n=n^{-1/2}\sum_{t=1}^{n}(\mathcal{Z}_t-\mu)/\sigma$ 的特征函数。根据命题 4.13 和命题 4.14 可以得到：

$$f_n(\lambda)=f(\lambda/(\sigma\sqrt{n}))^n$$

或者

$$\log f_n(\lambda)=n\log f(\lambda/(\sigma\sqrt{n}))$$

将 $f(\lambda)$ 在 $\lambda=0$ 处进行泰勒展开，根据定理 4.15 和 $\sigma^2<\infty$，可以得到 $f(\lambda)=1-\sigma^2\lambda^2/2+o(\lambda^2)$。因此，当 $n\to\infty$ 时有

$$\log f_n(\lambda)=n\log[1-\lambda^2/(2n)+o(\lambda^2/n)]\to -\lambda^2/2$$

进一步地，$f_n(\lambda)\rightarrow\exp(-\lambda^2/2)$。由于其在零点处连续，根据连续性定理（定理 4.17）、唯一性定理（定理 4.11）和例 4.10(i)，我们可以得到$\sqrt{n}(\bar{\mathcal{Z}}_n-\bar{\mu}_n)/\bar{\sigma}_n\overset{A}{\sim}N(0, 1)$。■

对比独立同分布情形下的大数定律，我们施加了一个附加条件，即$\sigma^2\equiv\text{var}(\mathcal{Z}_t)<\infty$。请注意，我们可以从这个条件推出$E|\mathcal{Z}_t|<\infty$。（为什么？）同样不失一般性地，在此令$E(\mathcal{Z}_t)=0$。

我们可以应用定理 5.2 来给出确保定理 4.25 和习题 4.26 成立的假设条件。

定理 5.3 给定

(i) $\mathbf{Y}_t=\mathbf{X}_t'\beta_o+\varepsilon_t$, $t=1, 2, \cdots$, $\beta_o\in\mathbb{R}^k$；

(ii) $\{(\mathbf{X}_t', \varepsilon_t)\}$是独立同分布序列；

(iii) (a) $E(\mathbf{X}_t\varepsilon_t)=\mathbf{0}$；

(b) $E|X_{thi}\varepsilon_{th}|^2<\infty$, $h=1, \cdots, p$, $i=1, \cdots, k$；

(c) $\mathbf{V}_n\equiv\text{var}(n^{-1/2}\mathbf{X}'\varepsilon)=\mathbf{V}$是正定的；

(iv) (a) $E|X_{thi}|^2<\infty$, $h=1, \cdots, p$, $i=1, \cdots, k$；

(b) $\mathbf{M}\equiv E(\mathbf{X}_t\mathbf{X}_t')$是正定的；

那么$\mathbf{D}^{-1/2}\sqrt{n}(\hat{\beta}_n-\beta_o)\overset{A}{\sim}N(\mathbf{0}, \mathbf{I})$，其中$\mathbf{D}\equiv\mathbf{M}^{-1}\mathbf{V}\mathbf{M}^{-1}$。额外假定

(v) 存在某对称正半定矩阵$\hat{\mathbf{V}}_n$，满足$\hat{\mathbf{V}}_n-\mathbf{V}\xrightarrow{p}\mathbf{0}$。

则$\hat{\mathbf{D}}_n-\mathbf{D}\xrightarrow{p}\mathbf{0}$，其中$\hat{\mathbf{D}}_n=(\mathbf{X}'\mathbf{X}/n)^{-1}\hat{\mathbf{V}}_n(\mathbf{X}'\mathbf{X}/n)^{-1}$。

证明：我们将逐一验证定理 4.25 的条件。首先，我们将应用定理 5.2 并且设$\mathcal{Z}_t=\boldsymbol{\lambda}'\mathbf{V}^{-1/2}\mathbf{X}_t\varepsilon_t$。在给定假设条件(ii)的情况下，加总项$\boldsymbol{\lambda}'\mathbf{V}^{-1/2}\mathbf{X}_t\varepsilon_t$是独立同分布序列，且有$E(\mathcal{Z}_t)=0$给定条件(iii.a)，和$\text{var}(\mathcal{Z}_t)=1$给定条件(iii.b)和条件(iii.c)。因此，根据定理 5.2 林德伯格—列维定理可以得到$n^{-1/2}\sum_{t=1}^n\mathcal{Z}_t=n^{-1/2}\sum_{t=1}^n\boldsymbol{\lambda}'\mathbf{V}^{-1/2}\mathbf{X}_t\varepsilon_t\overset{A}{\sim}N(0, 1)$。由命题 5.1 得$\mathbf{V}^{-1/2}n^{-1/2}\mathbf{X}'\varepsilon\overset{A}{\sim}N(\mathbf{0}, \mathbf{I})$，其中条件 (iii.b)确保矩阵$\mathbf{V}$为$O(1)$，条件(iii.c)确保矩阵$\mathbf{V}$为正定。根据柯尔莫哥罗夫强大数定律、定理 3.1 以及定理 2.24 可以得到，在满足条件(ii)和条件(iv)的情况下，$\mathbf{X}'\mathbf{X}/n-\mathbf{M}\xrightarrow{p}\mathbf{0}$。由于定理 4.25 的余下条件已在假设中给出，定理得证。■

在很多情形下，$\mathbf{V}$的形式可以被简化。比如当$E(\varepsilon_t^2|\mathbf{X}_t)=\sigma_o^2$ $(p=1)$时，有：

$$\mathbf{V} \equiv E(\mathbf{X}_t \varepsilon_t \varepsilon_t \mathbf{X}_t') = E(\varepsilon_t^2 \mathbf{X}_t \mathbf{X}_t') = E(E(\varepsilon_t^2 \mathbf{X}_t \mathbf{X}_t' | \mathbf{X}_t))$$
$$= E(E(\varepsilon_t^2 | \mathbf{X}_t) \mathbf{X}_t \mathbf{X}_t') = \sigma_o^2 E(\mathbf{X}_t \mathbf{X}_t') = \sigma_o^2 \mathbf{M}$$

显然 $\mathbf{V}$ 的估计量为 $\hat{\mathbf{V}}_n = \hat{\sigma}_n^2(\mathbf{X}'\mathbf{X}/n)$，其中 $\hat{\sigma}_n^2$ 是 σ_o^2 的一致估计量。类似的结果适用于方程组，其中 $E(\varepsilon_t \varepsilon_t' | \mathbf{X}_t) = \mathbf{I}$ 已知（在对基本的数据生成过程进行适当变换之后）。因此 $\mathbf{V}=\mathbf{M}$，并且其中一个一致的估计量是 $\hat{\mathbf{V}}_n = (\mathbf{X}'\mathbf{X}/n)$。我们将在下一章研究更一般情况下的一致性结果。

与 OLS 估计量的一致性结果相比，通过额外施加条件（iii.b）和条件（iii.c）中的二阶矩条件，我们已经得到了渐近正态性结果。在其他方面，这些假设条件是相同的。类似的结论也适用于工具变量估计量。

习题 5.4 证明下列结果。给定

(i) $\mathbf{Y}_t = \mathbf{X}_t'\beta_o + \varepsilon_t$, $t=1, 2, \cdots$, $\beta_o \in \mathbb{R}^k$；

(ii) $\{(\mathbf{Z}_t', \mathbf{X}_t', \varepsilon_t)\}$ 是独立同分布序列；

(iii) (a) $E(\mathbf{Z}_t \varepsilon_t) = \mathbf{0}$；

(b) $E|Z_{thi}\varepsilon_{th}|^2 < \infty$, $h=1, \cdots, p$, $i=1, \cdots, l$；

(c) $\mathbf{V}_n \equiv \text{var}(n^{-1/2}\mathbf{Z}'\varepsilon) = \mathbf{V}$ 是正定的；

(iv) (a) $E|Z_{thi}X_{thj}| < \infty$, $h=1, \cdots, p$, $i=1, \cdots, l$, $j=1, \cdots, k$；

(b) $\mathbf{Q} \equiv E(\mathbf{Z}_t \mathbf{X}_t')$ 是列满秩的；

(c) $\hat{\mathbf{P}}_n \xrightarrow{p} \mathbf{P}$ 是有限、对称且正定的。

则有 $\mathbf{D}^{-1/2}\sqrt{n}(\tilde{\beta}_n - \beta_o) \overset{A}{\sim} N(\mathbf{0}, \mathbf{I})$，其中：

$$\mathbf{D} \equiv (\mathbf{Q}'\mathbf{P}\mathbf{Q})^{-1}\mathbf{Q}'\mathbf{P}\mathbf{V}\mathbf{P}\mathbf{Q}(\mathbf{Q}'\mathbf{P}\mathbf{Q})^{-1}$$

进一步假设

(v) 存在对称并且正半定矩阵 $\hat{\mathbf{V}}_n$，满足 $\hat{\mathbf{V}}_n - \mathbf{V} \xrightarrow{p} \mathbf{0}$。

则有 $\hat{\mathbf{D}}_n - \mathbf{D} \xrightarrow{p} \mathbf{0}$，其中

$$\hat{\mathbf{D}}_n \equiv (\mathbf{X}'\mathbf{Z}\hat{\mathbf{P}}_n\mathbf{Z}'\mathbf{X}/n^2)^{-1}(\mathbf{X}'\mathbf{Z}/n)\hat{\mathbf{P}}_n\hat{\mathbf{V}}_n\hat{\mathbf{P}}_n(\mathbf{Z}'\mathbf{X}/n)(\mathbf{X}'\mathbf{Z}\hat{\mathbf{P}}_n\mathbf{Z}'\mathbf{X}/n^2)^{-1}$$

习题 5.5 如果 $p=1$ 且 $E(\varepsilon_t^2 | \mathbf{Z}_t) = \sigma_o^2$，那么最有效的工具变量估计量是什么？$\mathbf{V}$ 的自然估计量是什么？施加什么额外的条件能够保证 $\hat{\mathbf{P}}_n - \mathbf{P} \xrightarrow{p} \mathbf{0}$ 和 $\hat{\mathbf{V}}_n - \mathbf{V} \xrightarrow{p} \mathbf{0}$？

这些结果适用于生成自同一随机样本的观察数据。但是，它们不适用

于拥有固定回归变量的标准回归模型或分层横截面回归模型的情况。因为在这些情况下，加总项 $n^{-1/2}\sum_{t=1}^{n}\mathbf{X}_t\varepsilon_t$ 中的元素不再具有相同的分布。例如，假设 $\mathbf{X}_t$ 固定且 $E(\varepsilon_t^2)=\sigma_o^2$，那么 $\text{var}(\mathbf{X}_t\varepsilon_t)=\sigma_o^2\mathbf{X}_t\mathbf{X}_t'$ 将取决于 $\mathbf{X}_t\mathbf{X}_t'$，因而在不同观测值下有不同的取值。对于这些情况，我们需要放松同分布的假设。

5.2 独立异质分布观测

当观测值服从不同分布时，可以使用几种不同类型的 CLT。最一般化的结果实际上是所有渐近分布理论的核心。

定理 5.6（林德伯格—费勒定理，Linderberg-Feller theorem） 已知 $\{\mathcal{Z}_t\}$ 是一独立随机标量序列，且满足 $\mu_t\equiv E(\mathcal{Z}_t)$，$\sigma_t^2\equiv\text{var}(\mathcal{Z}_t)<\infty$，$\sigma_t^2\neq 0$ 并且分布函数为 F_t，$t=1, 2, \cdots$。那么有

$$\sqrt{n}(\bar{\mathcal{Z}}_n-\bar{\mu}_n)/\bar{\sigma}_n \overset{A}{\sim} N(0, 1)$$

并且

$$\lim_{n\to\infty}\max_{1\leqslant t\leqslant n} n^{-1}(\sigma_t^2/\bar{\sigma}_n^2)=0$$

当且仅当下式成立时，对于所有 $\varepsilon>0$，以上两式成立。

$$\lim_{n\to\infty}\bar{\sigma}_n^{-2}n^{-1}\sum_{t=1}^{n}\int_{(z-\mu_t)^2>\varepsilon n\bar{\sigma}_n^2}(z-\mu_t)^2 dF_t(z)=0$$

证明：参见 Loeve(1977, pp.292—294)。■

定理的最后一个条件叫做林德伯格条件。它本质上要求尾部极值对 $\mathcal{Z}_t$ 的方差的平均贡献的极限为零。当林德伯格条件成立时，不仅渐近正态性成立，而且一致渐近可忽略条件也成立，即 $\lim_{n\to\infty}\max_{1\leqslant t\leqslant n}n^{-1}(\sigma_t^2/\bar{\sigma}_n^2)=0$。该条件意味着不存在任何相当大的 $\mathcal{Z}_t$ 的方差，以至于能主导 $\bar{\mathcal{Z}}_n$ 的方差。更进一步，根据林德伯格条件，$\sigma_t^2=0$ 对于所有 t 成立的情形可以排除。由林德伯格条件，$\max_{1\leqslant t\leqslant n}\sigma_t^2>0$ 可以推出 $n\bar{\sigma}_n^2\to\infty$，因此 $n\bar{\sigma}_n^2=\sum_{t=1}^{n}\sigma_t^2$ 无法收敛到某个有限值。总之，渐近正态条件和一致渐近可忽略条件可以推出林德伯格条件。

例 5.7 令$\sigma_t^2=\rho^t$，$0<\rho<1$。那么当$n\to\infty$，有$n\bar{\sigma}_n^2=\sum_{t=1}^n\rho^t\to\rho/(1-\rho)$，并且

$$\max_{1\leqslant t\leqslant n}n^{-1}(\sigma_t^2/\bar{\sigma}_n^2)=\rho/[\rho/(1-\rho)]=1-\rho\neq 0$$

因此$\{Z_t\}$不再满足一致渐近可忽略条件，由此可知它不满足林德伯格条件。所以这样的序列并不一定满足渐近正态性。

例 5.8 已知$\{Z_t\}$是独立同分布序列，且$\sigma^2\equiv\text{var}(Z_t)<\infty$。根据定理5.2，有$\sqrt{n}(\bar{Z}_n-\bar{\mu}_n)/\bar{\sigma}_n\overset{A}{\sim}N(0,\ 1)$。进一步地，当$\bar{\sigma}_n^2=\sigma^2$，可得：

$$\max_{1\leqslant t\leqslant n}n^{-1}(\sigma_t^2/\bar{\sigma}_n^2)=n^{-1}(\sigma^2/\sigma^2)\to 0$$

因此林德伯格条件成立。

习题 5.9 已知序列$\{Z_t\}$具有相同分布，$\sigma^2\equiv\text{var}(Z_t)<\infty$。请直接证明其满足林德伯格条件，也就是说，定理 5.2 可以作为定理 5.6 的推论[提示：应用单调收敛定理(Rao, 1973, p.135)]。

一般来说，林德伯格条件有时难以验证，因此需要一个更加便捷的条件来推出林德伯格条件，见如下定理。

定理 5.10(李雅普诺夫定理，Liapounov theorem①) 已知$\{Z_t\}$为独立随机标量序列，$\mu_t\equiv E(Z_t)$且$\sigma_t^2\equiv\text{var}(Z_t)$。对于某些大于 0 的$\delta$和所有的$t$，有$E\mid Z_t-\mu_t\mid^{2+\delta}<\Delta<\infty$。当所有的$n$充分大且存在$\bar{\sigma}_n^2>\delta'>0$时，则有$\sqrt{n}(\bar{Z}_n-\bar{\mu}_n)/\bar{\sigma}_n\overset{A}{\sim}N(0,\ 1)$。

证明：我们将验证林德伯格条件是否满足。定义$A=\{z:(z-\mu_t)^2>\varepsilon n\bar{\sigma}_n^2\}$，则有

$$\int_A(z-\mu_t)^2dF_t(z)=\int_A\mid z-\mu_t\mid^{\delta}\mid z-\mu_t\mid^{-\delta}(z-\mu_t)^2dF_t(z)$$

只要$(z-\mu_t)^2>\varepsilon n\bar{\sigma}_n^2$，就会有$|z-\mu_t|^{-\delta}<(\varepsilon n\bar{\sigma}_n^2)^{-\delta/2}$，可以得到

$$\begin{aligned}\int_A(z-\mu_t)^2dF_t(z)&<(\varepsilon n\bar{\sigma}_n^2)^{-\delta/2}\int_A\mid z-\mu_t\mid^{2+\delta}dF_t(z)\\&\leqslant(\varepsilon n\bar{\sigma}_n^2)^{-\delta/2}E\mid Z_t-\mu_t\mid^{2+\delta}\\&<(\varepsilon n\bar{\sigma}_n^2)^{-\delta/2}\Delta\end{aligned}$$

① 如上所述，这个结果实际上是李雅普诺夫原始定理的推论，参见 Loeve(1977, p.287)。

因此，对于任意 $\varepsilon>0$，

$$\bar{\sigma}_n^{-2}n^{-1}\sum_{t=1}^{n}\int_A (z-\mu_t)^2 dF_t(z) < \bar{\sigma}_n^{-2}(\varepsilon n\bar{\sigma}_n^2)^{-\delta/2}\Delta = n^{-\delta/2}\,\bar{\sigma}_n^{-2-\delta}\varepsilon^{-\delta/2}\Delta$$

由于 $\bar{\sigma}_n^2>\delta'$，且对于所有充分大的 n，都满足 $\bar{\sigma}_n^{-2-\delta}<(\delta')^{-1-\delta/2}$。那么当 $n\to\infty$ 时有：

$$\bar{\sigma}_n^{-2}n^{-1}\sum_{t=1}^{n}\int_A (z-\mu_t)^2 dF_t(z) < n^{-\delta/2}(\delta')^{-1-\delta/2}\varepsilon^{-\delta/2}\Delta\to 0 \quad ■$$

这个结果使我们可以用一个略微大于二阶的矩的一致有界性条件来代替更复杂的林德伯格条件。注意，$E|\mathcal{Z}_t|^{2+\delta}<\Delta$ 也意味着 $E|\mathcal{Z}_t-\mu_t|^{2+\delta}$ 是一致有界的。另请注意它与推论 3.9 的对比。在那里，我们通过对 $E|\mathcal{Z}_t|^{1+\delta}$ 施加一致性界限，得到了独立随机变量的大数定律。现在我们可以通过对 $E|\mathcal{Z}_t|^{2+\delta}$ 施加一个一致性界限得到 CLT。

我们寻求类似于定理 5.3 的渐近正态性结论，以适用于独立异质性随机变量。如果直接套用定理 5.10 而不是定理 5.2，我们会遇到一些难题。回想一下，我们之前将克莱默—沃尔德定理应用于 $n^{-1/2}\sum_{t=1}^{n}\boldsymbol{\lambda}'\mathbf{V}^{-1/2}\mathbf{X}_t\varepsilon_t$，其中 $\mathbf{V}=\text{var}(n^{-1/2}\mathbf{X}'\boldsymbol{\varepsilon})$。然而现在随机变量 $\mathbf{X}_t\varepsilon_t$ 不再具有相同的分布，并且现在我们没有理由假设 $\mathbf{V}_n$ 为常数或存在常数极限。类似地，我们希望将克莱默—沃尔德定理应用于 $n^{-1/2}\sum_{t=1}^{n}\boldsymbol{\lambda}'\mathbf{V}^{-1/2}\mathbf{X}_t\varepsilon_t$。然而加总项 $\boldsymbol{\lambda}'\mathbf{V}_n^{-1/2}\mathbf{X}_t\varepsilon_t$ 现在明确地依赖于 n，这导致定理 5.10 无法直接应用。鉴于此，我们通过如下结论来实现对于定理 5.10 的拓展。

定理 5.11　$\{\mathcal{Z}_{nt}\}$ 是一个独立随机标量序列，满足 $\mu_{nt}\equiv E(\mathcal{Z}_{nt})$，$\sigma_{nt}^2\equiv\text{var}(\mathcal{Z}_{nt})$，并且对于某些 $\delta>0$ 和所有的 n 和 t，$E|\mathcal{Z}_{nt}|^{2+\delta}<\Delta<\infty$。定义 $\bar{\mathcal{Z}}_n\equiv n^{-1}\sum_{t=1}^{n}\mathcal{Z}_{nt}$，$\bar{\mu}_n\equiv n^{-1}\sum_{t=1}^{n}\mu_{nt}$ 和 $\bar{\sigma}_n^2\equiv\text{var}(\sqrt{n}\,\bar{\mathcal{Z}}_t)=n^{-1}\sum_{t=1}^{n}\sigma_{nt}^2$。如果当所有的 n 都充分大并满足 $\bar{\sigma}_n^2>\delta'>0$，那么有 $\sqrt{n}(\bar{\mathcal{Z}}_n-\bar{\mu}_n)/\bar{\sigma}_n\overset{A}{\sim}N(0,1)$。

证明：参见 Loeve(1977，pp.287—290)。■

习题 5.12　证明下列结论。给定

(i) $\mathbf{Y}_t=\mathbf{X}_t'\beta_o+\varepsilon_t$，$t=1, 2, \cdots$，$\beta_o\in\mathbb{R}^k$；

(ii) $\{(\mathbf{X}_t', \varepsilon_t)\}$ 是独立序列；

(iii) (a) $E(\mathbf{X}_t\varepsilon_t)=\mathbf{0}$，$t=1, 2, \cdots$；

　(b) 对于某些 $\delta>0$ 和所有 $h=1, \cdots, p$，$i=1, \cdots, k$ 和 t，$E|X_{thi}\varepsilon_{th}|^{2+\delta}<\Delta<\infty$；

(c) $\mathbf{V}_n \equiv \text{var}(n^{-1/2}\mathbf{X}'\varepsilon)$是一致正定的矩阵；

(iv) (a) 对于某些$\delta>0$和所有$h=1, \cdots, p$, $i=1, \cdots, k$和t, $E|X_{thi}^2|^{1+\delta}<\Delta<\infty$；

(b) $\mathbf{M}_n \equiv E(\mathbf{X}'\mathbf{X}/n)$是一致正定的矩阵；

那么，$\mathbf{D}_n^{-1/2}\sqrt{n}(\hat{\beta}_n-\beta_o)\overset{A}{\sim}N(\mathbf{0}, \mathbf{I})$，其中$\mathbf{D}_n \equiv \mathbf{M}_n^{-1}\mathbf{V}_n\mathbf{M}_n^{-1}$。进一步假设

(v) 存在正半定矩阵$\hat{\mathbf{V}}_n$，满足$\hat{\mathbf{V}}_n-\mathbf{V}_n \xrightarrow{p} \mathbf{0}$；

则有$\hat{\mathbf{D}}_n-\mathbf{D}_n \xrightarrow{p} \mathbf{0}$，其中$\hat{\mathbf{D}}_n \equiv (\mathbf{X}'\mathbf{X}/n)^{-1}\hat{\mathbf{V}}_n(\mathbf{X}'\mathbf{X}/n)^{-1}$。

请注意这个结果的一般适用性。我们令X_t为固定或随机变量(虽然需要独立性)，并且误差项可以是同方差或异方差的。类似的一般结果同样适用于工具变量估计量。

定理 5.13 给定

(i) $\mathbf{Y}_t=\mathbf{X}_t'\beta_o+\varepsilon_t$, $t=1, 2, \cdots$, $\beta_o \in \mathbb{R}^k$；

(ii) $\{(\mathbf{Z}_t', \mathbf{X}_t', \varepsilon_t)\}$是独立序列；

(iii) (a) $E(\mathbf{Z}_t\varepsilon_t)=\mathbf{0}$, $t=1, 2, \cdots$；

(b) 对于某些$\delta>0$和所有$h=1, \cdots, p$, $i=1, \cdots, l$, $j=1, \cdots, k$和t, $E|Z_{thi}\varepsilon_{th}|^{2+\delta}<\Delta<\infty$；

(c) $\mathbf{V}_n \equiv \text{var}(n^{-1/2}\mathbf{Z}'\varepsilon)$是一致正定的；

(iv) (a) 对于某些$\delta>0$和所有$h=1, \cdots, p$, $i=1, \cdots, l$, $j=1, \cdots, k$和t, $E|Z_{thi}X_{thj}|^{1+\delta}<\Delta<\infty$；

(b) $\mathbf{Q}_n \equiv E(\mathbf{Z}'\mathbf{X}/n)$为列满秩；

(c) $\hat{\mathbf{P}}_n-\mathbf{P}_n \xrightarrow{p} \mathbf{0}$，其中$\mathbf{P}_n=O(1)$是对称一致正定的。

那么，$\mathbf{D}_n^{-1/2}\sqrt{n}(\tilde{\beta}_n-\beta_o)\overset{A}{\sim}N(\mathbf{0}, \mathbf{I})$，其中

$$\mathbf{D}_n \equiv (\mathbf{Q}_n'\mathbf{P}_n\mathbf{Q}_n)^{-1}\mathbf{Q}_n'\mathbf{P}_n\mathbf{V}_n\mathbf{P}_n\mathbf{Q}_n(\mathbf{Q}_n'\mathbf{P}_n\mathbf{Q}_n)^{-1}$$

进一步假设

(v) 存在对称正半定矩阵$\hat{\mathbf{V}}_n$，满足$\hat{\mathbf{V}}_n-\mathbf{V}_n \xrightarrow{p} \mathbf{0}$。

则有$\hat{\mathbf{D}}_n-\mathbf{D}_n \xrightarrow{p} \mathbf{0}$，其中

$$\mathbf{D}_n \equiv (\mathbf{X}'\mathbf{Z}\hat{\mathbf{P}}_n\mathbf{Z}'\mathbf{X}/n^2)^{-1}(\mathbf{X}'\mathbf{Z}/n)\hat{\mathbf{P}}_n\hat{\mathbf{V}}_n\hat{\mathbf{P}}_n(\mathbf{Z}'\mathbf{X}/n)(\mathbf{X}'\mathbf{Z}\hat{\mathbf{P}}_n\mathbf{Z}'\mathbf{X}/n^2)^{-1}$$

证明：我们将验证习题 4.26 的条件。应用定理 5.11，令$\mathcal{Z}_{nt} \equiv \boldsymbol{\lambda}'\mathbf{V}_n^{-1/2}\mathbf{Z}_t\varepsilon_t$

并且考虑 $n^{-1/2}\sum_{t=1}^{n}\boldsymbol{\lambda}'\mathbf{V}_n^{-1/2}\mathbf{Z}_t\varepsilon_t$。给定条件(ii),(加总项)$\mathcal{Z}_{nt}$ 是独立的且 $E(\mathcal{Z}_{nt})=0$,给定条件(iii.a),$\bar{\sigma}^2=1$,给定条件(iii.c)以及 $E|\mathcal{Z}_{nt}|^{2+\delta}$ 一致有界,给定闵可夫斯基不等式以及条件(iii.b)。因此,根据定理 5.11

$$n^{-1/2}\sum_{t=1}^{n}\mathcal{Z}_{nt}=n^{-1/2}\sum_{t=1}^{n}\boldsymbol{\lambda}'\mathbf{V}_n^{-1/2}\mathbf{Z}_t\varepsilon_t\overset{A}{\sim}N(0,\ 1)$$

此外,由克莱默—沃尔德定理和命题 5.1,有 $\mathbf{V}_n^{-1/2}n^{-1/2}\mathbf{Z}'\boldsymbol{\varepsilon}\overset{A}{\sim}N(\mathbf{0},\ \mathbf{I})$。

最后,根据推论 3.9 和定理 2.24,假设(ii)、假设(iv.a)和假设(iv.b)确保了 $\mathbf{Z}'\mathbf{X}/n-\mathbf{Q}_n\xrightarrow{p}\mathbf{0}$。至此,习题 4.26 的剩余假设条件满足,证毕。■

注意,此结论与习题 5.4 的结果非常相似。相较而言,同分布假设被(iii.b)和(iv.a)中的矩条件所代替,除此之外,其他条件是相同的。这种相对较小的改变大大提高了该结论的适用性,其不仅适用于具有固定回归变量以及存在同方差或异方差扰动的情形,而且也适用于具有同方差或异方差扰动项的横截面数据。此外,通过允许 $1<p<\infty$,当每个个体都有 p 个观察值时,本结论也适用于面板数据(即同时包含时间序列和横截面观测的数据集)。

如前所述,独立性假设在时间序列应用中通常不成立,因此我们需要给出适用于时间序列数据的 CLT。

5.3 非独立同分布观测

在前两节中我们可以发现,相比于大数定律,独立过程的 CLT 往往需要更强的矩条件。在平稳遍历过程的情形下,我们不仅要加强矩条件,而且还会对过程的记忆性施加更强的条件。

我们首先讨论为什么需要施加记忆性条件。考虑随机标量 $\mathcal{Z}_t$,并且令 $\mathcal{F}_t$ 为 σ-代数,使得$\{\mathcal{Z}_t,\ \mathcal{F}_t\}$是个适应的随机序列,即 $\mathcal{Z}_t$ 相对于 $\mathcal{F}_t$ 可测,以及 $\mathcal{F}_{t-1}\subset\mathcal{F}_t\subset\mathcal{F}$。我们可以认为 $\mathcal{F}_t$ 是由整个当前和过去历史值生成的 σ-代数,或者更一般地,将其视为由 $\mathcal{Z}_t$ 以及其他随机变量(例如 $\mathcal{Y}_t$)的整个当前和过去历史生成的 σ-代数。给定 $E|\mathcal{Z}_t|<\infty$,有

$$\mathcal{Z}_t=\mathcal{Z}_t-E(\mathcal{Z}_t\mid\mathcal{F}_{t-1})+E(\mathcal{Z}_t\mid\mathcal{F}_{t-1})$$

类似地，

$$\mathcal{Z}_t=\mathcal{Z}_t-E(\mathcal{Z}_t|\mathcal{F}_{t-1})+E(\mathcal{Z}_t|\mathcal{F}_{t-1})-E(\mathcal{Z}_t|\mathcal{F}_{t-2})+E(\mathcal{Z}_t|\mathcal{F}_{t-2})$$

进一步，我们可以改写成

$$\mathcal{Z}_t=\sum_{j=0}^{m-1}\mathcal{R}_{tj}+E(\mathcal{Z}_t\mid\mathcal{F}_{t-m}),\ m=1,\ 2,\ \cdots$$

其中 $\mathcal{R}_{tj}$ 是在时间 $t-j$ 的信息可获取时对于 $t-j-1$ 期时对 $\mathcal{Z}_t$ 预测的修正：

$$\mathcal{R}_{tj}\equiv E(\mathcal{Z}_t|\mathcal{F}_{t-j})-E(\mathcal{Z}_t|\mathcal{F}_{t-j-1})$$

注意，对于固定的 j，$\{\mathcal{R}_{tj},\ \mathcal{F}_{t-j}\}$是一个鞅差序列，因为它是一个自适应的随机序列，所以

$$\begin{aligned}E(\mathcal{R}_{tj}|\mathcal{F}_{t-j-1})&=E[E(\mathcal{Z}_t|\mathcal{F}_{t-j})-E(\mathcal{Z}_t|\mathcal{F}_{t-j-1})|\mathcal{F}_{t-j-1}]\\&=E[E(\mathcal{Z}_t|\mathcal{F}_{t-j})|\mathcal{F}_{t-j-1}]-E[E(\mathcal{Z}_t|\mathcal{F}_{t-j-1})|\mathcal{F}_{t-j-1}]\\&=E(\mathcal{Z}_t|\mathcal{F}_{t-j-1})-E(\mathcal{Z}_t|\mathcal{F}_{t-j-1})=0\end{aligned}$$

在这里我们需要用到线性性质、迭代期望法则和定理 3.71。

至此，我们将 $\mathcal{Z}_t$ 表示成鞅差之和加上一个剩余项。那么我们讨论的 CLT 是否成立则取决于

$$\mathcal{Z}_t=\sum_{j=0}^{\infty}\mathcal{R}_{tj}$$

在这个表达式中，$\mathcal{Z}_t$ 被表示为“伸缩和”[①]，因为 $\mathcal{R}_{tj}$ 的相邻元素抵消了。除此之外，该表达式的有效性要求当 $m\to\infty$时，$E(\mathcal{Z}_t|\mathcal{F}_{t-m})$趋向于零。由于 $E(\mathcal{Z}_t|\mathcal{F}_{t-m})$是一个随机变量，所以收敛到零也一定是随机的。事实上，我们施加的条件意味着

$$\text{当 } m\to\infty\text{时},E([E(\mathcal{Z}_t|\mathcal{F}_{t-m})]^2)\to 0$$

这可以用第 2 章定义的均方收敛来表示，即

$$\text{当 } m\to\infty\text{时},E(\mathcal{Z}_t|\mathcal{F}_{t-m})\xrightarrow{q.m.}0$$

① 伸缩和(telescoping sum)是一个非正式的用语，指一种用来计算级数的技巧：每项可以分拆，令上一项和下一项的某部分互相抵消，只剩下头尾的项需要计算，从而求得级数和。——译者注

对这种情况的一种解释是，当我们仅根据越来越遥远的过去可用信息预测 $\mathcal{Z}_t$ 时，我们的预测接近于零(通过均方误差衡量)。进一步地，这个条件实际上意味着 $E(\mathcal{Z}_t)=0$，我们接下来会对此进行证明。因此当我们的预测基于越来越少的信息时，我们就相当于在没有信息的情况下作出预测，即无条件期望 $E(\mathcal{Z}_t)$。

引理 5.14 令$\{\mathcal{Z}_t, \mathcal{F}_t\}$为一个适应随机序列，满足 $E(\mathcal{Z}_t^2)<\infty$, $t=1$, 2, …，假设当 $m\to\infty$ 时，$E(\mathcal{Z}_t \mid \mathcal{F}_{t-m})\xrightarrow{q.m.}0$，那么 $E(\mathcal{Z}_t)=0$。

证明：根据定理 2.40，当 $m\to\infty$ 时，可以由 $E(\mathcal{Z}_t \mid \mathcal{F}_{t-m})\xrightarrow{q.m.}0$ 推出 $E|E(\mathcal{Z}_t \mid \mathcal{F}_{t-m})|\xrightarrow{q.m.}0$。因此，对于任意 $\varepsilon>0$，存在 $M(\varepsilon)$ 使得 $0\leqslant E(|E(\mathcal{Z}_t \mid \mathcal{F}_{t-m})|)<\varepsilon$ 对所有 $m>M(\varepsilon)$ 都成立。根据詹森不等式，$|E[E(\mathcal{Z}_t \mid \mathcal{F}_{t-m})]|\leqslant E(|E(\mathcal{Z}_t \mid \mathcal{F}_{t-m})|)$，所以对于所有 $m>M(\varepsilon)$，有 $0\leqslant |E[E(\mathcal{Z}_t \mid \mathcal{F}_{t-m})]|<\varepsilon$。但是根据迭代期望法则，$E(\mathcal{Z}_t)=E[E(\mathcal{Z}_t \mid \mathcal{F}_{t-m})]$，所以 $0\leqslant|E(\mathcal{Z}_t)|<\varepsilon$。因为 ε 是任意的，可以证得 $E(\mathcal{Z}_t)=0$。■

在构建 CLT 时，必须要求$\bar{\sigma}_n^2=\text{var}(\sqrt{n}\,\bar{\mathcal{Z}}_n)$有限。然而，仅仅简单地要求 $\sigma^2=\text{var}(\mathcal{Z}_t)$有限是不够的。对$\bar{\sigma}_n^2$ 进行分解，我们看到

$$\begin{aligned}\bar{\sigma}_n^2 &= n\text{var}(\bar{\mathcal{Z}}_n)\\ &= nE\Big(\big(n^{-1}\sum_{t=1}^{n}\mathcal{Z}_t\big)^2\Big)\\ &= n^{-1}\sum_{t=1}^{n}E(\mathcal{Z}_t^2)+2n^{-1}\sum_{\tau=1}^{n-1}\sum_{t=\tau+1}^{n}E(\mathcal{Z}_t\mathcal{Z}_{t-\tau})\end{aligned}$$

当 $\mathcal{Z}_t$ 平稳时，$\rho_\tau\equiv E(\mathcal{Z}_t\mathcal{Z}_{t-\tau})/\sigma^2$ 不依赖于 t。因此：

$$\begin{aligned}\bar{\sigma}_n^2 &= \sigma^2+2\sigma^2 n^{-1}\sum_{\tau=1}^{n-1}(n-\tau)\rho_\tau\\ &= \sigma^2+2\sigma^2\sum_{\tau=1}^{n-1}\rho_\tau(1-\tau/n)\end{aligned}$$

随着 $n\to\infty$，最后一项所包含的项数会增加，并且在没有额外条件的约束下，它不能保证收敛。实际上

$$\sum_{m=0}^{\infty}(E[E(\mathcal{Z}_0 \mid \mathcal{F}_{-m})^2])^{1/2}<\infty$$

足以确保 ρ_τ 缩小的速度足够快，使得当 $n\to\infty$时，$\bar{\sigma}_n^2$ 收敛到有限极限，即$\bar{\sigma}^2$。

这与平稳性和遍历性一起，为 CLT 成立提供了足够的条件。

为了便于陈述遍历 CLT，我们引入适应混合鞅(adapted mixingale)过程的概念。

定义 5.15 令$\{\mathcal{Z}_t, \mathcal{F}_t\}$为适应随机序列，满足$E(\mathcal{Z}_t^2)<\infty$。如果存在有限的非负序列$\{c_t\}$和序列$\{\gamma_m\}$，当$m\to\infty$时满足$\gamma_m\to 0$并且

$$E(E(\mathcal{Z}_t \mid \mathcal{F}_{t-m})^2)^{1/2}\leqslant c_t\gamma_m$$

则称$\{\mathcal{Z}_t, \mathcal{F}_t\}$为适应混合鞅。其中，如果对于某些$\varepsilon>0$，有$\gamma_m=O(m^{-\alpha-\varepsilon})$，则称$\gamma_m$的尺度为$-\alpha$。

混合鞅的概念由 McLeish(1974)提出。请注意，在此定义中，$\{\mathcal{Z}_t\}$不需要是平稳的或遍历的，可以存在异质性。在麦克莱什(McLeish)所定义的混合鞅中，$\mathcal{F}_t$ 不需要适应于 $\mathcal{Z}_t$。尽管如此，我们仍然施加该条件，因为它可以简化问题，并且足以满足我们所有的应用需求。顾名思义，混合鞅过程同时具有混合过程和鞅差分过程的属性，可以被视为“渐近”鞅差过程，与此同时，其与混合过程类似，可被视为“渐近”独立过程。

定理 5.16(斯科特,Scott) 令$\{\mathcal{Z}_t, \mathcal{F}_t\}$为遍历平稳自适应混合鞅序列，且$\gamma_m$的尺度为$-1$。那么当$n\to\infty$时，$\bar{\sigma}_n^2\equiv\text{var}(n^{-1/2}\sum_{t=1}^n\mathcal{Z}_t)\to\bar{\sigma}^2<\infty$，且如果$\bar{\sigma}^2>0$，则有$n^{-1/2}\bar{\mathcal{Z}}_n/\bar{\sigma}\overset{A}{\sim}N(0, 1)$。

证明：在给定条件下，由 Scott(1973)的定理 3 可得：

$$\sum_{n=1}^{\infty}\{(E[E(\mathcal{Z}_0 \mid \mathcal{F}_{-m})^2])^{1/2}+(E[\mathcal{Z}_0-E(\mathcal{Z}_0 \mid \mathcal{F}_m)]^2)^{1/2}\}<\infty$$

因为对于任意$m\geqslant 1$，$\mathcal{Z}_0$为$\mathcal{F}_m$-可测，则$E(\mathcal{Z}_0 \mid \mathcal{F}_m)=\mathcal{Z}_0$并且加总项中的第二项消失。则我们只需要证明

$$\sum_{m=1}^{\infty}(E[E(\mathcal{Z}_0 \mid \mathcal{F}_{-m})^2])^{1/2}<\infty$$

应用混合鞅序列的性质和平稳性条件，我们可以得到

$$\begin{aligned}\sum_{m=1}^{\infty}(E[E(\mathcal{Z}_0 \mid \mathcal{F}_{-m})^2])^{1/2} &\leqslant c_0\sum_{m=1}^{\infty}\gamma_m\\ &\leqslant c_0\Delta\sum_{m=1}^{\infty}m^{-(1+\varepsilon)}\\ &<\infty\end{aligned}$$

其中 $\Delta<\infty$，且 γ_m 的尺度为 -1。■

Heyde(1975)给出了一个相关但更具有一般性的结果，感兴趣的读者在其中可以找到更多数学细节。应用定理 5.16 和命题 5.1，我们得到了如下关于 OLS 估计量的结论。

定理 5.17 给定

(i) $\mathbf{Y}_t=\mathbf{X}_t'\beta_o+\varepsilon_t$, $t=1, 2, \cdots$, $\beta_o\in\mathbb{R}^k$；

(ii) $\{(\mathbf{X}_t', \varepsilon_t)\}$是一个遍历平稳序列；

(iii) (a) $\{X_{thi}\varepsilon_{th}, \mathcal{F}_t)\}$是一个适应混合鞅序列，且其尺度为 -1, $h=1, \cdots, p$, $i=1, \cdots, k$；

(b) $E|X_{thi}\varepsilon_{th}|^2<\infty$, $h=1, \cdots, p$, $i=1, \cdots, k$；

(c) $\mathbf{V}_n\equiv\text{var}(n^{-1/2}\mathbf{X}'\varepsilon)$是一致正定的；

(iv) (a) $E|X_{thi}|^2<\infty$, $h=1, \cdots, p$, $i=1, \cdots, k$；

(b) $\mathbf{M}\equiv E(\mathbf{X}_t\mathbf{X}_t')$是正定的；

那么当 $n\to\infty$ 时，矩阵 $\mathbf{V}_n\to\mathbf{V}$ 是有限的和正定的，并且有 $\mathbf{D}^{-1/2}\sqrt{n}(\hat{\beta}_n-\beta_o)\overset{A}{\sim}N(\mathbf{0}, \mathbf{I})$，其中 $\mathbf{D}=\mathbf{M}^{-1}\mathbf{V}\mathbf{M}^{-1}$。

若额外假设

(v) 存在对称正半定矩阵 $\hat{\mathbf{V}}_n$ 满足 $\hat{\mathbf{V}}_n\xrightarrow{p}\mathbf{V}$，

那么 $\hat{\mathbf{D}}_n-\mathbf{D}\xrightarrow{p}\mathbf{0}$，其中 $\hat{\mathbf{D}}_n\equiv(\mathbf{X}'\mathbf{X}/n)^{-1}\hat{\mathbf{V}}_n(\mathbf{X}'\mathbf{X}/n)^{-1}$。

证明：我们将验证定理 4.25 成立的条件。首先，应用定理 5.16 和命题 5.1 证明 $\mathbf{V}_n^{-1/2}n^{-1/2}\mathbf{X}'\varepsilon\overset{A}{\sim}N(\mathbf{0}, \mathbf{I})$。考虑 $n^{-1/2}\sum_{t=1}^n\boldsymbol{\lambda}'\mathbf{V}^{-1/2}\mathbf{X}_t\varepsilon_t$，其中 $\mathbf{V}$ 是任意有限正定矩阵。根据定理 3.35(ii)，$\{\mathcal{Z}_t\equiv\boldsymbol{\lambda}'\mathbf{V}^{-1/2}\mathbf{X}_t\varepsilon_t\}$是遍历平稳的，并且由于 $\mathcal{Z}_t$ 关于 $\mathcal{F}_t$ 可测，根据命题 3.23 可知，$\{\mathcal{Z}_t, \mathcal{F}_t\}$是适应随机序列，以及 $\mathcal{F}_{t-1}\subset\mathcal{F}_t\subset\mathcal{F}$。给定 $E(\mathcal{Z}_t^2)<\infty$，则有

$$\begin{aligned}\mathcal{Z}_t&=\boldsymbol{\lambda}'\mathbf{V}^{-1/2}\mathbf{X}_t\varepsilon_t\\&=\sum_{h=1}^p\boldsymbol{\lambda}'\mathbf{V}^{-1/2}\mathbf{X}_{th}\varepsilon_{th}\\&=\sum_{h=1}^p\sum_{i=1}^k\tilde{\lambda}_iX_{thi}\varepsilon_{th}\end{aligned}$$

其中 $\tilde{\lambda}_i$ 是 $k\times1$ 向量 $\tilde{\boldsymbol{\lambda}}\equiv\mathbf{V}^{-1/2}\boldsymbol{\lambda}$ 的第 i 个元素。根据 $\boldsymbol{\lambda}$ 和 $\mathbf{V}$ 的定义，存在 $\Delta<\infty$ 使得 $|\tilde{\lambda}_i|<\Delta$ 对于所有的 i 成立。给定条件(iii.b)和平稳性假设，有 $E|X_{thi}\varepsilon_{th}|^2<\Delta<\infty$。因此对于足够大的 Δ，根据闵可夫斯基不等式可得：

$$
\begin{aligned}
E(\mathcal{Z}_t^2) &\leqslant \Big[\sum_{h=1}^{p}\sum_{i=1}^{k}(E\mid\tilde{\lambda}_i X_{thi}\varepsilon_{th}\mid^2)^{1/2}\Big]^2 \\
&\leqslant \Big[\Delta\sum_{h=1}^{p}\sum_{i=1}^{k}(E\mid X_{thi}\varepsilon_{th}\mid^2)^{1/2}\Big]^2 \\
&\leqslant [\Delta pk\Delta^{1/2}]^2 < \infty
\end{aligned}
$$

接下来，证明$\{\mathcal{Z}_t, \mathcal{F}_t\}$为尺度为$-1$的混合鞅。应用$\mathcal{Z}_t$表达式，我们可以将上式写成：

$$
\begin{aligned}
E([E(\mathcal{Z}_0\mid\mathcal{F}_{-m})]^2) &= E\Big(\Big[E\Big(\sum_{h=1}^{p}\sum_{i=1}^{k}\tilde{\lambda}_i X_{0hi}\varepsilon_{0h}\mid\mathcal{F}_{-m}\Big)\Big]^2\Big) \\
&= E\Big(\Big[\sum_{h=1}^{p}\sum_{i=1}^{k}E(\tilde{\lambda}_i X_{0hi}\varepsilon_{0h}\mid\mathcal{F}_{-m})\Big]^2\Big)
\end{aligned}
$$

应用闵可夫斯基不等式可以得到：

$$
\begin{aligned}
E([E(\mathcal{Z}_0\mid\mathcal{F}_{-m})]^2) &\leqslant \Big[\sum_{h=1}^{p}\sum_{i=1}^{k}(E[E(\tilde{\lambda}_i X_{0hi}\varepsilon_{0h}\mid\mathcal{F}_{-m})^2])^{1/2}\Big]^2 \\
&\leqslant \Big[\Delta\sum_{h=1}^{p}\sum_{i=1}^{k}(E[E(X_{0hi}\varepsilon_{0h}\mid\mathcal{F}_{-m})^2])^{1/2}\Big]^2 \\
&\leqslant \Big[\Delta\sum_{h=1}^{p}\sum_{i=1}^{k}c_{0hi}\gamma_{mhi}\Big]^2 \\
&\leqslant [\Delta pk\bar{c}_0\,\bar{\gamma}_m]^2
\end{aligned}
$$

其中$\bar{c}_0=\max_{h,i}c_{0hi}<\infty$，并且$\bar{\gamma}_m=\max_{h,i}\gamma_{mhi}$的尺度为$-1$。因此$\{\mathcal{Z}_t, \mathcal{F}_t\}$是尺度为$-1$的混合鞅。

根据定理5.16，有：

$$
\begin{aligned}
\operatorname{var}(\sqrt{n}\,\bar{Z}_n) &= \operatorname{var}\Big(n^{-1/2}\sum_{t=1}^{n}\boldsymbol{\lambda}'\mathbf{V}^{-1/2}\mathbf{X}_t\varepsilon_t\Big) \\
&= \boldsymbol{\lambda}'\mathbf{V}^{-1/2}\mathbf{V}_n\mathbf{V}^{-1/2}\boldsymbol{\lambda} \to \bar{\sigma}^2 < \infty
\end{aligned}
$$

因此$\mathbf{V}_n$收敛到有限矩阵。令$\mathbf{V}=\lim_{n\to\infty}\mathbf{V}_n$，则根据条件(iii.c)可知$\mathbf{V}$是正定的，那么$\bar{\sigma}^2=\boldsymbol{\lambda}'\mathbf{V}^{-1/2}\mathbf{V}\mathbf{V}^{-1/2}\boldsymbol{\lambda}=1$。根据定理5.16，有$n^{-1/2}\sum_{t=1}^{n}\boldsymbol{\lambda}'\mathbf{V}^{-1/2}\mathbf{X}_t\varepsilon_t \overset{A}{\sim} N(0, 1)$。由于对于每个$\boldsymbol{\lambda}$，$\boldsymbol{\lambda}'\boldsymbol{\lambda}=1$都成立，所以根据命题5.1，有$\mathbf{V}^{-1/2}n^{-1/2}\sum_{t=1}^{n}\mathbf{X}_t\varepsilon_t \overset{A}{\sim} N(\mathbf{0}, \mathbf{I})$。此外，根据定义2.5，$\mathbf{V}_n^{-1/2}\mathbf{V}^{1/2}-\mathbf{I}$为$o(1)$，则下式成立：

$$
\begin{aligned}
&V_n^{-1/2}n^{-1/2}\sum_{t=1}^{n}\mathbf{X}_t\varepsilon_t - \mathbf{V}^{-1/2}n^{-1/2}\sum_{t=1}^{n}\mathbf{X}_t\varepsilon_t \\
&= (\mathbf{V}_n^{-1/2}\mathbf{V}^{1/2}-\mathbf{I})\mathbf{V}^{-1/2}n^{-1/2}\sum_{t=1}^{n}\mathbf{X}_t\varepsilon_t \xrightarrow{p} \mathbf{0}
\end{aligned}
$$

应用引理 4.6，有

$$\mathbf{V}^{-1/2} n^{-1/2} \sum_{t=1}^{n} \mathbf{X}_t \varepsilon_t \overset{A}{\sim} N(\mathbf{0}, \mathbf{I})$$

因此根据引理 4.7，

$$\mathbf{V}_n^{-1/2} n^{-1/2} \mathbf{X}' \varepsilon \overset{A}{\sim} N(\mathbf{0}, \mathbf{I})$$

进一步，给定条件(ii)和条件(iii)，由定理 3.34 和定理 2.24 可得 $\mathbf{X}'\mathbf{X}/n - \mathbf{M} \xrightarrow{p} \mathbf{0}$，其中 $\mathbf{M}$ 是有限的正定矩阵。鉴于定理 4.25 条件被满足，则有 $\mathbf{D}_n^{-1/2}\sqrt{n}(\hat{\beta}_n - \beta_o) \overset{A}{\sim} N(\mathbf{0}, \mathbf{I})$，其中 $\mathbf{D}_n \equiv \mathbf{M}^{-1}\mathbf{V}_n\mathbf{M}^{-1}$。因为当 $n \to \infty$ 时，$\mathbf{D}_n - \mathbf{D} \to \mathbf{0}$，则根据引理 4.6 有：

$$\begin{aligned} &\mathbf{D}^{-1/2}\sqrt{n}(\hat{\beta}_n - \beta_o) - \mathbf{D}_n^{-1/2}\sqrt{n}(\hat{\beta}_n - \beta_o) \\ &= (\mathbf{D}^{-1/2}\mathbf{D}_n^{1/2} - \mathbf{I})\mathbf{D}_n^{-1/2}\sqrt{n}(\hat{\beta}_n - \beta_o) \xrightarrow{p} \mathbf{0} \end{aligned}$$

最后，由引理 4.7 可以得到：

$$\mathbf{D}^{-1/2}\sqrt{n}(\hat{\beta}_n - \beta_o) \overset{A}{\sim} N(\mathbf{0}, \mathbf{I}) \quad \blacksquare$$

相较于定理 5.3 中独立同分布回归变量的 OLS 结论，我们将独立同分布假设替换为(iii.a)中的遍历性、平稳性和混合鞅条件。由于这些条件对独立同分布序列也成立，因此定理 5.3 实际上是定理 5.16 的直接推论[对于所有 $m>0$，$E(X_{0hi}\varepsilon_{0h} \mid \mathcal{F}_{-m})=0$)成立，因此条件(iii.a)在独立同分布下也被满足]。注意，定理 5.16 中对于 $\mathcal{Z}_t$ 的限制条件相当于施加在每个自变量和残差的交叉积 $X_{thi}\varepsilon_{th}$ 上。

虽然现在的结论允许 $\mathbf{X}_t$ 包含滞后因变量 Y_{t-1}，Y_{t-2}，…，但它不允许 ε_t 同时存在序列相关。条件(iii.a)就排除了这种情形，即根据引理 5.14，$E(\mathbf{X}_t\varepsilon_t)=\mathbf{0}$。当残差 ε_t 存在序列相关时，$\mathbf{X}_t$ 包含滞后因变量，则这个条件将不成立。同样需要注意的是，如果解释变量 $\mathbf{X}_t$ 中包含滞后因变量，那么条件(iv.a)要求 $E(Y_t^2)$有限，这反过来又对 β_o 的取值范围施加了限制。

习题 5.18 假设数据是由 $Y_t = \beta_{o1}Y_{t-1} + \beta_{o2}Y_{t-2} + \varepsilon_t$ 生成。对$\{Y_t\}$和(β_{o1}，β_{o2})施加一般性条件，以确保 β_{o1} 和 β_{o2} 的 OLS 估计量满足一致性和渐近正态性。

正如之前所提到的，当模型的误差项存在序列相关时，如果模型中包含滞后因变量，那么 OLS 方法是不合适的。然而，工具变量估计量可以解决这个问题。

习题 5.19 证明下列结论，给定

(i) $\mathbf{Y}_t = \mathbf{X}_t'\beta_o + \varepsilon_t$，$t=1, 2, \cdots$，$\beta_o \in \mathbb{R}^k$；

(ii) $\{(\mathbf{Z}_t', \mathbf{X}_t', \varepsilon_t)\}$是遍历平稳序列；

(iii) (a) $\{Z_{thi}\varepsilon_{th}, \mathcal{F}_t\}$是尺度为$-1$的适应混合鞅，$h=1, \cdots, p$，$i=1, \cdots, l$；

(b) $E|Z_{thi}\varepsilon_{th}|^2 < \infty$，$h=1, \cdots, p$，$i=1, \cdots, l$；

(c) $\mathbf{V}_n \equiv \text{var}(n^{-1/2}\mathbf{Z}'\varepsilon)$为一致正定矩阵；

(iv) (a) $E|Z_{thi}X_{thj}| < \infty$，$h=1, \cdots, p$，$i=1, \cdots, l$，$j=1, \cdots, k$；

(b) $\mathbf{Q} \equiv E(\mathbf{Z}_t\mathbf{X}_t')$为列满秩；

(c) $\hat{\mathbf{P}}_n \xrightarrow{p} \mathbf{P}$是有限、对称和正定的。

则当$n \to \infty$时，$\mathbf{V}_n \to \mathbf{V}$是有限正定的，且有$\mathbf{D}^{-1/2}\sqrt{n}(\tilde{\beta}_n - \beta_o) \overset{A}{\sim} N(\mathbf{0}, \mathbf{I})$，其中

$$\mathbf{D} \equiv (\mathbf{Q}'\mathbf{P}\mathbf{Q})^{-1}\mathbf{Q}'\mathbf{P}\mathbf{V}\mathbf{P}\mathbf{Q}(\mathbf{Q}'\mathbf{P}\mathbf{Q})^{-1}$$

额外假设

(v) 存在对称半正定矩阵$\hat{\mathbf{V}}_n$满足$\hat{\mathbf{V}}_n - \mathbf{V} \xrightarrow{p} \mathbf{0}$，且

$$\hat{\mathbf{D}}_n \equiv (\mathbf{X}'\mathbf{Z}\hat{\mathbf{P}}_n\mathbf{Z}'\mathbf{X}/n^2)^{-1}(\mathbf{X}'\mathbf{Z}/n)\hat{\mathbf{P}}_n\hat{\mathbf{V}}_n\hat{\mathbf{P}}_n(\mathbf{Z}'\mathbf{X}/n)(\mathbf{X}'\mathbf{Z}\hat{\mathbf{P}}_n\mathbf{Z}'\mathbf{X}/n^2)^{-1}$$

则$\hat{\mathbf{D}}_n - \mathbf{D} \xrightarrow{p} \mathbf{0}$。

该结论可视为对 Hansen(1982)给出的关于非线性方程的更一般结论的推论。其假设中的所有基本特征都在本结论中得以体现。

由于本节的结论基于平稳性假设，因此明确排除了无条件异方差的存在。然而，条件异方差仍然可能存在，因此我们可以通过考虑条件异方差来获得与定理 4.55 类似的结论。

5.4 非独立异质分布观测

为了允许残差存在无条件异方差，或者允许解释变量包含固定和滞后因变量，我们对混合随机变量序列应用 CLT。如下结论可视为对李雅普诺夫定理的拓展。

定理 5.20(伍德里奇—怀特定理,Wooldridge-White theorem) 令$\{\mathcal{Z}_{nt}\}$为一个双标量阵列,满足$\mu_{nt}\equiv E(\mathcal{Z}_{nt})=0$, $\sigma_{nt}^2\equiv \text{var}(\mathcal{Z}_{nt})$,且对于某些$r\geqslant 2$和所有的$n$和$t$,有$E|\mathcal{Z}_{nt}|^r<\Delta<\infty$。其混合序列系数为$\phi$,尺度为$-r/2(r-1)$,或系数为$\alpha$,尺度为$-r/(r-2)$, $r>2$。如果当任意的n充分大时,有$\bar{\sigma}_n^2\equiv \text{var}(n^{-1/2}\sum_{t=1}^n \mathcal{Z}_t)>\delta>0$,那么有$\sqrt{n}(\bar{\mathcal{Z}}_n-\bar{\mu})/\bar{\sigma}_n \overset{A}{\sim} N(0, 1)$

证明: 将 Wooldridge 和 White(1988)中推论 3.1 的方法应用到随机变量$\tilde{\mathcal{Z}}_{nt}=\mathcal{Z}_{nt}/\bar{\sigma}_n$可得出该结论。参见 Wooldridge(1986, Ch.3, Corollary 4.4)。■

相较于定理 5.11,这里对矩条件的要求更严格,以允许$\mathcal{Z}_t$存在一定程度的相依性。然而值得注意的是,如果$\phi(m)$或$\alpha(m)$随着m以指数级下降,那么我们设定r任意地接近于 2,这与独立情况下对矩条件的要求本质上相同。

类似于习题 5.12,参见如下练习。

习题 5.21 证明下列结论。给定

(i) $\mathbf{Y}_t=\mathbf{X}_t'\beta_o+\varepsilon_t$, $t=1, 2, \cdots$, $\beta_o\in\mathbb{R}^k$;

(ii) $\{(\mathbf{X}_t', \varepsilon_t)\}$是一个混合序列且其系数$\phi$的尺度为$-r/2(r-1)$, $r\geqslant 2$,或系数α的尺度为$-r/(r-2)$, $r>2$;

(iii) (a) $E(\mathbf{X}_t\varepsilon_t)=0$, $t=1.2\cdots$;

(b) 对于所有$h=1, \cdots, p$, $i=1, \cdots, k$和t, $E|X_{thi}\varepsilon_{th}|^r<\Delta<\infty$;

(c) $\mathbf{V}_n\equiv \text{var}(n^{-1/2}\sum_{t=1}^n \mathbf{X}_t\varepsilon_t)$是一致正定的;

(iv) (a) 对于某些$\delta>0$和所有$h=1, \cdots, p$, $i=1, \cdots, k$和t, $E|X_{thi}^2|^{(r/2)+\delta}<\Delta<\infty$;

(b) $\mathbf{M}_n\equiv E(\mathbf{X}'\mathbf{X}/n)$是一致正定的;

则$\mathbf{D}_n^{-1/2}\sqrt{n}(\hat{\beta}_n-\beta_o)\overset{A}{\sim} N(\mathbf{0}, \mathbf{I})$,其中$\mathbf{D}_n=\mathbf{M}_n^{-1}\mathbf{V}_n\mathbf{M}_n^{-1}$。额外假定

(v) 存在对称且正半定的$\hat{\mathbf{V}}_n$,且满足$\hat{\mathbf{V}}_n-\mathbf{V}_n\xrightarrow{p}\mathbf{0}$。

则$\hat{\mathbf{D}}_n-\mathbf{D}_n\xrightarrow{p}\mathbf{0}$,其中$\hat{\mathbf{D}}_n\equiv(\mathbf{X}'\mathbf{X}/n)^{-1}\hat{\mathbf{V}}_n(\mathbf{X}'\mathbf{X}/n)^{-1}$。

相较于习题 5.12,我们将序列的记忆性条件从独立放松到混合(渐近独立)。而是否需要施加比习题 5.12 更强的矩条件则取决于序列的相依性强度。

省略定理 5.17 平稳性假设可以使当前结论更具有灵活性,以适用于回归模型的解释变量中包含固定回归量和滞后因变量的情形。当然,这样的

代价是提高对矩条件以及记忆性条件的限制。

习题 5.22 假设数据生成过程为 $Y_t=\beta_{o1}Y_{t-1}+\beta_{o2}W_t+\varepsilon_t$，其中 W_t 是固定的标量。令 $\mathbf{X}_t=(Y_{t-1}, W_t)$，请提供关于 $\{(\mathbf{X}_t, \varepsilon_t)'\}$ 和 (β_{o1}, β_{o2}) 的限制条件，以确保 β_{o1} 和 β_{o2} 的 OLS 估计量是一致且渐近正态的。

关于工具变量估计的结论如下。

定理 5.23 给定

(i) $\mathbf{Y}_t=\mathbf{X}_t'\beta_o+\varepsilon_t$, $t=1, 2, \cdots$, $\beta_o\in\mathbb{R}^k$；

(ii) $\{(\mathbf{Z}_t', \mathbf{X}_t', \varepsilon_t)\}$ 为混合序列且其系数 ϕ 的尺度为 $-r/2(r-1)$, $r\geqslant 2$，或系数 α 的尺度为 $-r/(r-2)$, $r>2$；

(iii) (a) $E(\mathbf{Z}_t\varepsilon_t)=\mathbf{0}$, $t=1, 2, \cdots$；

(b) 对于所有 $h=1, \cdots, p$, $i=1, \cdots, k$ 和 t, $E|Z_{thi}\varepsilon_{th}|^r<\Delta<\infty$；

(c) 矩阵 $\mathbf{V}_n\equiv\mathrm{var}(n^{-1/2}\sum_{t=1}^n\mathbf{Z}_t\varepsilon_t)$ 是一致正定的；

(iv) (a) 对于某些 $\delta>0$ 和所有 $h=1, \cdots, p$, $i=1, \cdots, k$ 和 t, $E|Z_{thi}X_{thj}|^{(r/2)+\delta}<\Delta<\infty$；

(b) 矩阵 $\mathbf{Q}_n\equiv E(\mathbf{Z}'\mathbf{X}/n)$ 为一致列满秩；

(c) $\hat{\mathbf{P}}_n-\mathbf{P}_n\xrightarrow{p}\mathbf{0}$，其中 $\mathbf{P}_n=O(1)$ 对称且一致正定。

则 $\mathbf{D}_n^{-1/2}\sqrt{n}(\tilde{\beta}_n-\beta_o)\overset{A}{\sim}N(\mathbf{0}, \mathbf{I})$，其中

$$\mathbf{D}_n\equiv(\mathbf{Q}_n'\mathbf{P}_n\mathbf{Q}_n)^{-1}\mathbf{Q}_n'\mathbf{P}_n\mathbf{V}_n\mathbf{P}_n\mathbf{Q}_n(\mathbf{Q}_n'\mathbf{P}_n\mathbf{Q}_n)^{-1}$$

进一步假定

(v) 存在对称和正半定矩阵 $\hat{\mathbf{V}}_n$，且满足 $\hat{\mathbf{V}}_n-\mathbf{V}_n\xrightarrow{p}\mathbf{0}$。

则 $\hat{\mathbf{D}}_n-\mathbf{D}_n\xrightarrow{p}\mathbf{0}$，其中

$$\hat{\mathbf{D}}_n\equiv(\mathbf{X}'\mathbf{Z}\hat{\mathbf{P}}_n\mathbf{Z}'\mathbf{X}/n^2)^{-1}(\mathbf{X}'\mathbf{Z}/n)\hat{\mathbf{P}}_n\hat{\mathbf{V}}_n\hat{\mathbf{P}}_n(\mathbf{Z}'\mathbf{X}/n)(\mathbf{X}'\mathbf{Z}\hat{\mathbf{P}}_n\mathbf{Z}'\mathbf{X}/n^2)^{-1}$$

证明：我们只需验证习题 4.26 条件成立。首先我们应用命题 5.1 证明 $\mathbf{V}_n^{-1/2}n^{-1/2}\mathbf{Z}'\varepsilon\overset{A}{\sim}N(\mathbf{0}, \mathbf{I})$。考虑：

$$n^{-1/2}\sum_{t=1}^n\boldsymbol{\lambda}'\mathbf{V}_n^{-1/2}\mathbf{Z}_t\varepsilon_t$$

根据定理 3.49，在给定条件(ii)下，$\boldsymbol{\lambda}'\mathbf{V}_n^{-1/2}\mathbf{Z}_t\varepsilon_t$ 是混合随机变量序列，其系数 ϕ 的尺度为 $-r/2(r-1)$, $r\geqslant 2$，或系数 α 的尺度为 $-r/(r-2)$, $r>2$。进一步地，给定条件(iii.a)，有 $E(\boldsymbol{\lambda}'\mathbf{V}_n^{-1/2}\mathbf{Z}_t\varepsilon_t)=0$；给定条件(iii.b)，对于所有

t，有 $E|\boldsymbol{\lambda}'\mathbf{V}_n^{-1/2}\mathbf{Z}_t\varepsilon_t|^r<\Delta<\infty$；并且：

$$\bar{\sigma}_n^2 \equiv \text{var}\left(n^{-1/2}\sum_{t=1}^{n}\boldsymbol{\lambda}'\mathbf{V}_n^{-1/2}\mathbf{Z}_t\varepsilon_t\right)=\boldsymbol{\lambda}'\mathbf{V}_n^{-1/2}\mathbf{V}_n\mathbf{V}_n^{-1/2}\boldsymbol{\lambda}=1$$

根据定理 5.20，有 $n^{-1/2}\sum_{t=1}^{n}\boldsymbol{\lambda}'\mathbf{V}_n^{-1/2}\mathbf{Z}_t\varepsilon_t \overset{A}{\sim} N(\mathbf{0},\ \mathbf{I})$。这一结论对于每个 $\boldsymbol{\lambda}$ 都成立，且 $\boldsymbol{\lambda}'\boldsymbol{\lambda}=1$，由命题 5.1 可知 $\mathbf{V}_n^{-1/2}n^{-1/2}\sum_{t=1}^{n}\mathbf{Z}_t\varepsilon_t \overset{A}{\sim} N(\mathbf{0},\ \mathbf{I})$。

最后，根据推论 3.48，给定条件(iv.a)，有 $\mathbf{Z}'\mathbf{X}/n-\mathbf{Q}_n \xrightarrow{p} \mathbf{0}$，其中条件(iv.a)和条件(iv.b)确保$\{\mathbf{Q}_n\}$是 $O(1)$ 并且一致列满秩。因此，条件(iv.c)也成立。根据习题 4.26，定理得证。■

从某种意义上说，这个结果是我们获得的所有结论中最具概括性的，其他结论均可视为其特例。具体而言，尽管明显需要在各方面施加稍微更强的条件，它也涵盖了以前考虑的所有情况(独立同分布、独立异分布，及相依同分布观测值)。另请注意，该结论也适用于方程组模型或面板数据，因为我们可以令 $p>1$。

5.5　鞅差序列

我们在第 3 章讨论了鞅差序列情况下的大数定律，并且曾提到，经济理论常常被用来验证鞅差假设。如果鞅差假设成立，通常我们在建立估计量的渐近正态性时，可以简化或者弱化一些限制条件。

关于鞅差序列的 CLT 有很多，其中一个是林德伯格—费勒定理(定理 5.6)的扩展。为了说明这个定理，我们需要考虑随机变量序列$\{\mathcal{Z}_{nt}\}$和对应的 σ 代数$\{\mathcal{F}_{nt},\ 1\leqslant t\leqslant n\}$，其中 $\mathcal{F}_{nt-1}\subset\mathcal{F}_{nt}$，并且 $\mathcal{Z}_{nt}$ 是关于 $\mathcal{F}_{nt}$ 可测的。可以认为 $\mathcal{F}_{nt}$ 是由当期的 Z_{nt}、过去的 Z_{nt} 以及其他相关的随机变量生成的σ 代数。

定理 5.24　令$\{\mathcal{Z}_{nt},\ \mathcal{F}_{nt}\}$为鞅差序列，满足 $\sigma_{nt}^2\equiv E(\mathcal{Z}_{nt}^2)<\infty$，$\sigma_{nt}^2\neq 0$，且 $\mathcal{Z}_{nt}$ 分布函数为 F_{nt}。定义 $\bar{\mathcal{Z}}_n\equiv n^{-1}\sum_{t=1}^{n}\mathcal{Z}_{nt}$，并且$\bar{\sigma}_n^2\equiv\text{var}(\sqrt{n}\,\bar{\mathcal{Z}}_n)=n^{-1}\sum_{t=1}^{n}\sigma_{nt}^2$。如果对于任意的 $\varepsilon>0$，有：

$$\lim_{n\to\infty}\bar{\sigma}_n^{-2}n^{-1}\sum_{t=1}^{n}\int_{z^2>\varepsilon n\bar{\sigma}_n^2}z^2dF_{nt}(z)=0$$

并且

$$n^{-1}\sum_{t=1}^{n}\mathcal{Z}_{nt}^{2}/\bar{\sigma}_{n}^{2}-1\xrightarrow{p}0$$

则$\sqrt{n}\,\bar{\mathcal{Z}}_n/\bar{\sigma}_n\overset{A}{\sim}N(0,1)$。

证明：该结果可视为 McLeish(1974)定理 2.3 的推论。■

相较于林德伯格—费勒定理，虽然定理 5.24 也施加了林德伯格条件，但独立性假设被弱化为鞅差假设。此外这里还施加了一个并没有明确体现在林德伯格—费勒定理当中的条件，即样本方差 $n^{-1}\sum_{t=1}^{n}\mathcal{Z}_{nt}^{2}$ 本质上是$\bar{\sigma}_n^2$ 的一致估计量。这个条件在独立的情形中没有必要直接给出，因为可以通过林德伯格条件得到。没有独立性假设时，我们施加了例如遍历平稳性或者混合性等额外条件，以确保样本方差确实是$\bar{\sigma}_n^2$ 的一致估计量。

为了说明如何用鞅差假设简化结论，我们考虑平稳情形下的工具变量回归估计量。

定理 5.25 假设练习 5.19 的条件(i)、(ii)、(iv)和(v)都成立，并且将条件(iii)替换为：

(iii′) (a) $E(Z_{thi}\varepsilon_{th}\mid\mathcal{F}_{t-1})=0$ 对于所有的 t 成立，其中$\{\mathcal{F}_t\}$适应于$\{Z_{thi}\varepsilon_{th}\}$，$h=1,\cdots,p$，$i=1,\cdots,l$；

(b) $E|Z_{thi}\varepsilon_{th}|^2<\infty$，$h=1,\cdots,p$，$i=1,\cdots,l$；

(c) $\mathbf{V}_n\equiv\operatorname{var}(n^{-1/2}\mathbf{Z}'\varepsilon)=\operatorname{var}(\mathbf{Z}_t\varepsilon_t)\equiv\mathbf{V}$ 是非奇异矩阵。

则习题 5.19 的结论成立。

证明：若可以由条件(iii′)推出条件(iii)，则该结论成立。请读者尝试完成。

另外，我们可以应用命题 5.1 和定理 5.24 去验证 $\mathbf{V}_n^{-1/2}n^{-1/2}\mathbf{Z}'\varepsilon\overset{A}{\sim}N(\mathbf{0},\mathbf{I})$。给定$\{\mathbf{Z}_t\varepsilon_t\}$为平稳的鞅差序列，则

$$\operatorname{var}(n^{-1/2}\mathbf{Z}'\varepsilon)=n^{-1}\sum_{t=1}^{n}E(\mathbf{Z}_t\varepsilon_t\varepsilon_t'\mathbf{Z}_t')=\mathbf{V}$$

其中，根据条件(iii′.b)可知 $\mathbf{V}$ 是有限的，根据条件(iii′.c)可知 $\mathbf{V}$ 是正定的。因此，考虑

$$n^{-1/2}\sum_{t=1}^{n}\boldsymbol{\lambda}'\mathbf{V}^{-1/2}\mathbf{Z}_t\varepsilon_t$$

给定条件(iii′.a)，根据命题 3.23 可知 $\boldsymbol{\lambda}'\mathbf{V}^{-1/2}\mathbf{Z}_t\varepsilon_t$ 关于 $\mathcal{F}_t$ 可测。记 $\boldsymbol{\lambda}'\mathbf{V}^{-1/2}\mathbf{Z}_t\varepsilon_t$

$=\sum_{h=1}^{p}\sum_{i=1}^{l}\tilde{\lambda}_i Z_{thi}\varepsilon_{th}$，在给定条件(iii′.a)时，根据条件期望的线性特征可以得到：

$$E(\boldsymbol{\lambda}'\mathbf{V}^{-1/2}\mathbf{Z}_t\varepsilon_t \mid \mathcal{F}_{t-1})=\sum_{h=1}^{p}\sum_{i=1}^{l}\tilde{\lambda}_i E(Z_{thi}\varepsilon_{th} \mid \mathcal{F}_{t-1})=0$$

因此$\{\boldsymbol{\lambda}'\mathbf{V}^{-1/2}\mathbf{Z}_t\varepsilon_t,\ \mathcal{F}_t\}$是鞅差序列。根据平稳性，对于全部的$t$，有$\text{var}(\boldsymbol{\lambda}'\mathbf{V}^{-1/2}\mathbf{Z}_t\varepsilon_t)=\boldsymbol{\lambda}'\mathbf{V}^{-1/2}\mathbf{V}\mathbf{V}^{-1/2}\boldsymbol{\lambda}=1$，并且$F_{nt}=F$对于全部的$t$成立，其中$F$是$\boldsymbol{\lambda}'\mathbf{V}^{-1/2}\mathbf{Z}_t\varepsilon_t$的分布函数。根据习题5.9可得林德伯格条件成立。因此，由命题3.30可知$\{\boldsymbol{\lambda}'\mathbf{V}^{-1/2}\mathbf{Z}_t\varepsilon_t\varepsilon_t'\mathbf{Z}_t'\mathbf{V}^{-1/2}\boldsymbol{\lambda}\}$是遍历平稳序列，且在给定条件(iii′.b)和条件(iii′.c)的情况下其绝对值期望有限。进一步地，由遍历定理(定理3.34)和定理2.24可以推出：

$$n^{-1}\sum_{t=1}^{n}\boldsymbol{\lambda}'\mathbf{V}^{-1/2}\mathbf{Z}_t\varepsilon_t\varepsilon_t'\mathbf{Z}_t'\mathbf{V}^{-1/2}\boldsymbol{\lambda}-\boldsymbol{\lambda}'\mathbf{V}^{-1/2}\mathbf{V}\mathbf{V}^{-1/2}\boldsymbol{\lambda}$$

$$=n^{-1}\sum_{t=1}^{n}\boldsymbol{\lambda}'\mathbf{V}^{-1/2}\mathbf{Z}_t\varepsilon_t\varepsilon_t'\mathbf{Z}_t'\mathbf{V}^{-1/2}\lambda-1\xrightarrow{p}0$$

至此，根据定理5.24可得$n^{-1/2}\sum_{t=1}^{n}\boldsymbol{\lambda}'\mathbf{V}^{-1/2}\mathbf{Z}_t\varepsilon_t\overset{A}{\sim}N(0,\ 1)$。依照命题5.1可得$\mathbf{V}^{-1/2}n^{-1/2}\mathbf{Z}'\varepsilon\overset{A}{\sim}N(\mathbf{0},\ \mathbf{I})$，并且因为$\mathbf{V}=\mathbf{V}_n$，则$\mathbf{V}_n^{-1/2}n^{-1/2}\mathbf{Z}'\varepsilon\overset{A}{\sim}N(\mathbf{0},\ \mathbf{I})$。剩下的结果参照之前证明。■

一方面，鞅差假设使我们能够简化遍历平稳过程的条件，另一方面，它也允许我们对混合过程的某些行为特征施加更弱的条件。为方便起见，我们对刚刚给出的CLT提出一个与李雅普诺夫类似的推论。

推论5.26　令$\{\mathcal{Z}_{nt},\ \mathcal{F}_{nt}\}$是鞅差序列，对于某些$\delta>0$及所有$n$和$t$，$E|\mathcal{Z}_{nt}|^{2+\delta}<\Delta<\infty$成立。如果对于所有充分大的$n$，有$\bar{\sigma}_n^2>\delta'>0$，并且$n^{-1}\sum_{t=1}^{n}\mathcal{Z}_{nt}^2-\bar{\sigma}_n^2\xrightarrow{p}0$，则$\sqrt{n}\,\bar{\mathcal{Z}}_n/\bar{\sigma}_n\overset{A}{\sim}N(0,\ 1)$。

证明：给定$E|\mathcal{Z}_{nt}|^{2+\delta}<\Delta<\infty$，根据定理5.10可得，林德伯格条件成立。由于$\bar{\sigma}_n^2>\delta'>0$，$\bar{\sigma}_n^{-2}$是$O(1)$，所以根据习题2.35有$n^{-1}\sum_{t=1}^{n}\mathcal{Z}_{nt}^2/\bar{\sigma}_n^2-1=\bar{\sigma}_n^{-2}(n^{-1}\sum_{t=1}^{n}\mathcal{Z}_{nt}^2-\bar{\sigma}_n^2)\xrightarrow{p}0$。定理5.24的条件成立，证毕。■

我们现在应用这个结果给出一个与定理5.25类似的结论。

习题5.27　证明以下结论。假设定理5.23的条件(i)、(ii)、(iv)和(v)成立，并且替换条件(iii)为：

(iii′) (a) $E(Z_{thi}\varepsilon_{th}|\mathcal{F}_{t-1})=0$对于所有$t$都成立，其中$\{\mathcal{F}_t\}$适应于$\{Z_{thi}\varepsilon_{th}\}$，

$h=1, \cdots, p, i=1, \cdots, l$；

(b) $E|Z_{thi}\varepsilon_{th}|^r<\Delta<\infty$，对于所有 $h=1, \cdots, p, i=1, \cdots, l$ 和全部 t 成立；

(c) $\mathbf{V}_n \equiv \text{var}(n^{-1/2}\mathbf{Z}'\varepsilon)$ 是一致正定的；

那么定理 5.23 结论成立。

请注意，尽管条件(iii$'$.a)从 $E(\mathbf{Z}_t\varepsilon_t)=\mathbf{0}$ 被加强到鞅差假设，我们依然保持(iii$'$.b)中的矩条件要求。

参考文献

Hansen, L. P. (1982). "Large Sample Properties of Generalized Method of Moments Estimators." *Econometrica*, 50, 1029—1054.

Heyde, C. C. (1975). "On the Central Limit Theorem and Iterated Logarithm Law for Stationary Processes." *Bulletin of the Australian Mathematical Society*, 12, 1—8.

Loeve, M. (1977). *Probability Theory*. Springer-Verlag, New York.

McLeish, D. L. (1974). "Dependent Central Limit Theorems and Invariance Principles." *Annals of Probability*, 2, 620—628.

Rao, C. R. (1973). *Linear Statistical Inference and Its Applications*. Wiley, New York.

Scott, D. J. (1973). "Central Limit Theorems for Martingales and for Processes with Stationary Increments Using a Skorokhod Representation Approach." *Advances in Applied Probability*, 5, 119—137.

Wooldridge, J. M. (1986). *Asymptotic Properties of Econometric Estimators*. Unpublished Ph.D. dissertation. University of California, San Diego.

—— and H. White(1988). "Some Invariance Principles and Central Limit Theorems for Dependent Heterogeneous Processes." *Econometric Theory*, 4, 210—230.

6 渐近协方差矩阵估计

在前面的章节中，我们定义 $\mathbf{V}_n \equiv \text{var}(n^{-1/2}\mathbf{X}'\varepsilon)$ 或 $\mathbf{V}_n \equiv \text{var}(n^{-1/2}\mathbf{Z}'\varepsilon)$，同时假定 $\mathbf{V}_n$ 的一致估计量存在，定义为 $\hat{\mathbf{V}}_n$。本章我们考察在什么样的条件下，一致估计量 $\hat{\mathbf{V}}_n$ 存在。因为理论上，估计 $\text{var}(n^{-1/2}\mathbf{X}'\varepsilon)$ 和估计 $\text{var}(n^{-1/2}\mathbf{Z}'\varepsilon)$ 是等价的，我们这里只考虑后者。由第 4 章的分析可知，$\mathbf{P}_n$ 的最优选择是 $\mathbf{V}_n^{-1}$，因此如果可以得到 $\mathbf{V}_n$ 的一致估计量，那么我们就可以得出 $\mathbf{P}_n$ 的一致估计量为 $\hat{\mathbf{P}}_n = \hat{\mathbf{V}}_n^{-1}$，因为我们有 $\mathbf{P}_n = \mathbf{V}_n^{-1}$。

6.1 $\mathbf{V}_n$ 的一般结构

在研究特殊的情形前，检查 $\mathbf{V}_n$ 的一般形式是很有必要的。我们可以得到：

$$\mathbf{V}_n \equiv \text{var}(n^{-1/2}\mathbf{Z}'\varepsilon) = E(\mathbf{Z}'\varepsilon\varepsilon'\mathbf{Z}/n)$$

因为我们假定 $E(n^{-1/2}\mathbf{Z}'\varepsilon) = \mathbf{0}$。使用个体观测值加总的形式，可以将 $\mathbf{V}_n$ 表示为如下形式：

$$\mathbf{V}_n = E\left(n^{-1}\sum_{t=1}^{n}\sum_{\tau=1}^{n}\mathbf{Z}_t\varepsilon_t\varepsilon_\tau'\mathbf{Z}_\tau'\right)$$

将等式右端等价地写成求和的形式，有助于我们深入分析 $\mathbf{V}_n$ 的性质。我们可以进一步将 $\mathbf{V}_n$ 写成如下形式：

$$\mathbf{V}_n = n^{-1}\sum_{t=1}^{n} E(\mathbf{Z}_t\varepsilon_t\varepsilon_t'\mathbf{Z}_t')$$
$$+ n^{-1}\sum_{\tau=1}^{n-1}\sum_{t=\tau+1}^{n} E(\mathbf{Z}_t\varepsilon_t\varepsilon_{t-\tau}'\mathbf{Z}_{t-\tau}' + \mathbf{Z}_{t-\tau}\varepsilon_{t-\tau}\varepsilon_t'\mathbf{Z}_t')$$
$$= n^{-1}\sum_{t=1}^{n} \mathrm{var}(\mathbf{Z}_t\varepsilon_t)$$
$$+ n^{-1}\sum_{\tau=1}^{n-1}\sum_{t=\tau+1}^{n} \mathrm{cov}(\mathbf{Z}_t\varepsilon_t, \mathbf{Z}_{t-\tau}\varepsilon_{t-\tau}) + \mathrm{cov}(\mathbf{Z}_{t-\tau}\varepsilon_{t-\tau}, \mathbf{Z}_t\varepsilon_t)$$

等式右端的最后一项说明 $\mathbf{V}_n$ 是 $\mathbf{Z}_t\varepsilon_t$ 方差的均值加上 $\mathbf{Z}_t\varepsilon_t$ 和 $\mathbf{Z}_{t-\tau}\varepsilon_{t-\tau}$ 的协方差。我们重点考虑三种特殊情形。

情形 1:$\{\mathbf{Z}_t\varepsilon_t\}$不存在序列相关,因此有

$$\mathrm{cov}(\mathbf{Z}_t\varepsilon_t, \mathbf{Z}_{t-\tau}\varepsilon_{t-\tau}) = \mathrm{cov}(\mathbf{Z}_{t-\tau}\varepsilon_{t-\tau}, \mathbf{Z}_t\varepsilon_t)' = \mathbf{0}$$

对于所有 $t\neq\tau$,有

$$\mathbf{V}_n = n^{-1}\sum_{t=1}^{n} E(\mathbf{Z}_t\varepsilon_t\varepsilon_t'\mathbf{Z}_t')$$

在当$\{(\mathbf{Z}_t', \varepsilon_t)\}$是独立的序列或者当$\{\mathbf{Z}_t\varepsilon_t, \mathcal{F}_t\}$是一个对于某些适应 σ-域 $\mathcal{F}_t$ 上的鞅差序列时,该等式成立。

情形 2:$\{\mathbf{Z}_t\varepsilon_t\}$存在有限序列相关,即

$$\mathrm{cov}(\mathbf{Z}_t\varepsilon_t, \mathbf{Z}_{t-\tau}\varepsilon_{t-\tau}) = \mathrm{cov}(\mathbf{Z}_{t-\tau}\varepsilon_{t-\tau}, \mathbf{Z}_t\varepsilon_t)' = \mathbf{0}$$

对于所有 $\tau > m$, $1\leqslant m<\infty$来说,因此有:

$$\mathbf{V}_n = n^{-1}\sum_{t=1}^{n} E(\mathbf{Z}_t\varepsilon_t\varepsilon_t'\mathbf{Z}_t')$$
$$+ n^{-1}\sum_{\tau=1}^{m}\sum_{t=\tau+1}^{n} E(\mathbf{Z}_t\varepsilon_t\varepsilon_{t-\tau}'\mathbf{Z}_{t-\tau}') + E(\mathbf{Z}_{t-\tau}\varepsilon_{t-\tau}\varepsilon_t'\mathbf{Z}_t')$$

当 $E(\mathbf{Z}_t\varepsilon_t\,|\,\mathcal{F}_{t-\tau}) = \mathbf{0}$,某些 τ 的取值满足 $1<\tau<\infty$和可适应 σ-域 $\mathcal{F}_t$(成立时),这种情形成立。我们可以给出一个渐近相关性的简单例子,即 $\mathbf{Z}_t$ 为非随机的,并且 ε_t 是单变量 MA(1)过程:

$$\varepsilon_t = \alpha v_t + v_{t-1}$$

这里的$\{v_t\}$是独立同分布序列且均值 $E(v_t)=0$。令 $\mathcal{F}_t = \sigma(\cdots, \varepsilon_t)$,容易验证如果 $\tau\geqslant 2$, $E(\mathbf{Z}_t\varepsilon_t\,|\,\mathcal{F}_{t-\tau}) = \mathbf{Z}_t E(\varepsilon_t\,|\,\mathcal{F}_{t-\tau}) = \mathbf{0}$,可以得到:

$$\mathbf{V}_n = n^{-1}\sum_{t=1}^{n} E(\mathbf{Z}_t\varepsilon_t\varepsilon_t\mathbf{Z}_t')$$
$$+ n^{-1}\sum_{t=2}^{n} E(\mathbf{Z}_t\varepsilon_t\varepsilon_{t-1}\mathbf{Z}_{t-1}') + E(\mathbf{Z}_{t-1}\varepsilon_{t-1}\varepsilon_t\mathbf{Z}_t')$$

情形 3：$\{\mathbf{Z}_t\varepsilon_t\}$渐近不相关，即：

当$\tau\to\infty$时，$\mathrm{cov}(\mathbf{Z}_t\varepsilon_t, \mathbf{Z}_{t-\tau}\varepsilon_{t-\tau}) = \mathrm{cov}(\mathbf{Z}_{t-\tau}\varepsilon_{t-\tau}, \mathbf{Z}_t\varepsilon_t)'\to\mathbf{0}$

这里我们并没有直接假设$\{(\mathbf{Z}_t', \varepsilon_t)\}$渐近不相关，而是假定$\{(\mathbf{Z}_t', \varepsilon_t)\}$是混合序列，而混合序列是渐近不相关的充分条件。

在接下来的分析中，我们通常假设$\{\mathbf{Z}_t\varepsilon_t\}$的相关性结构一定属于以上三种情形之一，不存在额外的相关性结构信息。如果存在额外关于相关性结构的信息，那么这也可以被用来估计$\mathbf{V}_n$；更重要的是，可以用来获得第 4 章所讨论的有效估计量。本章不讨论存在额外信息的情况。

6.2 情形 1：$\{\mathbf{Z}_t\varepsilon_t\}$不相关

这一节，我们考虑如下情形：

$$\mathbf{V}_n = n^{-1}\sum_{t=1}^{n} E(\mathbf{Z}_t\varepsilon_t\varepsilon_t'\mathbf{Z}_t')$$

假设如下条件被满足，这将是一个非常重要的特殊情况：

$$E(\varepsilon_t\varepsilon_t'|\mathbf{Z}_t) = \sigma_o^2\mathbf{I}$$

可以得到

$$\mathbf{V}_n = n^{-1}\sum_{t=1}^{n}\sigma_o^2 E(\mathbf{Z}_t\mathbf{Z}_t') = \sigma_o^2\mathbf{L}_n$$

这种情形下，定理 6.1 给出了$\hat{\mathbf{V}}_n$的形式，并证明了其一致性。

定理 6.1 假定$\mathbf{V}_n = \sigma_o^2\mathbf{L}_n$，其中$\sigma_o^2<\infty$并且$\mathbf{L}_n$是$O(1)$。如果存在$\tilde{\sigma}_n^2$满足$\tilde{\sigma}_n^2\xrightarrow{p}\sigma_o^2$，并且如果$\mathbf{Z}'\mathbf{Z}/n - \mathbf{L}_n\xrightarrow{p}\mathbf{0}$，那么$\hat{\mathbf{V}}_n\equiv\tilde{\sigma}_n^2\mathbf{Z}'\mathbf{Z}/n$满足$\hat{\mathbf{V}}_n - \mathbf{V}_n\xrightarrow{p}\mathbf{0}$。

证明：可以根据命题 2.30 直接得到。■

习题 6.2 根据习题 3.79，找到条件使得$\tilde{\sigma}_n^2 \xrightarrow{p} \sigma_o^2$ 并且 $\mathbf{Z}'\mathbf{Z}/n-\mathbf{L}_n \xrightarrow{p} \mathbf{0}$，其中$\tilde{\sigma}_n^2=(\mathbf{Y}-\mathbf{X}\tilde{\beta}_n)'(\mathbf{Y}-\mathbf{X}\tilde{\beta}_n)/(np)$。

使得$\tilde{\sigma}_n^2 \to \sigma_o^2$ 和 $\mathbf{Z}'\mathbf{Z}/n-\mathbf{L}_n \xrightarrow{p} \mathbf{0}$ 成立的条件请参阅第 3 章。

在余下部分我们考虑当$\{(\mathbf{Z}_t', \mathbf{X}_t', \varepsilon_t)\}$平稳时的或$\{(\mathbf{Z}_t', \mathbf{X}_t', \varepsilon_t)\}$是异质性时的序列。我们进一步假设$\{(\mathbf{Z}_t', \mathbf{X}_t', \varepsilon_t)\}$是鞅差序列，独立序列可以看作是鞅差序列的直接推论。

接下来我们考虑如下形式的 $\mathbf{V}_n$ 估计：

$$\mathbf{V}_n = n^{-1}\sum_{t=1}^{n} E(\mathbf{Z}_t\varepsilon_t\varepsilon_t'\mathbf{Z}_t')$$

如果 $\mathbf{Z}_t$ 和 ε_t 都是可观测的，根据第 3 章的结论很容易得到如下一致估计量：

$$\bar{\mathbf{V}}_n \equiv n^{-1}\sum_{t=1}^{n} \mathbf{Z}_t\varepsilon_t\varepsilon_t'\mathbf{Z}_t'$$

比如，当$\{(\mathbf{Z}_t', \varepsilon_t)\}$是遍历平稳序列时，那么只要 $\mathbf{Z}_t\varepsilon_t\varepsilon_t'\mathbf{Z}_t'$ 中的元素绝对值的期望有限，由遍历定理有$\bar{\mathbf{V}}_n-\mathbf{V}_n \xrightarrow{a.s.} \mathbf{0}$。当然，$\varepsilon_t$ 是不可观测的，然而它可以被估计为：

$$\tilde{\varepsilon}_t \equiv \mathbf{Y}_t - \mathbf{X}_t'\tilde{\beta}_n$$

其中$\tilde{\beta}_n$ 是β_o 的一致估计量。通过将 ε_t 替换为$\tilde{\varepsilon}_t$，可以得到如下形式的估计量：

$$\hat{\mathbf{V}}_n \equiv n^{-1}\sum_{t=1}^{n} \mathbf{Z}_t\tilde{\varepsilon}_t\tilde{\varepsilon}_t'\mathbf{Z}_t'$$

可以证明，把 ε_t 替换为$\tilde{\varepsilon}_t$ 在特定条件下对估计量的渐进性质没有影响，因此$\hat{\mathbf{V}}_n-\mathbf{V}_n \xrightarrow{a.s.} \mathbf{0}$。定理 6.3 在平稳时间序列的假设下论述了得到一致性估计量所需要的条件。

定理 6.3 假定

(i) $\mathbf{Y}_t=\mathbf{X}_t'\beta_o+\varepsilon_t$，$t=1, 2, \cdots$，$\beta_o \in \mathbb{R}^k$；

(ii) $\{(\mathbf{Z}_t', \mathbf{X}_t', \varepsilon_t)\}$是遍历平稳序列；

(iii) (a) $\{\mathbf{Z}_t\varepsilon_t, \mathcal{F}_t\}$是鞅差序列；

(b) $E|Z_{thi}\varepsilon_{th}|^2<\infty$, $h=1, \cdots, p$, $i=1, \cdots, l$;

(c) $\mathbf{V}_n \equiv \mathrm{var}(n^{-1}\mathbf{Z}'\varepsilon)=\mathrm{var}(\mathbf{Z}_t\varepsilon_t)\equiv \mathbf{V}$ 是正定的;

(iv) (a) $E|Z_{thi}X_{thj}|^2<\infty$, $h=1, \cdots, p$, $i=1, \cdots, l$, $j=1, \cdots, k$;

(b) $\mathbf{Q}\equiv E(\mathbf{Z}_t\mathbf{X}_t')$是列满秩的;

(c) $\hat{\mathbf{P}}_n \xrightarrow{p} \mathbf{P}$,是有限的、对称的、正定的。

那么$\hat{\mathbf{V}}_n-\mathbf{V} \xrightarrow{p} \mathbf{0}$,并且$\hat{\mathbf{V}}_n^{-1}-\mathbf{V}^{-1} \xrightarrow{p} \mathbf{0}$。

证明:根据假设(iii.a)和定义有

$$\hat{\mathbf{V}}_n-\mathbf{V}=n^{-1}\sum_{t=1}^{n}\mathbf{Z}_t\tilde{\varepsilon}_t\tilde{\varepsilon}_t'\mathbf{Z}_t'-E(\mathbf{Z}_t\varepsilon_t\varepsilon_t'\mathbf{Z}_t')$$

给定假设条件(i),可以得到$\tilde{\varepsilon}_t\equiv\mathbf{Y}_t-\mathbf{X}_t'\tilde{\beta}_n=\mathbf{Y}_t-\mathbf{X}_t'\beta_o-\mathbf{X}_t'(\tilde{\beta}_n-\beta_o)=\varepsilon_t-\mathbf{X}_t'(\tilde{\beta}_n-\beta_o)$,替换$\tilde{\varepsilon}_t$,我们有

$$\begin{aligned}\hat{\mathbf{V}}_n-\mathbf{V}=&\ n^{-1}\sum_{t=1}^{n}\mathbf{Z}_t(\varepsilon_t-\mathbf{X}_t'(\tilde{\beta}_n-\beta_o))(\varepsilon_t-\mathbf{X}_t'(\tilde{\beta}_n-\beta_o))'\mathbf{Z}_t'-E(\mathbf{Z}_t\varepsilon_t\varepsilon_t'\mathbf{Z}_t')\\ =&\ n^{-1}\sum_{t=1}^{n}\mathbf{Z}_t\varepsilon_t\varepsilon_t'\mathbf{Z}_t'-E(\mathbf{Z}_t\varepsilon_t\varepsilon_t'\mathbf{Z}_t')\\ &-n^{-1}\sum_{t=1}^{n}\mathbf{Z}_t\mathbf{X}_t'(\tilde{\beta}_n-\beta_o)\varepsilon_t'\mathbf{Z}_t'\\ &-n^{-1}\sum_{t=1}^{n}\mathbf{Z}_t\varepsilon_t(\tilde{\beta}_n-\beta_o)'\mathbf{X}_t\mathbf{Z}_t'\\ &+n^{-1}\sum_{t=1}^{n}\mathbf{Z}_t\mathbf{X}_t'(\tilde{\beta}_n-\beta_o)(\tilde{\beta}_n-\beta_o)'\mathbf{X}_t\mathbf{Z}_t'\end{aligned}$$

给定假设(ii)和假设(iii. b),由遍历定理可以得到 $n^{-1}\sum_{t=1}^{n}\mathbf{Z}_t\varepsilon_t\varepsilon_t'\mathbf{Z}_t'-E(\mathbf{Z}_t\varepsilon_t\varepsilon_t'\mathbf{Z}_t')\xrightarrow{a.s.}\mathbf{0}$,因此也一定依概率消失。同时习题 2.35 足以说明其余部分也依概率趋于 0。

为了分析上式的其余部分,回顾矩阵向量化公式 $\mathrm{vec}(\mathbf{ABC})=(\mathbf{C}'\otimes\mathbf{A})\mathrm{vec}(\mathbf{B})$,并且将其应用到第二个加总项,可以得到:

$$\begin{aligned}\mathrm{vec}\Big(n^{-1}\sum_{t=1}^{n}\mathbf{Z}_t\mathbf{X}_t'(\tilde{\beta}_n-\beta_o)\varepsilon_t'\mathbf{Z}_t'\Big)&=n^{-1}\sum_{t=1}^{n}\mathrm{vec}(\mathbf{Z}_t\mathbf{X}_t'(\tilde{\beta}_n-\beta_o)\varepsilon_t'\mathbf{Z}_t')\\ &=n^{-1}\sum_{t=1}^{n}(\mathbf{Z}_t\varepsilon_t\otimes\mathbf{Z}_t\mathbf{X}_t')\mathrm{vec}(\tilde{\beta}_n-\beta_o)\end{aligned}$$

根据习题 3.38,定理 6.3 的条件可以保证$\tilde{\beta}_n\xrightarrow{p}\beta_0$。为证明第二个加总

项的向量化形式依概率消失，根据推论2.36，还需要证明$n^{-1}\sum_{i=1}^{n}(\mathbf{Z}_t\varepsilon_t\otimes\mathbf{Z}_t\mathbf{X}_t')$是$O_p(1)$。根据条件(iii.b)和条件(iv.a)，应用柯西—施瓦茨不等式，可以得到$E(\mathbf{Z}_t\varepsilon_t\otimes\mathbf{Z}_t\mathbf{X}_t')$是有限的，再结合遍历定理，可以得到$(\mathbf{Z}_t\varepsilon_t\otimes\mathbf{Z}_t\mathbf{X}_t')$是$O_p(1)$。因此有

$$n^{-1}\sum_{t=1}^{n}(\mathbf{Z}_t\varepsilon_t\otimes\mathbf{Z}_t\mathbf{X}_t')\text{vcc}(\tilde{\beta}_n-\beta_o)\xrightarrow{p}\mathbf{0}$$

类似地，应用$\text{vec}(\mathbf{ABC})=(\mathbf{C}'\otimes\mathbf{A})\text{vec}(\mathbf{B})$可以得到

$$\begin{aligned}&\text{vec}\Big(n^{-1}\sum_{t=1}^{n}\mathbf{Z}_t\mathbf{X}_t'(\tilde{\beta}_n-\beta_o)(\tilde{\beta}_n-\beta_o)'\mathbf{X}_t\mathbf{Z}_t'\Big)\\&=n^{-1}\sum_{t=1}^{n}(\mathbf{Z}_t\mathbf{X}_t'\otimes\mathbf{Z}_t\mathbf{X}_t')\text{vec}((\tilde{\beta}_n-\beta_o)(\tilde{\beta}_n-\beta_o)')\end{aligned}$$

根据$\tilde{\beta}_n-\beta_o\xrightarrow{p}\mathbf{0}$、条件(iv.a)，并结合柯西—施瓦茨不等式，我们可以证明，$E(\mathbf{Z}_t\mathbf{X}_t'\otimes\mathbf{Z}_t\mathbf{X}_t')$有限，同理可得上式也依概率消失。依据习题2.35的结论，可以得到$\hat{\mathbf{V}}_n-\mathbf{V}\xrightarrow{p}\mathbf{0}$。根据条件(iii.c)可得$\mathbf{V}$是正定的，依照命题2.30可得$\hat{\mathbf{V}}_n^{-1}-\mathbf{V}^{-1}\xrightarrow{p}\mathbf{0}$。■

比较定理6.3的条件和定理5.25的条件，我们就可以发现矩条件(iv.a)增强了，结合其他假设，可以推出定理5.25的假设(v)。因此定理5.25的结论在定理6.3的条件下成立。

推论6.4 假定定理6.3的条件(i)到(iv)成立，那么

$$\mathbf{D}^{-1}\sqrt{n}(\tilde{\beta}_n-\beta_o)\overset{A}{\sim}N(\mathbf{0},\ \mathbf{I})$$

其中

$$\mathbf{D}\equiv(\mathbf{Q}'\mathbf{P}\mathbf{Q})^{-1}\mathbf{Q}'\mathbf{P}\mathbf{V}\mathbf{P}\mathbf{Q}(\mathbf{Q}'\mathbf{P}\mathbf{Q})^{-1}$$

进而，$\hat{\mathbf{D}}_n-\mathbf{D}\xrightarrow{p}\mathbf{0}$，其中

$$\hat{\mathbf{D}}_n=(\mathbf{X}'\mathbf{Z}\hat{\mathbf{P}}_n\mathbf{Z}'\mathbf{X}/n^2)^{-1}(\mathbf{X}'\mathbf{Z}/n)\hat{\mathbf{P}}_n\hat{\mathbf{V}}_n\hat{\mathbf{P}}_n(\mathbf{Z}'\mathbf{X}/n)(\mathbf{X}'\mathbf{Z}\hat{\mathbf{P}}_n\mathbf{Z}'\mathbf{X}/n^2)^{-1}$$

证明: 可以从定理5.25和定理6.3直接得证。■

当以下条件不适用时，该推论便起了作用

$$E(\varepsilon_t\varepsilon_t'|\mathbf{Z}_t)=\sigma_o^2\mathbf{I}$$

也就是说，当误差项 ε_t 存在未知形式的条件异方差时。定理 6.3 和推论 6.4 提供了一个类似异方差稳健的一致性协方差矩阵估计量的工具变量(White，1980)。

定理 6.3 和推论 6.4 提供了一个简单的两阶段估计方法来获得 β_o 的有效估计量，根据命题 4.45，即

$$\beta_n^* = (\mathbf{X}'\mathbf{Z}\hat{\mathbf{V}}_n^{-1}\mathbf{Z}'\mathbf{X})^{-1}\mathbf{X}'\mathbf{Z}\hat{\mathbf{V}}_n^{-1}\mathbf{Z}'\mathbf{Y}$$

首先，获得 β_o 的一个一致估计量，比如 2SLS 估计量，

$$\tilde{\beta}_n = (\mathbf{X}'\mathbf{Z}(\mathbf{Z}'\mathbf{Z})^{-1}\mathbf{Z}'\mathbf{X})^{-1}\mathbf{X}'\mathbf{Z}(\mathbf{Z}'\mathbf{Z})^{-1}\mathbf{Z}'\mathbf{Y}$$

和 $\hat{\mathbf{V}}_n$ 的形式

$$\hat{\mathbf{V}}_n = n^{-1}\sum_{t=1}^{n}\mathbf{Z}_t\tilde{\varepsilon}_t\tilde{\varepsilon}'_t\mathbf{Z}'_t$$

其中 $\tilde{\varepsilon}_t \equiv \mathbf{Y}_t - \mathbf{X}'_t\tilde{\beta}_n$。

其次，这个估计量常常被用于计算有效估计量 β_n^*。因为 β_n^* 可以用这种方式计算得到，称为两阶段工具变量(2SIV)估计量(White，1982)。我们可以由此得出如下推论：

推论 6.5 假定

(i) $\mathbf{Y}_t = \mathbf{X}'_t\beta_o + \varepsilon_t$, $t=1, 2, \cdots$, $\beta_o \in \mathbb{R}^k$；

(ii) $\{(\mathbf{Z}'_t, \mathbf{X}'_t, \varepsilon_t)\}$ 是遍历平稳序列。

(iii) (a) $\{\mathbf{Z}_t\varepsilon_t, \mathcal{F}_t\}$ 是鞅差序列；

(b) $E|Z_{thi}\varepsilon_{th}|^2 < \infty$, $h=1, \cdots, p$, $i=1, \cdots, l$；

(c) $\mathbf{V}_n \equiv \mathrm{var}(n^{-1}\mathbf{Z}'\varepsilon) = \mathrm{var}(\mathbf{Z}_t\varepsilon_t) \equiv \mathbf{V}$ 是正定的

(iv) (a) $E|Z_{thi}X_{thj}|^2 < \infty$, $h=1, \cdots, p$, $i=1, \cdots, l$, $j=1, \cdots, k$，并且 $E|\mathbf{Z}_{thi}|^2 < \infty$, $h=1, \cdots, p$, $i=1, \cdots, l$

(b) $\mathbf{Q} \equiv E(\mathbf{Z}_t\mathbf{X}'_t)$ 是列满秩的；

(c) $\mathbf{L} \equiv E(\mathbf{Z}_t\mathbf{Z}'_t)$ 是正定的。

定义

$$\hat{\mathbf{V}}_n \equiv n^{-1}\sum_{t=1}^{n}\mathbf{Z}_t\tilde{\varepsilon}_t\tilde{\varepsilon}'_t\mathbf{Z}'_t$$

其中 $\tilde{\varepsilon}_t \equiv \mathbf{Y}_t - \mathbf{X}_t\tilde{\beta}_n$, $\tilde{\beta}_n \equiv (\mathbf{X}'\mathbf{Z}(\mathbf{Z}'\mathbf{Z})^{-1}\mathbf{Z}'\mathbf{X})^{-1}\mathbf{X}'\mathbf{Z}(\mathbf{Z}'\mathbf{Z})^{-1}\mathbf{Z}'\mathbf{Y}$，并且定义

$$\beta_n^* \equiv (\mathbf{X}'\mathbf{Z}\hat{\mathbf{V}}_n^{-1}\mathbf{Z}'\mathbf{X})^{-1}\mathbf{X}'\mathbf{Z}\hat{\mathbf{V}}_n^{-1}\mathbf{Z}'\mathbf{Y}$$

又因为 $\mathbf{D}^{-1/2}\sqrt{n}(\beta_n^* - \beta_o) \overset{A}{\sim} N(\mathbf{0}, \mathbf{I})$，其中

$$\mathbf{D} = (\mathbf{Q}'\mathbf{V}^{-1}\mathbf{Q})^{-1}$$

进而，$\hat{\mathbf{D}}_n - \mathbf{D} \xrightarrow{p} \mathbf{0}$，其中

$$\hat{\mathbf{D}}_n = (\mathbf{X}'\mathbf{Z}\,\hat{\mathbf{V}}_n^{-1}\mathbf{Z}'\mathbf{X}/n^2)^{-1}$$

证明：条件(i)至条件(iv)确保定理 6.3 成立[注意，如果 $\mathbf{X}_t$ 包含常数项，条件(iv.a)的第二部分是多余的]。使用推论 6.4，令 $\hat{\mathbf{P}}_n = \hat{\mathbf{V}}_n^{-1}$，可以得到 $\mathbf{P} = \mathbf{V}^{-1}$，推论 6.5 得证。■

这个结果是目前为止我们得到的最明显的渐近正态性结果，因为所有的条件都是直接用工具变量、回归量和误差项的随机特征来表示的。本章所述的渐近正态性结果的其余部分也具有相同的性质。

值得注意的是，当 $\mathbf{Z}_t = \mathbf{X}_t$ 时，OLS 估计量的结果是推论 6.5 的特殊情形，而独立同分布序列情况的结果可以由推论 6.5 直接得到，因为当 $E(\mathbf{Z}_t\varepsilon_t) = \mathbf{0}$ 时，独立同分布序列是遍历平稳的鞅差序列。

对于异方差序列来说，类似的结果也成立，因为证明和刚才给出的证明很接近，所以留给读者作为习题。

习题 6.6 证明下列结论，假定

(i) $\mathbf{Y}_t = \mathbf{X}_t'\beta_o + \varepsilon_t$，$t = 1, 2, \cdots$，$\beta_o \in \mathbb{R}^k$；

(ii) $\{(\mathbf{Z}_t', \mathbf{X}_t', \varepsilon_t)\}$是混合序列，系数为 ϕ 的尺度为 $-r/(2r-1)$，$r \geq 1$，或者系数为 α 的尺度为 $-r/(r-1)$，$r > 1$；

(iii) (a) $\{\mathbf{Z}_t\varepsilon_t, \mathcal{F}_t\}$是鞅差序列；

(b) $E|Z_{thi}\varepsilon_{th}|^{2(r+\delta)} < \Delta < \infty$，对于某些 $\delta > 0$，$h = 1, \cdots, p$，$i = 1, \cdots, l$ 和所有 t 成立；

(c) $\mathbf{V}_n \equiv \text{var}(n^{-1/2}\mathbf{Z}'\varepsilon)$是正定的；

(iv) (a) $E|Z_{thi}X_{thj}|^{2(r+\delta)} < \Delta < \infty$，对于某些 $\delta > 0$，$h = 1, \cdots, p$，$i = 1, \cdots, l$ 和所有 t 成立；

(b) $\mathbf{Q}_n \equiv E(\mathbf{Z}'\mathbf{X}/n)$是列满秩的；

(c) $\hat{\mathbf{P}}_n - \mathbf{P}_n \xrightarrow{p} \mathbf{0}$，其中 $\mathbf{P}_n = O(1)$是对称且正定的。

那么 $\hat{\mathbf{V}}_n - \mathbf{V} \xrightarrow{p} \mathbf{0}$，并且 $\hat{\mathbf{V}}_n^{-1} - \mathbf{V}_n^{-1} \xrightarrow{p} \mathbf{0}$。

习题 6.7 证明如下结果。假定习题 6.6 条件(i)至条件(iv)都成立，那么 $\mathbf{D}_n^{-1/2}\sqrt{n}(\tilde{\beta}_n-\beta_o)\stackrel{A}{\sim}N(\mathbf{0},\ \mathbf{I})$，其中

$$\mathbf{D}_n\equiv(\mathbf{Q}_n'\mathbf{P}_n\mathbf{Q}_n)^{-1}\mathbf{Q}_n'\mathbf{P}_n\mathbf{V}_n\mathbf{P}_n\mathbf{Q}_n(\mathbf{Q}_n'\mathbf{P}_n\mathbf{Q}_n)^{-1}$$

进而有 $\hat{\mathbf{D}}_n-\mathbf{D}_n\xrightarrow{p}\mathbf{0}$，其中

$$\hat{\mathbf{D}}_n=(\mathbf{X}'\mathbf{Z}\hat{\mathbf{P}}_n\mathbf{Z}'\mathbf{X}/n^2)^{-1}(\mathbf{X}'\mathbf{Z}/n)\hat{\mathbf{P}}_n\hat{\mathbf{V}}_n\hat{\mathbf{P}}_n(\mathbf{Z}'\mathbf{X}/n)(\mathbf{X}'\mathbf{Z}\hat{\mathbf{P}}_n\mathbf{Z}'\mathbf{X}/n^2)^{-1}$$

习题 6.8 证明下列结果，假定

(i) $\mathbf{Y}_t=\mathbf{X}_t'\beta_o+\varepsilon_t$，$t=1,\ 2,\ \cdots,\ \beta_o\in\mathbb{R}^k$；

(ii) $\{(\mathbf{Z}_t',\ \mathbf{X}_t',\ \varepsilon_t)\}$是混合序列，系数为 ϕ 的尺度为$-r/(2r-1)$，$r\geqslant1$，或者系数为 α 的尺度为$-r/(r-1)$，$r>1$；

(iii) (a) $\{\mathbf{Z}_t\varepsilon_t,\ \mathcal{F}_t\}$是鞅差序列；

(b) $E|Z_{thi}\varepsilon_{th}|^{2(r+\delta)}<\Delta<\infty$，对于某些 $\delta>0$，$h=1,\ \cdots,\ p$，$i=1,\ \cdots,\ l$ 和全部 t 都成立；

(c) $\mathbf{V}_n\equiv\text{var}(n^{-1/2}\mathbf{Z}'\varepsilon)$是正定的；

(iv) (a) $E|Z_{thi}X_{thj}|^{2(r+\delta)}<\Delta<\infty$，并且 $E|Z_{thi}|^{2(r+\delta)}<\Delta<\infty$对于某些 $\delta>0$，$h=1,\ \cdots,\ p$，$i=1,\ \cdots,\ l$，$j=1,\ \cdots,\ k$ 和全部 t 成立；

(b) $\mathbf{Q}_n\equiv E(\mathbf{Z}'\mathbf{X}/n)$是列满秩的；

(c) $\mathbf{L}_n\equiv\mathbf{E}(\mathbf{Z}'\mathbf{Z}/n)$是正定的。

定义

$$\hat{\mathbf{V}}_n=n^{-1}\sum_{t=1}^{n}\mathbf{Z}_t\tilde{\varepsilon}_t\tilde{\varepsilon}_t'\mathbf{Z}_t'$$

其中$\tilde{\varepsilon}_t=\mathbf{Y}_t-\mathbf{X}_t'\tilde{\beta}_n$，$\tilde{\beta}_n\equiv(\mathbf{X}'\mathbf{Z}(\mathbf{Z}'\mathbf{Z})^{-1}\mathbf{Z}'\mathbf{X})^{-1}\mathbf{X}'\mathbf{Z}(\mathbf{Z}'\mathbf{Z})^{-1}\mathbf{Z}'\mathbf{Y}$，并且

$$\beta_n^*\equiv(\mathbf{X}'\mathbf{Z}\hat{\mathbf{V}}_n^{-1}\mathbf{Z}'\mathbf{X})^{-1}\mathbf{X}'\mathbf{Z}\hat{\mathbf{V}}_n^{-1}\mathbf{Z}'\mathbf{Y}$$

然后 $\mathbf{D}_n^{-1/2}\sqrt{n}(\beta_n^*-\beta_o)\stackrel{A}{\sim}N(\mathbf{0},\ \mathbf{I})$，其中

$$\mathbf{D}_n=(\mathbf{Q}_n'\mathbf{V}_n^{-1}\mathbf{Q}_n)^{-1}$$

进而，$\hat{\mathbf{D}}_n-\mathbf{D}_n\xrightarrow{p}\mathbf{0}$，其中

$$\hat{\mathbf{D}}_n=(\mathbf{X}'\mathbf{Z}\hat{\mathbf{V}}_n^{-1}\mathbf{Z}'\mathbf{X}/n^2)^{-1}$$

这个结果允许无条件的异方差，这是推论 6.5 所不允许的，代价是增加

了更强的记忆[条件(ii)]和矩条件[条件(iii.b)]。当序列是独立的时候,我们可以从以上定理直接推导出结果,因为独立序列可以被看作是 $r=1$ 时的 ϕ 混合序列。因此,White(1982)的结论可以作为习题 6.6 至习题 6.8 的特殊情况,但是习题 6.6 至习题 6.8 适用于更一般的情形,包括存在动态效应的情况(主要指存在滞后独立变量以及前定变量的情形)、联立方程组或面板效应模型。

6.3 情形 2:$\{\mathbf{Z}_t\varepsilon_t\}$有期限相关

这一节我们主要处理 $m<\infty$的情况

$$
\begin{aligned}
\mathbf{V}_n &= n^{-1}\sum_{t=1}^{n}E(\mathbf{Z}_t\varepsilon_t\varepsilon_t'\mathbf{Z}_t') \\
&\quad + n^{-1}\sum_{t=2}^{n}E(\mathbf{Z}_t\varepsilon_t\varepsilon_{t-1}'\mathbf{Z}_{t-1}') + E(\mathbf{Z}_{t-1}\varepsilon_{t-1}\varepsilon_t'\mathbf{Z}_t') \\
&\quad \vdots \\
&\quad + n^{-1}\sum_{t=m+1}^{n}E(\mathbf{Z}_t\varepsilon_t\varepsilon_{t-m}'\mathbf{Z}_{t-m}') + E(\mathbf{Z}_{t-m}\varepsilon_{t-m}\varepsilon_t'\mathbf{Z}_t') \\
&= n^{-1}\sum_{t=1}^{n}E(\mathbf{Z}_t\varepsilon_t\varepsilon_t'\mathbf{Z}_t') \\
&\quad + n^{-1}\sum_{\tau=1}^{m}\sum_{t=\tau+1}^{n}E(\mathbf{Z}_t\varepsilon_t\varepsilon_{t-\tau}'\mathbf{Z}_{t-\tau}') + E(\mathbf{Z}_{t-\tau}\varepsilon_{t-\tau}\varepsilon_t'\mathbf{Z}_t')
\end{aligned}
$$

我们始终假定 $E(\mathbf{Z}_t\varepsilon_t\,|\,\mathcal{F}_{t-\tau})=\mathbf{0}$ 对于 $\tau=m+1<\infty$成立,并且 $\mathcal{F}_t$ 是适应σ-域。需要设定的额外条件和所使用的证明方法与前一节类似。

首先,我们考虑估计量

$$
\begin{aligned}
\hat{\mathbf{V}}_n = n^{-1}\sum_{t=1}^{n}\mathbf{Z}_t\tilde{\varepsilon}_t\tilde{\varepsilon}_t'\mathbf{Z}_t' \\
+ n^{-1}\sum_{\tau=1}^{m}\sum_{t=\tau+1}^{n}\mathbf{Z}_t\tilde{\varepsilon}_t\tilde{\varepsilon}_{t-\tau}'\mathbf{Z}_{t-\tau}' + \mathbf{Z}_{t-\tau}\tilde{\varepsilon}_{t-\tau}\tilde{\varepsilon}_t'\mathbf{Z}_t'
\end{aligned}
$$

在一般性条件下,我们最终可以得到$\hat{\mathbf{V}}_n-\mathbf{V}_n\xrightarrow{p}\mathbf{0}$,如定理 6.9 所示。

定理 6.9 假定

(i) $\mathbf{Y}_t=\mathbf{X}_t'\beta_o+\varepsilon_t$, $t=1, 2, \cdots, \beta_o\in\mathbb{R}^k$;

(ii) $\{(\mathbf{Z}_t', \mathbf{X}_t', \varepsilon_t)\}$是遍历平稳序列;

(iii) (a) $E(\mathbf{Z}_t\varepsilon_t|\mathcal{F}_{t-\tau})=0$,对于$\tau=m+1<\infty$成立,并且$\mathcal{F}_t$是适应$\sigma$-域;

(b) $E|Z_{thi}\varepsilon_{th}|^2<\infty$, $h=1, \cdots, p$, $i=1, \cdots, l$;

(c) $\mathbf{V}_n\equiv\text{var}(n^{-1/2}\mathbf{Z}'\varepsilon)=\mathbf{V}$是正定的;

(iv) (a) $E|Z_{thi}X_{thj}|^2<\infty$, $h=1, \cdots, p$, $i=1, \cdots, l$, $j=1, \cdots, k$

(b) $\mathbf{Q}\equiv E(\mathbf{Z}_t\mathbf{X}_t'/n)$是列满秩的;

(c) $\hat{\mathbf{P}}_n\xrightarrow{p}\mathbf{P}$是有限、对称和正定的。

那么$\hat{\mathbf{V}}_n-\mathbf{V}\xrightarrow{p}\mathbf{0}$并且$\hat{\mathbf{V}}_n^{-1}-\mathbf{V}^{-1}\xrightarrow{p}\mathbf{0}$。

证明:根据定义和(iii.a)的假设

$$\begin{aligned}\hat{\mathbf{V}}_n-\mathbf{V}=&n^{-1}\sum_{t=1}^{n}\mathbf{Z}_t\tilde{\varepsilon}_t\tilde{\varepsilon}_t'\mathbf{Z}_t'-E(\mathbf{Z}_t\varepsilon_t\varepsilon_t'\mathbf{Z}_t')\\&+n^{-1}\sum_{\tau=1}^{m}\sum_{t=\tau+1}^{n}[\mathbf{Z}_t\tilde{\varepsilon}_t\tilde{\varepsilon}_{t-\tau}'\mathbf{Z}_{t-\tau}'-E(\mathbf{Z}_t\varepsilon_t\varepsilon_{t-\tau}'\mathbf{Z}_{t-\tau}')\\&+\mathbf{Z}_{t-\tau}\tilde{\varepsilon}_{t-\tau}\tilde{\varepsilon}_t'\mathbf{Z}_t'-E(\mathbf{Z}_{t-\tau}\varepsilon_{t-\tau}\varepsilon_t'\mathbf{Z}_t')]\end{aligned}$$

如果可以证明

$$n^{-1}\sum_{t=\tau+1}^{n}\mathbf{Z}_t\tilde{\varepsilon}_t\tilde{\varepsilon}_{t-\tau}'\mathbf{Z}_{t-\tau}'-E(\mathbf{Z}_t\varepsilon_t\varepsilon_{t-\tau}'\mathbf{Z}_{t-\tau}')\xrightarrow{p}\mathbf{0}, \ \tau=0, \cdots, m$$

那么就可以根据习题 2.35 证明定理的结论。

已知

$$\begin{aligned}&n^{-1}\sum_{t=\tau+1}^{n}\mathbf{Z}_t\tilde{\varepsilon}_t\tilde{\varepsilon}_{t-\tau}'\mathbf{Z}_{t-\tau}'-E(\mathbf{Z}_t\varepsilon_t\varepsilon_{t-\tau}'\mathbf{Z}_{t-\tau}')\\=&((n-\tau)/n)(n-\tau)^{-1}\sum_{t=\tau+1}^{n}\mathbf{Z}_t\tilde{\varepsilon}_t\tilde{\varepsilon}_{t-\tau}'\mathbf{Z}_{t-\tau}'-E(\mathbf{Z}_t\varepsilon_t\varepsilon_{t-\tau}'\mathbf{Z}_{t-\tau}')\end{aligned}$$

对于$\tau=0, \cdots, m$,当$n\to\infty$时,我们有$((n-\tau)/n)\to 1$,由此可知,为证明前式成立,只需证明对于$\tau=0, \cdots, m$有

$$(n-\tau)^{-1}\sum_{t=\tau+1}^{n}\mathbf{Z}_t\tilde{\varepsilon}_t\tilde{\varepsilon}_{t-\tau}'\mathbf{Z}_{t-\tau}'-E(\mathbf{Z}_t\varepsilon_t\varepsilon_{t-\tau}'\mathbf{Z}_{t-\tau}')\xrightarrow{p}\mathbf{0}$$

像之前一样,替换$\tilde{\varepsilon}_t$为$\tilde{\varepsilon}_t=\varepsilon_t-\mathbf{X}_t'(\tilde{\beta}_n-\beta_o)$,可得

$$
\begin{aligned}
&(n-\tau)^{-1}\sum\nolimits_{t=\tau+1}^{n}\mathbf{Z}_t\tilde{\varepsilon}_t\tilde{\varepsilon}'_{t-\tau}\mathbf{Z}'_{t-\tau}-E(\mathbf{Z}_t\varepsilon_t\varepsilon'_{t-\tau}\mathbf{Z}'_{t-\tau})\\
=&(n-\tau)^{-1}\sum\nolimits_{t=\tau+1}^{n}\mathbf{Z}_t\varepsilon_t\varepsilon'_{t-\tau}\mathbf{Z}'_{t-\tau}-E(\mathbf{Z}_t\varepsilon'_{t-\tau}\mathbf{Z}'_{t-\tau})\\
&-(n-\tau)^{-1}\sum\nolimits_{t=\tau+1}^{n}\mathbf{Z}_t\mathbf{X}'_t(\tilde{\beta}_n-\beta_o)\varepsilon'_{t-\tau}\mathbf{Z}'_{t-\tau}\\
&-(n-\tau)^{-1}\sum\nolimits_{t=\tau+1}^{n}\mathbf{Z}_t\varepsilon_t(\tilde{\beta}_n-\beta_o)'\mathbf{X}_{t-\tau}\mathbf{Z}'_{t-\tau}\\
&+(n-\tau)^{-1}\sum\nolimits_{t=\tau+1}^{n}\mathbf{Z}_t\mathbf{X}'_t(\tilde{\beta}_n-\beta_o)(\tilde{\beta}_n-\beta_o)'\mathbf{X}_{t-\tau}\mathbf{Z}'_{t-\tau}
\end{aligned}
$$

如果上式中每一项都依概率趋于 0，则我们可以依据习题 2.35 证明所需结论。首先，根据遍历性定理，如果假设条件(ii)和(iii.b)满足，第一项就几乎必然(依概率)趋于 0。其次，第二项根据公式 $\mathrm{vec}(\mathbf{ABC})=(\mathbf{C}'\otimes\mathbf{A})\mathrm{vec}(\mathbf{B})$，可以写成

$$
\begin{aligned}
&\mathrm{vec}\Big((n-\tau)^{-1}\sum\nolimits_{t=\tau+1}^{n}\mathbf{Z}_t\mathbf{X}'_t(\tilde{\beta}_n-\beta_o)\varepsilon'_{t-\tau}\mathbf{Z}'_{t-\tau}\Big)\\
=&(n-\tau)^{-1}\sum\nolimits_{t=\tau+1}^{n}(\mathbf{Z}_{t-\tau}\varepsilon_{t-\tau}\otimes\mathbf{Z}_t\mathbf{X}'_t)\mathrm{vec}(\tilde{\beta}_n-\beta_o)
\end{aligned}
$$

根据习题 3.38，定理 6.9 的假设条件可以确保 $\tilde{\beta}_n\xrightarrow{p}\beta_o$，因此根据推论 2.36，要证明第二项依概率趋近于 0，只需证明 $(n-\tau)^{-1}\sum_{t=\tau+1}^{n}(Z_{t-\tau}\varepsilon_{t-\tau}\otimes\mathbf{Z}_t\mathbf{X}'_t)$ 是 $O_p(1)$。根据遍历性定理，给定(iii.b)和(iv.a)，应用柯西—施瓦茨不等式，可以证明 $(n-\tau)^{-1}\sum_{t=\tau+1}^{n}(\mathbf{Z}_{t-\tau}\varepsilon_{t-\tau}\otimes\mathbf{Z}_t\mathbf{X}'_t)$ 是 $O_p(1)$。

同理可证

$$
\begin{aligned}
&\mathrm{vec}\Big((n-\tau)^{-1}\sum\nolimits_{t=\tau+1}^{n}\mathbf{Z}_t\varepsilon_t(\tilde{\beta}_n-\beta_o)'\mathbf{X}_{t-\tau}\mathbf{Z}'_{t-\tau}\Big)\\
=&(n-\tau)^{-1}\sum\nolimits_{t=\tau+1}^{n}(\mathbf{Z}_{t-\tau}\mathbf{X}'_{t-\tau}\otimes\mathbf{Z}_t\varepsilon_t)\mathrm{vec}((\tilde{\beta}_n-\beta_o)')\xrightarrow{p}\mathbf{0}
\end{aligned}
$$

对于最后一项，应用 $\mathrm{vec}(\mathbf{ABC})=(\mathbf{C}'\otimes\mathbf{A})\mathrm{vec}(\mathbf{B})$ 可得

$$
\begin{aligned}
&\mathrm{vec}\Big((n-\tau)^{-1}\sum_{t=\tau+1}^{n}\mathbf{Z}_t\mathbf{X}'_t(\tilde{\beta}_n-\beta_o)(\tilde{\beta}_n-\beta_o)'\mathbf{X}_{t-\tau}\mathbf{Z}'_{t-\tau}\Big)\\
=&(n-\tau)^{-1}\sum_{t=\tau+1}^{n}(\mathbf{Z}_{t-\tau}\mathbf{X}'_{t-\tau}\otimes\mathbf{Z}_t\mathbf{X}'_t)\mathrm{vec}((\tilde{\beta}_n-\beta_o)(\tilde{\beta}_n-\beta_o)')
\end{aligned}
$$

定理 6.9 的条件确保 $\tilde{\beta}_n\xrightarrow{p}\beta_o$，当条件(ii)和条件(iv.a)保证遍历性定理成立时，可得

$$(n-\tau)^{-1}\sum_{t=\tau+1}^{n}(\mathbf{Z}_{t-\tau}\mathbf{X}'_{t-\tau}\otimes\mathbf{Z}_t\mathbf{X}'_t)=O_p(1)$$

根据推论 2.36，最后一项趋于 0，证毕。■

类似推论 6.4 和 6.5 的结果也同样可以得证。

推论 6.10　假定定理 6.9 中的条件(i)至条件(iv)成立，那么有 $\mathbf{D}^{-1/2}\sqrt{n}(\tilde{\beta}_n-\beta_o)\stackrel{A}{\sim}N(\mathbf{0},\ \mathbf{I})$，其中

$$\mathbf{D}\equiv(\mathbf{Q}'\mathbf{P}\mathbf{Q})^{-1}\mathbf{Q}'\mathbf{P}\mathbf{V}\mathbf{P}\mathbf{Q}(\mathbf{Q}'\mathbf{P}\mathbf{Q})^{-1}$$

进而，$\hat{\mathbf{D}}_n-\mathbf{D}\xrightarrow{p}\mathbf{0}$，其中

$$\hat{\mathbf{D}}_n=(\mathbf{X}'\mathbf{Z}\hat{\mathbf{P}}_n\mathbf{Z}'\mathbf{X}/n^2)^{-1}(\mathbf{X}'\mathbf{Z}/n)\hat{\mathbf{P}}_n\hat{\mathbf{V}}_n\hat{\mathbf{P}}_n(\mathbf{Z}'\mathbf{X}/n)(\mathbf{X}'\mathbf{Z}\hat{\mathbf{P}}_n\mathbf{Z}'\mathbf{X}/n^2)^{-1}$$

证明：可以从定理 6.9 和习题 5.19 直接得到。■

推论 6.11　假定

(i) $\mathbf{Y}_t=\mathbf{X}'_t\beta_o+\varepsilon_t,\ t=1,\ 2,\ \cdots,\ \beta_o\in\mathbb{R}^k$；

(ii) $\{(\mathbf{Z}'_t,\ \mathbf{X}'_t,\ \varepsilon_t)\}$是遍历平稳序列；

(iii) (a) $E(\mathbf{Z}_t\varepsilon_t\,|\,\mathcal{F}_{t-\tau})=0$，对于 $\tau=m+1<\infty$ 并且 $\mathcal{F}_t$ 是适应 σ-域；

(b) $E|Z_{thi}\varepsilon_{th}|^2<\infty,\ h=1,\ \cdots,\ p,\ i=1,\ \cdots,\ l$；

(c) $\mathbf{V}_n\equiv\text{var}(n^{-1/2}\mathbf{Z}'\varepsilon)=\mathbf{V}$ 是正定的；

(iv) (a) $E|Z_{thi}X_{thj}|^2<\infty,\ h=1,\ \cdots,\ p,\ i=1,\ \cdots,\ l,\ j=1,\ \cdots,\ k$，并且 $E|Z_{thi}|^2<\infty,\ h=1,\ \cdots,\ p,\ i=1,\ \cdots,\ l$；

(b) $\mathbf{Q}\equiv E(\mathbf{Z}_t\mathbf{X}'_t)$是列满秩的；

(c) $\mathbf{L}\equiv E(\mathbf{Z}_t\mathbf{Z}'_t)$是正定的。

定义

$$\hat{\mathbf{V}}_n\equiv n^{-1}\sum_{t=1}^{n}\mathbf{Z}_t\tilde{\varepsilon}_t\tilde{\varepsilon}'_t\mathbf{Z}'_t+\sum_{\tau=1}^{m}\sum_{t=\tau+1}^{n}\mathbf{Z}_t\tilde{\varepsilon}_t\tilde{\varepsilon}'_{t-\tau}\mathbf{Z}'_{t-\tau}+\mathbf{Z}_{t-\tau}\tilde{\varepsilon}_{t-\tau}\tilde{\varepsilon}'_t\mathbf{Z}'_t$$

其中$\tilde{\varepsilon}_t\equiv\mathbf{Y}_t-\mathbf{X}'_t\tilde{\beta}_n$，$\tilde{\beta}_n\equiv(\mathbf{X}'\mathbf{Z}(\mathbf{Z}'\mathbf{Z})^{-1}\mathbf{Z}'\mathbf{X})^{-1}\mathbf{X}'\mathbf{Z}(\mathbf{Z}'\mathbf{Z})^{-1}\mathbf{Z}'\mathbf{Y}$，并且定义

$$\beta_n^*\equiv(\mathbf{X}'\mathbf{Z}\hat{\mathbf{V}}_n^{-1}\mathbf{Z}'\mathbf{X})^{-1}\mathbf{X}'\mathbf{Z}\hat{\mathbf{V}}_n^{-1}\mathbf{Z}'\mathbf{Y}$$

那么可得$\mathbf{D}^{-1/2}\sqrt{n}(\beta_n^*-\beta_o)\stackrel{A}{\sim}N(\mathbf{0},\ \mathbf{I})$，其中

$$\mathbf{D}=(\mathbf{Q}'\mathbf{V}^{-1}\mathbf{Q})^{-1}$$

进而可得$\hat{\mathbf{D}}_n-\mathbf{D}\xrightarrow{p}\mathbf{0}$,其中

$$\hat{\mathbf{D}}_n=(\mathbf{X}'\mathbf{Z}\hat{\mathbf{V}}_n^{-1}\mathbf{Z}'\mathbf{X}/n^2)^{-1}$$

证明:条件(i)至条件(iv)确保定理 6.9 关于$\tilde{\beta}_n$ 成立。根据推论 6.10,设定$\hat{\mathbf{P}}_n=\hat{\mathbf{V}}_n^{-1}$,那么$\hat{\mathbf{P}}_n=\hat{\mathbf{V}}_n^{-1}$,定理得证。■

关于混合序列的结果与习题 6.6 至习题 6.8 相似。

习题 6.12 证明下列结果,假定

(i) $\mathbf{Y}_t=\mathbf{X}_t'\beta_o+\varepsilon_t$, $t=1, 2, \cdots$, $\beta_o\in\mathbb{R}^k$;

(ii) $\{(\mathbf{Z}_t', \mathbf{X}_t', \varepsilon_t)\}$是混合序列,系数为 ϕ 的尺度为$-r/(2r-1)$, $r\geqslant 2$,或者系数为 α 的尺度为$-r/(r-2)$, $r>2$;

(iii) (a) $E(\mathbf{Z}_t\varepsilon_t|\mathcal{F}_{t-\tau})=\mathbf{0}$,对于$\tau=m+1<\infty$和适应$\sigma$-域$\mathcal{F}_t$, $t=1, 2, \cdots$;

(b) $E|Z_{thi}\varepsilon_{th}|^{r+\delta}<\Delta<\infty$,对于某些$\delta>0$, $h=1, \cdots, p$, $i=1, \cdots, l$,和 $t=1, 2, \cdots$成立;

(c) $\mathbf{V}_n\equiv\text{var}(n^{-1/2}\sum_{t=1}^n\mathbf{Z}_t\varepsilon_t)$是一致正定的;

(iv) (a) $E|Z_{thi}X_{thj}|^{r+\delta}<\Delta<\infty$,对于某些$\delta>0$, $h=1, \cdots, p$, $i=1, \cdots, l$,和 $t=1, 2, \cdots$成立;

(b) $\mathbf{Q}_n\equiv E(\mathbf{Z}'\mathbf{X}/n)$是一致列满秩的;

(c) $\hat{\mathbf{P}}_n-\mathbf{P}_n\xrightarrow{p}\mathbf{0}$,其中 $\mathbf{P}_n=O(1)$是对称且一致正定的。

那么$\hat{\mathbf{V}}_n-\mathbf{V}_n\xrightarrow{p}\mathbf{0}$ 并且$\hat{\mathbf{V}}_n^{-1}-\mathbf{V}_n^{-1}\xrightarrow{p}\mathbf{0}$。

(提示:小心处理 r 以确保适应合适的混合尺度的需要)

习题 6.13 证明下列结果。假定习题 6.12 的条件(i)至条件(iv)成立,那么 $\mathbf{D}_n^{-1/2}\sqrt{n}(\tilde{\beta}_n-\beta_o)\overset{A}{\sim}N(\mathbf{0}, \mathbf{I})$,其中

$$\mathbf{D}_t\equiv(\mathbf{Q}_n'\mathbf{P}_n\mathbf{Q}_n)^{-1}\mathbf{Q}_n'\mathbf{P}_n\mathbf{V}_n\mathbf{P}_n\mathbf{Q}_n(\mathbf{Q}_n'\mathbf{P}_n\mathbf{Q}_n)^{-1}$$

进而,$\hat{\mathbf{D}}_n-\mathbf{D}_n\xrightarrow{p}\mathbf{0}$,其中

$$\hat{\mathbf{D}}_n=(\mathbf{X}'\mathbf{Z}\hat{\mathbf{P}}_n\mathbf{Z}'\mathbf{X}/n^2)^{-1}(\mathbf{X}'\mathbf{Z}/n)\hat{\mathbf{P}}_n\hat{\mathbf{V}}_n\hat{\mathbf{P}}_n(\mathbf{Z}'\mathbf{X}/n)(\mathbf{X}'\mathbf{Z}\hat{\mathbf{P}}_n\mathbf{Z}'\mathbf{X}/n^2)^{-1}$$

(提示:应用定理 5.23)

习题 6.14 证明下列结论,假定

(i) $\mathbf{Y}_t=\mathbf{X}_t'\beta_o+\varepsilon_t$, $t=1, 2, \cdots$, $\beta_o\in\mathbb{R}^k$;

(ii) $\{(\mathbf{Z}_t', \mathbf{X}_t', \varepsilon_t)\}$是混合序列,系数为 ϕ 的尺度为$-r/(2r-1)$, $r\geqslant 2$,或

者系数为 α 的尺度为 $-r/(r-2)$，$r>2$；

(iii) (a) $E(\mathbf{Z}_t\varepsilon_t \mid \mathcal{F}_{t-\tau})=\mathbf{0}$)，对于 $\tau=m+1<\infty$ 和适应 σ-域 $\mathcal{F}_t$ 成立，其中 $t=1, 2, \cdots$；

(b) $E|Z_{thi}\varepsilon_{th}|^{r+\delta}<\Delta<\infty$，对于某些 $\delta>0$ 及所有 $h=1, \cdots, p$，$i=1, \cdots, l$，和 $t=1, 2, \cdots$成立；

(c) $\mathbf{V}_n \equiv \text{var}(n^{-1/2}\sum_{t=1}^{n}\mathbf{Z}_t\varepsilon_t)$是一致正定的；

(iv) (a) $E|Z_{thi}X_{thj}|^{r+\delta}<\Delta<\infty$，对于某些 $\delta>0$ 及所有 $h=1, \cdots, p$，$i=1, \cdots, l$，$j=1, \cdots, k$ 和 $t=1, 2, \cdots$成立；

(b) $\mathbf{Q}_n \equiv E(\mathbf{Z}'\mathbf{X}/n)$是一致列满秩的；

(c) $\mathbf{L}_n \equiv E(\mathbf{Z}'\mathbf{Z}/n)$是一致正定的。

定义

$$\hat{\mathbf{V}}_n = n^{-1}\sum_{t=1}^{n}\mathbf{Z}_t\tilde{\varepsilon}_t\tilde{\varepsilon}'_t\mathbf{Z}'_t$$

$$+n^{-1}\sum_{\tau=1}^{m}\sum_{t=\tau+1}^{n}\mathbf{Z}_t\tilde{\varepsilon}_t\tilde{\varepsilon}'_{t-\tau}\mathbf{Z}'_{t-\tau}+\mathbf{Z}_{t-\tau}\tilde{\varepsilon}_{t-\tau}\tilde{\varepsilon}'_t\mathbf{Z}'_t$$

其中$\tilde{\varepsilon}_t \equiv \mathbf{Y}_t-\mathbf{X}'_t\tilde{\beta}_n$，$\tilde{\beta}_n \equiv (\mathbf{X}'\mathbf{Z}(\mathbf{Z}'\mathbf{Z})^{-1}\mathbf{Z}'\mathbf{X})^{-1}\mathbf{X}'\mathbf{Z}(\mathbf{Z}'\mathbf{Z})^{-1}\mathbf{Z}'\mathbf{Y}$，并且定义

$$\beta_n^* \equiv (\mathbf{X}'\mathbf{Z}\hat{\mathbf{V}}_n\mathbf{Z}'\mathbf{X})^{-1}\mathbf{X}'\mathbf{Z}\hat{\mathbf{V}}_n^{-1}\mathbf{Z}'\mathbf{Y}$$

那么可得 $\mathbf{D}_n^{-1/2}\sqrt{n}(\beta_n^*-\beta_o)\overset{A}{\sim}N(\mathbf{0}, \mathbf{I})$，其中

$$\mathbf{D}_n = (\mathbf{Q}'_n\mathbf{V}_n^{-1}\mathbf{Q}_n)^{-1}$$

进而可得，$\hat{\mathbf{D}}_n-\mathbf{D}_n \xrightarrow{p} \mathbf{0}$，其中

$$\hat{\mathbf{D}}_n = (\mathbf{X}'\mathbf{Z}\hat{\mathbf{V}}_n^{-1}\mathbf{Z}'\mathbf{X}/n^2)^{-1}$$

因为$\hat{\mathbf{V}}_n-\mathbf{V}_n \xrightarrow{p} \mathbf{0}$ 并且 $\mathbf{V}_n$ 是被假定为一致正定的，那么当 $n\to\infty$时，$\hat{\mathbf{V}}_n$是依概率接近 1 的正定。事实上，正如定理所介绍的，这是几乎必然收敛（$\hat{\mathbf{P}}_n-\mathbf{P}_n \xrightarrow{a.s.} \mathbf{0}$），因此当 n 充分大时，$\hat{\mathbf{V}}_n$将是几乎必然正定。

然而，对于给定的 n 和特定样本，刚刚分析的$\hat{\mathbf{V}}_n$不一定是正定的。事实上，它不仅可以是正半定的，而且可以是非正定的。这显然不合适，因为负方差估计无法用于假设检验或其他需要用到方差估计的地方。

那该怎么办？一个简单但有效的（保证正定性）的策略是考虑以下加权

版本的$\hat{\mathbf{V}}_n$，

$$\tilde{\mathbf{V}}_n = n^{-1}\sum_{t=1}^{n}\mathbf{Z}_t\tilde{\varepsilon}_t\tilde{\varepsilon}_t'\mathbf{Z}_t'$$
$$+n^{-1}\sum_{\tau=1}^{m}w_{n\tau}\sum_{t=\tau+1}^{n}\mathbf{Z}_t\tilde{\varepsilon}_t\tilde{\varepsilon}_{t-\tau}'\mathbf{Z}_{t-\tau}'+\mathbf{Z}_{t-\tau}\tilde{\varepsilon}_{t-\tau}\tilde{\varepsilon}_t'\mathbf{Z}_t'$$

如果对于上式中所有的 n 和 τ 的组合，$w_{n\tau}=1$，我们就可以得到估计量$\hat{\mathbf{V}}_n$。此外，$\tilde{\mathbf{V}}_n$ 的一致估计量也得到保证，请证明下面的习题。

习题 6.15 证明在定理 6.9 或习题 6.12 的条件下，对于每个 $\tau=1, \cdots, m$，确保$\tilde{\mathbf{V}}_n-\mathbf{V}_n\xrightarrow{p}\mathbf{0}$ 的充分条件是 $w_{n\tau}\xrightarrow{p}1$。

根据这一要求，我们可以调整 $w_{n\tau}$ 以确保有限样本中$\tilde{\mathbf{V}}_n$ 的正定性。一种自然的方法是利用$\hat{\mathbf{V}}_n$的特征去选择 $w_{n\tau}$。特别地，如果$\hat{\mathbf{V}}_n$是正定的（矩阵的所有特征值都为正），设置 $w_{n\tau}=1$（很容易证明，这能确保 $w_{n\tau}\xrightarrow{p}1$）。否则，选择 $w_{n\tau}$ 以确保正定性。比如，选择 $w_{n\tau}=f(\tau, \theta_n)$并且调整 θ_n 来实现正定的$\tilde{\mathbf{V}}_n$。比如，选择 $w_{n\tau}=1-\theta_n\tau(\theta_n>0)$，$w_{n\tau}=(\theta_n)^{\tau}(\theta_n<1)$，或者 $w_{n\tau}=\exp(-\theta_n\tau)(\theta_n>0)$。我们也可以使用更复杂的方法，但实际上，这种简单的方法通常就足够了。

6.4 情形 3：$\{\mathbf{Z}_t\varepsilon_t\}$渐近不相关

在这一节中，我们首先考虑一般情形

$$\mathbf{V}_n = n^{-1}\sum_{t=1}^{n}E(\mathbf{Z}_t\varepsilon_t\varepsilon_t'\mathbf{Z}_t')$$
$$+n^{-1}\sum_{\tau=1}^{n-1}\sum_{t=\tau+1}^{n}E(\mathbf{Z}_t\varepsilon_t\varepsilon_{t-\tau}'\mathbf{Z}_{t-\tau}')+E(\mathbf{Z}_{t-\tau}\varepsilon_{t-\tau}\varepsilon_t'\mathbf{Z}_t')$$

我们所施加的必要约束是当 $\tau\to\infty$时，$\mathbf{Z}_t\varepsilon_t$ 和 $\mathbf{Z}_{t-\tau}\varepsilon_{t-\tau}$的协方差趋于 0，而这一约束可以通过假设$\{(\mathbf{Z}_t', \mathbf{X}_t', \varepsilon_t)\}$是混合序列来满足。在平稳情形下，我们将遍历性替换为混合序列，正如第 3 章所描述的，混合序列可以推出遍历性。混合序列不是我们所需要的最弱的约束条件。混合鞅条件也可以被用在这一节当中。然而，为了使我们的分析易于处理，我们将注意力限制在混合过程中。

根据下面引理的结论，混合序列是渐进不相关的。

引理 6.16 令是 $\mathcal{Z}$ 关于 $\mathcal{F}_{n+\tau}^{\infty}$ 的随机可测变量，$0<\tau<\infty$，保证 $||\mathcal{Z}_t||_q \equiv [E|\mathcal{Z}|^q]^{1/q}<\infty$，对于某些 $q>1$ 成立，并且让 $1<r\leqslant q$，那么有

$$||E(\mathcal{Z}|\mathcal{F}_{-\infty}^{n})-E(\mathcal{Z})||_r \leqslant 2[\phi(\tau)]^{1-1/q}||\mathcal{Z}||_q$$

并且

$$||E(\mathcal{Z}|\mathcal{F}_{-\infty}^{n})-E(\mathcal{Z})||_r \leqslant 2(2^{1/r}+1)[\alpha(\tau)]^{1/r-1/q}||\mathcal{Z}||_q$$

证明：根据 McLeish(1975)引理 2.1 可直接得到。■

对于混合序列，当 $\tau\rightarrow\infty$ 时，$\phi(\tau)$ 或者 $\alpha(\tau)$ 趋近于 0，因此，条件期望 $E(\mathcal{Z}|\mathcal{F}_{-\infty}^{n})$ 会收敛到无条件期望 $E(\mathcal{Z})$，引理 6.16 为条件期望(这里的条件是从 $-\infty$ 到 n 的信息，而 $\mathcal{Z}$ 是 $\mathcal{F}_{n+\tau}^{\infty}$ 可测的)和无条件期望之间的收敛速度(当 τ 越来越大时)提供了一个上界。

设定 $r=2$，我们获得如下结论。

推论 6.17 令 $E(\mathcal{Z}_n)=E(\mathcal{Z}_{n+\tau})=0$ 并且假定 $\mathrm{var}(\mathcal{Z}_n)<\infty$，存在某些 $q\geqslant 2$，使得 $E|\mathcal{Z}_{n+\tau}|^q<\infty$，$0<\tau<\infty$ 成立，那么

$$|E(\mathcal{Z}_n\mathcal{Z}_{n+\tau})|\leqslant 2\phi(\tau)^{1-1/q}(\mathrm{var}(\mathcal{Z}_n))^{1/2}||\mathcal{Z}_{n+\tau}||_q$$

并且

$$|E(\mathcal{Z}_n\mathcal{Z}_{n+\tau})|\leqslant 2(2^{1/2}+1)\alpha(\tau)^{1/2-1/q}(\mathrm{var}(\mathcal{Z}_n))^{1/2} \times||\mathcal{Z}_{n+\tau}||_q$$

证明：令 $\mathcal{F}_{-\infty}^{n}=\sigma(\cdots,\mathcal{Z}_n)$ 和 $\mathcal{F}_{n+\tau}^{\infty}=\sigma(\mathcal{Z}_{n+\tau},\cdots)$。根据迭代期望法则，结合命题 3.65 可得

$$\begin{aligned}E(\mathcal{Z}_n\mathcal{Z}_{n+\tau})&=E(E(\mathcal{Z}_n\mathcal{Z}_{n+\tau}|\mathcal{F}_{-\infty}^{n}))\\&=E(\mathcal{Z}_nE(\mathcal{Z}_{n+\tau}|\mathcal{F}_{-\infty}^{n}))\end{aligned}$$

应用柯西—施瓦茨不等式和詹森不等式可得

$$|E(\mathcal{Z}_n\mathcal{Z}_{n+\tau})|\leqslant E(\mathcal{Z}_n^2)^{1/2}E(E(\mathcal{Z}_{n+\tau}|\mathcal{F}_{-\infty}^{n})^2)^{1/2}$$

根据引理 6.16，我们可得

$$E(E(\mathcal{Z}_{n+\tau}|\mathcal{F}_{-\infty}^{n})^2)^{1/2}\leqslant 2\phi(\tau)^{1-1/q}||\mathcal{Z}_{n+\tau}||_q$$

并且

$$E(E(\mathcal{Z}_{n+\tau}|\mathcal{F}_{-\infty}^{n})^2)^{1/2}\leqslant 2(2^{1/2}+1)\alpha(\tau)^{1/2-1/q}||\mathcal{Z}_{n+\tau}||_q$$

这里我们使用引理 6.16 并设置 $r=2$。结合这些不等式可以得到如下结果

$$|E(\mathcal{Z}_n\mathcal{Z}_{n+\tau})|\leqslant 2\phi(\tau)^{1-1/q}(\text{var}(\mathcal{Z}_n))^{1/2}||\mathcal{Z}_{n+\tau}||_q$$

和

$$|E(\mathcal{Z}_n\mathcal{Z}_{n+\tau})|\leqslant 2(2^{1/2}+1)\alpha(\tau)^{1/2-1/q}(\text{var}(\mathcal{Z}_n))^{1/2}||\mathcal{Z}_{n+\tau}||_q \quad \blacksquare$$

这个结果可以直接推出混合序列是渐进不相关的，因为由 $\phi(\tau)\rightarrow 0(q\geqslant 2)$ 或者 $\alpha(\tau)\rightarrow 0(q>2)$ 可以推出，当 $\tau\rightarrow\infty$ 时，$|E(\mathcal{Z}_n\mathcal{Z}_{n+\tau})|\rightarrow 0$。对于混合序列及 m 的某些值，$\mathbf{V}_n$ 可以近似地由下式估计

$$\begin{aligned}\bar{\mathbf{V}}_n &\equiv w_{n0}n^{-1}\sum_{t=1}^{n}E(\mathbf{Z}_t\varepsilon_t\varepsilon_t'\mathbf{Z}_t')\\ &\quad +n^{-1}\sum_{\tau=1}^{m}w_{n\tau}\sum_{t=\tau+1}^{n}E(\mathbf{Z}_t\varepsilon_t\varepsilon_{t-\tau}'\mathbf{Z}_{t-\tau}')+E(\mathbf{Z}_{t-\tau}\varepsilon_{t-\tau}\varepsilon_t'\mathbf{Z}_t')\end{aligned}$$

其中 $m<n$，因为被忽略项($m<\tau<n$)的绝对值会随着 m 的增大而减小。然而，请注意，如果 m 为一个常数，不随着 n 的增大而增大，则被忽略项的数量会随着 n 的增大而增大，这时被忽略项的和可能不会依概率收敛到 0。这表明 m 必须随 n 的增大而增大，以保证我们在构建 $\bar{\mathbf{V}}_n$ 时所忽略的 $\mathbf{V}_n$ 中的项之和依概率收敛到 0。为体现 m 和 n 的这种依存关系，我们将 m 写成 m_n。

请注意，在 $\bar{\mathbf{V}}_n$ 当中，我们引入类似于上一节 $\tilde{\mathbf{V}}_n$ 中出现的权重 $w_{n\tau}$，类似地，我们可以定义 $\tilde{\mathbf{V}}_n$ 如下

$$\begin{aligned}\tilde{\mathbf{V}}_n &\equiv w_{n0}n^{-1}\sum_{t=1}^{n}\mathbf{Z}_t\tilde{\varepsilon}_t\tilde{\varepsilon}_t'\mathbf{Z}_t'\\ &\quad +n^{-1}\sum_{\tau=1}^{m_n}w_{n\tau}\sum_{t=\tau+1}^{n}\mathbf{Z}_t\tilde{\varepsilon}_t\tilde{\varepsilon}_{t-\tau}'\mathbf{Z}_{t-\tau}'+\mathbf{Z}_{t-\tau}\tilde{\varepsilon}_{t-\tau}\tilde{\varepsilon}_t'\mathbf{Z}_t'\end{aligned}$$

要建立 $\tilde{\mathbf{V}}_n$ 和 $\mathbf{V}_n$ 的一致性首先需要证明在适当条件下 $\bar{\mathbf{V}}_n-\mathbf{V}_n\xrightarrow{p}\mathbf{0}$，然后证明 $\tilde{\mathbf{V}}_n-\bar{\mathbf{V}}_n\xrightarrow{p}\mathbf{0}$。

然而，现在仅仅要求 $w_{n\tau}\xrightarrow{p}1$ 以建立一致性是不够的，因为我们还必

须正确地处理 $m_n\to\infty$ 的条件。为简单起见，我们在后文中仅考虑非随机权重 $w_{n\tau}$。随机权重可以用类似的方法处理。定理 6.18 提供了 $\bar{\mathbf{V}}_n-\mathbf{V}_n\to\mathbf{0}$ 的条件。

引理 6.18 令 $\{\mathcal{Z}_{nt}\}$ 为 $k\times 1$ 双阵列维随机向量，存在某些 $r\geqslant 2$ 满足 $E(|\mathcal{Z}_{nt}'\mathcal{Z}_{nt}|^{r/2})\leqslant\Delta<\infty$，$E(\mathcal{Z}_{nt})=\mathbf{0}$，其中 $n, t=1, 2, \cdots$，并且 $\{\mathcal{Z}_{nt}\}$ 是 ϕ 混合序列，尺度为 $-r/(r-1)$ 或者为 α 混合序列，尺度为 $-2r/(r-2)$，定义

$$\mathbf{V}_n\equiv\operatorname{var}\left(n^{-1/2}\sum_{t=1}^{n}\mathcal{Z}_{nt}\right)$$

并且对于任意(整数)序列 $\{m_n\}$ 和任意三角阵列 $\{w_{n\tau}: n=1, 2, \cdots;\ \tau=1, \cdots, m_n\}$，定义

$$\begin{aligned}\bar{\mathbf{V}}_n\equiv\ & w_{n0}n^{-1}\sum_{t=1}^{n}E(\mathcal{Z}_{nt}\mathcal{Z}_{nt}')\\ &+n^{-1}\sum_{\tau=1}^{m_n}w_{n\tau}\sum_{t=\tau+1}^{n}E(\mathcal{Z}_{nt}\mathcal{Z}_{n,t-\tau}')+E(\mathcal{Z}_{n,t-\tau}\mathcal{Z}_{nt}')\end{aligned}$$

如果随着 $n\to\infty$，$m_n\to\infty$，(同时权重满足条件)且如果 $|w_{n\tau}|\leqslant\Delta$，其中 $n=1, 2, \cdots, \tau=1, \cdots, m_n$，并且对于每个固定的 τ 的取值，当 $n\to\infty$ 时，$w_{n\tau}\to 1$，则 $\bar{\mathbf{V}}_n-\mathbf{V}_n\to 0$。

证明：参见 Gallant 和 White(1988, Lemma 6.6) ■

可以清晰地看出对于每个固定的 τ 值，我们需要保证 $m_n\to\infty$ 并且 $w_{n\tau}\to 1$。

接下来介绍的引理 6.19 是与 White(1984)的引理 6.19 相关的中间引理。然而，正如 Phillips(1985)及 Newey 和 West(1987)所指出的，White(1984)的结论包含了一个错误，导致 m_n 的取值设定有误。本书的引理 6.19 给出了修正后的结果。

引理 6.19 令 $\{\mathcal{Z}_{nt}\}$ 为 $k\times 1$ 双阵列维随机向量，存在某些 $r\geqslant 2$，满足 $E(|\mathcal{Z}_{nt}'\mathcal{Z}_{nt}|^{r})\leqslant\Delta<\infty$，$E(\mathcal{Z}_{nt})=\mathbf{0}$，其中 $n, t=1, 2, \cdots$，并且 $\{\mathcal{Z}_{nt}\}$ 是 ϕ 混合序列，尺度为 $-r/(r-1)$，或者为 α 混合序列，尺度为 $-2r/(r-2)$，定义

$$\zeta_{nt\tau}^{ij}=\mathcal{Z}_{nti}\mathcal{Z}_{n,t-\tau,j}-E(\mathcal{Z}_{nti}\mathcal{Z}_{n,t-\tau,j})$$

如果 $m_n=o(n^{1/4})$ 并且 $|w_{n\tau}|\leqslant\Delta$，其中 $n=1, 2, \cdots, \tau=1, \cdots, m_n$，那么对于所有 $i, j=1, \cdots, k$，有

$$n^{-1}\sum_{\tau=1}^{m_n} w_{n\tau}\sum_{t=\tau+1}^{n}\zeta_{nt\tau}^{ij}\xrightarrow{p}0$$

证明:参见 Gallant 和 White[1988, Lemma 6.7(d)] ■

现在我们可以使用引理 6.18 和引理 6.19 来构建普遍适用的 $\text{var}(n^{-1}\sum_{t=1}^{n}\boldsymbol{Z}_{nt})$的一致估计量。

定理 6.20 令$\{\boldsymbol{Z}_{nt}\}$为 $k\times1$ 双阵列维随机向量,存在某些 $r\geqslant2$,满足 $E(|\boldsymbol{Z}_{nt}'\boldsymbol{Z}_{nt}|^{r})\leqslant\Delta<\infty$, $E(\boldsymbol{Z}_{nt})=\mathbf{0}$,其中 n, $t=1, 2, \cdots$,并且$\{\boldsymbol{Z}_{nt}\}$是 ϕ 混合序列,尺度为$-r/(r-1)$,或者为 α 混合序列,尺度为$-2r/(r-2)$,定义

$$\mathbf{V}_n\equiv\text{var}\left(n^{-1}\sum_{t=1}^{n}\boldsymbol{Z}_{nt}\right)$$

并且对于任意整数序列$\{m_n\}$和任意三角阵列$\{w_{n\tau}:n=1, 2, \cdots; \tau=1, \cdots, m_n\}$,定义

$$\begin{aligned}\tilde{\mathbf{V}}_n\equiv\ & w_{n0}n^{-1}\sum_{t=1}^{n}\boldsymbol{Z}_{nt}\boldsymbol{Z}_{nt}'\\ &+n^{-1}\sum_{\tau=1}^{m_n}w_{n\tau}\sum_{t=\tau+1}^{n}\boldsymbol{Z}_{nt}\boldsymbol{Z}_{n,t-\tau}'+\boldsymbol{Z}_{n,t-\tau}\boldsymbol{Z}_{nt}'\end{aligned}$$

如果当 $n\to\infty$ 时,$m_n\to\infty$ 且 $m_n=o(n^{1/4})$,同时如果$|w_{n\tau}|\leqslant\Delta$,其中 $n=1, 2, \cdots$, $\tau=1, \cdots, m_n$,对于每个固定的 τ 值,当 $n\to\infty$ 时,有 $w_{n\tau}\to1$,则有 $\tilde{\mathbf{V}}_n-\mathbf{V}_n\xrightarrow{p}\mathbf{0}$。

证明:根据引理 6.18 所定义的$\bar{\mathbf{V}}_n$ 我们有

$$\tilde{\mathbf{V}}_n-\mathbf{V}_n=(\tilde{\mathbf{V}}_n-\bar{\mathbf{V}}_n)+(\bar{\mathbf{V}}_n-\mathbf{V}_n)$$

根据引理 6.18, $\bar{\mathbf{V}}_n-\mathbf{V}_n\to\mathbf{0}$,因此我们只需证明$\tilde{\mathbf{V}}_n-\bar{\mathbf{V}}_n\xrightarrow{p}\mathbf{0}$ 成立。

已知

$$\begin{aligned}\tilde{\mathbf{V}}_n-\bar{\mathbf{V}}_n=\ & w_{n0}n^{-1}\sum_{t=1}^{n}\boldsymbol{Z}_{nt}\boldsymbol{Z}_{nt}'-E(\boldsymbol{Z}_{nt}\boldsymbol{Z}_{nt}')\\ &+n^{-1}\sum_{\tau=1}^{m_n}w_{n\tau}\sum_{t=\tau+1}^{n}\boldsymbol{Z}_{nt}\boldsymbol{Z}_{n,t-\tau}'-E(\boldsymbol{Z}_{nt}\boldsymbol{Z}_{n,t-\tau}')\\ &+n^{-1}\sum_{\tau=1}^{m_n}w_{n\tau}\sum_{t=\tau+1}^{n}\boldsymbol{Z}_{n,t-\tau}\boldsymbol{Z}_{nt}'-E(\boldsymbol{Z}_{n,t-\tau}\boldsymbol{Z}_{nt}')\end{aligned}$$

根据混合序列的大数定律(推论 3.48),第一项几乎必然收敛到 0,同时对于第二项,它的第 i 和 j 元素可以被表示为

$$n^{-1}\sum_{\tau=1}^{m_n} w_{n\tau}\sum_{t=\tau+1}^{n} \mathcal{Z}_{nti}\mathcal{Z}_{n,t-\tau,j}-E(\mathcal{Z}_{nti}\mathcal{Z}_{n,t-\tau,j})$$

根据引理 6.19,上式依概率收敛到 0。最后一项是前一项的转置,因此同样依概率收敛到 0,证毕。■

利用这个结果,我们可以通过设置$\boldsymbol{\mathcal{Z}}_{nt}=\mathbf{Z}_t\varepsilon_t$ 来建立工具变量估计量 $\hat{\mathbf{V}}_n$ 的一致性,并通过应用引理 6.19 来处理由$\tilde{\varepsilon}_t$ 替换ε_t 而产生的附加项。

因为平稳混合序列的结果可以作为一般混合序列的结果的推论,所以我们仅陈述一般混合序列的结果。

定理 6.21 假定

(i) $\mathbf{Y}_t=\mathbf{X}_t'\beta_o+\varepsilon_t$, $t=1, 2, \cdots$, $\beta_o\in\mathbb{R}^k$;

(ii) $\{(\mathbf{Z}_t', \mathbf{X}_t', \varepsilon_t)\}$是 ϕ 混合序列,尺度为$-r/(r-1)$, $r\geq 2$,或者为 α 混合序列,尺度为$-2r/(r-2)$, $r>2$;

(iii) (a) $E(\mathbf{Z}_t\varepsilon_t)=0$, $t=1, 2, \cdots$;

(b) $E|Z_{thi}\varepsilon_{th}|^{2(r+\delta)}<\Delta<\infty$,对于某些 $\delta>0$, $h=1, \cdots, p$, $i=1, \cdots, l$,和所有 t 都成立;

(c) $\mathbf{V}_n\equiv\text{var}(n^{-1/2}\sum_{t=1}^n\mathbf{Z}_t\varepsilon_t)$是一致正定的;

(iv) (a) $E|Z_{thi}X_{thj}|^{2(r+\delta)}<\Delta<\infty$,对于某些 $\delta>0$, $h=1, \cdots, p$, $i=1, \cdots, l$, $j=1, \cdots, k$ 和 $t=1, 2, \cdots$成立;

(b) $\mathbf{Q}_n\equiv E(\mathbf{Z}'\mathbf{X}/n)$是列满秩的;

(c) $\hat{\mathbf{P}}_n-\mathbf{P}_n\xrightarrow{p}\mathbf{0}$,其中 $\mathbf{P}_n=O(1)$是对称并且一致正定的。

根据定理 6.20 定义$\tilde{\mathbf{V}}_n$,当 $n\to\infty$ 时,$m_n\to\infty$ 且 $m_n=o(n^{1/4})$,并且如果 $|w_{n\tau}|\leq\Delta$,其中 $n=1, 2, \cdots, \tau=1, \cdots, m_n$,对于每个固定的 τ 值,当 $n\to\infty$时,$w_{n\tau}\to 1$。则有$\tilde{\mathbf{V}}_n-\mathbf{V}_n\xrightarrow{p}\mathbf{0}$ 并且有$\tilde{\mathbf{V}}_n^{-1}-\mathbf{V}_n^{-1}\xrightarrow{p}\mathbf{0}$。

证明:根据定义

$$\begin{aligned}\tilde{\mathbf{V}}_n-\mathbf{V}_n&=w_{n0}n^{-1}\sum_{t=1}^{n}\mathbf{Z}_t\tilde{\varepsilon}_t\tilde{\varepsilon}_t'\mathbf{Z}_t'\\&\quad+n^{-1}\sum_{\tau=1}^{m_n}w_{n\tau}\sum_{t=\tau+1}^{n}\mathbf{Z}_t\tilde{\varepsilon}_t\tilde{\varepsilon}_{t-\tau}'\mathbf{Z}_{t-\tau}'+\mathbf{Z}_{t-\tau}\tilde{\varepsilon}_{t-\tau}\tilde{\varepsilon}_t'\mathbf{Z}_t'-\mathbf{V}_n\end{aligned}$$

替换$\tilde{\varepsilon}_t=\varepsilon_t-\mathbf{X}_t'(\tilde{\beta}_n-\beta_o)$，那么有

$$\tilde{\mathbf{V}}_n-\mathbf{V}_n=w_{n0}n^{-1}\sum_{t=1}^{n}\mathbf{Z}_t\varepsilon_t\varepsilon_t'\mathbf{Z}_t'$$

$$+n^{-1}\sum_{\tau=1}^{m_n}w_{n\tau}\sum_{t=\tau+1}^{n}\mathbf{Z}_t\varepsilon_t\varepsilon_{t-\tau}'\mathbf{Z}_{t-\tau}'+\mathbf{Z}_{t-\tau}\varepsilon_{t-\tau}\varepsilon_t'\mathbf{Z}_t'-\mathbf{V}_n+\mathbf{A}_n$$

其中

$$\begin{aligned}\mathbf{A}_n=&-w_{n0}n^{-1}\sum_{t=1}^{n}\mathbf{Z}_t\varepsilon_t(\tilde{\beta}_n-\beta_o)'\mathbf{X}_t\mathbf{Z}_t'\\&-w_{n0}n^{-1}\sum_{t=1}^{n}\mathbf{Z}_t\mathbf{X}_t'(\tilde{\beta}_n-\beta_o)\varepsilon_t'\mathbf{Z}_t'\\&+w_{n0}n^{-1}\sum_{t=1}^{n}\mathbf{Z}_t\mathbf{X}_t'(\tilde{\beta}_n-\beta_o)(\tilde{\beta}_n-\beta_o)'\mathbf{X}_t\mathbf{Z}_t'\\&-n^{-1}\sum_{\tau=1}^{m_n}w_{n\tau}\sum_{t=\tau+1}^{n}\mathbf{Z}_t\varepsilon_t(\tilde{\beta}_n-\beta_o)'\mathbf{X}_{t-\tau}\mathbf{Z}_{t-\tau}'\\&-n^{-1}\sum_{\tau=1}^{m_n}w_{n\tau}\sum_{t=\tau+1}^{n}\mathbf{Z}_t\mathbf{X}_t'(\tilde{\beta}_n-\beta_o)\varepsilon_{t-\tau}'\mathbf{Z}_{t-\tau}'\\&+n^{-1}\sum_{\tau=1}^{m_n}w_{n\tau}\sum_{t=\tau+1}^{n}\mathbf{Z}_t\mathbf{X}_t'(\tilde{\beta}_n-\beta_o)(\tilde{\beta}_n-\beta_o)'\mathbf{X}_{t-\tau}\mathbf{Z}_{t-\tau}'\\&-n^{-1}\sum_{\tau=1}^{m_n}w_{n\tau}\sum_{t=\tau+1}^{n}\mathbf{Z}_{t-\tau}\varepsilon_{t-\tau}(\tilde{\beta}_n-\beta_o)'\mathbf{X}_t\mathbf{Z}_t'\\&-n^{-1}\sum_{\tau=1}^{m_n}w_{n\tau}\sum_{t=\tau+1}^{n}\mathbf{Z}_{t-\tau}\mathbf{X}_{t-\tau}(\tilde{\beta}_n-\beta_o)\varepsilon_t'\mathbf{Z}_t'\\&+n^{-1}\sum_{\tau=1}^{m_n}w_{n\tau}\sum_{t=\tau+1}^{n}\mathbf{Z}_{t-\tau}\mathbf{X}_{t-\tau}(\tilde{\beta}_n-\beta_o)(\tilde{\beta}_n-\beta_o)'\mathbf{X}_t\mathbf{Z}_t'\end{aligned}$$

定理 6.21 的假设条件确保了定理 6.20 在$\boldsymbol{\mathcal{Z}}_{nt}=\mathbf{Z}_t\varepsilon_t$ 的情况下成立，因此有

$$w_{n0}n^{-1}\sum_{t=1}^{n}\mathbf{Z}_t\varepsilon_t\varepsilon_t'\mathbf{Z}_t'+n^{-1}\sum_{\tau=1}^{m_n}w_{n\tau}\sum_{t=\tau+1}^{n}\mathbf{Z}_t\varepsilon_t\varepsilon_{t-\tau}'\mathbf{Z}_{t-\tau}'+\mathbf{Z}_{t-\tau}\varepsilon_{t-\tau}\varepsilon_t'\mathbf{Z}_t'-\mathbf{V}_n\xrightarrow{p}\mathbf{0}$$

如果 $\mathbf{A}_n$ 中所有剩余项依概率趋近于 0，定理 6.21 得证。

定理 6.21 的混合条件和矩条件可以确保包含 w_{n0} 的项依概率趋近于 0，证明方法与习题 6.6 类似。因此，我们仅考虑以下项

$$\begin{aligned}&\operatorname{vec}\left(n^{-1}\sum\nolimits_{\tau=1}^{m_n} w_{n\tau}\sum\nolimits_{t=\tau+1}^{n}\mathbf{Z}_t\varepsilon_t(\tilde{\beta}_n-\beta_o)'\mathbf{X}_{t-\tau}\mathbf{Z}'_{t-\tau}\right)\\ =&n^{-1}\sum\nolimits_{\tau=1}^{m_n} w_{n\tau}\sum\nolimits_{t=\tau+1}^{n}(\mathbf{Z}_{t-\tau}\mathbf{X}'_{t-\tau}\otimes\mathbf{Z}_t\varepsilon_t)\operatorname{vec}((\tilde{\beta}_n-\beta_o)')\\ =&n^{-1}\sum\nolimits_{\tau=1}^{m_n} w_{n\tau}\sum\nolimits_{t=\tau+1}^{n}[(\mathbf{Z}_{t-\tau}\mathbf{X}'_{t-\tau}\otimes\mathbf{Z}_t\varepsilon_t)\\ &-E(\mathbf{Z}_{t-\tau}\mathbf{X}'_{t-\tau}\otimes\mathbf{Z}_t\varepsilon_t)]\operatorname{vec}((\tilde{\beta}_n-\beta_o)')\\ &+n^{-1}\sum\nolimits_{\tau=1}^{m_n} w_{n\tau}\sum\nolimits_{t=\tau+1}^{n}E(\mathbf{Z}_{t-\tau}\mathbf{X}'_{t-\tau}\otimes\mathbf{Z}_t\varepsilon_t)\operatorname{vec}((\tilde{\beta}_n-\beta_o)')\end{aligned}$$

通过在引理 6.19 中假设$\mathcal{Z}_{nt}=\operatorname{vec}(\mathbf{Z}_t\mathbf{X}'_t\otimes\mathbf{Z}_t\varepsilon_t)$，我们有

$$n^{-1}\sum_{\tau=1}^{m_n} w_{n\tau}\sum_{t=\tau+1}^{n}(\mathbf{Z}_{t-\tau}\mathbf{X}'_{t-\tau}\otimes\mathbf{Z}_t\varepsilon_t)-E(\mathbf{Z}_{t-\tau}\mathbf{X}'_{t-\tau}\otimes\mathbf{Z}_t\varepsilon_t)\xrightarrow{p}\mathbf{0}$$

又因为我们可以根据定理 6.21 的假设条件得到$\tilde{\beta}_n-\beta_o\xrightarrow{p}\mathbf{0}$，由此可证上述第一项依概率趋近于 0。因此要证明上述项依概率趋近于 0，我们只需证明

$$n^{-1}\sum_{\tau=1}^{m_n} w_{n\tau}\sum_{t=\tau+1}^{n}E(\mathbf{Z}_{t-\tau}\mathbf{X}'_{t-\tau}\otimes\mathbf{Z}_t\varepsilon_t)\operatorname{vec}((\tilde{\beta}_n-\beta_o)')$$

依概率趋近于 0。

根据定理 6.21 的假设条件，我们有$\sqrt{n}(\tilde{\beta}_n-\beta_o)=O_p(1)$(根据定理 5.23 的渐近正态性得出)，因此要证明上式成立，我们只需证明

$$n^{-3/2}\sum_{\tau=1}^{m_n} w_{n\tau}\sum_{t=\tau+1}^{n}E(\mathbf{Z}_{t-\tau}\mathbf{X}'_{t-\tau}\otimes\mathbf{Z}_t\varepsilon_t)=o(1)$$

应用三角不等式和詹森不等式我们有

$$\begin{aligned}&\left|n^{-3/2}\sum_{\tau=1}^{m_n} w_{n\tau}\sum_{t=\tau+1}^{n}E(\mathbf{Z}_{t-\tau}\mathbf{X}'_{t-\tau}\otimes\mathbf{Z}_t\varepsilon_t)\right|\\ \leqslant&n^{-3/2}\sum_{\tau=1}^{m_n}|w_{n\tau}|\sum_{t=\tau+1}^{n}E|\mathbf{Z}_{t-\tau}\mathbf{X}'_{t-\tau}\otimes\mathbf{Z}_t\varepsilon_t|\end{aligned}$$

其中的绝对值和不等式是对矩阵中的每一个元素都成立的，因为$\mathbf{Z}_t\mathbf{X}'_t$和$\mathbf{Z}_t\varepsilon_t$的二阶矩是一致有界的，根据闵可夫斯基和柯西—施瓦茨不等式，存在有限矩阵$\boldsymbol{\Delta}$，满足$E(\mathbf{Z}_{t-\tau}\mathbf{X}'_{t-\tau}\otimes\mathbf{Z}_t\varepsilon_t)\leqslant\boldsymbol{\Delta}$。由假设条件可知，对于所有$n$和$\tau$，$|w_{n\tau}|\leqslant\Delta$，因此，我们可以得到

$$
\begin{aligned}
& n^{-3/2}\sum\nolimits_{\tau=1}^{m_n} w_{n\tau}\sum\nolimits_{t=\tau+1}^{n} E \mid \mathbf{Z}_{t-\tau}\mathbf{X}'_{t-\tau}\otimes \mathbf{Z}_t\varepsilon_t \mid \\
\leqslant & n^{-3/2}\sum\nolimits_{\tau=1}^{m_n} \mid w_{n\tau} \mid (n-\tau)\mathbf{\Delta} \\
\leqslant & n^{-3/2} m_n \Delta (n-\tau)\mathbf{\Delta} \\
\leqslant & n^{-1/2} m_n \Delta\mathbf{\Delta}
\end{aligned}
$$

根据假设条件,$m_n = o(n^{1/4})$,所以 $n^{-1/2}m_n \to 0$,可以推出

$$
n^{-3/2}\sum_{\tau=1}^{m_n} w_{n\tau}\sum_{t=\tau+1}^{n} E(\mathbf{Z}_{t-\tau}\mathbf{X}'_{t-\tau}\otimes \mathbf{Z}_t\varepsilon_t) = o(1)
$$

同样的论证方法适用于给定条件下的所有其他项,证毕。■

将该结果的条件与定理 5.23 的渐近正态性结果进行比较,我们看到这里的记忆条件的强度是定理 5.23 中的两倍[在定理 5.23 中 ϕ 混合序列的尺度为 $-r/2(r-1)$, α 混合序列的尺度为 $-r/(r-2)$,其中 $r>2$]。$\mathbf{Z}_t\varepsilon_t$ 的矩条件强度大约是定理 5.23 中的两倍(在定理 5.23 中,$E|Z_{thi}\varepsilon_{th}|^r < \Delta < \infty$),而 $\mathbf{Z}_t\mathbf{X}'_t$ 的矩条件强度大约是定理 5.23 中的四倍(在定理 5.23 中 $E|Z_{thi}\varepsilon_{th}|^{(r/2)+\delta} < \Delta < \infty$)。

收敛速度 $m_n = o(n^{1/4})$ 不一定是最优收敛速度,其他证明方法可以为 m_n 提供更快的收敛速度,当然 n 的阶数也更高(参见 Andrews, 1991)。有关 m_n 的选择方法的相关讨论,参见 Hann 和 Levin(1997)。

Gallant 和 White(1988, Lemma 6.5)提供如下保证 $\tilde{\mathbf{V}}_n$ 正定的 $w_{n\tau}$ 条件。

引理 6.22 令 $\{\mathcal{Z}_{nt}\}$ 是任意双阵列并且记 $\{a_{ni}\}$,其中 $n=1, 2, \cdots, i=1, \cdots, m_n+1$ 为三角实数阵列。那么对于任意三角阵列的权重有

$$
w_{n\tau} = \sum_{i=\tau+1}^{m_n+1} a_{ni}a_{n,\,i-\tau},\ n=1, 2, \cdots, \tau=1, \cdots, m_n
$$

我们有

$$
\mathcal{Y}_n = w_{n0}\sum_{t-1}^{n}\mathcal{Z}_{nt}^2 + 2\sum_{\tau=1}^{m_n} w_{n\tau}\sum_{t=1}^{n}\mathcal{Z}_{nt}\mathcal{Z}_{n,\,t-\tau} \geqslant 0
$$

证明:参见 Gallant 和 White(1988, Lemma 6.5)。■

例如,选择 $a_{ni} = (m_n+1)^{1/2}$,对于所有 $i=1, \cdots, m_n+1$,我们有

$$
w_{n\tau} = 1-\tau/(m_n+1),\ \tau=1, \cdots, m_n
$$

该权重由 Bartlett(1950)提出,Newey 和 West(1987)将其用于构建 $\tilde{\mathbf{V}}_n$ 的一

致估计量。对于 a_{ni} 的不同选择会带来不同的权重，可以参考谱分析中在零频率上估计时间序列的谱值时的权重选择（参见 Anderson，1971，Ch.8），$\mathbf{V}_n$ 可以精确地解释为零频率下 $\mathbf{Z}_t\varepsilon_t$ 的谱值。

推论 6.23 假定定理 6.21 的条件成立，那么

$$\mathbf{D}_n^{-1/2}\sqrt{n}(\tilde{\beta}_n-\beta_o)\overset{A}{\sim}N(\mathbf{0},\ \mathbf{I})$$

其中

$$\mathbf{D}_n\equiv(\mathbf{Q}_n'\mathbf{P}_n\mathbf{Q}_n)^{-1}\mathbf{Q}_n'\mathbf{P}_n\mathbf{V}_n\mathbf{P}_n\mathbf{Q}_n(\mathbf{Q}_n'\mathbf{P}_n\mathbf{Q}_n)^{-1}$$

进而有，$\hat{\mathbf{D}}_n-\mathbf{D}_n\xrightarrow{p}\mathbf{0}$，其中

$$\hat{\mathbf{D}}_n=(\mathbf{X}'\mathbf{Z}\hat{\mathbf{P}}_n\mathbf{Z}'\mathbf{X}/n^2)^{-1}(\mathbf{X}'\mathbf{Z}/n)\hat{\mathbf{P}}_n\tilde{\mathbf{V}}_n\hat{\mathbf{P}}_n(\mathbf{Z}'\mathbf{Z}/n)(\mathbf{X}'\mathbf{Z}\hat{\mathbf{P}}_n\mathbf{Z}'\mathbf{X}/n^2)^{-1}$$

证明：可以从定理 5.23 和定理 6.21 直接得到。■

前文章节中所有关于渐近正态性的结论都可以作为推论 6.23 的特殊情形，因为推论 6.23 对误差项协方差结构的假设是最少的。

最后，我们考虑一般性 2SIV 估计量的结果。

推论 6.24 假定

(i) $\mathbf{Y}_t=\mathbf{X}_t'\beta_o+\varepsilon_t$，$t=1, 2, \cdots$，$\beta_o\in\mathbb{R}^k$；

(ii) $\{(\mathbf{Z}_t', \mathbf{X}_t', \varepsilon_t)\}$ 是混合序列，系数为 ϕ 的尺度为 $-r/(r-1)$，或者系数为 α 的尺度为 $-2r/(r-2)$，$r>2$；

(iii) (a) $E(\mathbf{Z}_t\varepsilon_t)=\mathbf{0}$，$t=1, 2, \cdots$；

(b) $E|Z_{thi}\varepsilon_{th}|^{2(r+\delta)}<\Delta<\infty$，对于某些 $\delta>0$，$h=1, \cdots, p$，$i=1, \cdots, l$，和 $t=1, 2, \cdots$ 都成立；

(c) $\mathbf{V}_n\equiv\text{var}(n^{-1/2}\sum_{t=1}^n\mathbf{Z}_t\varepsilon_t)$ 是一致正定的；

(iv) (a) $E|Z_{thi}X_{thj}|^{2(r+\delta)}<\Delta<\infty$ 和 $E|Z_{thi}|^{(r+\delta)}<\Delta<\infty$ 对于某些 $\delta>0$，$h=1, \cdots, p$，$i=1, \cdots, l$，$j=1, \cdots, k$ 和 $t=1, 2, \cdots$ 成立；

(b) $\mathbf{Q}_n\equiv E(\mathbf{Z}'\mathbf{X}/n)$ 是列满秩的；

(c) $\mathbf{L}_n\equiv E(\mathbf{Z}'\mathbf{Z}/n)$ 是一致正定的。

定义

$$\tilde{\mathbf{V}}_n\equiv w_{n0}n^{-1}\sum_{t=1}^n\mathbf{Z}_t\tilde{\varepsilon}_t\tilde{\varepsilon}_t'\mathbf{Z}_t'$$
$$+n^{-1}\sum_{\tau=1}^{m_n}w_{n\tau}\sum_{t=\tau+1}^n\mathbf{Z}_t\tilde{\varepsilon}_t\tilde{\varepsilon}_{t-\tau}'\mathbf{Z}_{t-\tau}'+\mathbf{Z}_{t-\tau}\tilde{\varepsilon}_{t-\tau}\tilde{\varepsilon}_t'\mathbf{Z}_t'$$

其中$\tilde{\varepsilon}_t \equiv \mathbf{Y}_t - \mathbf{X}_t'\tilde{\beta}_n$，$\tilde{\beta}_n \equiv (\mathbf{X}'\mathbf{Z}(\mathbf{Z}'\mathbf{Z})^{-1}\mathbf{Z}'\mathbf{X})^{-1}\mathbf{X}'\mathbf{Z}(\mathbf{Z}'\mathbf{Z})^{-1}\mathbf{Z}'\mathbf{Y}$，并且定义

$$\beta_n^* \equiv (\mathbf{X}'\mathbf{Z}\,\tilde{\mathbf{V}}_n^{-1}\mathbf{Z}'\mathbf{X})^{-1}\mathbf{X}'\mathbf{Z}\,\tilde{\mathbf{V}}_n^{-1}\mathbf{Z}'\mathbf{Y}$$

如果$n \to \infty$时有$m_n \to \infty$，且$m_n = o(n^{1/4})$，则对于$n = 1, 2, \cdots, \tau = 1, \cdots, m_n$，我们有$|w_{n\tau}| \leqslant \Delta$，并且当$n \to \infty$时，对每个$\tau$有$w_{n\tau} \to 1$，那么$\mathbf{D}_n^{-1/2}\sqrt{n}(\beta_n^* - \beta_o) \overset{A}{\sim} N(\mathbf{0}, \mathbf{I})$，其中

$$\mathbf{D}_n = (\mathbf{Q}_n'\mathbf{V}_n^{-1}\mathbf{Q}_n)^{-1}$$

进而，$\tilde{\mathbf{D}}_n - \mathbf{D}_n \xrightarrow{p} \mathbf{0}$，其中

$$\tilde{\mathbf{D}}_n = (\mathbf{X}'\mathbf{Z}\,\tilde{\mathbf{V}}_n^{-1}\mathbf{Z}'\mathbf{X}/n^2)^{-1}$$

证明：条件(i)至条件(iv)使得定理6.21对于$\tilde{\beta}_n$成立。在推论6.23中设定$\hat{\mathbf{P}}_n = \tilde{\mathbf{V}}_n^{-1}$，接下来令$\mathbf{P}_n = \mathbf{V}_n^{-1}$，证毕。■

参考文献

Anderson, T. W. (1971). *The Statistical Analysis of Time Series*. Wiley, New York.

Andrews, D. W. K. (1991). "Heteroskedasticity and Autocorrelation Consistent Covariance Matrix Estimation." *Econometrica*, 59, 817—858.

Bartlett, M. S. (1950). "Periodogram Analysis and Continuous Spectra." *Biometrika*, 37, 1—16.

Den Haan, W. J. and A. T. Levin (1997). "A Practitioner's Guide to Robust Covariance Matrix Estimation." In *Handbook of Statistics*, vol.15, G. S. Maddala and C. R. Rao, eds., 309—327. Elsevier, Amsterdam.

Gallant, A. R. and H. White(1988). *A Unified Theory of Estimation and Inference for Nonlinear Dynamic Models*. Basil Blackwell, Oxford.

McLeish, D. L. (1975). "A Maximal Inequality and Dependent Strong Laws." *Annals of Probability*, 3, 826—836.

Newey, W. and K. West(1987). "A Simple Positive Semi-definite, Heteroskedasticity and Autocorrelation Consistent Covariance Matrix." *Econometrica*, 55, 703—708.

Phillips, P. C. B. (1985). Personal Communication.

White, H. (1980). "A Heteroskedasticity-consistent Covariance Matrix Estimator and a Direct Test for Heteroskedasticity." *Econometrica*, 48, 817—838.

(1982). "Instrumental Variables Regression with Independent Observations." *Econometrica*, 50, 483—500.

(1984). *Asymptotic Theory for Econometricians*. Academic Press, Orlando.

7 泛函中心极限定理及应用

前面几章讨论的随机元 $\mathbf{X}_t$、$\mathbf{Y}_t$ 和 $\mathbf{Z}_t$ 需要满足特定的矩有界条件。例如,存在 $\delta>0$,对所有的 t, $E|X_{thi}^2|^{1+\delta}<\Delta<\infty$成立[习题 5.12(iv.a)]。事实上,这个假设对许多经济时间序列过程,特别是对那些与宏观和金融相关的序列并不成立。在本章中,我们将要学习处理此类过程的方法。

7.1 随机游走和维纳过程

我们首先考虑随机游走,其定义如下。

定义 7.1(随机游走) 假设$\{\mathcal{X}_t\}$是由 $\mathcal{X}_t=\mathcal{X}_{t-1}+\mathcal{Z}_t$ 生成的,其中 $\mathcal{X}_0=0$, $t=1, 2, \cdots$, $\{\mathcal{Z}_t\}$是一个独立同分布过程,并且满足$E(\mathcal{Z}_t)=0$ 和 $0<\sigma^2\equiv\text{var}(\mathcal{Z}_t)<\infty$。那么称$\{\mathcal{X}_t\}$是一个随机游走。

通过重复迭代,我们可以得到

$$
\begin{aligned}
\mathcal{X}_t &= \mathcal{X}_{t-1}+\mathcal{Z}_t=\mathcal{X}_{t-2}+\mathcal{Z}_{t-1}+\mathcal{Z}_t \\
&= \mathcal{X}_0+\sum_{s=1}^{t}\mathcal{Z}_s \\
&= \sum_{s=1}^{t}\mathcal{Z}_s
\end{aligned}
$$

因为我们已经假定 $\mathcal{X}_0=0$,由此可以直接得出以下事实。

习题 7.2 如果$\{\mathcal{X}_t\}$是一个随机游走,那么 $E(\mathcal{X}_t)=0$ 和 $\text{var}(\mathcal{X}_t)=t\sigma^2$ 对 $t=1, 2, \cdots$都成立。

因为对所有的 $r\geqslant 2$,有 $E(\mathcal{X}_t^2)^{1/2}\leqslant E(|\mathcal{X}_t|^r)^{\frac{1}{r}}$ 成立(根据詹森不等式),所以对所有的 t,随机游走$\{\mathcal{X}_t\}$不能满足 $E|\mathcal{X}_t^2|^{1+\delta}<\Delta<\infty$[令 $r=$

2(1+δ)即可得到]。因此当 $\mathbf{X}_t$、$\mathbf{Y}_t$ 和 $\mathbf{Z}_t$ 包含随机游走时，前面章节的结论并不适用。

一种处理这种情况的方式是对原过程进行变换，使之满足前几章施加的假定条件。例如，我们可以对随机游走过程取"一阶差分"得到 $\mathcal{Z}_t=\mathcal{X}_t-\mathcal{X}_{t-1}$（这是独立同分布的），然后基于 $\mathcal{Z}_t$ 进行分析。

然而，相较于分析不变换的过程，讨论直接由包含随机游走及类似过程得到的估计值的性质，往往更有意义。例如，考虑 OLS 估计量 $\hat{\beta}_n=(\mathbf{X}'\mathbf{X})^{-1}\mathbf{X}'\mathbf{Y}$，这里 $\mathbf{X}$ 是一个 $n\times 1$ 向量，并且 $X_t=Y_{t-1}$ 和 Y_t 是一个随机游走。为了研究这类估计量的性质，我们需要用到 FCLT。FCLT 是对之前讨论过的 CLT 的扩展。

在我们研究这类涉及随机游走及类似过程的估计量之前，我们需要更详细地理解这类过程的性质。这样，我们才可以更好地理解 FCLT 是如何由 CLT 扩展得到的。

因此，考虑随机游走过程$\{\mathcal{X}_t\}$，我们可以写成

$$\mathcal{X}_n=\sum_{t=1}^{n}\mathcal{Z}_t$$

通过变换，可得

$$n^{-1/2}\mathcal{X}_n/\sigma=n^{-1/2}\sum_{t=1}^{n}\mathcal{Z}_t/\sigma$$

根据林德伯格—列维 CLT，可以得到

$$n^{-1/2}\mathcal{X}_n/\sigma\xrightarrow{d}N(0,\ 1)$$

因此，当 n 很大时，可以认为随机游走过程的实现值近似地服从正态分布。

我们接下来考虑部分和的性质

$$\mathcal{X}_{[an]}=\sum_{t=1}^{[an]}\mathcal{Z}_t$$

其中 $1/n\leqslant a<\infty$，并且$[an]$表示小于等于 an 的最大整数。对 $0\leqslant a<1/n$，定义 $\mathcal{X}_{[an]}=\mathcal{X}_0=0$，那么部分和就是定义在整个 $0\leqslant a<\infty$ 上的。通过做与前文类似的变换，我们定义

$$\begin{aligned}\mathcal{W}_n(a)&\equiv n^{-1/2}\mathcal{X}_{[an]}/\sigma\\&=n^{-1/2}\sum_{t=1}^{[an]}\mathcal{Z}_t/\sigma\end{aligned}$$

现在对于给定 a，得到

$$\mathcal{W}_n(a)=n^{-1/2}[an]^{1/2}\left\{[an]^{-1/2}\sum_{t=1}^{[an]}\mathcal{Z}_t/\sigma\right\}$$

括号{ · }中的项满足 CLT 并且依分布收敛到 $N(0,\ 1)$，而 $n^{-1/2}[an]^{1/2}$ 收敛到 $a^{1/2}$。因此，$\mathcal{W}_n(a)$ 依分布收敛到 $N(0,\ a)$。

我们这里之所以写成 $\mathcal{W}_n(a)$，是因为 $\mathcal{W}_n$ 可被看作 α 的函数。由于 $\mathcal{W}_n(a)$ 的取值依赖于 $\mathcal{Z}_t$，因此它是随机的。所以，我们可以认为 $\mathcal{W}_n(a)$ 定义了关于 a 的随机函数，并记为 $\mathcal{W}_n$。CLT 提供了一定的条件，确保随着 n 的增加，经过尺度变换的随机游走 $n^{-1/2}\mathcal{X}_n/\sigma$[现在也可以写成 $\mathcal{W}_n(1)$]收敛到一个定义明确的极限随机变量(标准正态分布)。与之类似的是，FCLT 提供了一系列条件，确保随机函数 $\mathcal{W}_n$ 会随着 n 的增加收敛到一个定义明确的极限随机函数，记为 $\mathcal{W}$。FCLT 中的“泛函”，是指其极限是关于 a 的函数。

正如我们所预期的，由 FCLT 得到的极限随机函数是标准正态分布随机变量的一般化形式。为了纪念 Norbert Wiener(1923, 1924)，这个极限就被称为维纳过程或者布朗运动，以表彰他为 19 世纪植物学家罗伯特 · 布朗(Robert Brown)在 1827 年所描述的随机运动理论提供的数学基础。更有历史意义的是，Bachelier(1900)在他的博士论文中提出基于布朗运动对股价建模。

在正式描述维纳过程前，我们进一步考虑随机游走在经过适当变换后的性质。

习题 7.3　如果 $\{\mathcal{X}_t\}$ 是一个随机游走，那么对所有 $t_1<t_2<t_3<t_4$，$\mathcal{X}_{t4}-\mathcal{X}_{t3}$ 和 $\mathcal{X}_{t2}-\mathcal{X}_{t1}$ 是独立的。因此，对所有满足 $[a_in]=t_i$，其中 $i=1,\ \cdots,\ 4$ 的 a_i，$\mathcal{W}_n(a_4)-\mathcal{W}_n(a_3)$ 和 $\mathcal{W}_n(a_2)-\mathcal{W}_n(a_1)$ 是相互独立的。

习题 7.4　对给定的 $0\leqslant a<b<\infty$，当 $n\to\infty$ 时，$\mathcal{W}_n(b)-\mathcal{W}_n(a)\xrightarrow{d}N(0,\ b-a)$。

简言之，随机游走的增量相互独立(习题 7.3)，并且这些增量的极限分布为正态分布，其方差反映了增量所在区间的大小 $(b-a)$(习题 7.4)。

类似地，我们可以认为，由随机游走生成的极限序列 $\{\mathcal{W}_n\}$ 同样具有上述极限性质。事实上，这些性质构成了维纳过程定义的基础。

定义 7.5(维纳过程，Wiener process)　$(\Omega,\ \mathcal{F},\ P)$ 表示一个完备概率空

间。如果对任意 $a\in[0,\infty)$，$\mathcal{W}(a,\cdot)$是 $\mathcal{F}$-可测并且满足

(i) 该过程始于零：$P[\mathcal{W}(0,\cdot)=0]=1$。

(ii) 增量独立：如果 $0\leqslant a_0\leqslant a_1\leqslant\cdots\leqslant a_k<\infty$，那么对于所有的 $i=1,\cdots,k$，都有 $\mathcal{W}(a_i,\cdot)-\mathcal{W}(a_{i-1},\cdot)$和 $\mathcal{W}(a_j,\cdot)-\mathcal{W}(a_{j-1},\cdot)$独立，其中 $j=1,\cdots,k$，且 $j\neq i$。

(iii) 增量服从正态分布：对 $0<a\leqslant b<\infty$，$\mathcal{W}(b,\cdot)-\mathcal{W}(a,\cdot)$的分布服从 $N(0,b-a)$。

则称 $\mathcal{W}:[0,\infty)\times\omega\to\mathbb{R}$ 是维纳过程。

$\mathcal{W}(a,\cdot)$的写法是为了更加明确定义。然而，为了简化符号，我们依照之前的处理方式，有时也将 $\mathcal{W}(a,\cdot)$写成 $\mathcal{W}(a)$。

给出维纳过程的基本性质并不难，但是需要一些证明。有兴趣的读者可以参见 Billingsley(1979, Section 37)或者 Davidson(1994, Chapter 27)来进一步了解相关细节和背景。这里，我们给出如下性质。

命题 7.6 维纳过程 $\mathcal{W}$ 是存在的，也就是说，存在一个函数满足定义 7.5 的条件。

证明：参见 Billingsley(1979, pp.443—444)。■

命题 7.7 对所有 $\omega\in\Omega$，存在一个维纳过程 $\mathcal{W}$，满足 $\mathcal{W}(0,\omega)=0$，并且 $\mathcal{W}(\cdot,\omega)[0,\infty)\times\Omega\to\mathbb{R}$ 在$[0,\infty)$上连续。

证明：参见 Billingsley(1979, pp.444—447)。■

当 $\mathcal{W}$ 满足命题 7.7 中的性质时，我们就称 $\mathcal{W}$ 具有连续样本路径[$\mathcal{W}(\cdot,\omega)$是一个样本路径]。从现在开始，我们提到的维纳过程就是指具有连续样本路径的维纳过程。

即使 $\mathcal{W}$ 具有连续样本路径，这些路径也是高度不规则的：它们会随着下一个精确结果的产生而剧烈地摆动。

命题 7.8 对 $\omega\in F$，$P(F)=1$，$\mathcal{W}(\cdot,\omega)$是无处可微的。

证明：参见 Billingsley(1979, pp.450—451)。■

在得到这些基本性质后，我们现在可以考虑 $\mathcal{W}_n$ 收敛到 $\mathcal{W}$ 的意义。因为 $\mathcal{W}_n$ 是一个随机函数，所以之前对于随机变量随机收敛的概念不再适用。然而，我们可将这些概念很自然地拓展，使其能够处理 $\mathcal{W}_n$ 的收敛。我们主要的工具是将作为弱收敛的依分布收敛概念进行拓展。

7.2 弱收敛

为了正确理解 $\mathcal{W}_n$ 弱收敛的概念,我们需要考虑 $\mathcal{W}_n$ 的函数形式。根据定义有

$$\mathcal{W}_n(a) \equiv n^{-1/2} \sum_{s=1}^{[an]} \mathcal{Z}_s / \sigma$$

对于给定的 $\omega \in \Omega$,假设我们首先选取 a,使得存在整数 t,满足 $an = t$(即 $a = t/n$)。接下来考虑随着 a 增大到 $(t+1)/n$ 会发生什么。当 $a = t/n$ 时,$[an] = t$ 成立,则

$$\mathcal{W}_n(a, \omega) = n^{-1/2} \sum_{s=1}^{t} \mathcal{Z}_s(\omega)/\sigma, \ a = t/n$$

当 $t/n < a < (t+1)/n$ 时,$[an] = t$ 仍然成立,所以

$$\mathcal{W}_n(a, \omega) = n^{-1/2} \sum_{s=1}^{t} \mathcal{Z}_s(\omega)/\sigma, \ t/n < a < (t+1)/n$$

这意味着当 $t/n \leqslant a < (t+1)/n$ 时,$\mathcal{W}_n(a, \omega)$ 是常数。当 a 达到 $(t+1)/n$ 时,$\mathcal{W}_n(a, \omega)$ 跳跃到

$$\mathcal{W}_n(a, \omega) = n^{-1/2} \sum_{s=1}^{t+1} \mathcal{Z}_s(\omega)/\sigma, \ a = (t+1)/n$$

因此,对于给定的 ω,$\mathcal{W}(\cdot, \omega)$ 是一个分段常数函数,即当 $a = t/n$ 且 t 是整数时跳跃到一个新的值。这是一个简单的满足右连续左极限(right continuous with left limit, rcll)的函数,也被称做 cadlag(continue à dorite, limites à gauche)。接下来我们需要一种适用于所有 $\omega \in \Omega$, $\mathcal{W}_n(\cdot, \omega)$ 这类在 $[0, \infty)$ 满足右连续左极限函数上的函数收敛概念。

在 $[0, \infty)$ 上的 rcll 函数有如下定义。

定义 7.9(右连续左极限,rcll) $D[0, \infty)$ 是一个函数空间,该空间内的函数 $f: [0, \infty) \to \mathbb{R}$ 满足(i)的右连续和(ii)的左极限存在:

(i) 对于 $0 \leqslant a < \infty$,有 $f(a^+) \equiv \lim_{b \downarrow a} f(b)$ 存在并且 $f(a^+) = f(a)$。

(ii) 对于 $0 < a < \infty$,有 $f(a^-) \equiv \lim_{b \uparrow a} f(b)$ 存在。

在这个定义中，符号 $\lim_{b\downarrow a}$ 是指这个极限中的 b 从右边($a<b$)趋近 a，而符号 $\lim_{b\uparrow a}$ 是指这个极限中的 b 从左边($b<a$)趋近 a。

定义在$[0, \infty)$上的连续函数的空间 $C[0, \infty)$是 $D[0, \infty)$的一个子空间。根据命题 7.7，对于所有的 $\omega\in\Omega$，$\mathcal{W}(\cdot, \omega)$属于 $C[0, \infty)$[因此也属于 $D[0, \infty)$]。而对于所有的 $\omega\in\Omega$，$\mathcal{W}_n(\cdot, \omega)$属于 $D[0, \infty)$。

因此，类似于$\mathbb{R}$ 中随机元依分布收敛的概念，我们需要对 $D[0, \infty)$上的随机元序列定义恰当的弱收敛概念。

根据之前章节的结论，如果$\{\mathcal{X}_n\}$是一个实值随机数序列，并且对 F 的每个连续点 x，$F_n(x)\to F(x)$成立，那么 $\mathcal{X}_n \xrightarrow{d} \mathcal{X}$。其中，$F_n$ 是 $\mathcal{X}_n$ 的累积分布函数，F 是 $\mathcal{X}$的累积分布函数(定义 4.1)。根据定义有，

$$
\begin{aligned}
F_n(x) &\equiv P\{\omega: \mathcal{X}_n(\omega)<x\} \\
&= P\{\omega: \mathcal{X}_n(\omega)\in B_x\}
\end{aligned}
$$

和

$$
\begin{aligned}
F(x) &\equiv P\{\omega: \mathcal{X}(\omega)<x\} \\
&= P\{\omega: \mathcal{X}(\omega)\in B_x\}
\end{aligned}
$$

其中，$B_x\equiv(-\infty, x]$(即一个博雷尔集)。令 $\mu_n(B_x)\equiv P\{\omega: \mathcal{X}_n(\omega)\in B_x\}$且 $\mu(B_x)\equiv P\{\omega: \mathcal{X}(\omega)\in B_x\}$。如果对于所有的 B_x 集合，其中 x 是F 的一个连续点，有 $\mu_n(B_x)\to\mu(B_x)$，那么依分布收敛成立。

当且仅当 $\mu(\{x\})=0$，也就是说 $\mathcal{X}=x$ 的概率为 0 时，x 是 F 的一个连续点。另外还需注意，因为 x 位于集合 B_x 的边界上，其与集合 B_x 中的其他点显著不同。正式地，记集合 B 的边界为∂B，它是指不在 B 内部的所有点的集合。对于 B_x，则有$\partial B_x=\{x\}$。因此，当 x 是 F 的一个连续点时，$\mu(\partial B_x)=0$，并且称 B_x 为μ 的连续集。一般地，任何满足 $\mu(\partial B)=0$ 的博雷尔集 B 都被称为μ 的连续集。

因此，对所有连续集 B，只要

$$
\mu_n(B)\to\mu(B)
$$

依分布收敛就成立。由此，显然可以得出定义 4.1。因为定义 4.1 可以写成

$$
\mu_n(B_x)\to\mu(B_x)
$$

上式对于所有形如 $B_x=(-\infty, x]$的连续集成立。事实上，两种表述是等

价的，任一种都是依分布收敛的定义。

事实上，基于一般连续集 B 的定义方式不仅非常适合将实值随机变量 $\mathcal{X}_n$ 和博雷尔集 B($\mathbb{R}$ 的子集)直接拓展到 $D[0, \infty)$上的随机函数 $\mathcal{W}_n$ 及其适当的博雷尔子集 $D[0, \infty)$，而且可以拓展到一般度量空间上的随机元和它们的博雷尔子集。后者不仅仅在抽象概念上有意义，而且在分析伪回归和协整时非常重要，我们在之后的讨论中会有所涉及。

我们想要的 $D[0, \infty)$上的博雷尔子集，可以由 $D[0, \infty)$上的开集产生，正如我们可以从$\mathbb{R}$ 的开集中得到$\mathbb{R}$ 的博雷尔子集(回忆定义 3.18 和相关评述)。但是，由于 $D[0, \infty)$的丰富性，我们在定义所谓的开集时具有很大的自由，所以我们在定义开集时要非常谨慎。基于此，我们通过 $D[0, \infty)$上一个度量 d 来定义开集。

S 表示一个集合(例如，$S=D[0, \infty)$或者 $S=\mathbb{R}$)，则度量 $d: S\times S\to\mathbb{R}$ 是满足如下性质的映射：(i)(非负性)对于所有的 $x, y\in S$, $d(x, y)\geqslant 0$，当且仅当 $x=y$ 时，$d(x, y)=0$；(ii)(对称性)对于所有的 $x, y\in S$, $d(x, y)=d(y, x)$；(iii)(三角不等式)对于所有的 $x, y, z\in S$, $d(x, y)\leqslant d(x, z)+d(z, y)$。我们称$(S, d)$为一个度量空间。例如 $d_{|\cdot|}(x, y)=|x-y|$是定义在$\mathbb{R}$ 上的一个度量，并且$(\mathbb{R}, d_{|\cdot|})$是一个度量空间。

根据定义，如果 S 的子集 A 满足，属于 A 的每一个点 x 都是 A 的内点，那么我们称 A 是度量 d 下的开集(d-开集)。换言之，d-开集意味着，对于子集 A 内的任意点 x，均存在 $\varepsilon>0$，使得其 ε 邻域$\{y\in S: d(x, y)<\varepsilon\}$都是 A 的子集。我们接下来定义 S 的博雷尔集。

定义 7.10 d 是定义在 S 上的一个度量，则博雷尔 σ-域 $S_d=\mathcal{B}(S, d)$ 是包含如下元素(S 中相对于 d 的博雷尔集)的最小集合类：

(i) S 中的所有 d-开子集；

(ii) S_d 中任意集合 B 的补集 B^c；

(iii) S_d 中任意一个序列$\{B_i\}$的并集$\bigcup_{i=1}^{\infty}B_i$。

注意，选择不同的度量 d 可能会生成不同的博雷尔 σ-域。当度量 d 不言而喻时，我们不再明确提及，而是简记为 $S=S_d$。

记 $S=\mathbb{R}$ 或 $S=\mathbb{R}^k$，令 d 为欧几里得度量($d(x, y)=||x-y||=((x-y)'(x-y))^{1/2}$)，可以得出第 3 章提出的博雷尔 σ-域 $\mathcal{B}(\mathbb{R})$或者 $\mathcal{B}(\mathbb{R}^k)$。令 $S=D[0, \infty)$并选择合适的度量 d，我们可以得出想要的 $D[0, \infty)$上的博雷尔集，记为 $\mathcal{D}_{\infty, d}\equiv\mathcal{B}(D[0, \infty), d)$。

(S, S_d)被称为度量可测空间，如果 μ 是(S, S_d)上的概率测度，我们可以得到度量概率空间(S, S_d, μ)。

现在我们可以给出弱收敛的定义。

定义 7.11(弱收敛) 令 μ，μ_n，其中 $n=1, 2, \cdots$表示度量可测空间$(S, \mathcal{S})$上的概率测度，如果对于 S 中所有的 μ 的连续集 A，当 $n\to\infty$ 时，$\mu_n(A)\to\mu(A)$，那么 μ_n 弱收敛于 μ，记作 $\mu_n\Rightarrow\mu$ 或者 $\mu_n\xrightarrow{d}\mu$。

由定义 7.11 以及定义 7.9 中的讨论可知，弱收敛的定义与实值随机变量 X_n 的分析框架类似。事实上，当$(S, \mathcal{S})=(\mathbb{R}, \mathcal{B})$时，定义 4.1 等价于定义 7.11。

我们可以通过对实值函数取合适的积分得到一个等价的定义。具体而言，当且仅当 $n\to\infty$时，$\mu_n\Rightarrow\mu$，使得

$$\int f d\mu_n \to \int f d\mu$$

对于所有有界一致连续函数 $f:S\to\mathbb{R}$ 成立(参见 Billingsley, 1968, pp.11—14)。我们这里使用定义 7.11，因为其和定义 4.1 有直接的联系。

$(S, \mathcal{S})$上随机元的收敛性定义如下。

定义 7.12 令 $\mathcal{V}_n$ 和 $\mathcal{V}$ 表示$(S, \mathcal{S})$上的随机元，即 $\mathcal{V}_n:\Omega\to S$ 和 $\mathcal{V}:\Omega\to S$ 是概率空间$(\Omega, \mathcal{F}, P)$上的可测函数。如果对于所有的 $A\in\mathcal{S}$，有 $\mu_n\Rightarrow\mu$，其中 $\mu_n(A)\equiv P\{\omega:\mathcal{V}_n(\omega)\in A\}$且 $\mu(A)\equiv P\{\omega:\mathcal{V}(\omega)\in A\}$，我们称 $\mathcal{V}_n$ 弱收敛于 $\mathcal{V}$，记作 $\mathcal{V}_n\Rightarrow\mathcal{V}$。

7.3 泛函中心极限定理

在前面几节中，我们以一种自然的方式定义了函数 $\mathcal{W}_n$ 和维纳过程 $\mathcal{W}$，它们是$[0, \infty)\times\Omega$ 到实线$\mathbb{R}$ 上的函数映射。但一般而言，我们所关注的 FCLT 及其应用，涉及 $\mathcal{W}_n$ 在受约束情况下的收敛性，其定义如下

$$\mathcal{W}_n(a, \omega)=n^{-1/2}\sum_{s=1}^{[an]}\mathcal{Z}_s(\omega)/\sigma, \ 0\leqslant a\leqslant 1$$

为简便起见，我们继续使用相同的符号，但是现在 $\mathcal{W}_n:[0, 1]\times\Omega\to\mathbb{R}$，并且

我们将 $\mathcal{W}_n(a)$ 定义为 $D[0, 1]$ 上的一个随机元，也就是 $[0, 1]$ 上满足右连续左极限存在的函数。

FCLT 提供的条件确保了 $\mathcal{W}_n$ 收敛到限制在 $[0, 1]$ 上的维纳过程 $\mathcal{W}$，这里我们仍然将其写成 $\mathcal{W}$。现在我们将 $\mathcal{W}(a)$ 定义为 $C[0, 1]$ 上的随机元，也就是单位区间上的连续函数。

在考虑 FCLT 时，我们均在 $D[0, 1]$ 和 $C[0, 1]$ 上加以讨论。因此，接下来为了简化符号，记 $D=D[0, 1]$ 和 $C=C[0, 1]$。这种简写不会造成混淆。

FCLT 下收敛所涉及的测度可以定义为

$$\mu_n(A)\equiv P\{\omega:\mathcal{W}_n(\cdot, \omega)\in A\}$$

其中 $A\in D=D_d$，d 是 D 上的一个合适的度量。

此处不对本节中所涉及的度量的具体性质进行深入研究。Billingsley (1968, Chapter 3)和 Davidson(1994, Chapter 28)对其进行了充分的讨论，读者可自行查阅。其中 Billingsley(1968)修正了斯科罗霍德度量(Skorokhod metric) d_S 得到 d_B，这非常适合研究 FCLT。斯科罗霍德度量 d_S 本质上是对一致度量 d_u 的修正，这里 $d_u(\mathcal{U}, \mathcal{V})=\sup_{a\in[0,1]}|\mathcal{U}(a)-\mathcal{V}(a)|$，其中 $\mathcal{U}$，$\mathcal{V}\in D$。

如果 $\mathcal{W}_n(a, \cdot)$ 对每个 a 是可测的，那么可以确保集合 $\{\omega:\mathcal{W}_n(\cdot, \omega)\in A\}$ 是一个可测集。由 Billingsley(1968:121)定理 14.5 可知，概率 μ_n 具有明确的定义。

FCLT 明确了 μ_n 弱收敛到维纳测度 μ_W 所需要的条件，其中 μ_W 的定义如下

$$\mu_W(A)\equiv P\{\omega:\mathcal{W}(\cdot, \omega)\in A\cap C\}$$

其中 $A\in D$，$C=C[0, 1]$。如果 μ_n 和 μ_W 的定义如上，并且 $\mu_n\Rightarrow\mu_W$，那么我们就称 $\mathcal{W}_n$ 满足 FCLT。

最简单的 FCLT 是林德伯格—列维 CLT 的拓展，被称为唐斯克定理(Donsker's theorem)(Donsker, 1951)。

定理 7.13(唐斯克，Donsker) 令 $\{\mathcal{Z}_t\}$ 表示均值为零的独立同分布随机标量序列，如果 $\sigma^2\equiv\mathrm{var}(\mathcal{Z}_t)<\infty$，$\sigma^2\neq0$，那么 $\mathcal{W}_n\Rightarrow\mathcal{W}$。

证明：参见 Billingsley(1968, Theorem 16.1, pp.137—138)。■

由于对任意 $a\in[0,1]$而言，逐点依分布收敛 $\mathcal{W}_n(a,\cdot)\xrightarrow{d}\mathcal{W}(a,\cdot)$ 是弱收敛($\mathcal{W}_n\Rightarrow\mathcal{W}$)的必要条件(但不是充分条件)，林德伯格—列维 CLT($\mathcal{W}_n(1,\cdot)\xrightarrow{d}\mathcal{W}(1,\cdot)$)可以由唐斯克定理直接得出。即便两个定理基于相同的假设，但是由于唐斯克定理的结论更强，因此唐斯克定理严格强于林德伯格—列维定理。

唐斯克将该结果称为不变性原理，因此，FCLT 也被称作不变性原理。

目前为止，我们都假设用来构建 $\mathcal{W}_n$ 的序列$\{\mathcal{Z}_t\}$是独立同分布的。然而，CLT 并不要求$\{\mathcal{Z}_t\}$是独立同分布的。与之类似，我们也可以放松$\{\mathcal{Z}_t\}$独立同分布这一假设，得出更一般化的 FCLT。事实上，与前文给出每个 CLT 对应的 FCLT 都成立。

为了使 FCLT 的表述不那么繁琐，我们使用下面的条件。

定义 7.14(全局协方差平稳) 令$\{\boldsymbol{\mathcal{Z}}_t\}$表示 $k\times1$ 维随机向量序列，满足 $E(\boldsymbol{\mathcal{Z}}_t'\boldsymbol{\mathcal{Z}}_t)<\infty$，其中 $t=1,2,\cdots$，并定义 $\mathbf{\Sigma}_n\equiv\text{var}(n^{-1/2}\sum_{t=1}^n\boldsymbol{\mathcal{Z}}_t)$。如果$\mathbf{\Sigma}\equiv\lim_{n\to\infty}\mathbf{\Sigma}_n$ 存在并且有界，那么我们称$\{\boldsymbol{\mathcal{Z}}_t\}$是全局协方差平稳的，称 $\mathbf{\Sigma}$ 为全局协方差矩阵。

对于本书中的 CLT，我们仅要求 $\mathbf{\Sigma}_n=O(1)$。FCLT 可以在这个更弱的条件下得出，但是条件和结论的表述都将变得复杂[例如，参见 Woodridge 和 White(1988)，Davidson(1994，Chapter 29)]。全局协方差平稳条件的引入使得表述更为清晰，但是其代价是在允许的异质性方面稍加限制。注意，全局协方差平稳不需要假定对于所有的 t、s 和 τ，$E(\boldsymbol{\mathcal{Z}}_t\boldsymbol{\mathcal{Z}}_{t-\tau}')=E(\boldsymbol{\mathcal{Z}}_s\boldsymbol{\mathcal{Z}}_{s-\tau}')$成立(协方差平稳)。

我们给出下面这些 FCLT。

定理 7.15(林德伯格—费勒独立非同分布 FCLT，Lindeberg-Feller i.n.i.d. FCLT) 假设$\{\mathcal{Z}_t\}$满足林德伯格—费勒 CLT(定理 5.6)条件，并且假设$\{\mathcal{Z}_t\}$是全局协方差平稳的。如果 $\sigma^2\equiv\lim_{n\to\infty}\text{var}(\mathcal{W}_n(1))>0$，那么 $\mathcal{W}_n\Rightarrow\mathcal{W}$。

证明：这是 Billingsley(1968)定理 15.4 的一个直接结果。■

定理 7.16(李雅普诺夫独立非同分布 FCLT，Liapounov i.n.i.d. FCLT) 假设$\{\mathcal{Z}_t\}$满足李雅普诺夫 CLT(定理 5.10)条件，并且$\{\mathcal{Z}_t\}$是全局协方差平稳的。如果 $\sigma^2\equiv\lim_{n\to\infty}\text{var}(\mathcal{W}_n(1))>0$，那么 $\mathcal{W}_n\Rightarrow\mathcal{W}$。

证明：这来自定理 7.15，因为可以由李雅普诺夫矩条件推出林德伯格—

费勒条件。■

定理 7.17(平稳遍历 FCLT) 假设$\{\mathcal{Z}_t\}$满足平稳遍历 CLT 条件(定理 5.16)。如果$\sigma^2 \equiv \lim_{n\to\infty} \mathrm{var}(\mathcal{W}_n(1)) > 0$,那么$\mathcal{W}_n \Rightarrow \mathcal{W}$。

证明:证明源自 Scott(1973)定理 3。■

注意,平稳遍历 CLT 条件已经隐含了全局协方差平稳,因此定义中不需要明确施加这个条件。

定理 7.18(异质混合 FCLT) 假设$\{\mathcal{Z}_t\}$满足异质混合 CLT(定理 5.20)条件,并且是全局协方差平稳的。如果$\sigma^2 \equiv \lim_{n\to\infty} \mathrm{var}(\mathcal{W}_n(1)) > 0$,那么$\mathcal{W}_n \Rightarrow \mathcal{W}$。

证明:参见 Wooldridge 和 White(1988, Theorem 2.11)。■

定理 7.19(鞅差 FCLT) 假设$\{\mathcal{Z}_t\}$满足鞅差分 CLT(定理 5.24 或推论 5.26)条件,并且是全局协方差平稳的。如果$\sigma^2 \equiv \lim_{n\to\infty} \mathrm{var}(\mathcal{W}_n(1)) > 0$,那么$\mathcal{W}_n \Rightarrow \mathcal{W}$。

证明:参见 McLeish(1974)以及 Hall(1977)。■

只要$\{\mathcal{Z}_t\}$满足$\mathcal{W}_n \Rightarrow \mathcal{W}$的充分条件,我们就称$\{\mathcal{Z}_t\}$满足 FCLT。$\{\mathcal{Z}_t\}$服从的 FCLT 的相依性和矩条件可以进一步放松。例如,Wooldridge 和 White(1988)给出了不需要全局协方差平稳条件的结果,并且将其应用在可能带有趋势矩的混合序列的无限历史上。Davidson(1994)对这些和相关结论给出了非常好的阐释。

7.4 单位根回归

FCLT 和如下所述的引理 4.27 的拓展为我们探讨含有“单位根”过程的回归提供了必要的理论工具。此处介绍的方法主要基于 Phillips(1987)。接下来我们首先介绍引理 4.27 的扩展。

定理 7.20(连续映射定理) 令$(S, \mathcal{S})$为一个度量可测空间,μ、μ_n分别表示$(S, \mathcal{S})$上的对应于$\mathcal{V}$和$\mathcal{V}_n$的概率测度,其中$\mathcal{V}$和$\mathcal{V}_n$是S上的随机元,$n=1, 2, \cdots$。(i)令$h: S \to \mathbb{R}$是一个连续映射。如果$\mathcal{V}_n \Rightarrow \mathcal{V}$,那么$h(\mathcal{V}_n) \Rightarrow h(\mathcal{V})$。(ii)令$h: S \to \mathbb{R}$是一个映射,其对$h$上的不连续点集$D_h \equiv \{s \in S: \lim_{r\to s} h(r) \neq h(s)\}$满足$\mu(D_h)=0$。如果$\mathcal{V}_n \Rightarrow \mathcal{V}$,那么$h(\mathcal{V}_n) \Rightarrow h(\mathcal{V})$。

证明：参见 Billingsley(1968, pp.29—31)。■

基于这个结论，类似于定理 4.25，我们给出解释变量为单位根的 OLS 估计量的渐近分布。

定理 7.21(单位根回归) 假设

(i) $Y_t = X_t\beta_o + \varepsilon_t$, $t=1, 2, \cdots$，其中 $X_t = Y_{t-1}$, $\beta_o = 1$ 以及 $Y_0 = 0$；

(ii) $\mathcal{W}_n \Rightarrow \mathcal{W}$，其中 $\mathcal{W}_n$ 定义为 $\mathcal{W}_n(a) \equiv n^{-1/2}\sum_{t=1}^{[an]}\varepsilon_t/\sigma$, $0 \leqslant a \leqslant 1$，并且 $\sigma^2 \equiv \lim_{n\to\infty}\text{var}(n^{-1/2}\sum_{t=1}^{n}\varepsilon_t)$ 有限且不等于 0。

那么

(a) $n^{-2}\sum_{t=1}^{n}Y_{t-1}^2 \Rightarrow \sigma^2\int_0^1\mathcal{W}(a)^2da$。

如果再假设

(iii) $n^{-1}\sum_{t=1}^{n}\varepsilon_t^2 \xrightarrow{p} \tau^2$, $0<\tau^2<\infty$，

那么

(b) $n^{-1}\sum_{t=1}^{n}Y_{t-1}\varepsilon_t \Rightarrow (\sigma^2/2)(\mathcal{W}(1)^2 - \tau^2/\sigma^2)$；

(c) $n(\hat{\beta}_n - 1) \Rightarrow [\int_0^1\mathcal{W}(a)^2da]^{-1}(1/2)(\mathcal{W}(1)^2 - \tau^2/\sigma^2)$；

并且

(d) $\hat{\beta}_n \xrightarrow{p} 1$。

在证明该定理之前，我们先讨论这些假设和结论。

首先，当$\{Y_t\}$根据定理 7.21 的假设(i)和假设(ii)产生时，我们称$\{Y_t\}$是一个积分过程(integrated process)。之所以这样命名是因为我们可以将 $Y_n = \sum_{t=1}^{n}\varepsilon_t$ 视作关于 ε_t 的“积分”，其中$\{\varepsilon_t\}$满足 FCLT。积分过程也经常被称作“单位根”过程。“单位根”是指滞后多项式 $B(L)$的根，这确保了 $\varepsilon_t = B(L)Y_t$ 的良好性质，相关背景和进一步细节可参考 Hamilton(1994)。ε_t 的良好性质一般指其平稳性。然而，此处的良好性质确切而言指的是$\{\varepsilon_t\}$满足 FCLT。平稳性对 FCLT 既不是必要的也不是充分的。例如，如果$\{\varepsilon_t\}$独立同分布，那么$\{\varepsilon_t - \varepsilon_{t-1}\}$是平稳的，但是不满足 FCLT(进一步讨论参见 Davidson, 1998)。

因为我们并不要求$\{\varepsilon_t\}$为独立同分布，所以单位根过程是随机游走过程的一个拓展。相反我们只要求$\{\varepsilon_t\}$满足 FCLT。根据唐斯克定理可知，$\{\varepsilon_t\}$独立同分布是满足 FCLT 的充分条件，但是由定理 7.15 至定理 7.19 可知，其并不是必要条件。

在(i)中，我们假定 $Y_0 = 0$。另一个更为常见的假设是 Y_0 是一个随机变

量。但是(i)意味着 Y_1 是一个随机变量(即 ε_1),所以在修正下标后(即把 Y_1 的下标由 1 改为 0),这两种情形是相同的。在实际应用中,一些统计量可能对初始值敏感,特别是当初始值与零相差较大时。为了避免受初始值的影响,研究者可以将这个过程中所有观测值减掉初始值,然后再去研究基于 Y_0 的位移序列 $\tilde{Y}_t=Y_t-Y_0$, $t=0, 1, \cdots$。

在结论(iii.a)中,出现了这个积分 $\int_0^1\mathcal{W}(a)^2da$。我们将其视作随机变量,记为 $\mathcal{M}$,其定义为 $\mathcal{M}(\omega)=\int_0^1\mathcal{W}(a, \omega)^2da$, $\omega\in\Omega$。对于任意给定的 ω,这就是一个标准的(黎曼)积分,所以不涉及新的积分概念。然而不同的是,我们之前有 $n^{-1}\sum_{t=1}^n X_tX_t'-M_n$ 收敛到 0,其中 $\{M_n\}$ 不是随机的,而现在,我们有 $n^{-2}\sum_{t=1}^n X_tX_t'=n^{-2}\sum_{t=1}^n Y_{t-1}^2$ 收敛到一个随机变量 $\sigma^2\mathcal{M}$。

在结论(iii.b)中,类似的情况同样存在。我们有 $n^{-1}\sum_{t=1}^n X_t\varepsilon_t=n^{-1}\sum_{t=1}^n Y_{t-1}\varepsilon_t$ 收敛到随机变量 $(\sigma^2/2)(\mathcal{W}(1)^2-\tau^2/\sigma^2)$。然而在前几章中,$n^{-1}\sum_{t=1}^n X_t\varepsilon_t$ 随机地收敛到 0。注意,$\mathcal{W}(1)^2$ 是 $\mathcal{X}_1^2$(自由度为 1 的卡方分布),所以这个极限随机变量的期望是

$$E((\sigma^2/2)(\mathcal{W}(1)^2-\tau^2/\sigma^2))=(\sigma^2/2)(1-\tau^2/\sigma^2)$$

从中我们可以看出这个期望不一定是 0,除非 $\tau^2=\sigma^2$,其对应于 $\{\varepsilon_t\}$ 是独立或者鞅差序列的情形。

将(iii.a)和(iii.b)结合在一起可以得出结论(iii.c),即 OLS 估计值的渐近分布。有几个地方需要注意。首先,这里的尺度因子是 n,而不是之前的 $\sqrt{n}$,因此 $\hat{\beta}_n$ 收敛到极限值的速度比之前更快,这种现象被称为超一致性。其次,该极限分布不再是正态的,而是维纳过程的一个复杂函数。当 $\tau^2=\sigma^2$(独立或者鞅差情形)时,我们得到了 J. S. White(1958, p.1196)的分布。Phillips(1987)指出 J. S. White(1958, p.1196)给出的尺度参数是不正确的。Dickey 和 Fuller(1979, 1981)在著名的单位根检验中给出了 $\tau^2=\sigma^2$ 情形下该分布的具体临界值表。

在之前章节中,当解释变量中包含滞后因变量时,如果 ε_t 存在序列相关,那么 $\hat{\beta}_n$ 将不再是 β_o 的一致估计。但是这里的情形十分不同。条件 7.21(ii)和(iii)允许 $\{\varepsilon_t\}$ 存在一定程度的序列相关性,即使解释变量为滞后因变量,$\hat{\beta}_n$ 仍是对 $\beta_o=1$ 的一致估计[结论(iii.d)]。

在这里,序列相关性带来的影响是 $\tau^2\neq\sigma^2$,这导致了渐近分布的位置相对于 $\tau^2=\sigma^2$ 时的情形(没有序列相关时)更加偏离零值。因此,尽管 $\{\varepsilon_t\}$ 存

在序列相关会带来一定影响，但是其不会改变$\hat{\beta}_n$的一致性。

对此，Phillips(1987, p.283)给出了一种直观的解释：

> 直觉上，当数据生成过程具有单位根时，其信号的强度(用解释变量Y_{t-1}在样本中的波动程度来衡量)相对于样本中的噪音而言数量级更高[噪音的数量级为$O(1)$，而Y_{t-1}波动的数量级为$O(n)$]。因此当$n\to\infty$时，回归中所有解释变量和误差项序列相关性的影响都被消除了(符号相应改变)。

然而，请注意，即使$\tau^2=\sigma^2$，(c)中给出的渐近分布也不是以0为中心的，因此渐近偏差仍然存在。由于$\mathcal{W}(1)^2$和$\mathcal{W}(a)^2$对于任意a都是高度相关的，故而$\mathcal{W}(1)^2$和$[\int_0^1\mathcal{W}(a)^2da]^{-1}$一般存在强(负)相关。因此，即便当$\tau^2=\sigma^2$时$E(\mathcal{W}(1)^2-\tau^2/\sigma^2)=0$，以下结论依然不成立

$$E\left(\left[\int_0^1\mathcal{W}(a)^2da\right]^{-1}(1/2)(\mathcal{W}(1)^2-\tau^2/\sigma^2)\right)=0$$

参见Abadir(1995)进一步的细节讨论。

我们现在可以证明定理7.21，其本质上是基于Phillips(1987, Theorem 3.1)的证明。

证明：(a) 首先将$n^{-2}\sum_{t=1}^nY_{t-1}^2$写成$\mathcal{W}_n(a_{t-1})\equiv n^{-1/2}Y_t/\sigma=n^{-1/2}\sum_{s=1}^{t-1}\varepsilon_s/\sigma$，其中$a_{t-1}=(t-1)/n$。因此$n^{-2}\sum_{t=1}^nY_{t-1}^2=\sigma^2n^{-1}\sum_{t=1}^n\mathcal{W}_n(a_{t-1})^2$。因为对$(t-1)/n\leqslant a<t/n$，$\mathcal{W}_n(a)$是常数，我们得到

$$\begin{aligned}n^{-1}\sum_{t=1}^n\mathcal{W}_n(a_{t-1})^2&=\sum_{t=1}^n\int_{(t-1)/n}^{t/n}\mathcal{W}_n(a)^2da\\&=\int_0^1\mathcal{W}_n(a)^2da\end{aligned}$$

对$h(\mathcal{W}_n)=\int_0^1\mathcal{W}_n(a)^2da$应用连续映射定理，有$h(\mathcal{W}_n)\Rightarrow h(\mathcal{W})$，所以$n^{-2}\sum_{t=1}^nY_{t-1}^2\Rightarrow\sigma^2\int_0^1\mathcal{W}(a)^2da$，得证。

(b) 因为$Y_{t-1}=\sigma n^{-1/2}\mathcal{W}_n(a_{t-1})$，我们得到

$$n^{-1}\sum_{t=1}^nY_{t-1}\varepsilon_t=\sigma n^{-1/2}\sum_{t=1}^n\mathcal{W}_n(a_{t-1})\varepsilon_t$$

现有$\mathcal{W}_n(a_t)=\mathcal{W}_n(a_{t-1})+n^{-1/2}\varepsilon_t/\sigma$，所以

$$\mathcal{W}_n(a_t)^2=\mathcal{W}_n(a_{t-1})^2+n^{-1}\varepsilon_t^2/\sigma^2+2n^{-1/2}\mathcal{W}_n(a_{t-1})\varepsilon_t/\sigma$$

因此，$\sigma n^{-1/2}\mathcal{W}_n(a_{t-1})\varepsilon_t=(1/2)\sigma^2(\mathcal{W}_n(a_t)^2-\mathcal{W}_n(a_{t-1})^2)-(1/2)n^{-1}\varepsilon_t^2$
代入求和可得

$$\begin{aligned}n^{-1}\sum_{t=1}^{n}Y_{t-1}\varepsilon_t&=(\sigma^2/2)\sum_{t=1}^{n}\mathcal{W}_n(a_t)^2-\mathcal{W}_n(a_{t-1})^2\\&\quad-(1/2)n^{-1}\sum_{t=1}^{n}\varepsilon_t^2\\&=(\sigma^2/2)\mathcal{W}_n(1)^2-(1/2)n^{-1}\sum_{t=1}^{n}\varepsilon_t^2\end{aligned}$$

根据引理 4.27 和 FCLT[条件 7.21(ii)]，我们得 $\mathcal{W}_n(1)^2\Rightarrow\mathcal{W}(1)^2$；根据定理 7.21 条件(iii)可得，$n^{-1}\sum_{t=1}^{n}\varepsilon_t^2\xrightarrow{p}\tau^2$；根据引理 4.27，可得

$$\begin{aligned}n^{-1}\sum_{t=1}^{n}Y_{t-1}\varepsilon_t&\Rightarrow(\sigma^2/2)\mathcal{W}(1)^2-\tau^2/2\\&=(\sigma^2/2)(\mathcal{W}(1)^2-\tau^2/\sigma^2)\end{aligned}$$

(c) 我们有

$$\begin{aligned}n(\hat{\beta}_n-1)&=n\Big[\Big(\sum_{t=1}^{n}Y_{t-1}^2\Big)^{-1}\sum_{t=1}^{n}Y_{t-1}Y_t-\Big(\sum_{t=1}^{n}Y_{t-1}^2\Big)^{-1}\sum_{t=1}^{n}Y_{t-1}^2\Big]\\&=n\Big(\sum_{t=1}^{n}Y_{t-1}^2\Big)^{-1}\Big[\sum_{t=1}^{n}Y_{t-1}(Y_t-Y_{t-1})\Big]\\&=\Big(n^{-2}\sum_{t=1}^{n}Y_{t-1}^2\Big)^{-1}n^{-1}\sum_{t=1}^{n}Y_{t-1}\varepsilon_t\end{aligned}$$

根据结论(a)和(b)以及引理 4.27，可以推出：

$$\begin{aligned}n(\hat{\beta}_n-1)&=\Big(n^{-2}\sum_{t=1}^{n}Y_{t-1}^2\Big)^{-1}n^{-1}\sum_{t=1}^{n}Y_{t-1}\varepsilon_t\\&\Rightarrow\Big(\int_0^1\mathcal{W}(a)^2da\Big)^{-1}(1/2)(\mathcal{W}(1)^2-\tau^2/\sigma^2)\end{aligned}$$

(d) 由(c)可得，$n(\hat{\beta}_n-1)=O_p(1)$，因此 $\hat{\beta}_n-1=n^{-1}(n(\hat{\beta}_n-1))=o(1)O_p(1)=o_p(1)$，得证。■

在证明(a)时，我们基于连续映射定理得到 $\int_0^1\mathcal{W}_n(a)^2da\Rightarrow\int_0^1\mathcal{W}(a)^2da$。下面的习题要求读者验证其成立，并且举例说明连续映射定理不适用的情形。

习题 7.22 对于$\mathcal{U}, \mathcal{V}\in D$，令 $d_u(\mathcal{U}, \mathcal{V})=\sup_{a\in[0,1]}|\mathcal{U}(a)-\mathcal{V}(a)|$，考虑度量可测空间$(D, d_u)$和$(\mathbb{R}, |\cdot|)$上的映射$M_1(\mathcal{U})=\mathcal{U}^2$，以及两个泛函$M_2(\mathcal{U})=\int_0^1\mathcal{U}(a)^2 da$ 和$M_3(\mathcal{U})=\int_0^1\log|\mathcal{U}(a)|da$。

(i) 证明$M_1:(D, d_u)\to(D, d_u)$在任意$\mathcal{U}\in C$上是连续的，但在D上不是处处连续的。

(ii) 证明$M_2:(D, d_u)\to(\mathbb{R}, |\cdot|)$在任意$\mathcal{U}\in C$上是连续的，因此$\int_0^1\mathcal{W}_n(a)^2 da\Rightarrow\int_0^1\mathcal{W}(a)^2 da$。

(iii) 证明$M_3:(D, d_u)\to(\mathbb{R}, |\cdot|)$在$C$上不是处处连续的，并且$\int_0^1\log|W_n(a)|da\Rightarrow\int_0^1\log|W(a)|da$。

Phillips(1987, Theorem 3.1)给出的特定条件等价于定理 7.18(异质混合 FCLT)中的条件，其确保了定理 7.21 中的条件(ii)和(iii)成立，因此可以看作是定理 7.21 的另外一种表述。显然，定理 7.21 有很多不同的表述形式。下面的习题可以帮助我们理解并补充菲利普斯(Phillips)结论中的细节部分。

习题 7.23 基于定理 7.18 和相应的大数定律给出关于$\{\varepsilon_t\}$的条件，从而确保定理 7.21 的条件(ii)和(iii)成立，并且进一步推导定理 7.21 的结论(a)至结论(d)。思考什么条件能保证$\tau^2=\sigma^2$?

菲利普斯也给出了适用于检验原假设$\beta_o=1$(单位根检验)的标准t统计量的极限分布。并不意外，这个统计量不再是学生t-分布，也不是渐近正态分布。相反，t-统计量的极限分布是$\mathcal{W}$的一个函数，与$n(\hat{\beta}_n-1)$具有类似的形式。

t-统计量不具有标准分布，从而无法直接被用于检验单位根原假设$(H_0:\beta_o=1)$。然而，Phillips 和 Durlauf[1986, Lemma 3.1(d)]最先指出，通过简单的变换，可以得到一个简便的卡方统计量。根据定理 7.21(b)，我们有

$$\begin{aligned}\left(n^{-1}\sum_{t=1}^{n}Y_{t-1}^2\right)(\hat{\beta}_n-1) &= n^{-1}\sum_{t=1}^{n}Y_{t-1}\varepsilon_t\\ &\Rightarrow(\sigma^2/2)(\mathcal{W}(1)^2-\tau^2/\sigma^2)\end{aligned}$$

因此当$\beta_o=1$时

$$(2/\sigma^2)\left(n^{-1}\sum_{t=1}^{n}Y_{t-1}^2\right)(\hat{\beta}_n-1)+\tau^2/\sigma^2\Rightarrow\mathcal{W}(1)^2=\mathcal{X}_1^2$$

该统计量取决于未知的 σ^2 和 τ^2 值。然而,在单位根的原假设下可以基于 $\varepsilon_t=Y_t-Y_{t-1}$ 构造估计量$\hat{\sigma}_n^2$ 和$\hat{\tau}_n^2$,其分别是 σ^2 和 τ^2 的一致估计量。特别地,令$\hat{\tau}_n^2=n^{-1}\sum_{t=1}^n\varepsilon_t^2$,并且根据定理 6.20 构造$\hat{\sigma}_n^2$,在单位根的原假设下,可以得到如下简单的单位根检验统计量

$$(2/\hat{\sigma}_n^2)\left(n^{-1}\sum_{t=1}^n Y_{t-1}^2\right)(\hat{\beta}_n-1)+\hat{\tau}_n^2/\hat{\sigma}_n^2\Rightarrow\mathcal{X}_1^2$$

尽管菲利普斯—杜劳夫(Phillips-Durlauf)统计量很简便,且可以证明其是局部最优不变量检验(参见 Tanaka, 1996, pp.324—336),然而其功效性质不尽如人意,这主要是因为它的最优性是非常局部的。事实上,正如 Elliott、Rothenberg 和 Stock(1996)指出的,在当前条件下,并不存在一致最强功效检验。这和前文章节中的典型情形非常不同,之前我们可以依赖于渐近正态性质,然而这里的极限分布是非正态的。基于此,尽管文献中有很多关于单位根的检验,我们在这节所做的仅仅只是初步的讨论。不过,这里给出的基本结果可以帮助感兴趣的读者进一步探索这个领域。其中,Phillips 和 Xiao(1998)给出了这个领域的文献综述,其他重要的文章有 Dickey 和 Fuller(1979, 1981), Elliot 等(1996), Johansen(1988, 1991), Phillips(1987), Phillips 和 Durlauf(1986),以及 Stock(1994, 1999)。

7.5 伪回归和多元泛函中心极限定理

本节考虑,若将一个单位根过程 $Y_t=Y_{t-1}+\varepsilon_t$ 对另一个单位根过程 $X_t=X_{t-1}+\eta_t$ 做回归,而不是对其自身的滞后项 Y_{t-1} 做回归,会出现什么结果。为简便起见,假设$\{\eta_t\}$和$\{\varepsilon_t\}$都是独立同分布序列,并且二者相互独立。由此可知,$\{Y_t\}$和$\{X_t\}$为独立的随机游走。与之前类似,设 $X_0=Y_0=0$,现将 Y_t 表述成关于 X_t 的如下回归函数

$$Y_t=X_t\beta_o+u_t$$

其中,$\beta_o=0$, $u_t=Y_t$,这意味着 Y_t 和 X_t 并不相关。

现在我们探讨以下 OLS 估计值是如何随着 n 增大变化的,

$$\hat{\beta}_n=\left(\sum_{t=1}^{n}X_t^2\right)^{-1}\sum_{t=1}^{n}X_tY_t$$

正如我们所预期的，$\hat{\beta}_n$ 不是$\beta_o=0$ 的一致估计量，而是收敛到一个特殊的随机变量。事实上 Y_t 和 X_t 之间没有任何关系，但$\hat{\beta}_n$ 不能揭示这一点，故而我们将这种情况称为“伪回归”。Yule(1926)首先考虑到了这种情况，Granger 和 Newbold(1974)通过蒙特卡洛模拟让经济学家意识到伪回归所带来的危害。

为了进一步解释伪回归，我们定义如下

$$\mathcal{W}_{1n}(a_t)\equiv n^{-1/2}X_t/\sigma_1=n^{-1/2}\sum_{s=1}^{t}\eta_s/\sigma_1$$

$$\mathcal{W}_{2n}(a_t)\equiv n^{-1/2}Y_t/\sigma_2=n^{-1/2}\sum_{s=1}^{t}\varepsilon_s/\sigma_2$$

和之前一样，令 $\sigma_1^2\equiv\lim_{n\to\infty}\operatorname{var}(n^{-1/2}\sum_{t=1}^{n}\eta_t)$，$\sigma_2^2\equiv\lim_{n\to\infty}\operatorname{var}(n^{-1/2}\sum_{t=1}^{n}\varepsilon_t)$，以及 $a_t=t/n$。为简便起见，把 X_t 和 Y_t 进行替换之后我们对$\hat{\beta}_{n-1}$而不是$\hat{\beta}_n$ 进行处理，可得

$$\begin{aligned}\hat{\beta}_{n-1}&=\left(\sum_{t=1}^{n}X_{t-1}^2\right)^{-1}\sum_{t=1}^{n}X_{t-1}Y_{t-1}\\&=\left(\sigma_1^2n\sum_{t=1}^{n}\mathcal{W}_{1n}(a_{t-1})^2\right)^{-1}\sigma_1\sigma_2n\sum_{t=1}^{n}\mathcal{W}_{1n}(a_{t-1})\mathcal{W}_{2n}(a_{t-1})\\&=(\sigma_2/\sigma_1)\left(n^{-1}\sum_{t=1}^{n}\mathcal{W}_{1n}(a_{t-1})^2\right)^{-1}n^{-1}\sum_{t=1}^{n}\mathcal{W}_{1n}(a_{t-1})\mathcal{W}_{2n}(a_{t-1})\end{aligned}$$

根据定理 7.21(a) 的证明，可得

$$n^{-1}\sum_{t=1}^{n}\mathcal{W}_{1n}(a_{t-1})^2\Rightarrow\int_0^1\mathcal{W}_1(a)^2da$$

其中 $\mathcal{W}_1$ 是一个维纳过程。此外，因为对于 $t-1/n\leqslant a<t/n$，$\mathcal{W}_{1n}(a)\mathcal{W}_{2n}(a)$ 是一个常数，所以

$$n^{-1}\sum_{t=1}^{n}\mathcal{W}_{1n}(a_{t-1})\mathcal{W}_{2n}(a_{t-1})=\sum_{t=1}^{n}\int_{(t-1)/n}^{t/n}\mathcal{W}_{1n}(a)\mathcal{W}_{2n}(a)da$$

因此

$$n^{-1}\sum_{t=1}^{n}\mathcal{W}_{1n}(a_{t-1})\mathcal{W}_{2n}(a_{t-1})=\int_0^1\mathcal{W}_{1n}(a)\mathcal{W}_{2n}(a)da$$

我们也许认为上式会依分布收敛到$\int_0^1 \mathcal{W}_1(a)\mathcal{W}_2(a)da$，其中$\mathcal{W}_1$和$\mathcal{W}_2$是独立维纳过程。(为什么?)如果是这样的话，那么我们有

$$\hat{\beta}_n \Rightarrow (\sigma_2/\sigma_1)\left[\int_0^1 \mathcal{W}_1(a)^2 da\right]^{-1}\int_0^1 \mathcal{W}_1(a)\mathcal{W}_2(a)da$$

这是一个非退化随机变量。由此可见，$\hat{\beta}_n$对$\beta_o=0$不是一致的，所以这个回归是“伪”的。

然而，我们现在还没有给出正式得到这个结论所需要的所有工具。具体而言，我们需要将一元维纳过程的概念扩展到多元维纳过程。为此我们需要将函数空间$C[0,\infty)$或$D[0,\infty)$扩展到笛卡尔乘积空间(Cartesian product spaces)$C^k[0,\infty)\equiv\times_{j=1}^k C[0,\infty)$和$D^k[0,\infty)\equiv\times_{j=1}^k D[0,\infty)$。

定义 7.24(多元维纳过程) 如果$\mathcal{W}_1,\cdots,\mathcal{W}_k$是独立的(实值)维纳过程，则$\boldsymbol{\mathcal{W}}=(\mathcal{W}_1,\cdots,\mathcal{W}_k)'$是一个多元($k$-维)维纳过程。

显而易见，多元维纳过程存在(例如，Breiman，1992，Ch.12)，拥有独立的增量，并且增量$\boldsymbol{\mathcal{W}}(a,\cdot)-\boldsymbol{\mathcal{W}}(b,\cdot)$服从多元正态分布$N(\mathbf{0},(a-b)\mathbf{I})$，其中$0\leqslant b\leqslant a<\infty$。进而，由命题 7.7 的结论以及当且仅当其中每个变量都连续时，$\boldsymbol{\mathcal{W}}$连续这个事实可知，对所有$\omega\in\Omega$，有$\boldsymbol{\mathcal{W}}(0,\cdot)=\mathbf{0}$，而且$\boldsymbol{\mathcal{W}}(\cdot,\omega)$：$[0,\infty)\to\mathbb{R}^k$是连续的。因此，多元维纳过程在$C^k[0,\infty)$上取值，所以$\boldsymbol{\mathcal{W}}$可视为$C^k[0,\infty)$上的随机元。与一元情形类似，当我们提到多元维纳过程时，我们指的是带有连续样本路径的多元维纳过程。当处理多元 FCLT 时，将函数限制在$[0,1]$就足够了。因此我们有$C^k\equiv\times_{j=1}^k C[0,1]$和$D^k\equiv\times_{j=1}^k D[0,1]$。

与一元情形类似，我们可以对多元随机游走作出如下定义。

定义 7.25(多元随机游走) 令$\boldsymbol{\mathcal{X}}_t=\boldsymbol{\mathcal{X}}_{t-1}+\boldsymbol{\mathcal{Z}}_t$，$t=1,2,\cdots$，其中$\boldsymbol{\mathcal{X}}_0=\mathbf{0}(k\times1)$。$\{\boldsymbol{\mathcal{Z}}_t\}$是$k\times1$向量$\boldsymbol{\mathcal{Z}}_t=(\mathcal{Z}_{t1},\cdots,\mathcal{Z}_{tk})'$的独立同分布序列，满足$E(\boldsymbol{\mathcal{Z}}_t)=0$和$E(\boldsymbol{\mathcal{Z}}_t\boldsymbol{\mathcal{Z}}_t')=\boldsymbol{\Sigma}$，这里$\boldsymbol{\Sigma}$是一个有限的正定矩阵。那么$\{\boldsymbol{\mathcal{X}}\}$是一个多元($k$-维)随机游走。

我们将经过变换的部分和写成

$$\boldsymbol{\mathcal{W}}_n(a)\equiv\boldsymbol{\Sigma}^{-1/2}n^{-1/2}\sum_{t=1}^{[an]}\boldsymbol{\mathcal{Z}}_t$$

$\boldsymbol{\mathcal{W}}_n$的每个元素由个体部分和组成

$$\mathcal{W}_{nj}(a)=n^{-1/2}\sum_{t=1}^{[an]}\tilde{\mathcal{Z}}_{tj},\ j=1,\ \cdots,\ k$$

其中 $\tilde{\mathcal{Z}}_{tj}$ 是 $\boldsymbol{\Sigma}^{-1/2}\boldsymbol{\mathcal{Z}}_t$ 的第 j 个元素。对于给定的 ω，$\mathcal{W}_{nj}(\cdot,\ \omega)$为分段常数，所以$\boldsymbol{\mathcal{W}}_n$ 是 D^k 上的一个随机元。

因为类似的多元 CLT 能够成立，所以我们预期多元唐斯克定理也成立，即$\boldsymbol{\mathcal{W}}_n\Rightarrow\boldsymbol{\mathcal{W}}$。为了正式导出这个结论，我们将如下测度 μ_n 的弱收敛性定义为

$$\mu_n(A)=P\{\omega:\boldsymbol{\mathcal{W}}_n(\cdot,\ \omega)\in A\}$$

其中，对于 D^k 上的合适度量 d，有 $A\in\mathcal{B}(D^k,\ d)$。例如，对 $x=(x_1,\ \cdots,\ x_k)$和 $y=(y_1,\ \cdots,\ y_k)'$，我们可以选择 $d(x,\ y)=\sum_{j=1}^{k}d_B(x_j,\ y_j)$，其中 $x_j,\ y_j\in D$，d_B 是D 上的比灵斯列(Billingsley)度量。

多元 FCLT 提供的条件确保了 μ_n 收敛到多元维纳测度 $\mu_{\boldsymbol{\mathcal{W}}}$，其定义为

$$\mu_{\boldsymbol{\mathcal{W}}}(A)=P\{\omega:\boldsymbol{\mathcal{W}}(\cdot,\ \omega)\in A\cap C^k\}$$

其中 $A\in\mathcal{B}(D^k,\ d)$。当 $\mu_n\Rightarrow\mu_{\boldsymbol{\mathcal{W}}}$时，我们称$\boldsymbol{\mathcal{W}}_n\Rightarrow\boldsymbol{\mathcal{W}}$，$\boldsymbol{\mathcal{W}}_n$ 服从多元 FCLT，或者$\{\boldsymbol{\mathcal{Z}}_t\}$服从多元 FCLT。

为了建立多元 FCLT，我们通常使用类似于克莱默—沃尔德的处理方式(例如，Wooldridge 和 White，1998)。

命题 7.26(泛函克莱默—沃尔德方法，Functional Cramér-Wold device) 令$\{\boldsymbol{\mathcal{V}}_n\}$为 D^k 上的一个随机元序列，$\boldsymbol{\mathcal{V}}$为一个 D^k 上的随机元(不一定是维纳过程)。那么$\boldsymbol{\mathcal{V}}_n\Rightarrow\boldsymbol{\mathcal{V}}$成立，当且仅当对于所有的 $\boldsymbol{\lambda}\in\mathbb{R}^k$，$\boldsymbol{\lambda}'\boldsymbol{\lambda}=1$ 时，有 $\boldsymbol{\lambda}'\boldsymbol{\mathcal{V}}_n\Rightarrow\boldsymbol{\lambda}'\boldsymbol{\mathcal{V}}$。

证明：参见 Wooldridge 和 White(1988)，及命题 4.1 的证明。■

使用泛函克莱默—沃尔德方法，我们可以直接建立多元形式的定理 7.13，以及定理 7.15 到定理 7.19。为了完成对于伪回归的讨论，我们给出多元唐斯克定理。

定理 7.27(多元唐斯克，Multivariate Donsker) 令$\{\boldsymbol{\mathcal{Z}}_t\}$为 $k\times1$ 维独立同分布向量序列$\boldsymbol{\mathcal{Z}}_t=(\mathcal{Z}_{t1},\ \cdots,\ \mathcal{Z}_{tk})'$，满足 $E(\boldsymbol{\mathcal{Z}}_t)=\mathbf{0}$ 并且 $E(\boldsymbol{\mathcal{Z}}_t\boldsymbol{\mathcal{Z}}_t')=\boldsymbol{\Sigma}$，这里 $\boldsymbol{\Sigma}$ 是一个有限的正定矩阵。那么$\boldsymbol{\mathcal{W}}_n\Rightarrow\boldsymbol{\mathcal{W}}$。

证明：对于任意给定的 $\boldsymbol{\lambda}\in\mathbb{R}^k$，$\boldsymbol{\lambda}'\boldsymbol{\lambda}=1$，有 $\boldsymbol{\lambda}'\boldsymbol{\mathcal{W}}_n(a)=n^{-1/2}\sum_{t=1}^{[an]}\boldsymbol{\lambda}'\boldsymbol{\Sigma}^{-1/2}\boldsymbol{\mathcal{Z}}_t$，其中$\{\boldsymbol{\lambda}'\boldsymbol{\Sigma}^{-1/2}\boldsymbol{\mathcal{Z}}_t\}$是独立同分布的，并且 $E\{\boldsymbol{\lambda}'\boldsymbol{\Sigma}^{-1/2}\boldsymbol{\mathcal{Z}}_t\}=0$，以及

$$\begin{aligned}\mathrm{var}(\boldsymbol{\lambda}'\boldsymbol{\Sigma}^{-1/2}\boldsymbol{\mathcal{Z}}_t)&=\boldsymbol{\lambda}'\boldsymbol{\Sigma}^{-1/2}E(\boldsymbol{\mathcal{Z}}_t\boldsymbol{\mathcal{Z}}_t')\boldsymbol{\Sigma}^{-1/2}\boldsymbol{\lambda}\\&=\boldsymbol{\lambda}'\boldsymbol{\Sigma}^{-1/2}\boldsymbol{\Sigma}\boldsymbol{\Sigma}^{-1/2}\boldsymbol{\lambda}=\boldsymbol{\lambda}'\boldsymbol{\lambda}=1\end{aligned}$$

唐斯克定理 7.13 条件成立，所以 $\boldsymbol{\lambda}'\boldsymbol{\mathcal{W}}_n \Rightarrow \mathcal{W}$，其中 $\mathcal{W}$ 是一元维纳过程。由于 $\mathcal{W}=\boldsymbol{\lambda}'\boldsymbol{\mathcal{W}}$ 对所有的 $\boldsymbol{\lambda}\in\mathbb{R}^k$，$\boldsymbol{\lambda}'\boldsymbol{\lambda}=1$ 成立。根据泛函克莱默—沃尔德方法，定理得证。■

至此，我们已正式给出了为得到伪回归结论所需要的条件。我们将伪回归的证明留作如下习题。

习题 7.28（伪回归，Spurious regression）　令 $\{X_t\}$ 和 $\{Y_t\}$ 为独立随机游走，$X_t=X_{t-1}+\eta_t$ 且 $Y_t=Y_{t-1}+\varepsilon_t$，其中 $\sigma_1^2\equiv E(\eta_t^2)$，$\sigma_2^2\equiv E(\varepsilon_t^2)$。那么 $\hat{\beta}_n \Rightarrow (\sigma_2/\sigma_1)\left[\int_0^1 \mathcal{W}_1(a)^2 da\right]^{-1}\int_0^0 \mathcal{W}_1(a)\mathcal{W}_2(a)da$，其中 $\boldsymbol{\mathcal{W}}=(\mathcal{W}_1,\ \mathcal{W}_2)'$ 是一个二元维纳过程（提示：令 $S=D^2$，使用多元唐斯克定理和连续映射定理）。

在这种情形下，不仅 $\hat{\beta}_n$ 不收敛到 0（β_o 的真实值），而且普通的 t-统计量趋向于 ∞，这会导致人们误认为 $\hat{\beta}_n$ 在统计意义上是高度显著的。参见 Waston（1994：2863）详细的讨论和 Phillips（1986）中的相关细节。

下面这个定理指出，对每个一元 FCLT，存在与之对应的多元 FCLT。

定理 7.29（多元 FCLT）　假设 $\{\boldsymbol{\mathcal{Z}}_t\}$ 满足全局协方差平稳，均值为零并且有非奇异的全局协方差矩阵 $\boldsymbol{\Sigma}$，并且还满足对任意 $\boldsymbol{\lambda}\in\mathbb{R}^k$，$\boldsymbol{\lambda}'\boldsymbol{\lambda}=1$，$\{\boldsymbol{\lambda}'\boldsymbol{\Sigma}^{-1/2}\boldsymbol{\mathcal{Z}}_t\}$ 服从 FCLT，那么 $\boldsymbol{\mathcal{W}}_n\Rightarrow\boldsymbol{\mathcal{W}}$。

证明：对于任意给定的 $\boldsymbol{\lambda}\in\mathbb{R}^k$，$\boldsymbol{\lambda}'\boldsymbol{\lambda}=1$，有 $\boldsymbol{\lambda}'\boldsymbol{\mathcal{W}}_n(a)=n^{-1/2}\sum_{t=1}^{[an]}\boldsymbol{\lambda}'\boldsymbol{\Sigma}^{-1/2}\boldsymbol{\mathcal{Z}}_t$。当 $n\to\infty$ 时，有 $E\{\boldsymbol{\lambda}'\boldsymbol{\Sigma}^{-1/2}\boldsymbol{\mathcal{Z}}_t\}=0$，且 $\mathrm{var}(\boldsymbol{\lambda}'\boldsymbol{\mathcal{W}}_n(1))\to 1$。因为 $\{\boldsymbol{\lambda}'\boldsymbol{\Sigma}^{-1/2}\boldsymbol{\mathcal{Z}}_t\}$ 满足 FCLT，所以 $\boldsymbol{\lambda}'\boldsymbol{\mathcal{W}}_n\Rightarrow\mathcal{W}=\boldsymbol{\lambda}'\boldsymbol{\mathcal{W}}$。由于上述结论对所有 $\boldsymbol{\lambda}\in\mathbb{R}^k$，$\boldsymbol{\lambda}'\boldsymbol{\lambda}=1$ 均成立，因此，根据泛函克莱默—沃尔德方法可知定理成立。■

我们可以得到非常一般化的多元 FCLT，参见 Wooldridge 和 White（1988）以及 Davidson（1994，Ch.29）中的深入探讨。例如，根据 Wooldridge 和 White（1988，Corollary 4.2）的一个直接推论，我们可以得到适用于异质混合过程的多元 FCLT。

定理 7.30（异质混合多元 FCLT）　令 $\{\boldsymbol{\mathcal{Z}}_{nt}\}$ 表示 $k\times 1$ 维随机向量 $\boldsymbol{\mathcal{Z}}_{nt}=(\mathcal{Z}_{nt1},\ \cdots,\ \mathcal{Z}_{ntk})'$ 的双阵列序列，满足 $\{\boldsymbol{\mathcal{Z}}_{nt}\}$ 是尺度大小为 $-r/(2r-2)$ 的 ϕ 混合过程，或尺度大小为 $-r/(r-2)$ 的 α 混合过程，其中 $r>2$。进一步假设 $E|\mathcal{Z}_{ntj}|<\Delta<\infty$，$E(\mathcal{Z}_{ntj})=0$，$n$，$t=1,\ 2,\ \cdots$，$j=1,\ \cdots,\ k$。如果 $\{\boldsymbol{\mathcal{Z}}_{nt}\}$ 全局协方差平稳，并且有非奇异的全局协方差矩阵 $\boldsymbol{\Sigma}=\lim_{n\to\infty}\mathrm{var}(n^{-1/2}\sum_{t=1}^{n}\boldsymbol{\mathcal{Z}}_{nt})$，那么 $\boldsymbol{\mathcal{W}}_n\Rightarrow\boldsymbol{\mathcal{W}}$。

证明：在给定的条件下，$\boldsymbol{\lambda}'\boldsymbol{\Sigma}^{-1/2}\boldsymbol{\mathcal{Z}}_{nt}$ 服从定理 7.18 所述的异质混合

FCLT。由于$\mathcal{Z}_{nt}$是全局协方差平稳的，根据定理 7.29 即可得到上述结论。该定理的证明也可参见 Wooldridge 和 White(1988, Corollary 4.2)。■

如下习题是这个定理的应用。

习题 7.31 用单位根过程 $Y_t = Y_{t-1} + \varepsilon_t$ 对单位根过程 $X_t = X_{t-1} + \eta_t$ 回归，考察 OLS 估计量$\hat{\beta}_n$ 的表现，其中$\{\eta_t\}$独立于$\{\varepsilon_t\}$，并且$\{\eta_t, \varepsilon_t\}$满足定理 7.30 的条件。

7.6 协整和随机积分

我们沿用上一节在讨论伪回归时，$\{X_t\}$和$\{Y_t\}$为相互独立随机游走的设定，考虑如果对 X_t 和 Y_t 进行某种特定的线性组合会发生什么。

$$a_1Y_t + a_2X_t = a_1Y_{t-1} + a_2X_{t-1} + a_1\varepsilon_t + a_2\eta_t$$

其中 a_1 和 a_2 都是非零的。我们可以将上式写成

$$Z_t = Z_{t-1} + v_t$$

其中 $Z_t = a_1Y_t + a_2X_t$，$v_t = a_1\varepsilon_t + a_2\eta_t$。鉴于$\{\varepsilon_t\}$和$\{\eta_t\}$都是以零为均值且方差有限的独立同分布序列，则$\{v_t\}$也为独立同分布，其均值为零且方差有限。由此可知，$Z_t$ 是一个随机游走过程。无论我们怎样选择系数 a_1 和 a_2，这个相应的线性组合都是一个随机游走，因此也是单位根或者积分过程。

现在考虑$\{X_t\}$是一个随机游走（即积分过程），但$\{Y_t\}$是根据 $Y_t = X_t\beta_o + \varepsilon_t$ 产生的，其中$\{\varepsilon_t\}$为独立同分布。可知$\{Y_t\}$本身也是一个积分过程，因为，

$$Y_t - Y_{t-1} = (X_t - X_{t-1})\beta_o + \varepsilon_t - \varepsilon_{t-1}$$

即

$$\begin{aligned} Y_t &= Y_{t-1} + \eta_t\beta_o + \varepsilon_t - \varepsilon_{t-1} \\ &= Y_{t-1} + \zeta_t \end{aligned}$$

其中，可以验证 $\zeta_t = \eta_t\beta_o + \varepsilon_t - \varepsilon_{t-1}$满足 FCLT。

尽管$\{X_t\}$和$\{Y_t\}$依然是积分过程，但是现在的关注点与之前有所不同。此时，$\{X_t\}$和$\{Y_t\}$的某个线性组合不是积分过程：令$a_1=1$和$a_2=-\beta_o$，可得

$$a_1 Y_t + a_2 X_t = Y_t - \beta_o X_t = \varepsilon_t$$

这是独立同分布的，是$\{X_t, Y_t\}$为协整过程的一个例子。

定义 7.32(协整过程) 令$\boldsymbol{\mathcal{X}}_t=(\mathcal{X}_{t1}, \cdots, \mathcal{X}_{tk})'$为一个积分过程向量。如果存在一个$k\times 1$维向量$\mathbf{a}$，使得线性组合$\{\mathcal{Z}_t=\mathbf{a}'\boldsymbol{\mathcal{X}}_t\}$服从FCLT，那么$\boldsymbol{\mathcal{X}}_t$是一个协整过程向量。

Granger(1981)提出了协整过程，该文章与Engle和Granger(1987)的文章一起，对现代计量经济学产生了深远的影响，基于此，大量关于协整理论和应用的文献产生了。Johansen(1988, 1991, 1996), Phillips(1991), Sims、Stock和Waston(1990)，及Stock和Waston(1993)等文章对协整进行了深入的讨论。

此处，我们的关注点并不是从不同角度探讨协整理论，而是研究一些必要的理论工具，用于分析当$(\mathbf{X}_t, \mathbf{Y}_t)$是协整过程向量时，OLS估计量$\hat{\beta}_n=(\sum_{t=1}^n \mathbf{X}_t\mathbf{X}_t')^{-1}\sum_{t=1}^n \mathbf{X}_t\mathbf{Y}_t$所具有的性质。

当X_t是标量时，我们有

$$\begin{aligned}\hat{\beta}_n &= \left(\sum_{t=1}^n X_t^2\right)^{-1}\sum_{t=1}^n X_t(X_t\beta_o+\varepsilon_t)\\ &=\beta_o+\left(\sum_{t=1}^n X_t^2\right)^{-1}\sum_{t=1}^n X_t\varepsilon_t\end{aligned}$$

我们姑且假定$\{X_t\}$是随机游走过程，$\{\varepsilon_t\}$为独立同分布序列且独立于$\{\eta_t\}$(即$\{X_t\}$的组成部分)。之后，我们会放松这些假定。

从上面的表达式可以看出，$\hat{\beta}_n$的性质取决于$\sum_{t=1}^n X_t^2$和$\sum_{t=1}^n X_t\varepsilon_t$，所以我们依次对其进行考察。

首先考虑$\sum_{t=1}^n X_t^2$，从定理7.21(a)，可知

$$n^{-2}\sum_{t=1}^n X_t^2 \Rightarrow \sigma_1^2\int_0^1 \mathcal{W}_1(a)^2 da$$

其中$\sigma_1^2=E(\eta_t^2)$。

接下来，考虑$\sum_{t=1}^n X_t\varepsilon_t$。带入$X_t=X_{t-1}+\eta_t$可得

$$n^{-1}\sum_{t=1}^{n}X_t\varepsilon_t = n^{-1}\sum_{t=1}^{n}X_{t-1}\varepsilon_t + n^{-1}\sum_{t=1}^{n}\eta_t\varepsilon_t$$

在前述假定下，$\{\eta_t\varepsilon_t\}$服从大数定律，所以最后一项收敛到 $E(\eta_t\varepsilon_t)=0$。因此只需考虑 $n^{-1}\sum_{t=1}^{n}X_{t-1}\varepsilon_t$。与之前一致，令 $a_t=t/n$，记

$$\mathcal{W}_{1n}(a_t)=n^{-1/2}\sum_{s=1}^{t}\eta_s/\sigma_1$$

$$\mathcal{W}_{2n}(a_t)=n^{-1/2}\sum_{s=1}^{t}\varepsilon_s/\sigma_2$$

则我们有 $X_{t-1}=n^{1/2}\sigma_1\mathcal{W}_{1n}(a_{t-1})$和 $\varepsilon_t=n^{1/2}\sigma_2(\mathcal{W}_{2n}(a_t)-\mathcal{W}_{2n}(a_{t-1}))$。带入这些表达式，可得

$$\begin{aligned} n^{-1}\sum_{t=1}^{n}X_{t-1}\varepsilon_t &= n^{-1}\sum_{t=1}^{n}n^{1/2}\sigma_1\mathcal{W}_{1n}(a_{t-1}) \\ &\quad \times n^{1/2}\sigma_2(\mathcal{W}_{2n}(a_t)-\mathcal{W}_{2n}(a_{t-1})) \\ &= \sigma_1\sigma_2\sum_{t=1}^{n}\mathcal{W}_{1n}(a_{t-1})(\mathcal{W}_{2n}(a_t)-\mathcal{W}_{2n}(a_{t-1})) \end{aligned}$$

上述表达式中出现的求和非常的典型，其不仅在协整模型的参数估计中发挥重要作用，而且在其他方面也具有广泛的应用。

我们可以通过定义随机积分，来简化对上述表达式的分析，具体如下

$$\int_0^1\mathcal{W}_{1n}d\mathcal{W}_{2n} \equiv \sum_{t=1}^{n}\mathcal{W}_{1n}(a_{t-1})(\mathcal{W}_{2n}(a_t)-\mathcal{W}_{2n}(a_{t-1}))$$

基于以上表达式，并且请注意，$\boldsymbol{\mathcal{W}}_n=(\mathcal{W}_{1n},\mathcal{W}_{2n})'\Rightarrow\boldsymbol{\mathcal{W}}=(\mathcal{W}_1,\mathcal{W}_2)'$，这意味着我们可以预期

$$\int_0^1\mathcal{W}_{1n}d\mathcal{W}_{2n}\Rightarrow\int_0^1\mathcal{W}_1d\mathcal{W}_2$$

其中右边的积分涉及随机微分 $d\mathcal{W}_2$。因为这个表达式与基本微积分中的标准积分都不相关，所以我们要赋予它合理的含义。

在一定的条件下，上式所述的收敛是成立的。Chan 和 Wei(1988)首先得出了类似的结论。然而，该结论在一般情况下并不成立。相反，正如我们接下来要详细讨论的，需要对上式进行中心化使得 $\mathcal{W}_{1n}$或 $\mathcal{W}_{2n}$增量的相依性不会出现在 $\mathcal{W}_1$ 或 $\mathcal{W}_2$ 的增量中。事实上，一般情况下的结论是

$$\int_0^1 \mathcal{W}_{1n} d\mathcal{W}_{2n} - \Lambda_n \Rightarrow \int_0^1 \mathcal{W}_1 d\mathcal{W}_2$$

其中 Λ_n 用来实现中心化。

我们首先基于伊藤(Ito)在 20 世纪 40 年代提出的随机积分理论来理解右边的积分，参见 Ito(1994)，然后讨论如何构建$\int_0^1 \mathcal{W}_{1n} d\mathcal{W}_{2n}$的极限性质。

为了确保下面定义的随机积分是正确的，我们使用$\boldsymbol{\mathcal{W}}$滤波的概念。

定义 7.33($\boldsymbol{\mathcal{W}}$滤波，Filtration Generated by $\boldsymbol{\mathcal{W}}$) 令$\boldsymbol{\mathcal{W}}$是标准的多元维纳过程，令 $\mathcal{F}_t = \sigma(\boldsymbol{\mathcal{W}}(a),\ 0 \leqslant a < t)$，则由 σ-域$\{\mathcal{F}_t,\ t \in [0,\ \infty)\}$组成的序列被称为$\boldsymbol{\mathcal{W}}$滤波。

请注意，$\{\mathcal{F}_t\}$是 σ-域中的一个递增序列($\mathcal{F}_a \subset \mathcal{F}_t,\ a < t$)。在以下分析中，假设 σ-域 $\mathcal{F}_t$ 总是满足上述定义。

类似于构建我们所熟悉的黎曼积分，现在我们可以通过定义随机阶梯函数来构建伊藤随机积分。

定义 7.34(随机阶梯函数) 假设存在一个有限的实数序列 $0 = a_0 < a_1 < \cdots < a_n$ 和一个随机变量序列 η_t，满足 $E(\eta_t^2) < \infty$，其中 η_t 适应于 $\mathcal{F}_t$，$t = 0,\ \cdots,\ n-1$。定义 f：$[0,\ \infty) \times \Omega \to \mathbb{R}$，如果对 $a_t \leqslant a < a_{t+1}$，有 $f(a,\ \cdot) = \eta_t$，则 f 是一个随机阶梯函数。

伊藤随机积分可以在随机阶梯函数的基础之上通过直接定义得到。

定义 7.35 令 $\mathcal{W}$ 为$\boldsymbol{\mathcal{W}}$的一个组成部分。随机阶梯函数 f 的伊藤随机积分定义如下

$$\mathcal{I}(f) \equiv \sum_{t=1}^{n} \eta_{t-1}(\mathcal{W}(a_t) - \mathcal{W}(a_{t-1}))$$

在这种情形下，上式也可以被写成 $\mathcal{I}(f) = \int_0^\infty f d\mathcal{W}$ 或 $\mathcal{I}(f) = \int_0^\infty f(a) d\mathcal{W}(a)$。

随机阶梯函数的伊藤随机积分拥有有限的二阶矩。

命题 7.36 如果 f 是随机阶梯函数，那么

$$E(\mathcal{I}(f)^2) = E\left(\int_0^\infty f(a)^2 da\right) < \infty$$

证明：参见 Brzeźniak 和 Zastawniak(1999, pp.182—183)。■

类似于黎曼积分的构造方式，我们将随机阶梯函数作为一些函数的近似，将伊藤随机积分的定义拓展到比随机阶梯函数更广泛的函数领域。具体而言，如果某些函数从均方的角度，能够通过随机阶梯函数得到比较好的

近似，那么我们就可以对其定义伊藤随机积分。我们首先对这类平方可积的随机函数作如下定义。

定义 7.37［平方可积(适应)随机积分］ 令 $f:[0,\infty)\times\Omega\to\mathbb{R}$，其中对任意 $a\in[0,\infty)$，$f(a,\cdot)$是可测的。如果 $E(\int_0^\infty f(a)^2da)<\infty$，那么 f 是平方可积随机函数。进一步地，如果对任意 $a\in[0,\infty)$，$f(a,\cdot)$是 $\mathcal{F}_a$ 可测的，那么 f 是平方可积适应随机函数。

对于平方可积随机函数，我们有 $E(\int_0^\infty f(a)^2da)=\int_0^\infty E(f(a)^2)da$。(为什么?)

定义 7.38(可近似随机函数) 令 f 为平方可积适应随机函数，如果存在一个随机阶梯函数序列$\{f_n\}$满足

$$\lim_{n\to\infty}E\left(\int_0^\infty |f(a)-f_n(a)|^2da\right)=0$$

那么 f 是可近似随机函数，$\{f_n\}$是 f 的一个近似阶梯函数序列。

伊藤随机积分一般有如下定义：

定义 7.39(伊藤随机积分，Ito stochastic integral) 假设 f 是可近似随机函数，如果对 f 的任意一个近似阶梯函数序列$\{f_n\}$，存在一个随机变量 $\mathcal{I}(f)$满足 $E(\mathcal{I}(f))<\infty$和 $\lim_{n\to\infty}E(|\mathcal{I}(f)-\mathcal{I}(f_n)|^2)=0$。那么我们称 $\mathcal{I}(f)$为伊藤随机积分，写作

$$\mathcal{I}(f)=\int_0^\infty f(a)d\mathcal{W}(a)=\int_0^\infty fd\mathcal{W}$$

命题 7.40 对任意可近似随机函数，其伊藤随机积分存在且唯一(几乎必然相等)，并且满足

$$E(\mathcal{I}(f)^2)=E\left(\int_0^\infty f(a)^2da\right)$$

证明：参见 Brzeźniak 和 Zastawniak(1999, pp.184—185)。■

根据这个结论，如果 f 是可近似随机函数，我们也可以称 f 为随机可积函数。

如果 $1_{[b,c)}f$ 是随机可积的，我们可以定义

$$\begin{aligned}\int_b^c f(a)d\mathcal{W}(a)&\equiv\int_0^\infty 1_{[b,c)}(a)f(a)d\mathcal{W}(a)\\&=\mathcal{I}(1_{[b,c)}f)\end{aligned}$$

其中当 $b \leqslant a < c$ 时，$1_{[b,c)}(a)=1$，否则为 0。我们也写作 $\mathcal{I}(1_{[b,c)}f)=\int_b^c f d\mathcal{W}$。

有时，判断一个函数是不是随机可积并不容易。以下结论表明：如果 f 是几乎必然连续且合理适应的，那么 f 是随机可积的。

命题 7.41 令 f 表示具有几乎必然连续样本路径的随机函数，满足对所有 $a\in[0,\infty)$，$f(a,\cdot)$是 $\mathcal{F}_a$ 可测的。那么

(i) 如果 f 是平方可积随机函数，那么 f 是随机可积的；

(ii) 如果 $1_{[b,c)}f$ 是平方可积随机函数，那么 $1_{[b,c)}f$ 是随机可积的。

证明： 参见 Brzeźniak 和 Zastawniak(1999，pp.187—188)。■

我们现在可以理解之前曾讨论过的积分 $\int_0^1 \mathcal{W}_1 d\mathcal{W}_2$ 的含义。令 $\boldsymbol{\mathcal{W}}=(\mathcal{W}_1,\mathcal{W}_2)$，$f=\mathcal{W}_1$，$\mathcal{W}=\mathcal{W}_2$，借助命题 7.41 分析该积分。根据定义，$f=\mathcal{W}_1$ 是一个带有连续样本路径的随机函数，且 $\mathcal{W}_1(a)$是 $\mathcal{F}_a$-可测的，$a\in[0,\infty)$。为了验证 $1_{[b,c)}f=1_{[b,c)}\mathcal{W}_1$ 是平方可积的，由命题 7.41(ii)的条件可知，$E[\int 1_{[0,1]}(a)\mathcal{W}_1(a)^2 da]=E\int_0^1\mathcal{W}_1(a)^2 da=\int_0^1 E(\mathcal{W}_1(a)^2)da=\int_0^1 a da=[a^2/2]_0^1=1/2<\infty$。因此 $f=\mathcal{W}_1$ 在[0，1]上是随机可积的，这确保了 $\int_0^1\mathcal{W}_1 d\mathcal{W}_2$ 正确定义。

我们可以将伊藤随机积分的概念拓展到在应用中经常出现的向量或者矩阵的情形。具体而言，令 $\mathbf{f}$ 是 $m\times 1$ 维向量，$\mathbf{F}$ 是 $m\times k$ 维矩阵，$\mathcal{W}$ 是 $k\times 1$ 向量。那么，

$$\int_b^c \mathbf{f} d\boldsymbol{\mathcal{W}}'$$

是 $m\times k$ 维矩阵，其元素为

$$\int_b^c f_i d\mathcal{W}_j,\ i=1,\cdots,m,\ j=1,\cdots,k$$

且

$$\int_b^c \mathbf{F} d\boldsymbol{\mathcal{W}}$$

是一个 $m\times 1$ 维向量，其元素为

$$\sum_{j=1}^k \int_b^c F_{ij} d\mathcal{W}_j,\ i=1,\cdots,m$$

例如，矩阵

$$\int_b^c \mathcal{W} d \mathcal{W}'$$

是一个 $k\times k$ 维随机变量矩阵,其元素为$\int_b^c \mathcal{W}_i d\mathcal{W}_j$, i, $j=1$, $\cdots$, k。

现在我们来关注$\int_0^1 \mathcal{W}_{1n} d\mathcal{W}_{2n}$的极限性质。为此,考虑能够得到$(\mathcal{U}_n, \mathcal{V}_n)\Rightarrow(\mathcal{U}, \mathcal{V})$的更一般设定并考虑下式的极限性质

$$\int_0^1 \mathcal{U}_n d \mathcal{V}'_n$$

与直观期望不同,$\int_0^1 \mathcal{U}_n d \mathcal{V}'_n \Rightarrow \int_0^1 \mathcal{U} \, d \mathcal{V}'$一般来说是不成立的。

为了理解这个问题,回顾定理 7.21(b) 的结论,$n^{-1}\sum_{t=1}^n Y_{t-1}\varepsilon_t\Rightarrow(\sigma^2/2)(\mathcal{W}(1)^2-\tau^2/\sigma^2)$,其中 $\tau^2=\text{plim}\ n^{-1}\sum_{t=1}^n\varepsilon_t^2$。定义 $\mathcal{W}_n(a_{t-1})=n^{-1/2}\sum_{s=1}^{t-1}\varepsilon_s/\sigma$,有

$$\begin{aligned} n^{-1}\sum_{t=1}^n Y_{t-1}\varepsilon_t &= \sigma n^{-1/2}\sum_{t=1}^n \mathcal{W}_n(a_{t-1})\varepsilon_t \\ &= \sigma^2\sum_{t=1}^n \mathcal{W}_n(a_{t-1})(\mathcal{W}_n(a_t)-\mathcal{W}_n(a_{t-1})) \\ &= \sigma^2\int_0^1 \mathcal{W}_n d\mathcal{W}_n \end{aligned}$$

其中根据定理 7.21(b)的证明可知第一个等式成立,根据 $\varepsilon_t=\sigma n^{1/2}(\mathcal{W}_n(a_t)-\mathcal{W}_n(a_{t-1}))$可知第二个等式成立,根据随机积分的定义可知第三个等式成立。

若$(\mathcal{U}_n, \mathcal{V}_n)\Rightarrow(\mathcal{U}, \mathcal{V})$能够推出

$$\int_0^1 \mathcal{U}_n d \mathcal{V}'_n \Rightarrow \int_0^1 \mathcal{U} \, d \mathcal{V}$$

那么 $\mathcal{W}_n\Rightarrow\mathcal{W}$[正如 7.21(ii)条件的假设],并且令$\mathcal{U}_n=\mathcal{V}_n=\mathcal{W}_n$ 和$\mathcal{U}=\mathcal{V}=\mathcal{W}$,可以推出

$$\int_0^1 \mathcal{W}_n d\mathcal{W}_n \Rightarrow \int_0^1 \mathcal{W} d\mathcal{W}$$

根据随机积分中的标准做法,我们可以证明

$$\int_0^1 \mathcal{W} d\mathcal{W} = (1/2)(\mathcal{W}(1)^2-1)$$

所以,可得

$$n^{-1}\sum_{t=1}^{n}Y_{t-1}\varepsilon_t\Rightarrow(\sigma^2/2)(\mathcal{W}(1)^2-1)$$

但是,我们之前已经证明了

$$\begin{aligned}n^{-1}\sum_{t=1}^{n}Y_{t-1}\varepsilon_t&=\sigma^2\int_0^1\mathcal{W}_n d\mathcal{W}_n\\&\Rightarrow(\sigma^2/2)(\mathcal{W}(1)^2-\tau^2/\sigma^2)\end{aligned}$$

一般而言,$\tau^2\neq\sigma^2$。因此之前直观推断的收敛结果一般是不成立的,实际结果要比这更加复杂。

为了更好地理解这个情况,假设$\{\eta_t\}$和$\{\varepsilon_t\}$分别满足 FCLT,并且令

$$\mathcal{U}_n(a_t)=n^{-1/2}\sum_{s=1}^{t}\eta_s/\sigma_1$$

$$\mathcal{V}_n(a_t)=n^{-1/2}\sum_{s=1}^{t}\varepsilon_s/\sigma_2$$

其中 $a_t=t/n$, $\sigma_1^2\equiv\lim_{n\to\infty}\mathrm{var}(n^{-1/2}\sum_{t=1}^n\eta_t)$,且 $\sigma_2^2\equiv\lim_{n\to\infty}\mathrm{var}(n^{-1/2}\sum_{t=1}^n\varepsilon_t)$。那么

$$\begin{aligned}\int_0^1\mathcal{U}_n d\mathcal{V}_n&=\sum_{t=1}^{n}\mathcal{U}_n(a_{t-1})(\mathcal{V}_n(a_t)-\mathcal{V}_n(a_{t-1}))\\&=n^{-1/2}\sum_{t=1}^{n}\mathcal{U}_n(a_{t-1})\varepsilon_t/\sigma_2\\&=n^{-1}\sum_{t=2}^{n}\sum_{s=1}^{t-1}\eta_s\varepsilon_t/(\sigma_1\sigma_2)\end{aligned}$$

对上式两边取期望,我们有

$$\begin{aligned}E\left(\int_0^1\mathcal{U}_n d\mathcal{V}_n\right)&=E\left(n^{-1}\sum_{t=2}^{n}\sum_{s=1}^{t-1}\eta_s\varepsilon_t/(\sigma_1\sigma_2)\right)\\&=n^{-1}\sum_{t=2}^{n}\sum_{s=1}^{t-1}E(\eta_s\varepsilon_t)/(\sigma_1\sigma_2)\\&\equiv\Lambda_n\end{aligned}$$

Λ_n 的值取决于协方差$E(\eta_s\varepsilon_t)$, $s=1,\cdots,t-1$, $t=1,\cdots,n$。如果协方差全都为零,例如当 $\eta_t=\varepsilon_t$ 并且$\{\varepsilon_t\}$是独立或者鞅差序列时,那么 Λ_n 为零。但是如果 ε_t 和 η_s 相关,其中 $s=1,\cdots,t-1$,那么 Λ_n 不一定是零。

根据假设,我们有$\mathcal{U}_n\Rightarrow\mathcal{U}$ 和 $\mathcal{V}_n\Rightarrow\mathcal{V}$,其中$\mathcal{U}$ 和 $\mathcal{V}$ 都是标准维纳过程(不一定相互独立)。$\int_0^1\mathcal{U}d\mathcal{V}$ 的期望完全不取决于$\{\varepsilon_t\}$和(η_t)的协方差性质。

事实上，可以证明 $E(\int_0^1 \mathcal{U}d\mathcal{V})=0$。因此，我们至少要对 $\int_0^1 \mathcal{U}_n d\mathcal{V}_n$ 进行如下中心化处理以确保其期望等于 $\int_0^1 \mathcal{U}d\mathcal{V}$

$$\int_0^1 \mathcal{U}_n d\mathcal{V}_n - \Lambda_n$$

事实上，对于我们研究的随机过程，这个中心化足以满足我们的要求。$\{\varepsilon_t\}$ 和 $\{\eta_t\}$ 服从 FCLT 的条件加上假设 $\Lambda_n \to \Lambda$，我们足以得到

$$\int_0^1 \mathcal{U}_n d\mathcal{V}_n - \Lambda_n \Rightarrow \int_0^1 \mathcal{U}d\mathcal{V}$$

该结论可以根据 DeJong 和 Davidson(2000)的定理 4.1 得出。他们的证明十分复杂，此处不再重复。我们只陈述 DeJong 和 Davidson(2000)中定理 4.1 的推论，来得出我们协整设定下的理想结果。

为了叙述如下定理，令 $\{\boldsymbol{\eta}_t\}$ 和 $\{\boldsymbol{\varepsilon}_t\}$ 分别表示 $m\times 1$ 维和 $k\times 1$ 维向量，并且定义

$$\boldsymbol{\mathcal{U}}_n(a) = \boldsymbol{\Sigma}_1^{-1/2} n^{-1/2} \sum_{t=1}^{[an]} \boldsymbol{\eta}_t$$

$$\boldsymbol{\mathcal{V}}_n(a) = \boldsymbol{\Sigma}_2^{-1/2} n^{-1/2} \sum_{t=1}^{[an]} \boldsymbol{\varepsilon}_t$$

其中，$\boldsymbol{\Sigma}_1 \equiv \lim_{n\to\infty} \operatorname{var}(n^{-1/2}\sum_{t=1}^n \boldsymbol{\eta}_t)$，$\boldsymbol{\Sigma}_2 \equiv \lim_{n\to\infty} \operatorname{var}(n^{-1/2}\sum_{t=1}^n \boldsymbol{\varepsilon}_t)$。进一步定义

$$\boldsymbol{\Lambda}_n \equiv \boldsymbol{\Sigma}_1^{-1/2} n^{-1} \sum_{t=2}^{n} \sum_{s=1}^{t-1} E(\boldsymbol{\eta}_s \boldsymbol{\varepsilon}_t') \boldsymbol{\Sigma}_2^{-1/2'}$$

定理 7.42(独立同分布随机积分收敛，i.i.d. stochastic integral convergence) 假设 $\{\boldsymbol{\eta}_t\}$ 和 $\{\boldsymbol{\varepsilon}_t\}$ 是独立同分布序列，分别满足多元唐斯克定理的条件。且假设 $\boldsymbol{\Lambda}_n \to \boldsymbol{\Lambda}$，其中 $\boldsymbol{\Lambda}$ 是一个有限矩阵。那么

$$\left(\boldsymbol{\mathcal{U}}_n, \boldsymbol{\mathcal{V}}_n, \int_0^1 \boldsymbol{\mathcal{U}}_n d\boldsymbol{\mathcal{V}}_n' - \boldsymbol{\Lambda}_n\right) \Rightarrow \left(\boldsymbol{\mathcal{U}}, \boldsymbol{\mathcal{V}}, \int_0^1 \boldsymbol{\mathcal{U}}\, d\boldsymbol{\mathcal{V}}'\right)$$

证明： 将 DeJong 和 Davidson(2000, Theorem 4.1)证明的部分应用到独立同分布的特殊情形即可得出相应结论。■

请注意，上述结论给出的是 $\boldsymbol{\mathcal{U}}_n$，$\boldsymbol{\mathcal{V}}_n$ 和 $\int_0^1 \boldsymbol{\mathcal{U}}_n d\boldsymbol{\mathcal{V}}_n' - \boldsymbol{\Lambda}_n$ 的联合收敛形式。如 DeJong 和 Davidson(2000)所述，这种形式便于应用连续映射定理。

习题 7.43 (i)验证当 $\{\boldsymbol{\eta}_t\}$ 和 $\{\boldsymbol{\varepsilon}_t\}$ 相互独立并且满足定理 7.42 的条件

时，有 $\mathbf{\Lambda}=0$，进而 $\int_0^1 \mathcal{U}_n d\mathcal{V}_n' \Rightarrow \int_0^1 \mathcal{U}\, d\mathcal{V}'$。(ii) 当 $\boldsymbol{\eta}_t=\boldsymbol{\varepsilon}_{t-1}$ 时，求出 $\mathbf{\Lambda}$。

我们现在有了构建协整随机游走最小二乘估计值极限性质所需要的基本理论。

习题 7.44(随机游走的协整回归) 假设下列两个条件成立，

(i) $\{\varepsilon_t\}$ 和 $\{\eta_t\}$ 是独立的独立同分布过程且满足 $E(\varepsilon_t)=E(\eta_t)=0$，$0<\sigma_1^2\equiv\mathrm{var}(\eta_t)<\infty$ 和 $0<\sigma_2^2\equiv\mathrm{var}(\varepsilon_t)<\infty$。

(ii) $Y_t=X_t\beta_o+\varepsilon_t$，$t=1,\cdots$，其中 $X_t=X_{t-1}+\eta_t$，$t=1,\cdots$，且 $X_0=0$，$\beta_o\in\mathbb{R}$。

那么对于独立的标准维纳过程 $\mathcal{W}_1$，$\mathcal{W}_2$，

(a) $n^{-2}\sum_{t=1}^n X_t^2\Rightarrow\sigma_1^2\int_0^1\mathcal{W}_1(a)^2da$；

(b) $n^{-1}\sum_{t=1}^n X_t\varepsilon_t\Rightarrow\sigma_1\sigma_2\int_0^1\mathcal{W}_1(a)d\mathcal{W}_2(a)$；

(c) $n(\hat{\beta}_n-\beta_o)\Rightarrow\sigma_2/\sigma_2\left[\int_0^1\mathcal{W}_1(a)da\right]^{-1}\int_0^1\mathcal{W}_1(a)d\mathcal{W}_2(a)$；

(d) $\hat{\beta}_n\xrightarrow{p}\beta_o$。

现在假设 $\mathbf{X}_t$ 是一个 $k\times1$ 的积分过程向量，$\mathbf{X}_t=\mathbf{X}_{t-1}+\boldsymbol{\eta}_t$ 且 $Y_t=\mathbf{X}_t'\beta_o+\varepsilon_t$。进一步假设 $\boldsymbol{\zeta}_t\equiv(\boldsymbol{\eta}_t',\varepsilon_t)'$ 服从多元 FCLT。$\{\mathbf{X}_t\}$ 和 $\{Y_t\}$ 可以是积分过程但不一定是随机游走过程。为了处理这种情形，令

$$\mathbf{\Sigma}\equiv\lim_{n\to\infty}\ \mathrm{var}\left(n^{-1/2}\sum_{t=1}^n\boldsymbol{\zeta}_t\right)$$

并且定义如下 $(k+1)\times1$ 维向量

$$\boldsymbol{\xi}_t=\mathbf{\Sigma}^{-1/2}\boldsymbol{\zeta}_t$$

使其满足 $\boldsymbol{\zeta}_t=\mathbf{\Sigma}^{1/2}\boldsymbol{\xi}_t$。由此可得

$$\begin{aligned}\mathbf{X}_t&=\mathbf{X}_{t-1}+\boldsymbol{\eta}_t\\&=\mathbf{X}_{t-1}+\mathbf{D}_1'\mathbf{\Sigma}^{1/2}\boldsymbol{\xi}_t\end{aligned}$$

其中，$\mathbf{D}_1'$ 是 $k\times(k+1)$ 维选择矩阵，满足 $\mathbf{D}_1'\boldsymbol{\zeta}_t=\boldsymbol{\eta}_t$。类似可知

$$\begin{aligned}Y_t&=\mathbf{X}_t'\beta_o+\varepsilon_t\\&=\mathbf{X}_t'\beta_o+\mathbf{D}_2'\mathbf{\Sigma}^{1/2}\boldsymbol{\xi}t\end{aligned}$$

其中，$\mathbf{D}_2'$ 是 $1\times(k+1)$ 维选择矩阵，满足 $\mathbf{D}_2'\boldsymbol{\zeta}_t=\varepsilon_t$。

接下来，我们写成

$$\mathcal{W}_n(a_t)=n^{-1/2}\sum_{s=1}^{t}\boldsymbol{\xi}_s,\ a_t=t/n$$

基于此可得

$$n^{-2}\sum_{t=1}^{n}\mathbf{X}_t\mathbf{X}'_t=n^{-1}\sum_{t=1}^{n}\mathbf{D}'_1\boldsymbol{\Sigma}^{1/2}\mathcal{W}_n(a_t)\mathcal{W}_n(a_t)'\boldsymbol{\Sigma}^{1/2'}\mathbf{D}_1$$

假设$\{\boldsymbol{\xi}_t\}$服从多元 FCLT，可知

$$n^{-2}\sum_{t=1}^{n}\mathbf{X}_t\mathbf{X}'_t\Rightarrow\mathbf{D}'_1\boldsymbol{\Sigma}^{1/2}\int_0^1\mathcal{W}(a)\mathcal{W}(a)'da\,\boldsymbol{\Sigma}^{1/2'}\mathbf{D}_1$$

此外，

$$\begin{aligned}n^{-1}\sum_{t=1}^{n}\mathbf{X}_t\varepsilon_t&=n^{-1}\sum_{t=1}^{n}\mathbf{X}_{t-1}\varepsilon_t+n^{-1}\sum_{t=1}^{n}\boldsymbol{\eta}_t\varepsilon_t\\&=\sum_{t=1}^{n}\mathbf{D}'_1\boldsymbol{\Sigma}^{1/2}\mathcal{W}_n(a_{t-1})(\mathcal{W}_n(a_t)-\mathcal{W}_n(a_{t-1}))'\boldsymbol{\Sigma}^{1/2'}\mathbf{D}_2\\&\quad+n^{-1}\sum_{t=1}^{n}\boldsymbol{\eta}_t\varepsilon_t\\&=\mathbf{D}'_1\boldsymbol{\Sigma}^{1/2}\int_0^1\mathcal{W}_n d\,\mathcal{W}'_n\boldsymbol{\Sigma}^{1/2'}\mathbf{D}_2+n^{-1}\sum_{t=1}^{n}\boldsymbol{\eta}_t\varepsilon_t\end{aligned}$$

其中，第二项 $n^{-1}\sum_{t=1}^{n}\boldsymbol{\eta}_t\varepsilon_t$ 可以用大数定律来处理。为了分析第一项，我们基于 DeJong 和 Davidson(2000)的定理 4.1 得到如下推论。

定理 7.45(异质混合随机积分收敛) 假设$\{\boldsymbol{\eta}_t\}$和$\{\boldsymbol{\varepsilon}_t\}$是向量值混合序列，都满足异质混合多元 FCLT(定理 7.30)的条件。进一步假设 $\boldsymbol{\Lambda}_n\to\boldsymbol{\Lambda}$，其中 $\boldsymbol{\Lambda}$ 是有限矩阵。那么

$$\left(\mathcal{U}_n,\mathcal{V}_n,\int_0^1\mathcal{U}_n d\,\mathcal{V}'_n-\boldsymbol{\Lambda}_n\right)\Rightarrow\left(\mathcal{U},\mathcal{V},\int_0^1\mathcal{U}\,d\,\mathcal{V}'\right)$$

证明：这是 DeJong 和 Davidson(2000)定理 4.1 的直接推论。■

定理 7.46(带有混合扰动项的协整回归) 假设

(i) $\{\boldsymbol{\zeta}_t=(\boldsymbol{\eta}'_t,\varepsilon_t)'\}$是$(k+1)\times1$ 维全局协方差平稳的 ϕ 或 α 混合向量过程。对于 ϕ 混合过程，其尺度大小为$-r/(2r-2)$；对于 α 混合过程，其尺度大小为$-r/r-2$，其中 $r>2$。该过程对 $i=1,\cdots,k+1$ 以及所有 t，$E(\boldsymbol{\zeta}_t)=\mathbf{0}$，$E(|\zeta_{ti}|^r)<\Delta<\infty$成立。进一步假设 $\boldsymbol{\Sigma}\equiv\lim_{n\to\infty}\mathrm{var}(n^{-1/2}\sum_{t=1}^{n}\boldsymbol{\zeta}_t)$是有限非奇异的。

(ii) $Y_t=\mathbf{X}_t'\beta_o+\varepsilon_t$，$t=1, 2, \cdots$，其中 $\mathbf{X}_t=\mathbf{X}_{t-1}+\boldsymbol{\eta}_t$，$t=1, 2, \cdots$，且$\mathbf{X}_0=\mathbf{0}$，$\beta_o\in\mathbb{R}^k$。

令$\mathcal{W}$表示标准多元维纳过程，$\mathbf{D}_1'$是 $k\times(k+1)$ 维选择矩阵，满足 $\mathbf{D}_1'\boldsymbol{\zeta}_t=\boldsymbol{\eta}_t$，$\mathbf{D}_2'$是 $1\times(k+1)$维选择矩阵，满足 $\mathbf{D}_2'\boldsymbol{\zeta}_t=\varepsilon_t$。令

$$\boldsymbol{\Lambda}\equiv\lim_{n\to\infty}\boldsymbol{\Sigma}^{-1/2}n^{-1}\sum_{t=2}^{n}\sum_{s=1}^{t}E(\boldsymbol{\zeta}_s\boldsymbol{\zeta}'_t)\boldsymbol{\Sigma}^{-1/2'}$$

并且令 $\boldsymbol{\Gamma}\equiv\lim_{n\to\infty}n^{-1}\sum_{t=1}^{n}E(\boldsymbol{\zeta}_t\varepsilon_t)$。

那么 $\boldsymbol{\Lambda}$ 和 $\boldsymbol{\Gamma}$ 是有限的且

(a) $n^{-2}\sum_{t=1}^{n}\mathbf{X}_t\mathbf{X}_t'\Rightarrow\mathbf{D}_1'\boldsymbol{\Sigma}^{1/2}[\int_0^1\mathcal{W}(a)\mathcal{W}(a)'da]\boldsymbol{\Sigma}^{1/2'}\mathbf{D}_1$

(b) $n^{-1}\sum_{t=1}^{n}\mathbf{X}_t\varepsilon_t\Rightarrow\mathbf{D}_1'\boldsymbol{\Sigma}^{1/2}[\int_0^1\mathcal{W}\,d\,\mathcal{W}'+\boldsymbol{\Lambda}]\boldsymbol{\Sigma}^{1/2'}\mathbf{D}_2+\boldsymbol{\Gamma}$

(c) $n(\hat{\beta}_n-\beta_o)\Rightarrow[\mathbf{D}_1'\boldsymbol{\Sigma}^{1/2}[\int_0^1\mathcal{W}(a)\mathcal{W}(a)'da]\boldsymbol{\Sigma}^{1/2'}\mathbf{D}_1]^{-1}$

$\times[\mathbf{D}_1'\boldsymbol{\Sigma}^{1/2}[\int_0^1\mathcal{W}\,d\,\mathcal{W}'+\boldsymbol{\Lambda}]\boldsymbol{\Sigma}^{1/2'}\mathbf{D}_2+\boldsymbol{\Gamma}]$

(d) $\hat{\beta}_n\xrightarrow{p}\beta_o$

证明：混合和矩条件确保了 $\boldsymbol{\Lambda}$ 和 $\boldsymbol{\Gamma}$ 的有限性。

(a) 在(i)的混合条件下，$\{\boldsymbol{\xi}_t=\boldsymbol{\Sigma}^{-1/2}\boldsymbol{\zeta}_t\}$服从异质混合多元 FCLT，所以这个结果来自前文该定理的论证。

(b) 如上所述，

$$n^{-1}\sum_{t=1}^{n}\mathbf{X}_t\varepsilon_t=\mathbf{D}'_1\boldsymbol{\Sigma}^{1/2}\int_0^1\mathcal{W}_n d\,\mathcal{W}'_n\boldsymbol{\Sigma}^{1/2}\mathbf{D}_2+n^{-1}\sum_{t=1}^{n}\boldsymbol{\eta}_t\varepsilon_t$$

在(i)的混合条件下，$\{\boldsymbol{\eta}_t', \varepsilon_t\}$服从大数定律，所以 $n^{-1}\sum_{t=1}^{n}\boldsymbol{\eta}_t\varepsilon_t\xrightarrow{p}\boldsymbol{\Gamma}$。给定(i)，定理 7.45 适用，所以由引理 4.27 可知$\int_0^1\mathcal{W}_n d\,\mathcal{W}_n'\Rightarrow\int_0^1\mathcal{W}\,d\,\mathcal{W}'+\boldsymbol{\Lambda}$。

(c) 因为 $n(\hat{\beta}_n-\beta_o)=(n^{-2}\sum_{t=1}^{n}\mathbf{X}_t\mathbf{X}_t')^{-1}n^{-1}\sum_{t=1}^{n}\mathbf{X}_t\varepsilon_t$，该结论可以由引理 4.27 及(a)和(b)的结果直接得出。

(d) $\hat{\beta}_n-\beta_o=n^{-1}(n(\hat{\beta}_n-\beta_o))=o(1)O_p(1)=o_p(1)$■

可以看出这里的结论是习题 7.44 的直接拓展。

以上结论可以通过定义协方差为 $\boldsymbol{\Sigma}$ 的布朗运动来简化，定义 $\mathcal{B}=\boldsymbol{\Sigma}^{1/2}\mathcal{W}$，记作 BM($\boldsymbol{\Sigma}$)，其中$\mathcal{W}$是标准维纳过程(布朗运动)。基于该定义，可得

$$n(\hat{\beta}_n-\beta_o)\Rightarrow\left[\mathbf{D}'_1\left[\int_0^1\boldsymbol{B}(a)\boldsymbol{B}(a)'da\right]\mathbf{D}_1\right]^{-1}$$

$$\times\left[\mathbf{D}'_1\left[\int_0^1\boldsymbol{B}d\boldsymbol{B}'+\boldsymbol{\Sigma}^{1/2}\boldsymbol{\Lambda}\boldsymbol{\Sigma}^{1/2'}\right]\mathbf{D}_2+\boldsymbol{\Gamma}\right]$$

在(c)的结论中,我们注意到了这一项

$$\left[\mathbf{D}'_1\left[\int_0^1 \boldsymbol{B}(a)\boldsymbol{B}(a)'da\right]\mathbf{D}_1\right]^{-1}(\mathbf{D}'_1\boldsymbol{\Sigma}^{1/2}\boldsymbol{\Lambda}\boldsymbol{\Sigma}^{1/2'}\mathbf{D}_2+\boldsymbol{\Gamma})$$

其中,与 $\boldsymbol{\Lambda}$ 有关的部分来源于 $\boldsymbol{\zeta}_t$ 的序列相关性,与 $\boldsymbol{\Gamma}$ 有关的部分来源于 $\boldsymbol{\eta}_t$ 和 ε_t 的相关性。正如单位根回归一样,误差项中存在序列相关并不会导致 $\hat{\beta}_n$ 的不一致性,然而,会导致其渐近分布存在偏误。类似地,回归项 $\mathbf{X}_t$ 和误差项 ε_t 相关也不会导致 $\hat{\beta}_n$ 的不一致性(在前文章节中,这会导致非一致性),而是会导致 $\hat{\beta}_n$ 的渐近分布中存在轻微的偏误。与带有单位根过程的回归情况一样,即使 $\boldsymbol{\Lambda}$ 和 $\boldsymbol{\Gamma}$ 都为零,该渐近分布仍然不是以零为中心的,因为 $\int_0^1 \boldsymbol{B}(a)\boldsymbol{B}(a)'da$ 和 $\int_0^1 \boldsymbol{B}d\boldsymbol{B}'$ 存在相关性。因此,尽管不存在不一致性,但是渐近偏误依然存在。

OLS 估计量 $\hat{\beta}_n$ 只是由协整回归得到的估计量中最简单的一种,并且所述结果取决于哪个变量存在单位根以及协整关系的性质。我们在这里无法深入讨论这些问题。然而,我们希望本章的内容可以为感兴趣并且想深入研究的读者提供基本的理解和有用的工具。如果想深入了解相关问题,读者可以参见 Hansen(1992a, b), Johansen(1988, 1991, 1996), Park 和 Phillips(1988, 1989), Phillips(1987), Saikkonen(1992), Sims、Stock 和 Watson(1990),以及 Wooldridge(1994)。

参考文献

Abadir, K. M. (1995). "The Joint Density of Two Functionals of a Brownian Motion." *Mathematical Methods of Statistics*, 4, 449—462.

Bachelier, L. B. J. A. (1900). *Théorie de la spéculation*, Thèse-Faculté des sciences de Paris. Gauthier-Villars, Paris.

Billingsley, P. (1968). *Convergence of Probability Measures*. Wiley, New York.

(1979). *Probability and Measure*. Wiley, New York.

Breiman, L. (1992). *Probability*. Siam, Philadelphia.

Brzezniak, Z. and T. Zastawniak (1999). *Basic Stochastic Processes: A Course Through Exercises*. Springer-Verlag, New York.

Chan, N. H. and C. Z. Wei(1988). "Limiting Distributions of Least Squares Estimates of Unstable Autoregressive Processes." *Annals of Statistics*, 16, 367—401.

Davidson, J. (1994). *Stochastic Limit Theory*. Oxford University Press, New York.

(1998). "When is a Time Series $I(0)$? Evaluating the Memory Properties of Nonlinear Dynamic Models." Cardiff University Discussion Paper.

DeJong R. M. and J. Davidson(2000). "The Functional Central Limit Theorem and Weak Convegence to Stochastic Integrals I: Weakly Dependent Processes," forthcoming in *Econometric Theory*, 16.

Dickey, D. A. and W. A. Fuller(1979). "Distribution of the Estimators for Autoregressive Time Series with a Unit Root." *Journal of the American Statistical Association*, 74, 427—431.

and—(1981). "Likelihood Ratio Statistics for Autoregressive Time Series with a Unit Root." *Econometrica*, 49, 1057—1072.

Donsker, M. D. (1951). "An Invariance Principle for Certain Probability Limit Theorems." *Memoirs of the American Mathematical Society*, 6, 1—12.

Elliott, G. , T. J. Rothenberg and J. H. Stock(1996). "Efficient Tests for an Autoregressive Unit Root." *Econometrica*, 64, 813—836.

Engle, R. F. and C. W. J. Granger(1987). "Cointegration and Error Correction: Representation, Estimation and Testing." *Econometrica*, 55, 251—276.

Granger, C. W. J. (1981). "Some Properties of Time Series Data and Their Use in Econometric Model Specification." *Journal of Econometrics*, 16, 121—130.

and P. Newbold(1974). "Spurious Regressions in Econometrics." *Journal of Econometrics*, 2, 111—120.

Hall, P. (1977). "Martingale Invariance Principles." *Annals of Probability*, 5, 875—877.

Hamilton, J. D. (1994). *Time Series Analysis*, Princeton University Press, Princeton.

Hansen, B. E. (1992a). "Efficient Estimation and Testing of Cointegrating Vectors in the Presence of Deterministic Trends." *Journal of Econometrics*, 53, 87—121.

(1992b). "Heteroskedastic Cointegration." *Journal of Econometrics*, 54, 139—158.

Ito, K. (1944). "Stochastic Integral." *Proc. Imperial Acad. Tokyo*, 20, 519—524.

Johansen, S. (1988). "Statistical Analysis of Cointegration Vectors." *Journal of Economic Dynamics and Control*, 12, 231—254.

(1991). "Estimation and Hypothesis Testing of Cointegration Vectors in Gaussian Vector Autoregressive Models." *Econometrica*, 59, 1551—1580.

(1996). *Likelihood-Based Inference in Cointegrated Vector Autoregressive Models*. 2nd ed. Oxford University Press, Oxford.

McLeish, D. L. (1974). "Dependent Central Limit Theorems and Invariance Principles." *Annals of Probability*, 2, 620—628.

Park, J. Y. and P. C. B. Phillips(1988). "Statistical Inference in Regressions with Integrated Processes: Part 1." *Econometric Theory*, 4, 468—497.

and—(1989). "Statistical Inference in Regressions with Integrated Processes: Part 2." *Econometric Theory*, 5, 95—132.

Phillips, P. C. B. (1986). "Understanding Spurious Regressions in Econometrics." *Journal of Econometrics*, 33, 311—340.

(1987). "Time Series Regression with a Unit Root." *Econometrica*, 55, 277—301.

(1991). "Optimal Inference in Cointegrated Systems." *Econometrica*, 59, 283—306.

and S. N. Durlauf (1986). "Multiple Time Series Regression with Integrated Processes." *Review of Economic Studies*, 53, 473—496.

and Z. Xiao(1998). "A Primer on Unit Root Testing." Cowles Foundation Discussion Papers No.1189.

Saikkonen, P. (1992). "Estimation and Testing of Cointegrated Systems by an Autoregressive Approximation." *Econometric Theory*, 8, 1—27.

Sims, C. A., J. H. Stock, and M. W. Watson(1990). "Inference in Linear Time Series Models with Some Unit Roots." *Econometrica*, 58, 113—144.

Stock, J. H. (1994). "Unit Roots, Structural Breaks and Trends." In *Handbook of Econometrics*, vol.4, R. F. Engle and D. McFadden eds., 2739—2841. North-Holland, Amsterdam.

(1999). "A Class of Tests for Integration and Cointegration." In *Cointegration, Causality, and Forecasting*, R. F. Engle and H. White eds., pp.135—167. Oxford University Press, New York.

and M. W. Watson(1993). "A Simple Estimator of Cointegrating Vectors in Higher Order Integrated Systems." *Econometrica*, 61, 783—820.

Tanaka, K. (1996). *Time Series Analysis: Nonstationary and Noninvertible Distribution Theory*. John Wiley, New York.

Watson, M. W. (1994). "Vector Autoregressions and Cointegration." In *Handbook of Econometrics*, vol.4, R. F. Engle and D. McFadden eds., 2843—2915. North-Holland, Amsterdam.

White, J. S. (1958). "The Limiting Distribution of the Serial Correlation Coefficient in the Explosive Case." *Annals of Mathematical Statistics*, 29, 1188—1197.

Wiener, N. (1923). "Differential Space." *Journal of Mathematics and Physics*, 58, 131—174.

(1924). "Un probléme de probabilités dénombrables." *Bull. Soc. Math., France*, 52, 569—578.

Wooldridge, J. M. (1994). "Estimation and Inference for Dependent Processes." In *Handbook of Econometrics*, vol.4, R. F. Engle and D. McFadden eds., 2639—2738. North-Holland, Amsterdam.

and H. White(1988). "Some Invariance Principles and Central Limit theorems for Dependent Heterogeneous Processes." *Econometric Theory*, 4, 210—230.

Yule, G. U. (1926). "Why do We Sometimes Get Nonsense Correlations Between Time Series? —a Study in Sampling and the Nature of Time Series." *Journal of the Royal Statistical Society*, 89, 1—64.

8 进一步研究的方向

虽然前面几章的内容涵盖了经济学家可能感兴趣的相当一部分的内容,但这些仅涉及现代计量经济学广阔领域的一部分。我们可以将这些领域做如下几个不同但相关的拓展:更一般化的数据生成过程;适用于这些数据生成过程的更一般化的模型设定方法;与 OLS 和工具变量法不同的估计方法;考虑模型误设的影响以及诊断。

8.1 拓展数据生成过程

笼统地说,可以从三个方面拓展数据生成过程:矩、记忆和异质性。例如,在考虑单位根的数据生成过程时,我们并没有考虑包含确定性时间趋势的情况。不过,对于包含趋势解释变量或工具变量的模型,马尔可夫大数定律(定理 3.7)或麦克莱什大数定律(定理 3.47)可以用来建立其一致性。事实上,上述模型中变量的一致性可能收敛得"更快",因为和回归函数 $\mathbf{X}_t'\beta_o$ 相比,误差方差的大小可以忽略。并且,渐近正态性可以借助林德伯格或者鞅—林德伯格 CLT(定理 5.6 和定理 5.24)得到。事实上,在包含非随机和可能的趋势变量的模型中,人们很早就已关注确保渐近正态性成立的条件(Grenander, 1954),并已建立了可用且完备的一般化理论(例如,Crowder, 1980)。

通常认为,确定性时间趋势导致了因变量一阶矩的变大,而趋势也可能存在于高阶矩中。处理这类问题的关键是得到包含这些情形的大数定律、CLT 和 FCLT。例如,Wooldridge 和 White(1988)给出了在高阶矩中可能包含趋势情况下的 FCLT。

我们已经考虑了满足遍历性和混合性记忆条件下的数据生成过程，并且通过施加混合鞅记忆条件建立了平稳遍历 CLT 和 FCLT。尽管该条件对平稳遍历过程而言是一种约束，混合鞅也可以作为混合情况下对记忆条件的放松。具体而言，如果考虑一个由潜在混合过程的无限历史决定的，但主要依赖于近期的随机过程，我们就可以得到一个比简单混合过程有更长记忆的过程。这个过程内在地继承了潜在混合过程的性质，以满足混合鞅条件。事实上，可以证明，这类混合过程的"近期相依"函数是混合鞅，具有良好性质且满足大数定律、CLT 和 FCLT。

这些条件由 Ibragimov(1962)提出，Billingsley(1968)对它们进行了讨论。McLeish(1975a, b)使用这些条件发展了大数定律、CLT 和 FCLT，Gallant 和 White(1988)将这些定理引入计量经济学。进一步讨论和细节见 Gallant 和 White(1988)及 Davidson(1994)。

在第 7 章，我们考虑了比混合、混合鞅以及遍历性有更强相依性的积分过程(单位根)。我们看到，这些情形下估计量的大样本性质取决于 FCLT，而 FCLT 的有效性取决于积分过程中创新的记忆性质。这里考虑的混合鞅和积分过程之间的中介记忆条件就是分整(fractional integration)，这里的分整过程是积分过程的一般化。Sowell(1992)和 Baillie(1996)给出了这类过程的一个综述。要研究这类分整数据生成过程估计量的大样本性质，就需要扩展 FCLT 以及第 7 章中的其他工具。此时，根据分整条件类似于 FCLT 的部分收敛到分数布朗运动。例如，参见 Taqqu(1975)的进一步讨论。

为了使我们在第 7 章讨论 FCLT 时相对简便，我们施加了全局协方差平稳的假设。这个假设限制了数据生成过程的异质性，但这个假设并不是得出 FCLT 和其他类似结论所必须的。不施加全局协方差平稳性条件下的结果，见 Wooldridge 和 White(1988)，Davidson(1994)以及 DeJong 和 Davidson(2000)。

8.2 非线性模型

之前章节中，尽管我们允许参数存在非线性约束，但我们主要关注的是参数线性模型。一个更一般化的模型为 $\mathbf{q}_t(\mathbf{X}_t,\mathbf{Y}_t,\beta)$，该模型可以包含经济学家感兴趣的多种情形。在该模型中，对于一些 β_o，假定 $\mathbf{q}_t(\mathbf{X}_t,\mathbf{Y}_t,\beta)=\varepsilon_t$ 成立。

在我们研究的特定情形下，模型具有以下形式

$$\mathbf{q}_t(\mathbf{X}_t,\mathbf{Y}_t,\beta)=\mathbf{Y}_t-\mathbf{X}_t'\beta$$

因变量 $\mathbf{Y}_t$ 只能在实数域的特定子集取值，是主要需要考虑的情形。例如，假设 $\mathbf{Y}_t$ 是只能取 0 或 1 的标量（"极限因变量"情形），对应的模型如下

$$q(\mathbf{X}_t,Y_t,\beta)=Y_t-F(\mathbf{X}_t'\beta)$$

其中 F 是一个累积分布函数（例如，正态或者逻辑累积分布函数），我们可以将 $F(\mathbf{X}_t'\beta)$ 解释为 $E(Y_t|\mathbf{X}_t)=P[Y_t=1|\mathbf{X}_t]$ 的一个模型。

事实上，模型存在多种可能形式，线性模型只是一个简单方便的特殊情形。进一步说，我们使用的模型的本质和关于数据生成过程的其他可获得信息，在我们采用的估计过程中起着至关重要的作用。

8.3　其他估计方法

为估计上述 $\mathbf{q}_t(\mathbf{X}_t,\mathbf{Y}_t,\beta)$ 模型中的参数，我们可以使用第 4 章中介绍的矩估计方法。具体而言，如果工具变量 $\mathbf{Z}_t$ 满足 $E(\mathbf{Z}_t\varepsilon_t)=\mathbf{0}$，那么我们可以通过解下面这个问题得到 β_o 的估计值

$$\min_{\beta}\mathbf{q}(\beta)'\mathbf{Z}\hat{\mathbf{P}}_n\mathbf{Z}_{\mathbf{q}}'(\beta)$$

其中 $\mathbf{q}(\beta)$ 为 $np\times1$ 向量，它的第 t 分块为 $\mathbf{q}_t(\mathbf{X}_t,\mathbf{Y}_t,\beta)$，所以有

$$\mathbf{Z}'_{\mathbf{q}}(\beta)=\sum_{t=1}^{n}\mathbf{Z}_t\mathbf{q}_t(\mathbf{X}_t,\mathbf{Y}_t,\beta)$$

上式对应于当 $\mathbf{g}(\mathbf{X}_t,\mathbf{Y}_t,\mathbf{Z}_t,\beta)=\mathbf{Z}_t\mathbf{q}_t(\mathbf{X}_t,\mathbf{Y}_t,\beta)$ 时的矩估计。

Amemiya（1977），Burguete、Gallant 和 Souza（1982）等人研究了这种矩估计量的性质。

为了得到类似的非线性模型估计量的性质，我们需要一些适用性更强

的技术。尤其是重复使用的均匀大数定律和随机函数中值定理(例如,Jennrich, 1969 和 White, 1994)。

除了这里讨论的工具变量法以外,最常用的方法是极大似然函数法。事实上,如果假定误差项 ε_t 是独立的,且服从协方差矩阵未知的多元正态分布。可以证明,第 4 章的最优工具变量估计量渐近等价于一般条件下的极大似然估计量。在很多情形下,极大似然估计量和工具变量估计量是渐近等价的(参见 Hausman, 1975 和 Amemiya, 1977)。但是,在上述一般非线性模型下,这种等价并不成立。此时,极大似然估计比工具变量估计更有效(Amemiya, 1977)。

要使用极大似然函数法就需要假定误差项的分布,但是工具变量法没有这种要求。因此工具变量法适用于误差项分布未知或存疑的情形。然而,只要假定了误差项的分布,无论该假设正确与否,极大似然估计都可以使用。这种估计方法被称为拟极大似然估计,它隶属于包含许多有用且有趣估计量的 *M*-估计量族(Huber, 1967)。通过挑选一个合适的 *M*-估计量,我们就可能得到一个对分布假设失效或者对特定类型数据误差稳健的估计量。

同样,研究这些估计量需要一致大数定律和随机函数中值定理。对这些估计量的一般化处理见 Gallant 和 White(1988),他们同时也强调这些估计量与工具变量估计量的相似性。

8.4 模型误设

在本书中,我们假设数据生成关系已知并具有以下形式

$$\mathbf{Y}_t = \mathbf{X}_t'\beta_o + \varepsilon_t,\ t=1,\ 2,\ \cdots$$

如果 $\mathbf{X}_t$ 和 $\mathbf{Y}_t$ 间的关系真的“已知”,那是十分幸运的。不过,由于经济现象的复杂性,更为现实的假设是 $\mathbf{X}_t$ 和 $\mathbf{Y}_t$ 间的关系是未知的。在这种情形下,上述线性关系可被视作一种简便的近似,但不一定是 $\mathbf{X}_t$ 和 $\mathbf{Y}_t$ 间关系的准确描述。此时,一些问题将变得重要。比如,这种近似要如何解释?由这种近似得出的估计参数有什么性质?怎样改进这种近似?以及怎样确定这种

近似是准确的?

以本书的内容为基础,在包含本章讨论的几个拓展的框架下,对这些问题的讨论,读者可以参考 *Estimation*, *Inference*, *and Specification Analysis* (White, 1994)。

参考文献

Amemiya, T. (1977). "The Maximum Likelihood Estimator and the Nonlinear Three-stage Least Squares Estimator in the General Nonlinear Simultaneous Equation Model." *Econometrica*, 45, 955—968.

Baillie, R. T. (1996). "Long Memory Processes and Fractional Integration in Econometrics." *Journal of Econometrics*, 73, 5—59.

Billingsley, P. (1968). *Convergence of Probability Measures*. Wiley, New York.

Burguete, J. F., A. R. Gallant, and G. Souza(1982). "On Unification of the Asymptotic Theory of Nonlinear Econometric Models." *Econometric Reviews*, 1, 151—212.

Crowder, M. J. (1980). "On the Asymptotic Properties of Least-squares Estimators in Autoregression." *Annals of Statistics*, 8, 132—146.

Davidson, J. (1994). *Stochastic Limit Theory*. Oxford University Press, New York.

DeJong R. M. and J. Davidson(2000). "The Functional Central Limit Theorem and Weak Convegence to Stochastic Integrals I: Weakly Dependent Processes," forthcoming in *Econometric Theory*, 16.

Gallant, A. R. and H. White(1988). *A Unified Theory of Estimation and Inference for Nonlinear Dynamic Models*. Basil Blackwell, Oxford.

Grenander, U. (1954). "On the Estimation of Regression Coefficients in the Case of an Autocorrelated Disturbance." *Annals of Mathematical Statistics*, 25, 252—272.

Hansen, L. P. (1982). "Large Sample Properties of Generalized Method of Moments Estimators." *Econometrica*, 50, 1029—1054.

Hausman, J. A. (1975). "An Instrumental Variable Approach to Full Information Estimators for Linear and Certain Nonlinear Structural Models." *Econometrica*, 43, 727—738.

Huber, P. J. (1967). "The Behavior of Maximum Likelihood Estimates Under Non-standard Conditions." In *Proceedings of the Fifth Berkeley Symposium on Mathematical Statistics and Probability*, vol.1, 221—233. University of California Press, Berkeley, California.

Ibragimov, I. A. (1962). "Some Limit Theorems for Stationary Processes." *Theory of Probability and Its Applications*, 7, 349—382.

Jennrich, R. I. (1969). "Asymptotic Properties of Nonlinear Least Squares Estimators." *Annals of Mathematical Statistics*, 40, 633—643.

McLeish, D. L. (1975a). "A Maximal Inequality and Dependent Strong Laws." *Annals of Probability*, 3, 826—836.

(1975b). "Invariance Principles for Dependent Variables." *Zeitschrift für Wahrscheinlichkeitstheorie und Verwandte Gebiete*, 32, 165—178.

Sowell, F. (1992). "Maximum-likelihood-estimation of Stationary Univariate Fractionally Integrated Time-series Models." *Journal of Econometrics*, 53, 165—188.

Taqqu, M. S. (1975). "Weak Convergence to Fractional Brownian Motion and to the Rosenblatt Process." *Zeitschrift für Wahrscheinlichkeitstheorie und Verwandte Gebiete*, 31, 287—302.

White, H. (1994). *Estimation, Inference and Specification Analysis*. Cambridge University Press, New York.

Wooldridge, J. M. and H. White (1988). "Some Invariance Principles and Central Limit Theorems for Dependent Heterogeneous Processes." *Econometric Theory*, 4, 210—230.

习题选解

习题 2.8

证明: 设 $\mathbf{a}_n=\mathbf{A}_n\mathbf{b}_n$，其中 $\mathbf{A}_n=[A_{nij}]$ 且 $\mathbf{b}_n=(b_{n1}, b_{n2}, \cdots, b_{nk})'$，则 $a_{ni}=\sum_{j=1}^{k}A_{nij}b_{nj}$。因 $A_{nij}=o(1)$ 且 $b_{nj}=O(1)$，由定理 2.7(iii) 可知，$A_{nij}b_{nj}=o(1)$。根据定理 2.7(ii)，因 a_{ni} 是 k 项的和且每项为 $O(1)$，故 $a_{ni}=o(1)$。因此，$\mathbf{a}_n\equiv\mathbf{A}_n\mathbf{b}_n=o(1)$。■

习题 2.13

证明: 因 $\mathbf{Z}'\mathbf{X}/n\xrightarrow{a.s.}\mathbf{Q}$ 且 $\hat{\mathbf{P}}_n\xrightarrow{a.s.}\mathbf{P}$，由定理 2.11 可知，$\det(\mathbf{X}'\mathbf{Z}\hat{\mathbf{P}}_n\mathbf{Z}'\mathbf{X}/n^2)\xrightarrow{a.s.}\det(\mathbf{Q}'\mathbf{P}\mathbf{Q})$。由(**iii**)可知，因 $\mathbf{Q}$ 是列满秩矩阵且 $\mathbf{P}$ 为非奇异矩阵，故 $\det(\mathbf{Q}'\mathbf{P}\mathbf{Q})>0$。由此可知，当 n 充分大时，$\det(\mathbf{X}'\mathbf{Z}\hat{\mathbf{P}}_n\mathbf{Z}'\mathbf{X}/n^2)>0$ 几乎必然成立，因此对充分大的 n，$(\mathbf{X}'\mathbf{Z}\hat{\mathbf{P}}_n\mathbf{Z}'\mathbf{X}/n^2)^{-1}$ 几乎必然存在，所以，当 n 充分大时

$$\tilde{\beta}_n\equiv(\mathbf{X}'\mathbf{Z}\hat{\mathbf{P}}_n\mathbf{Z}'\mathbf{X}/n^2)^{-1}\mathbf{X}'\mathbf{Z}\hat{\mathbf{P}}_n\mathbf{Z}'\mathbf{Y}/n^2$$

几乎必然存在。给定(i)，则

$$\tilde{\beta}_n=\beta_o+(\mathbf{X}'\mathbf{Z}\hat{\mathbf{P}}_n\mathbf{Z}'\mathbf{X}/n^2)^{-1}\mathbf{X}'\mathbf{Z}\hat{\mathbf{P}}_n Z'\varepsilon/n^2$$

根据定理 2.11，给定(ii)和(iii)，则

$$\tilde{\beta}_n\xrightarrow{a.s.}\beta_o+(\mathbf{Q}'\mathbf{P}\mathbf{Q})^{-1}\mathbf{Q}'\mathbf{P}\cdot\mathbf{0}=\beta_o$$ ■

习题 2.20

证明: 因 $\mathbf{Q}_n=O(1)$ 且 $\mathbf{P}_n=O(1)$，由定理 2.16 可知，$\det(\mathbf{X}'\mathbf{Z}\hat{\mathbf{P}}_n\mathbf{Z}'\mathbf{X}/n^2)-\det(\mathbf{Q}_n'\mathbf{P}_n\mathbf{Q}_n)\xrightarrow{a.s.}0$。给定(iii)，由引理 2.19 可得，$\{\mathbf{Q}_n'\mathbf{P}_n\mathbf{Q}_n\}$ 是一致正定

的，因此对于充分大的 n，

$$\det(\mathbf{Q}_n'\mathbf{P}_n\mathbf{Q}_n)>\delta>0$$

几乎必然成立。由此可知，当 n 充分大时，$\det(\mathbf{X}'\mathbf{Z}\,\hat{\mathbf{P}}_n\mathbf{Z}'\mathbf{X}/n^2)>\delta/2>0$ 几乎必然成立。因此，当 n 充分大时，

$$\tilde{\beta}_n=(\mathbf{X}'\mathbf{Z}\,\hat{\mathbf{P}}_n\mathbf{Z}'\mathbf{X}/n^2)^{-1}\mathbf{X}'\mathbf{Z}\,\hat{\mathbf{P}}_n\mathbf{Z}'\mathbf{Y}/n^2$$

几乎必然存在。给定(i)，$\tilde{\beta}_n=\beta_o+(\mathbf{X}'\mathbf{Z}\,\hat{\mathbf{P}}_n\mathbf{Z}'\mathbf{X}/n^2)^{-1}\mathbf{X}'\mathbf{Z}\,\hat{\mathbf{P}}_n\mathbf{Z}'\varepsilon/n^2$。根据定理 2.16，给定(ii)和(iii)可知，$\tilde{\beta}_n-(\beta_o+(\mathbf{Q}_n'\mathbf{P}_n\mathbf{Q}_n)^{-1}\mathbf{Q}_n'\mathbf{P}_n\times\mathbf{0})\xrightarrow{a.s.}\mathbf{0}$，即 $\tilde{\beta}_n\xrightarrow{a.s.}\beta_o$。■

习题 2.22

证明:

(i) 根据定义，存在集合 F，$G\subset\Omega$ 且 $P(F)=P(G)=1$，其中对于每个 $\omega\in F$，$|a_n(\omega)n^{-\lambda}|<\Delta_a$ 对 $n>N_a$ 成立，对于每个 $\omega\in G$，$|b_n(\omega)n^{-\mu}|<\Delta_b$ 对 $n>N_b$ 成立。设 $\Delta=\Delta_a\Delta_b$ 且 $N=\max(N_a, N_b)$，因此对于每个 $\omega\in F\cap G$，有 $|a_n(\omega)b_n(\omega)n^{-\lambda}n^{-\mu}<\Delta$，其中 $n>N$。根据 $P(F\cap G)=1$ 得出第一个结果。为得出第二个结果，令 $\Delta=\Delta_a+\Delta_b$，且设 N 为 $\max(N_a, N_b)$。因此对于每个 $\omega\in F\cap G$，有 $|(a_n(\omega)+b_n(\omega))n^{-\kappa}|\leqslant|a_n(\omega)n^{-\kappa}+b_n(\omega)n^{-\kappa}|<|a_n(\omega)n^{-\lambda}|+|b_n(\omega)n^{-\mu}|<\Delta_a+\Delta_b=\Delta$，其中 $n>N$。

(ii) 根据定义，存在集合 F，$G\subset\Omega$ 且 $P(F)=P(G)=1$，其中对于每个 $\omega\in F$，有 $a_n(\omega)=o(n^{\lambda})$，且对于每一个 $\omega\in G$，有 $b_n(\omega)=o(n^{\mu})$。根据定理 2.7 可知，当 $F\cap G$ 时，$a_n(\omega)b_n(\omega)=o(n^{\lambda+\mu})$ 且 $a_n(\omega)+b_n(\omega)=o(n^{\kappa})$。由 $P(F\cap G)=1$ 得出结果。

(iii) 根据(i)和(ii)分别定义 F 和 G。由定理 2.7 可得出结果，且 $P(F\cap G)=1$。■

习题 2.29

证明: 本题的证明过程与习题 2.13 的证明过程相同，区别在于用定理 2.27 代替定理 2.11，并用依概率收敛取代几乎必然收敛。■

习题 2.32

证明:本题的证明过程与习题 2.20 的证明过程相同,区别在于用命题 2.30 代替命题 2.16,并且用依概率收敛取代几乎必然收敛。■

习题 2.35

证明:

(i) 由 $a_n=O_p(n^{\lambda})$ 且 $b_n=O_p(n^{\mu})$ 可知,对于给定 $\varepsilon>0$,存在 $\Delta_{a,\varepsilon}$,$\Delta_{b,\varepsilon}$,$N_{a,\varepsilon}$ 和 $N_{b,\varepsilon}$,使对于 $n>N_{a,\varepsilon}$,有 $P(\omega: |n^{-\lambda}a_n|>\Delta_{a,\varepsilon})<\varepsilon/2$ 成立,且对于 $n>N_{b,\varepsilon}$,有 $P(\omega: |n^{-\mu}b_n|>\Delta_{b,\varepsilon})<\varepsilon/2$ 成立。定义 $N=\max(N_{a,\varepsilon}, N_{b,\varepsilon})$ 且 $\Delta_{\varepsilon}=\Delta_{a,\varepsilon}\Delta_{b,\varepsilon}$。若

$$|n^{-\lambda-\mu}a_n(\omega)b_n(\omega)|=|n^{-\lambda}a_n(\omega)||n^{-\mu}b_n(\omega)|>\Delta_{\varepsilon}=\Delta_{a,\varepsilon}\Delta_{b,\varepsilon}$$

则 $|n^{-\lambda}a_n(\omega)|>\Delta_{a,\varepsilon}$ 或 $|n^{-\mu}b_n(\omega)|>\Delta_{b,\varepsilon}$。对于 $n>N$,可得

$$\begin{aligned}P(\omega: |n^{-\lambda-\mu}a_n(\omega)b_n(\omega)|>\Delta_{\varepsilon})&\leqslant P(\omega: |n^{-\lambda}a_n(\omega)|>\Delta_{a,\varepsilon})\\&\quad+P(\omega: |n^{-\mu}b_n(\omega)|>\Delta_{b,\varepsilon})\\&<\varepsilon/2+\varepsilon/2=\varepsilon\end{aligned}$$

可证明 $a_nb_n=O_p(n^{\lambda+\mu})$。接下来,使 $\Delta'_{\varepsilon}=\Delta_{a,\varepsilon}+\Delta_{b,\varepsilon}$。由于 $n^{-\lambda}$,$n^{-\mu}>n^{\kappa}$,对于 $n>N$,可得

$$\begin{aligned}&P(|n^{-\kappa}(a_n+b_n)|>\Delta'_{\varepsilon})\leqslant P(|(n^{-\lambda}a_n+n^{-\mu}b_n)|>\Delta'_{\varepsilon})\\&<P(|n^{-\lambda}a_n|+|n^{-\mu}b_n|>\Delta'_{\varepsilon})\\&<P(|n^{-\lambda}a_n|>\Delta_{a,\varepsilon})+P(|n^{-\mu}b_n|>\Delta_{b,\varepsilon})\\&<\varepsilon/2+\varepsilon/2=\varepsilon\end{aligned}$$

可证明 $a_n+b_n=O_p(n^{\kappa})$。

(ii) 已知 $n^{-\lambda}a_n\xrightarrow{p}0$,$n^{-\mu}b_n\xrightarrow{p}0$。根据命题 2.30 可知 $n^{-\lambda}a_nn^{-\mu}b_n=n^{-(\lambda+\mu)}a_nb_n\xrightarrow{p}0$,因此可得 $a_nb_n=o_p(n^{\lambda+\mu})$。考虑 $\{a_n+b_n\}$。由于 $\{a_n\}$ 与 $\{b_n\}$ 为 $o_p(n^{\kappa})$,可再应用命题 2.30,可得 $n^{-\kappa}a_n+n^{-\kappa}b_n=n^{-\kappa}(a_n+b_n)\xrightarrow{p}0$。

(iii) 我们需证明对于任意 $\varepsilon>0$,都存在 $\delta_{\varepsilon}>0$ 与 $N_{\varepsilon}\in\mathbb{N}$,使对所有 $n>N$,

$$P(|n^{-\lambda-\mu}a_nb_n|>\delta_{\varepsilon})<\varepsilon$$

成立。根据定义，存在 $N_{a,\varepsilon}\in\mathbb{N}$ 与 $\Delta_{a,\varepsilon}<\infty$，使对所有 $n>N_{a,\varepsilon}$，$P(\omega:|n^{-\lambda}a_n>\Delta_{a,\varepsilon}|)<\varepsilon/2$ 成立。定义 $\delta_{b,\varepsilon}\equiv\delta_\varepsilon/\Delta_{a,\varepsilon}>0$，则根据依概率收敛的定义，存在 $N_{b,\varepsilon}$，使对所有 $n>N_{b,\varepsilon}$，$P(|n^{-\lambda}b_n|>\delta_{b,\varepsilon})<\varepsilon/2$ 成立。根据(i)可得

$$P(|n^{-\lambda-\mu}a_nb_n|>\delta_\varepsilon)\leqslant P(|n^{-\lambda}a_n|>\Delta_{a,\varepsilon})+P(|n^{-\mu}b_n|>\delta_{b,\varepsilon})<\varepsilon$$

上式对任意取值的 $\varepsilon>0$ 均成立，所以可证得 $a_nb_n=o_p(n^{\lambda+\mu})$。

考虑$\{a_n+b_n\}$。由于 b_n 也是$O_p(n^\mu)$，由(i)可知 $a_n+b_n=O_p(n^\kappa)$。■

习题 3.6

证明：验证习题 2.13 的条件。给定(ii)，根据命题 3.3，$\{\mathcal{Z}_t\varepsilon_t\}$与$\{\mathcal{Z}_t\mathcal{X}'_t\}$的元素为独立同分布序列。根据(iii. b)与(iv. a)，$\{\mathcal{Z}_t\varepsilon_t\}$与$\{\mathcal{Z}_t\mathcal{X}'_t\}$的元素存在有限的期望绝对值。根据定理 3.1，

$$\mathbf{Z}'\varepsilon/n=n^{-1}\sum_{t=1}^{n}\mathbf{Z}_t\varepsilon_t\xrightarrow{a.s.}\mathbf{0}$$

与

$$\mathbf{Z}'\mathbf{X}/n=n^{-1}\sum_{t=1}^{n}\mathbf{Z}_t\mathbf{X}'_t\xrightarrow{a.s.}\mathbf{Q}$$

为有限且列满秩。由于给定(iv. c)，上式也满足习题 2.13 的条件与结果。■

习题 3.13

证明：由闵可夫斯基不等式可得

$$\begin{aligned}E\left|\sum_{h=1}^{p}X_{thi}\varepsilon_{th}\right|^{1+\delta}&\leqslant\left[\sum_{h=1}^{p}(E\mid X_{thi}\varepsilon_{th}\mid^{1+\delta})^{1/(1+\delta)}\right]^{1+\delta}\\&<\left[\sum_{h=1}^{p}\Delta^{1/(1+\delta)}\right]^{1+\delta}=p^{1+\delta}\Delta\equiv\Delta'\ \blacksquare\end{aligned}$$

习题 3.14

证明：验证定理 2.18 的条件。给定(iii.b)和(iv.a)，根据命题 3.10，并利用推论 3.12 与习题 3.13 结果可知，$\{\mathbf{X}_t\varepsilon_t\}$与$\{\mathbf{X}_t\mathbf{X}'_t\}$是满足推论 3.9 的矩条件的独立序列。由推论 3.9 可得

$$\mathbf{X}'\varepsilon/n = n^{-1}\sum_{t=1}^{n}\mathbf{X}_t\varepsilon_t \xrightarrow{a.s.} \mathbf{0}$$

与

$$\mathbf{X}'\mathbf{X}/n - \mathbf{M}_n = n^{-1}\sum_{t=1}^{n}\mathbf{X}_t\mathbf{X}_t' - \mathbf{M}_n \xrightarrow{a.s.} \mathbf{0}$$

$\mathbf{M}_n = O(1)$。根据(iv.a),就得出了詹森不等式与柯西—施瓦茨不等式的结果。为表明这一点,考虑 $\mathbf{M}_n$ 的第 i, j 元素,

$$n^{-1}\sum_{t=1}^{n}\sum_{h=1}^{p}E(X_{thi}X_{thj})$$

给定(iv.a),有

$$\begin{aligned} n^{-1}\sum_{t=1}^{n}\sum_{h=1}^{p}E(X_{thi}X_{thj}) &\leqslant n^{-1}\sum_{t=1}^{n}\sum_{h=1}^{p}|E(X_{thi}X_{thj})| \\ &\leqslant n^{-1}\sum_{t=1}^{n}\sum_{h=1}^{p}E|X_{thi}X_{thj}| \\ &\leqslant n^{-1}\sum_{t=1}^{n}\sum_{h=1}^{p}(E|X_{thi}|^2E|X_{thj}|^2)^{1/2} \\ &< n^{-1}\sum_{t=1}^{n}\sum_{h=1}^{p}\Delta' \\ &= p\Delta' + \infty \end{aligned}$$

因此满足定理 2.18 的条件与结果。■

习题 3.38

证明:验证习题 2.13 的条件。给定(ii),根据命题 3.36,$\{\mathbf{Z}_t\varepsilon_t\}$ 与 $\{\mathbf{Z}_t\mathbf{X}_t'\}$ 为平稳遍历序列,其中包含(iii.b)与(iv.a)中有限的期望绝对值的元素。根据遍历性定理(定理 3.34),

$$\mathbf{Z}'\varepsilon/n = n^{-1}\sum_{t=1}^{n}\mathbf{Z}_t\varepsilon_t \xrightarrow{a.s.} \mathbf{0}$$

与

$$\mathbf{Z}'\mathbf{X}/n = n^{-1}\sum_{t=1}^{n}\mathbf{Z}_t\mathbf{X}_t' \xrightarrow{a.s.} \mathbf{Q}$$

为有限且列满秩。由于给定(iv.c)，则也满足习题 2.13 的条件与结果。■

习题 3.51

证明:验证定理 2.18 的条件。给定(ii)，根据命题 3.50，$\{\mathbf{X}_t\varepsilon_t\}$与$\{\mathbf{X}_t\mathbf{X}_t'\}$为混合序列，其 ϕ 大小为$-r/(2r-1)$，其中 $r>1$，或 α 大小为$-r/(r-1)$，其中 $r>1$。给定(iii.b)和(iv.a)，根据闵可夫斯基不等式与柯西—施瓦茨不等式，$\{\mathbf{X}_t\varepsilon_t\}$与$\{\mathbf{X}_t\mathbf{X}_t'\}$的元素满足推论 3.48 的矩条件，由此可得 $\mathbf{X}'\varepsilon/n\xrightarrow{a.s.}\mathbf{0}$ 与$\mathbf{X}'\mathbf{X}/n-\mathbf{M}_n\xrightarrow{a.s.}\mathbf{0}$。给定(iv.a)，根据詹森不等式，有 $\mathbf{M}_n=O(1)$。因此满足定理 2.18 的条件与结果。■

习题 3.53

证明:(i) 以下条件是充分的:

(1) $Y_t=\alpha_oY_{t-1}+\beta_oX_t+\varepsilon_t$，$|\alpha_o|<1$，$|\beta_o|<\infty$；

(2) $\{(Y_t,X_t)\}$是 ϕ 的大小为$-r/(2r-1)$，其中 $r>1$，或 α 的大小为$-r/(r-1)$，其中 $r>1$ 的混合序列；

(3) (a) $E(X_{t-j}\varepsilon_t)=0$，$j=0,1,\cdots$，和所有的 t；

(b) $E(\varepsilon_t\varepsilon_{t-j})=0$，$j=1,2,\cdots$，和所有的 t；

(4) (a) 对某些 $0<\delta<r$ 和所有 t，$E|X_t^2|^{r+\delta}<\Delta<\infty$且 $E|\varepsilon_t^2|^{r+\delta}<\Delta<\infty$；

(b) $\mathbf{M}_n\equiv E(\mathbf{X}'\mathbf{X}/n)$，对于所有足够大的 n，有 $\det(\mathbf{M}_n)>\gamma>0$，其中 $\mathbf{X}_t\equiv(Y_{t-1},X_t)'$。

首先，我们验证了提示(参见 Laha 和 Rohatgi，1979，p.53)。

得到

$$\sum_{t=1}^{n}(E\mid Z_t\mid^p)^{1/p}<\infty$$

由有限加总闵可夫斯基不等式，对所有 $n\geqslant1$，

$$E\left|\sum_{t=1}^{n}\mid Z_t\mid\right|^p\leqslant\left(\sum_{t=1}^{n}(E\mid Z_t\mid^p)^{1/p}\right)^p$$

因此，根据函数 $g(x)\equiv x^p$ 的连续性

$$\lim_{n\to\infty} E\left|\sum_{t=1}^{n} | Z_t |\right|^p \leqslant \lim_{n\to\infty}\left(\sum_{t=1}^{n}(E | Z_t |^p)^{1/p}\right)^p$$
$$=\left(\sum_{t=1}^{\infty}(E | Z_t |^p)^{1/p}\right)^p$$

最后，

$$E\left|\sum_{t=1}^{\infty} Z_t\right|^p = E\left|\lim_{n\to\infty}\sum_{t=1}^{n} Z_t\right|^p$$
$$\leqslant E\left|\lim_{n\to\infty}\sum_{t=1}^{n} | Z_t |\right|^p$$
$$=\lim_{n\to\infty} E\left|\sum_{t=1}^{n} | Z_t |\right|^p$$
$$\leqslant\left(\sum_{t=1}^{\infty}(E | Z_t |^p)^{1/p}\right)^p$$

我们将单调收敛定理应用于函数 $f_n = |\sum_{t=1}^{n} | Z_t | |^p$，其极限为

$$f = \left|\sum_{t=1}^{\infty} | Z_t |\right|^p (0 < f_1 \leqslant f_2 \leqslant \cdots \leqslant f_n \to f)$$

这样我们就得到了想要的结果。

接下来我们证明习题 3.51 的条件。首先，由定理 3.49 给定(i)和(ii)，$\{(Y_t, X_t)\}$ 混合表明 $\{(\mathbf{X}'_t, \varepsilon_t)\} \equiv \{(Y_{t-1}, X_t, \varepsilon_t)\}$ 是混合序列且大小相同。

接着通过重复迭代，我们可以将 Y_t 写为

$$Y_t = \beta_o \sum_{j=0}^{n} \alpha_0^j X_{t-j} + \sum_{j=0}^{\infty} \alpha_o^j \varepsilon_{t-j}$$

这样，

$$Y_{t-1}\varepsilon_t = \beta_o \sum_{j=0}^{\infty} \alpha_o^j X_{t-j-1}\varepsilon_t + \sum_{j=0}^{\infty} \alpha_o^j \varepsilon_{t-j-1}\varepsilon_t$$

考虑 $Z_t = | \beta_o | \sum_{j=0}^{\infty} | \alpha_o |^j | X_{t-j-1}\varepsilon_t | + \sum_{j=0}^{\infty} | \alpha_o |^j | \varepsilon_{t-j-1}\varepsilon_t |$。因为 $E|X_{t-j-1}\varepsilon_t| < \Delta_{xe} < \infty$ 且 $E|\varepsilon_{t-j-1}\varepsilon_t| < \Delta_\varepsilon < \infty$[应用柯西—施瓦茨不等式和(iv)]，我们得到 $E(Z_t) \leqslant \frac{|\beta_o|}{1-|\alpha_o|}\Delta_{xe} + \frac{1}{1-|\alpha_o|}\Delta_e < \infty$。

因此根据命题 3.52，我们能够交换加总运算符和期望运算符。从而

$$E(Y_{t-1}\varepsilon_t)=\beta_o\sum_{j=0}^{\infty}\alpha_o^jE(X_{t-j-1}\varepsilon_t)+\sum_{j=0}^{\infty}\alpha_o^jE(\varepsilon_{t-j-1}\varepsilon_t)=0$$

给定(iii.a)和(iii.b)。因此

$$E(\mathbf{X}_t\varepsilon_t)\equiv(E(Y_{t-1}\varepsilon_t),\ E(X_t\varepsilon_t))'=\mathbf{0}$$

这样习题 3.51 中的条件(iii.a)得以满足。

现在考虑条件(iii.b)。通过柯西—施瓦茨不等式，给定(iv.a)，

$$E|X_t\varepsilon_t|^{r+\delta}\leqslant(E|X_t^2|^{r+\delta}E|\varepsilon_t^2|^{r+\delta})^{1/2}<\Delta<\infty$$

进一步，

$$E|Y_{t-1}\varepsilon_t|^{r+\delta}\leqslant(E|Y_{t-1}^2|^{r+\delta}E|\varepsilon_t^2|^{r+\delta})^{1/2}<(\Delta'\Delta)^{1/2}<\infty$$

对某些 Δ'，$E|Y_{t-1}^2|^{r+\delta}<\Delta'<\infty$。为了说明这一点，我们将 Y_t 同前文保持一致，并应用闵可夫斯基不等式

$$E\ |\ Y_{t-1}^2\ |^{r+\delta}=E\Big(\beta_o\sum_{j=0}^{\infty}\alpha_o^jX_{t-j}+\sum_{j=0}^{\infty}\alpha_o^j\varepsilon_{t-j}\Big)^{2(r+\delta)}$$

$$\leqslant\Big[\sum_{j=0}^{\infty}(E[(\alpha_o^j\beta_oX_{t-j})^{2(r+\delta)}])^{\frac{1}{2(r+\delta)}}+(E[(\alpha_o^j\varepsilon_{t-j})^{2(r+\delta)}])^{\frac{1}{2(r+\delta)}}\Big]^{2(r+\delta)}$$

$$=\Big[\sum_{j=0}^{\infty}\alpha_o^j\beta_o(E[X_{t-j}^{2(r+\delta)}])^{\frac{1}{2(r+\delta)}}+\alpha_o^j(E[\varepsilon_{t-j}^{2(r+\delta)}])^{\frac{1}{2(r+\delta)}}\Big]^{2(r+\delta)}$$

$$<\Big[\sum_{j=0}^{\infty}\alpha_o^j\beta_o(\Delta)^{\frac{1}{2(r+\delta)}}+\alpha_o^j(\Delta)^{\frac{1}{2(r+\delta)}}\Big]^{2(r+\delta)}$$

$$=\Big[\frac{\beta_o+1}{1-\alpha_o}(\Delta)^{\frac{1}{2(r+\delta)}}\Big]^{2(r+\delta)}\leqslant\left|\frac{\beta_o+1}{1-\alpha_o}\right|^{2(r+\delta)}\Delta<\infty$$

当且仅当 $|\alpha_o|<1$ 时成立，这里我们再次应用命题 3.52 使得期望运算符与加总运算符进行交换。因此(i)和(iv.a)确保了(iii.b)被满足。现在习题 3.51 中的所有条件均成立。因此(α_o，β_o)的 OLS 估计量是一致的。

(ii) 考虑以下数据生成过程，

$$Y_t=\alpha_oY_{t-1}+\varepsilon_t$$
$$\varepsilon_t=\rho_o\varepsilon_{t-1}+v_t$$

这里我们让 $\beta_o=0$，并且假设 $E(Y_{t-1}v_t)=0$，$E(Y_{t-1}\varepsilon_{t-1})=E(Y_t\varepsilon_t)$，并且

$E(\varepsilon_t^2)=\mathrm{var}(\varepsilon_t)=\sigma_o^2$。从第 1 章中我们知道，

$$E(Y_{t-1}\varepsilon_t)=\sigma_o^2\rho_o/(1-\rho_o\alpha_o)$$

因此,如果 $\sigma_o^2\neq 0$ 且 $\rho_o\neq 0$,习题 3.51 的条件(iii.a)不成立。■

习题 3.77

证明:验证定理 3.76 的矩条件。因为对所有 t，$E|\mathcal{Z}_t|^{2r}<\Delta<\infty$,因此

$$\sum_{t=1}^{\infty}E\mid\mathcal{Z}_t\mid^{2r}/t^{1+r}<\sum_{t=1}^{\infty}\Delta/t^{1+r}$$
$$=\Delta\sum_{t=1}^{\infty}t^{-(1+r)}<\infty$$

因为对任意 $r>0$，$\sum_{t=1}^{\infty}t^{-(1+r)}<\infty$。结果遵循定理 3.76。■

习题 3.79

证明:我们验证习题 2.20 的条件。首先,注意 $\mathbf{Z}'_\varepsilon/n=n^{-1}\sum_{h=1}^{p}\mathbf{Z}_h\varepsilon_h$,其中 $\mathbf{Z}_h$ 是 $n\times l$ 阶矩阵,矩阵行为 $\mathbf{Z}_{th}$,且 ε_h 是元素为 ε_{th} 的 $n\times 1$ 阶误差向量。由假设(iii.a),$\{Z_{thi}\varepsilon_{th},\ \mathcal{F}_t\}$是一个鞅差序列。已知(iii.b),习题 3.77 的矩条件被满足,所以 $n^{-1}\sum_{t=1}^{n}Z_{thi}\varepsilon_{th}\xrightarrow{a.s.}0$，$h=1,\ \cdots,\ p$ 且 $i=1,\ \cdots,\ l$,由命题 2.11 得到 $\mathbf{Z}'\varepsilon/n\xrightarrow{a.s.}0$。

接着,命题 3.50 确保了在给定(ii)的条件下$\{\mathbf{Z}_t\mathbf{X}'_t\}$是混合序列,它满足给定(iv.a)时推论 3.48 的条件。根据推论 3.48,在给定(iv.a)时,由詹森不等式得到,$\mathbf{Z}'\mathbf{X}/n-\mathbf{Q}_n\xrightarrow{a.s.}\mathbf{0}$,并且 $\mathbf{Q}_n=O(1)$。因此,习题 2.20 的条件满足且结果如上所述。■

习题 4.18

证明:让 $\mathbf{V}$ 是特征根为 $\lambda_1,\ \cdots,\ \lambda_k$ 的 $k\times k$ 阶矩阵,因为 $\mathbf{V}$ 是实值对称矩阵,它可以通过 $\mathbf{V}=\mathbf{Q}'\mathbf{D}\mathbf{Q}$ 进行对角化。其中 $\mathbf{D}=\mathrm{diag}(\lambda_1,\ \cdots,\ \lambda_k)$是对角线为 $\mathbf{V}$ 的特征根,其他均为 $\mathbf{0}$ 的矩阵。$\mathbf{Q}$ 是一个正交矩阵,其行是 $\mathbf{V}$ 的标准化特征向量,对应于 $\lambda_1,\ \cdots,\ \lambda_k$。此外,由于 $\mathbf{V}$ 是半正定的,其特征值满足 $\lambda_i>0(\lambda_i>0)$，$i=1,\ \cdots,\ k$。因此,通过定义 $\mathbf{D}^{1/2}\equiv\mathrm{diag}(\lambda_1^{1/2},\ \cdots,\ \lambda_\kappa^{1/2})$,我们可以定义 $\mathbf{V}$ 的平方根为

$$\mathbf{V}^{1/2}=\mathbf{Q}'\mathbf{D}^{1/2}\mathbf{Q}$$

这显然是半正定的。由

$$(\mathbf{V}^{1/2})'=\mathbf{Q}'(\mathbf{D}^{1/2})'(\mathbf{Q}')'=\mathbf{V}^{1/2}$$

我们可以得到 $\mathbf{V}^{1/2}$ 是对称的，且我们证明了

$$\begin{aligned}\mathbf{V}^{1/2}\mathbf{V}^{1/2}&=\mathbf{Q}'\mathbf{D}^{1/2}\mathbf{Q}\mathbf{Q}'\mathbf{D}^{1/2}\mathbf{Q}\\&=\mathbf{Q}'\mathbf{D}^{1/2}\mathbf{D}^{1/2}\mathbf{Q}\\&=\mathbf{V}\end{aligned}$$

这里我们用到了 $\mathbf{Q}$ 正交这一事实。

映射 $\mathbf{V}\longmapsto(\mathbf{Q},\ \mathbf{D})$ 是连续的，因为对任意满足 $\lim_{n\to\infty}\mathbf{H}_n=\mathbf{0}$ 的矩阵，$\lim_{n\to\infty}\mathbf{Q}(\mathbf{V}+\mathbf{H}_n)\mathbf{Q}'=\mathbf{D}$ 成立，这样，

$$\lim_{n\to\infty}(\mathbf{V}+\mathbf{H}_n)=\mathbf{Q}'\mathbf{D}\mathbf{Q}$$

因为 $\lambda\longmapsto\sqrt{\lambda}$ 是连续的 $(\lambda>0)$，因此 $\mathbf{V}\longmapsto\mathbf{V}^{1/2}$ 是连续的。■

习题 4.19

证明：如果 $\mathcal{Z}\sim N(\mathbf{0},\ \mathbf{V})$，则从例 4.12 可得，

$$\mathbf{V}^{-1/2}\mathcal{Z}\sim N(\mathbf{0},\ \mathbf{I})$$

因为 $\mathbf{V}^{-1/2}\mathbf{V}\mathbf{V}^{-1/2}=\mathbf{I}$。■

习题 4.26

证明：因为 $\mathbf{Z}'\mathbf{X}/n-\mathbf{Q}_n\xrightarrow{p}\mathbf{0}$，其中 $\mathbf{Q}_n$ 对所有足够大的 n 是有限且列满秩的，$\hat{\mathbf{P}}_n-\mathbf{P}_n\xrightarrow{p}\mathbf{0}$，其中 $\mathbf{P}_n$ 对所有足够大的 n 是有限且非奇异的，由命题 2.30 可以得到

$$\mathbf{X}'\mathbf{Z}\hat{\mathbf{P}}_n\mathbf{Z}'\mathbf{X}/n^2-\mathbf{Q}_n'\mathbf{P}_nQ_n\xrightarrow{p}\mathbf{0}$$

又因为在给定(iii)时，根据引理 2.19 得，$\mathbf{Q}_n'\mathbf{P}_n\mathbf{Q}_n$ 非奇异对于所有足够大的 n 成立，$(\mathbf{X}'\mathbf{Z}\hat{\mathbf{P}}_n\mathbf{Z}'\mathbf{X}/n^2)^{-1}$ 和 $\hat{\beta}_n$ 依概率存在。因此，给定(i)

$$\sqrt{n}(\tilde{\beta}_n-\beta_o)=(\mathbf{X}'\mathbf{Z}\hat{\mathbf{P}}_n\mathbf{Z}'\mathbf{X}/n^2)^{-1}(\mathbf{X}'\mathbf{Z}/n)\hat{\mathbf{P}}_n n^{-1/2}\mathbf{Z}'\varepsilon$$

因此，给定(ii)，

$$\begin{aligned}&\sqrt{n}(\tilde{\beta}_n-\beta_o)-(\mathbf{Q}_n'\mathbf{P}_n\mathbf{Q}_n)^{-1}\mathbf{Q}_n'\mathbf{P}_n n^{-1/2}\mathbf{Z}'\varepsilon\\=&[(\mathbf{X}'\mathbf{Z}\hat{\mathbf{P}}_n\mathbf{Z}'\mathbf{X}/n^2)^{-1}(\mathbf{X}'\mathbf{Z}/n)\hat{\mathbf{P}}_n\\&-(\mathbf{Q}_n'\mathbf{P}_n\mathbf{Q}_n)^{-1}\mathbf{Q}_n'\mathbf{P}_n]\mathbf{V}_n^{1/2}\mathbf{V}_n^{-1/2}n^{-1/2}\mathbf{Z}'\varepsilon\end{aligned}$$

两边同乘 $\mathbf{D}_n^{-1/2}$ 得到

$$\begin{aligned}&\mathbf{D}_n^{-1/2}\sqrt{n}(\tilde{\beta}_n-\beta_o)-\mathbf{D}_n^{-1/2}(\mathbf{Q}_n'\mathbf{P}_n\mathbf{Q})^{-1}\mathbf{Q}_n'\mathbf{P}_n n^{-1/2}\mathbf{Z}'\varepsilon\\=&\mathbf{D}_n^{-1/2}[(\mathbf{X}'\mathbf{Z}\hat{\mathbf{P}}_n\mathbf{Z}'\mathbf{X}/n^2)^{-1}(\mathbf{X}'\mathbf{Z}/n)\hat{\mathbf{P}}_n-(\mathbf{Q}\mathbf{P}_n\mathbf{Q})^{-1}\mathbf{Q}_n'\mathbf{P}_n]\times\mathbf{V}_n^{1/2}\mathbf{V}_n^{-1/2}n^{-1/2}\mathbf{Z}'\varepsilon\end{aligned}$$

给定(ii)，$\mathbf{V}_n^{-1/2}n^{-1/2}\mathbf{Z}'\varepsilon\overset{A}{\sim}N(\mathbf{0},\ \mathbf{I})$且

$$\mathbf{D}_n^{-1/2}[(\mathbf{X}'\mathbf{Z}\hat{\mathbf{P}}_n\mathbf{Z}'\mathbf{X}/n^2)^{-1}(\mathbf{X}'\mathbf{Z}/n)\hat{\mathbf{P}}_n-(\mathbf{Q}_n'\mathbf{P}_n\mathbf{Q}_n)^{-1}\mathbf{Q}_n'\mathbf{P}_n]\mathbf{V}_n^{1/2}=o_p(1)$$

给定(ii)和(iii)，因为 $\mathbf{D}_n^{-1/2}=O(1)$和 $\mathbf{V}_n^{1/2}=O(1)$，并且由命题 2.30，给定(iii)，则

$$(\mathbf{X}'\mathbf{Z}\hat{\mathbf{P}}_n\mathbf{Z}'\mathbf{X}/n^2)^{-1}(\mathbf{X}'\mathbf{Z}/n)\hat{\mathbf{P}}_n-(\mathbf{Q}_n'\mathbf{P}_n\mathbf{Q}_n)^{-1}\mathbf{Q}_n'\mathbf{P}_n=o_p(1)$$

因此通过引理 4.6 得到，

$$\mathbf{D}_n^{-1/2}\sqrt{n}(\tilde{\beta}_n-\beta_o)-\mathbf{D}_n^{-1/2}(\mathbf{Q}_n'\mathbf{P}_n\mathbf{Q}_n)^{-1}\mathbf{Q}_n'\mathbf{P}_n n^{-1/2}\mathbf{Z}'\varepsilon\xrightarrow{p}\mathbf{0}$$

通过引理 4.7，$\mathbf{D}_n^{-1/2}\sqrt{n}(\tilde{\beta}_n-\beta_o)$和

$$\mathbf{D}_n^{-1/2}(\mathbf{Q}_n'\mathbf{P}_n Q_n)^{-1}\mathbf{Q}_n'\mathbf{P}_n n^{-1/2}\mathbf{Z}'\varepsilon$$

有相同的极限分布。

我们通过应用推论 4.24 找到这个随机向量的渐近分布，其中 $\mathbf{A}_n'\equiv(\mathbf{Q}_n'\mathbf{P}_n\mathbf{Q}_n)^{-1}\mathbf{Q}_n'\mathbf{P}_n$，且 $\mathbf{\Gamma}_n\equiv\mathbf{D}_n$，这样即得到，

$$\mathbf{D}_n^{-1/2}(\mathbf{Q}_n'\mathbf{P}_n\mathbf{Q}_n)^{-1}\mathbf{Q}_n'\mathbf{P}_n n^{-1/2}\mathbf{Z}'\varepsilon\overset{A}{\sim}N(\mathbf{0},\ \mathbf{I})$$

因为(ii)、(iii)和(iv)成立，根据命题 2.30 可以直接得到 $\hat{\mathbf{D}}_n-\mathbf{D}_n\xrightarrow{p}\mathbf{0}$。■

习题 4.33

证明：已知 $\hat{\mathbf{V}}_n-\mathbf{V}_n\xrightarrow{p}\mathbf{0}$ 且 $\ddot{\mathbf{V}}_n-\mathbf{V}_n\xrightarrow{p}\mathbf{0}$。根据命题 2.30，$\hat{\mathbf{V}}n-\ddot{\mathbf{V}}_n=(\hat{\mathbf{V}}_n-\mathbf{V}_n)-(\ddot{\mathbf{V}}_n-\mathbf{V}_n)\xrightarrow{p}\mathbf{0}$。从命题 2.30 中可以直接得到 $\mathcal{W}_n-\mathcal{LM}_n\xrightarrow{p}0$。■

习题 4.34

证明:从约束最小化问题的解可得

$$\ddot{\boldsymbol{\lambda}}_n=2(\mathbf{R}(\mathbf{X}'\mathbf{X}/n)^{-1}\mathbf{R}')^{-1}(\mathbf{R}\ddot{\beta}_n-\mathbf{r})$$

利用提示,

$$\ddot{\boldsymbol{\lambda}}_n=2(\mathbf{R}(\mathbf{X}'\mathbf{X}/n)^{-1}\mathbf{R}')^{-1}\mathbf{R}(\mathbf{X}'\mathbf{X}/n)^{-1}\mathbf{X}'(\mathbf{Y}-\mathbf{X}\ddot{\beta}_n)/n$$

现在 $\mathbf{Y}-\mathbf{X}\ddot{\beta}_n=\mathbf{Y}-\mathbf{X}_1\ddot{\beta}_{1n}-\mathbf{X}_2\ddot{\beta}_{2n}=\mathbf{Y}-\mathbf{X}_1\ddot{\beta}_{1n}=\ddot{\varepsilon}$,所以

$$\ddot{\boldsymbol{\lambda}}_n=2(\mathbf{R}(\mathbf{X}'\mathbf{X})^{-1}\mathbf{R}')^{-1}\mathbf{R}(\mathbf{X}'\mathbf{X})^{-1}\mathbf{X}'\varepsilon/n$$

将 $\mathbf{R}$ 分区为$[\mathbf{0},\ \mathbf{I}_q]$,且 $\mathbf{X}'\mathbf{X}$ 为

$$\mathbf{X}'\mathbf{X}=\begin{bmatrix}\mathbf{X}_1'\mathbf{X}_1 & \mathbf{X}_1'\mathbf{X}_2\\ \mathbf{X}_2'\mathbf{X}_1 & \mathbf{X}_2'\mathbf{X}_2\end{bmatrix}$$

利用公式进行分区求逆得到,

$$\mathbf{R}(\mathbf{X}'\mathbf{X})^{-1}\mathbf{R}'=(\mathbf{X}_2'(\mathbf{I}-\mathbf{X}_1(\mathbf{X}_1'\mathbf{X}_1)^{-1}\mathbf{X}_1')\mathbf{X}_2)^{-1}$$

且

$$\mathbf{R}(\mathbf{X}'\mathbf{X})^{-1}\mathbf{X}'=(\mathbf{X}_2'(\mathbf{I}-\mathbf{X}_1(\mathbf{X}_1'\mathbf{X}_1)^{-1}\mathbf{X}_1')\mathbf{X}_2)^{-1}\mathbf{X}_2'(\mathbf{I}-\mathbf{X}_1(\mathbf{X}_1'\mathbf{X}_1)^{-1}\mathbf{X}_1')$$

通过替换,

$$\ddot{\boldsymbol{\lambda}}_n=2\mathbf{X}_2'(\mathbf{I}-\mathbf{X}_1(\mathbf{X}_1'\mathbf{X}_1)^{-1}\mathbf{X}_1')\ddot{\varepsilon}/n=2\mathbf{X}_2'\ddot{\varepsilon}/n$$

因为 $\ddot{\varepsilon}=(\mathbf{I}-\mathbf{X}_1(\mathbf{X}_1'\mathbf{X}_1)^{-1}\mathbf{X}_1')\mathbf{Y}$ 和$(\mathbf{I}-\mathbf{X}_1(\mathbf{X}_1'\mathbf{X}_1)^{-1}\mathbf{X}_1')$是幂等的。■

习题 4.35

证明:将 $\hat{\mathbf{V}}_n=\ddot{\sigma}_n^2(\mathbf{X}'\mathbf{X}/n)$代入定理 4.32 中的拉格朗日乘数统计量,得到

$$\mathcal{LM}_n=n\ddot{\boldsymbol{\lambda}}_n'\mathbf{R}[\ddot{\varepsilon}'\ddot{\varepsilon}/n(\mathbf{X}'\mathbf{X}/n)]^{-1}\mathbf{R}'\ddot{\boldsymbol{\lambda}}_n/4$$

习题 4.34 中,在原假设 $\boldsymbol{H}_0:\beta_2=\mathbf{0}$ 下,$\ddot{\boldsymbol{\lambda}}_n=2\mathbf{X}_2'\ddot{\varepsilon}/n$。将此代入上述表达式并调整位置得到

$$\mathcal{LM}_n=n\ddot{\varepsilon}'\mathbf{X}_2\mathbf{R}(\mathbf{X}'\mathbf{X})^{-1}\mathbf{R}'\mathbf{X}_2'\ddot{\varepsilon}/(\ddot{\varepsilon}'\ddot{\varepsilon})$$

回想起 $\mathbf{X}_2\mathbf{R}=(\mathbf{0},\ \mathbf{X}_2)$且 $\ddot{\varepsilon}'\mathbf{X}_1=0$,我们能够得出

$$\ddot{\varepsilon}'\mathbf{X}_2\mathbf{R}=\ddot{\varepsilon}'(\mathbf{0},\ \mathbf{X}_2)=\ddot{\varepsilon}'(\mathbf{X}_1,\ \mathbf{X}_2)=\ddot{\varepsilon}'\mathbf{X}$$

替代后即产生此结果。■

习题 4.40

证明： 给定 $\mathrm{s}(\boldsymbol{\beta})=\beta_3-\beta_1\beta_2$，因此 $\nabla\mathrm{s}(\boldsymbol{\beta})=(-\beta_2,\ -\beta_1,\ 1)'$。将 $\mathrm{s}(\hat{\beta}_n)$ 和 $\nabla\mathrm{s}(\hat{\boldsymbol{\beta}}_n)$ 代入定理 4.39 中的瓦尔德统计量中得到

$$\mathcal{W}_n=n(\hat{\beta}_{3n}-\hat{\beta}_{1n}\hat{\beta}_{2n})^2/\hat{\mathbf{\Gamma}}_n$$

其中，

$$\hat{\mathbf{\Gamma}}_n=(-\hat{\beta}_{2n},\ -\hat{\beta}_{1n},\ 1)(\mathbf{X}'\mathbf{X}/n)^{-1}\hat{\mathbf{V}}_n(\mathbf{X}'\mathbf{X}/n)^{-1}(-\hat{\beta}_{2n},\ -\hat{\beta}_{1n},\ 1)'$$

注意，在这种情况下 $W_n\stackrel{A}{\sim}\chi_1^2$。■

习题 4.41

证明： 受约束最小化问题促成了拉格朗日乘数统计量的产生

$$\min_{\beta}(\mathbf{Y}-\mathbf{X}\beta)'(\mathbf{Y}-\mathbf{X}\beta)/n \quad \text{s.t. } \mathbf{s}(\beta)=0$$

这个问题的拉格朗日算符为

$$\mathcal{L}=(\mathbf{Y}-\mathbf{X}\beta)'(\mathbf{Y}-\mathbf{X}\beta)/n+\mathbf{s}(\beta)'\boldsymbol{\lambda}$$

且一阶条件为

$$\partial\mathcal{L}/\partial\beta=2(\mathbf{X}'\mathbf{X}/n)\beta-2\mathbf{X}'\mathbf{Y}/n+\nabla\mathbf{s}(\beta)'\boldsymbol{\lambda}=0$$
$$\partial\mathcal{L}/\partial\boldsymbol{\lambda}=\mathbf{s}(\beta)=0$$

令 $\hat{\beta}_n=(\mathbf{X}'\mathbf{X}/n)^{-1}\mathbf{X}'\mathbf{Y}/n$，在 $\hat{\beta}_n$ 附近对 $\mathbf{s}(\beta)$ 进行均值展开得到

$$\partial\mathcal{L}/\partial\beta=2(\mathbf{X}'\mathbf{X}/n)(\beta-\hat{\beta}_n)+\nabla\mathbf{s}(\beta)'\boldsymbol{\lambda}=\mathbf{0}$$
$$\partial\mathcal{L}/\partial\boldsymbol{\lambda}=\mathbf{s}(\hat{\beta}_n)+\nabla\bar{\mathbf{s}}'(\hat{\beta}-\beta_n)=0$$

其中 $\nabla\bar{\mathbf{s}}'$ 是 $\mathbf{s}$ 的 $q\times k$ 的雅可比式，它的第 i 行在均值 $\bar{\beta}_n^{(i)}$ 处估计。将第一个方程左乘 $\nabla\bar{\mathbf{s}}'(\mathbf{X}'\mathbf{X}/n)^{-1}$ 并且用 $-\mathbf{s}(\hat{\beta}_n)=\nabla\mathbf{s}'(\beta-\hat{\beta}_n)$ 替换得到

$$\ddot{\boldsymbol{\lambda}}_n=2[\nabla\bar{\mathbf{s}}'(\mathbf{X}'\mathbf{X}/n)^{-1}\nabla\mathbf{s}(\hat{\beta}_n)]^{-1}\mathbf{s}(\hat{\beta}_n)$$

因此，按照定理 4.32 和定理 4.39 的过程，我们可以得出统计量

$$\mathcal{LM}_n=n\ddot{\boldsymbol{\lambda}}_n'\hat{\mathbf{\Lambda}}_n^{-1}\ddot{\boldsymbol{\lambda}}_n$$

其中，

$$\hat{\mathbf{\Lambda}}_n \equiv 4(\nabla\bar{\mathbf{s}}'(\mathbf{X}'\mathbf{X}/n)^{-1}\nabla\mathbf{s}(\hat{\beta}_n))^{-1}\nabla\mathbf{s}(\hat{\beta}_n)'(\mathbf{X}'\mathbf{X}/n)^{-1}\ddot{\mathbf{V}}_n \\ \times(\mathbf{X}'\mathbf{X}/n)^{-1}\nabla\mathbf{s}(\hat{\beta}_n)(\nabla\bar{\mathbf{s}}'(\mathbf{X}'\mathbf{X}/n)^{-1}\nabla\mathbf{s}(\ddot{\beta}_n))^{-1}$$

然而，前面的统计量并不是很有用，因为它取决于通常未知的均值以及无约束的估计量$\hat{\beta}_n$，用一个渐近等价的统计量$\nabla\mathbf{s}(\ddot{\beta}_n)'$代替$\nabla\bar{\mathbf{s}}'$且用$\ddot{\beta}_n$代替$\hat{\beta}_n$

$$\mathcal{LM}_n = n\ddot{\boldsymbol{\lambda}}_n'\ddot{\mathbf{\Lambda}}_n^{-1}\ddot{\boldsymbol{\lambda}}_n$$

其中

$$\ddot{\boldsymbol{\lambda}}_n = 2[\nabla\mathbf{s}(\ddot{\beta}_n)'(\mathbf{X}'\mathbf{X}/n)^{-1}\nabla\mathbf{s}(\ddot{\beta}_n)]^{-1}\mathbf{s}(\ddot{\beta}_n)$$

并且

$$\ddot{\mathbf{\Lambda}}_n = 4(\nabla\mathbf{s}(\ddot{\beta}_n)'(\mathbf{X}'\mathbf{X}/n)^{-1}\nabla\mathbf{s}(\ddot{\beta}_n))^{-1}\nabla\mathbf{s}(\ddot{\beta}_n)'(\mathbf{X}'\mathbf{X}/n)^{-1} \\ \times\ddot{\mathbf{V}}_n(\mathbf{X}'\mathbf{X}/n)^{-1}\nabla\mathbf{s}(\ddot{\beta}_n)(\nabla\mathbf{s}(\ddot{\beta}_n)'(\mathbf{X}'\mathbf{X}/n)^{-1}\nabla\mathbf{s}(\ddot{\beta}_n))^{-1}$$

为了在 H_0 下证明 $\mathcal{LM}_n \overset{A}{\sim} \chi_q^2$，我们注意到 $\mathcal{LM}_n$ 区别于 $\mathcal{W}_n$ 的地方只是在于前者用 $\ddot{\mathbf{V}}_n$替代了 $\hat{\mathbf{V}}_n$ 且用 $\ddot{\beta}_n$ 替代了$\hat{\beta}_n$。因为给定定理 4.25 的条件，在 H_0 下，$\ddot{\beta}_n - \hat{\beta}_n \xrightarrow{p} 0$ 且 $\ddot{\mathbf{V}}_n - \ddot{\mathbf{V}}_n \xrightarrow{p} 0$，从命题 2.30 得出

$$\mathcal{LM}_n - W_n \xrightarrow{p} 0$$

鉴于$\nabla\mathbf{s}$是连续的。因此根据引理 4.7 得到 $\mathcal{LM}_n \overset{A}{\sim} \chi_q^2$。■

习题 4.42

证明：首先考虑检验假设 $\mathbf{R}\beta_o = \mathbf{r}$ 类似于定理 4.31，瓦尔德统计量为

$$\mathcal{W}_n \equiv n(\mathbf{R}\tilde{\beta}_n - \mathbf{r})'\hat{\mathbf{\Gamma}}_n^{-1}(\mathbf{R}\tilde{\beta}_n - \mathbf{r}) \xrightarrow{d} \chi_q^2$$

在 H_0 下，有

$$\begin{aligned}\hat{\mathbf{\Gamma}}_n &\equiv \mathbf{R}\hat{\mathbf{D}}_n\mathbf{R}' \\ &= \mathbf{R}(\mathbf{X}'\mathbf{Z}\hat{\mathbf{P}}_n\mathbf{Z}'\mathbf{X}/n^2)^{-1}(\mathbf{X}'\mathbf{Z}/n)\hat{\mathbf{P}}_n\hat{\mathbf{V}}_n\hat{\mathbf{P}}_n(\mathbf{Z}'\mathbf{X}/n) \\ &\quad \times(\mathbf{X}'\mathbf{Z}\hat{\mathbf{P}}_n\mathbf{Z}'\mathbf{X}/n^2)^{-1}\mathbf{R}'\end{aligned}$$

为了证明在 H_0 下 $\mathcal{W}_n$ 有渐近 χ_q^2 分布，我们注意到

$$\mathbf{R}\tilde{\beta}_n-\mathbf{r}=\mathbf{R}(\tilde{\beta}_n-\beta_o)$$

所以

$$\boldsymbol{\Gamma}_n^{-1/2}\sqrt{n}(\mathbf{R}\tilde{\beta}_n-\mathbf{r})=\boldsymbol{\Gamma}_n^{-1/2}\mathbf{R}\sqrt{n}(\tilde{\beta}_n-\beta_o)$$

其中

$$\boldsymbol{\Gamma}_n=\mathbf{R}(\mathbf{Q}_n'\mathbf{P}_n\mathbf{Q}_n)^{-1}\mathbf{Q}_n'\mathbf{P}_n\mathbf{V}_n\mathbf{P}_n\mathbf{Q}_n(\mathbf{Q}_n'\mathbf{P}_n\mathbf{Q}_n)^{-1}\mathbf{R}'$$

从推论 4.24 可以得出 $\boldsymbol{\Gamma}_n^{-1/2}\mathbf{R}\sqrt{n}(\tilde{\beta}_n-\beta_o)\overset{A}{\sim}N(\mathbf{0},\mathbf{I})$，所以 $\boldsymbol{\Gamma}_n^{-1/2}\sqrt{n}(\mathbf{R}\tilde{\beta}_n-r)\overset{A}{\sim}N(\mathbf{0},\mathbf{I})$。因为习题 4.26 中 $\hat{\mathbf{D}}_n-\mathbf{D}_n\xrightarrow{p}\mathbf{0}$，从命题 2.30 可以得到 $\hat{\boldsymbol{\Lambda}}_n-\boldsymbol{\Lambda}_n\xrightarrow{p}\mathbf{0}$。因此由定理 4.30 得到 $\mathcal{W}_n\overset{A}{\sim}\chi_q^2$。

我们可以从受约束的最小化问题中得到拉格朗日乘数统计量

$$\min_{\beta}(\mathbf{Y}-\mathbf{X}\beta)'\mathbf{Z}\,\hat{\mathbf{P}}_n\mathbf{Z}'(\mathbf{Y}-\mathbf{X}\beta)/n^2\quad \text{s.t. } \mathbf{R}\beta=\mathbf{r}$$

一阶条件为

$$\partial\mathcal{L}/\partial\beta=2(\mathbf{X}'\mathbf{Z}\,\hat{\mathbf{P}}_n\mathbf{Z}'\mathbf{X}/n^2)\beta-2(\mathbf{X}'\mathbf{Z}/n)\hat{\mathbf{P}}_n\mathbf{Z}'\mathbf{Y}/n+\mathbf{R}\boldsymbol{\lambda}=\mathbf{0}$$
$$\partial\mathcal{L}/\partial\boldsymbol{\lambda}=\mathbf{R}\beta-\mathbf{r}=\mathbf{0}$$

其中 $\boldsymbol{\lambda}$ 是拉格朗日乘数向量。因而

$$\ddot{\boldsymbol{\lambda}}_n=2(\mathbf{R}(\mathbf{X}'\mathbf{Z}\,\hat{\mathbf{P}}_n\mathbf{Z}'\mathbf{X}/n^2)^{-1}\mathbf{R}')^{-1}(\mathbf{R}\ddot{\beta}_n-\mathbf{r})$$
$$\ddot{\beta}_n=\tilde{\beta}_n-(\mathbf{X}'\mathbf{Z}\,\hat{\mathbf{P}}_n\mathbf{Z}'\mathbf{X}/n^2)^{-1}R'\ddot{\boldsymbol{\lambda}}_n/2$$

因此，类似于定理 4.32，在原假设 H_0 下，$\mathcal{LM}_n\equiv n\ddot{\boldsymbol{\lambda}}_n'\hat{\boldsymbol{\Lambda}}_n^{-1}\ddot{\boldsymbol{\lambda}}_n\overset{A}{\sim}\chi_q^2$，其中

$$\begin{aligned}\hat{\boldsymbol{\Lambda}}_n\equiv\,&4(\mathbf{R}(\mathbf{X}'\mathbf{Z}\,\hat{\mathbf{P}}_n\mathbf{Z}'\mathbf{X}/n^2)^{-1}\mathbf{R}')^{-1}\mathbf{R}(\mathbf{X}'\mathbf{Z}\,\hat{\mathbf{P}}_n\mathbf{Z}'\mathbf{X}/n^2)^{-1}\\&\times(\mathbf{X}'\mathbf{Z}/n)\hat{\mathbf{P}}_n\ddot{\mathbf{V}}_n\hat{\mathbf{P}}_n(\mathbf{Z}'\mathbf{X}/n)(\mathbf{X}'\mathbf{Z}\,\hat{\mathbf{P}}_n\mathbf{Z}'\mathbf{X}/n^2)^{-1}\\&\times\mathbf{R}'(\mathbf{R}(\mathbf{X}'\mathbf{Z}\,\hat{\mathbf{P}}_n\mathbf{Z}'\mathbf{X}/n^2)^{-1}\mathbf{R}')^{-1}\end{aligned}$$

在约束回归下计算 $\ddot{\mathbf{V}}_n$，使得在 H_0 下 $\ddot{\mathbf{V}}_n-\hat{\mathbf{V}}_n\xrightarrow{p}\mathbf{0}$。如果我们能够证明 $\mathcal{LM}_n-\mathcal{W}_n\xrightarrow{p}\mathbf{0}$，那么我们能够应用引理 4.7 得到结论 $\mathcal{LM}_n\overset{A}{\sim}\chi_q^2$。请注意 $\mathcal{LM}_n$ 区别于 $\mathcal{W}_n$ 的地方在于用 $\ddot{\mathbf{V}}_n$代替 $\hat{\mathbf{V}}_n$。因为在 H_0 下 $\ddot{\mathbf{V}}_n-\hat{\mathbf{V}}n\xrightarrow{p}\mathbf{0}$，由命题 2.30 得到 $\mathcal{LM}_n-\mathcal{W}_n\xrightarrow{p}\mathbf{0}$。

接下来，考虑非线性假设 $\mathbf{s}(\beta_o)=\mathbf{0}$。瓦尔德统计量很容易被视为

$$\mathcal{W}_n \equiv n\mathbf{s}(\tilde{\beta}_n)'\hat{\mathbf{\Gamma}}_n^{-1}\mathbf{s}(\tilde{\beta}_n)$$

其中

$$\hat{\mathbf{\Gamma}}_n^{-1} \equiv \nabla\mathbf{s}(\tilde{\beta}_n)'\hat{\mathbf{D}}_n\nabla\mathbf{s}(\tilde{\beta}_n)$$

且 $\hat{\mathbf{D}}_n$ 在习题 4.26 中是给定的。原假设 H_0 下的这个证明 $\mathcal{W}_n \overset{A}{\sim} \chi_q^2$ 与定理 4.39 相同，除了该证明用 $\tilde{\beta}_n$ 替代了 $\hat{\beta}_n$，且 $\hat{\mathbf{D}}_n$ 是适当定义，习题 4.26 的结果代替了定理 4.25 中的结论。

拉格朗日乘数统计量可以用类似习题 4.41 的方法得到，且结果表明拉格朗日乘数统计量是由带有约束的估计量 $\ddot{\beta}_n$ 和 $\ddot{\mathbf{V}}_n$ 替代 $\hat{\beta}_n$ 和 $\hat{\mathbf{V}}_n$ 后的瓦尔德统计量的形式。这样

$$\mathcal{LM}_n = n\ddot{\boldsymbol{\lambda}}_n'\hat{\mathbf{\Lambda}}_n^{-1}\ddot{\boldsymbol{\lambda}}_n$$

其中

$$\boldsymbol{\lambda}_n = 2[\nabla\mathbf{s}(\ddot{\beta}_n)'(\mathbf{X}'\mathbf{Z}\hat{\mathbf{P}}_n\mathbf{Z}'\mathbf{X}/n^2)^{-1}\nabla\mathbf{s}(\ddot{\beta}_n)]^{-1}\mathbf{s}(\ddot{\beta}_n)$$

且

$$\begin{aligned}\hat{\mathbf{\Lambda}}_n = & 4[\nabla\mathbf{s}(\ddot{\beta}_n)'(\mathbf{X}'\mathbf{Z}\hat{\mathbf{P}}_n\mathbf{Z}'\mathbf{X}/n^2)^{-1}\nabla\mathbf{s}(\ddot{\beta}_n)]^{-1} \\ & \times\nabla\mathbf{s}(\beta_n)'(\mathbf{X}'\mathbf{Z}\hat{\mathbf{P}}_n\mathbf{Z}'\mathbf{X}/n^2)^{-1}(\mathbf{X}'\mathbf{Z}/n)\hat{\mathbf{P}}_n\ddot{\mathbf{V}}_n\hat{\mathbf{P}}_n(\mathbf{Z}'\mathbf{X}/n) \\ & \times(\mathbf{X}'\mathbf{Z}\hat{\mathbf{P}}_n\mathbf{Z}'\mathbf{X}/n^2)^{-1}\nabla\mathbf{s}(\ddot{\beta}_n)[\nabla\mathbf{s}(\ddot{\beta}_n)' \\ & \times(\mathbf{X}'\mathbf{Z}\hat{\mathbf{P}}_n\mathbf{Z}'\mathbf{X}/n^2)^{-1}\nabla\mathbf{s}(\ddot{\beta}_n)]^{-1}\end{aligned}$$

现在鉴于 $\nabla\mathbf{s}(\beta)$ 是连续的，$\ddot{\mathbf{V}}_n - \mathbf{V}_n \xrightarrow{p} \mathbf{0}$ 且 $\nabla\mathbf{s}(\ddot{\beta}_n) - \nabla\mathbf{s}(\hat{\beta}_n) \xrightarrow{p} \mathbf{0}$。由命题 2.30 可得 $\mathcal{LM}_n - \mathcal{W}_n \xrightarrow{p} 0$，所以由引理 4.7 得到 $\mathcal{LM}_n \overset{A}{\sim} \chi_q^2$。■

习题 4.46

证明：在习题 4.26 条件下，命题 4.45 告诉我们渐近有效估计量是

$$\begin{aligned}\beta_n^* &= (\mathbf{X}'\mathbf{X}\hat{\mathbf{V}}_n^{-1}\mathbf{X}'\mathbf{X})^{-1}\mathbf{X}'\mathbf{X}\hat{\mathbf{V}}_n^{-1}\mathbf{X}'\mathbf{Y} \\ &= (\mathbf{X}'\mathbf{X})^{-1}\hat{\mathbf{V}}_n(\mathbf{X}'\mathbf{X})^{-1}\mathbf{X}'\mathbf{X}\hat{\mathbf{V}}_n^{-1}\mathbf{X}'\mathbf{Y} \\ &= (\mathbf{X}'\mathbf{X})^{-1}\mathbf{X}'\mathbf{Y} = \hat{\beta}_n\end{aligned}$$

这里我们用 $\mathbf{X}'\mathbf{X} = \hat{\mathbf{V}}_n$ 替换。■

习题 4.47

证明:假设习题 4.26 的条件满足。除此之外,我们假设 $\tilde{\sigma}_n^2(\mathbf{Z}'\mathbf{Z}/n)-\sigma_o^2\mathbf{L}_n \xrightarrow{p} \mathbf{0}$,所以 $\hat{\mathbf{V}}_n=\tilde{\sigma}_n^2(\mathbf{Z}'\mathbf{Z}/n)$(这遵循大数定律)。从命题 4.45 可以得出渐近有效的估计量是

$$\begin{aligned}\beta_n^* &=(\mathbf{X}'\mathbf{Z}(\tilde{\sigma}_n^2(\mathbf{Z}'\mathbf{Z}/n))^{-1}\mathbf{Z}'\mathbf{X})^{-1}\mathbf{X}'\mathbf{Z}(\tilde{\sigma}_n^2(\mathbf{Z}'\mathbf{Z}/n))^{-1}\mathbf{Z}'\mathbf{Y}\\&=(\mathbf{X}'\mathbf{Z}(\mathbf{Z}'\mathbf{Z})^{-1}\mathbf{Z}'\mathbf{X})^{-1}\mathbf{X}'\mathbf{Z}(\mathbf{Z}'\mathbf{Z})^{-1}\mathbf{Z}'\mathbf{Y}\\&=\tilde{\beta}_{2SLS} \quad \blacksquare\end{aligned}$$

习题 4.48

证明:由定义

$$\begin{aligned}\sqrt{n}(\beta_n^{**}-\beta_n^*)=&(\mathbf{X}'\mathbf{Z}\hat{\mathbf{P}}_n\mathbf{Z}'\mathbf{X}/n^2)^{-1}\nabla\mathbf{s}(\beta_n^*)\\&\times[(\nabla\mathbf{s}(\beta_n^*))'(\mathbf{X}'\mathbf{Z}\hat{\mathbf{P}}_n\mathbf{Z}'\mathbf{X}/n^2)^{-1}\nabla\mathbf{s}(\beta_n^*)]^{-1}\sqrt{n}\mathbf{s}(\beta_n^*)\end{aligned}$$

假设 $(\mathbf{X}'\mathbf{Z}\hat{\mathbf{P}}_n\mathbf{Z}'\mathbf{X}/n^2)^{-1}=O_p(1)$, $\nabla\mathbf{s}(\beta_n^*)=O_p(1)$,且 $\sqrt{n}\mathbf{s}(\beta_n^*)=o_p(1)$,则 $\sqrt{n}(\beta_n^{**}-\beta_n^*)\xrightarrow{p}0$。前两个很容易看出,所以这里只证明 $\sqrt{n}\mathbf{s}(\beta_n^*)=o_p(1)$。取平均值展开并将定义的 β_n^* 代入得到

$$\begin{aligned}\sqrt{n}\mathbf{s}(\beta_n^*)=&\sqrt{n}\mathbf{s}(\tilde{\beta}_n)+\sqrt{n}\nabla\bar{\mathbf{s}}_n'(\beta_n^*-\tilde{\beta}_n)\\=&\sqrt{n}\mathbf{s}(\tilde{\beta}_n)-\nabla\bar{\mathbf{s}}_n'(\mathbf{X}'\mathbf{Z}\hat{\mathbf{P}}_n'\mathbf{Z}'\mathbf{X})^{-1}\nabla\mathbf{s}(\tilde{\beta}_n)\\&\times[\nabla\mathbf{s}(\tilde{\beta}_n)'(\mathbf{X}'\mathbf{Z}\hat{\mathbf{P}}_n\mathbf{Z}'\mathbf{X})^{-1}\nabla\mathbf{s}(\tilde{\beta}_n)]^{-1}\sqrt{n}\mathbf{s}(\tilde{\beta}_n)\\=&(\mathbf{I}-\nabla\bar{\mathbf{s}}_n'(\mathbf{X}'\mathbf{Z}\hat{\mathbf{P}}_n\mathbf{Z}'\mathbf{X})^{-1}\nabla\mathbf{s}(\tilde{\beta}_n)\\&\times[\nabla\mathbf{s}(\tilde{\beta}_n)'(\mathbf{X}'\mathbf{Z}\hat{\mathbf{P}}_n\mathbf{Z}'\mathbf{X})^{-1}\nabla\mathbf{s}(\tilde{\beta}_n)]^{-1})\sqrt{n}\mathbf{s}(\tilde{\beta}_n)\end{aligned}$$

现在

$$\mathbf{I}-\nabla\bar{\mathbf{s}}_n'(\mathbf{X}'\mathbf{Z}\hat{\mathbf{P}}_n\mathbf{Z}'\mathbf{X})^{-1}\nabla\mathbf{s}(\tilde{\beta}_n)[\nabla\mathbf{s}(\tilde{\beta}_n)'(\mathbf{X}'\mathbf{Z}\hat{\mathbf{P}}_n\mathbf{Z}'\mathbf{X})^{-1}\nabla\mathbf{s}(\tilde{\beta}_n)]^{-1}=o_p(1)$$

根据引理 4.6, $\nabla\bar{\mathbf{s}}_n-\nabla\mathbf{s}(\tilde{\beta}_n)=o_p(1)$,且 $\sqrt{n}\mathbf{s}(\tilde{\beta}_n)=\sqrt{n}\mathbf{s}(\beta_o)+\nabla\ddot{\mathbf{s}}_n'\sqrt{n}(\tilde{\beta}_n-\beta_o)=0+O_p(1)O_p(1)=O_p(1)$,结果如上所述。$\blacksquare$

习题 4.56

证明:因为 $\mathbf{X}_t^o$ 是 $\mathcal{F}_{t-1}$ 可测量的,所以 $\mathbf{Z}_t^o(\gamma^*)=\mathbf{X}_t^o\mathbf{\Omega}_t^{-1}$ 也是 $\mathcal{F}_{t-1}$-可测

量的。为简洁起见，我们使用 $\mathbf{Z}_i^o=\mathbf{Z}_i^o(\gamma^*)$。于是

$$E^o\left(n^{-1}\sum_{t=1}^n \mathbf{Z}_t^o\varepsilon_t\right)=E^o\left(n^{-1}\sum_{t=1}^n E^o(\mathbf{Z}_t^o\varepsilon_t\mid\mathcal{F}_{t-1})\right)$$

$$=E^o\left(n^{-1}\sum_{t=1}^n \mathbf{Z}_t^o E^o(\varepsilon_t\mid\mathcal{F}_{t-1})\right)$$

$$=\mathbf{0}$$

且根据鞅差性质，

$$\mathbf{V}_n=\mathrm{var}^o\left(n^{-1}\sum_{t=1}^n \mathbf{Z}_t^o\varepsilon_t\right)$$

$$=E^o\left(n^{-1}\sum_{t=1}^n \mathbf{Z}_t^o\varepsilon_t\varepsilon_t'\mathbf{Z}_t'^o\right)$$

$$=E^o\left(n^{-1}\sum_{t=1}^n \mathbf{Z}_t^o E^o(\varepsilon_t\varepsilon_t'\mid\mathcal{F}_{t-1})\mathbf{Z}_t'^o\right)$$

$$=E^o\left(n^{-1}\sum_{t=1}^n \mathbf{Z}_t^o\mathbf{\Omega}_t\mathbf{Z}_t'^o\right)$$

$$=E^o\left(n^{-1}\sum_{t=1}^n \mathbf{X}_t^o\mathbf{\Omega}_t^{-1}\mathbf{X}_t'^o\right)$$

令 $\hat{\mathbf{V}}_n=n^{-1}\sum_{t=1}^n\mathbf{X}_t^o\mathbf{\Omega}_t^{-1}\mathbf{X}_t'^o$

在 $\mathbf{Z}_t^o=\mathbf{X}_t^o\Omega_t^{-1}$ 下，我们得到

$$\beta_n^*=\left(\sum_{t=1}^n\mathbf{X}_t^o\mathbf{Z}_t'^o\hat{\mathbf{V}}_n^{-1}\sum_{t=1}^n\mathbf{Z}_t^o\mathbf{X}_t'^o\right)^{-1}\sum_{t=1}^n\mathbf{X}_t^o\mathbf{Z}_t'^o\hat{\mathbf{V}}_n^{-1}\sum_{t=1}^n\mathbf{Z}_t^o\mathbf{Y}_t'^o$$

$$=\left(\sum_{t=1}^n\mathbf{X}_t^o\mathbf{\Omega}_t^{-1}\mathbf{X}_t'^o\right)^{-1}\sum_{t=1}^n\mathbf{X}_t^o\mathbf{\Omega}_t^{-1}\mathbf{Y}_t'^o$$

$$=(\mathbf{X}'\mathbf{\Omega}^{-1}\mathbf{X})^{-1}\mathbf{X}'\mathbf{\Omega}^{-1}\mathbf{Y}\ \blacksquare$$

习题 4.58

证明：我们有

$$\beta_n^*=\left(\sum_{t=1}^n\mathbf{X}_t^o\mathbf{\Omega}_t^{-1}\mathbf{X}_t^{o\prime}\right)^{-1}\sum_{t=1}^n\mathbf{X}_t^o\mathbf{\Omega}_t^{-1}\mathbf{Y}_t^o$$

$$=\left(\sum_{t=1}^n\mathbf{X}_t^o\mathbf{\Omega}_t^{-1}\mathbf{X}_t^{o\prime}\right)^{-1}\sum_{t=1}^n\mathbf{X}_t^o\mathbf{\Omega}_t^{-1}(\mathbf{X}_t^{o\prime}\beta^o+\varepsilon_t)$$

$$=\beta^o+\left(\sum_{t=1}^n\mathbf{X}_t^o\mathbf{\Omega}_t^{-1}\mathbf{X}_t^{o\prime}\right)^{-1}\sum_{t=1}^n\mathbf{X}_t^o\mathbf{\Omega}_t^{-1}\varepsilon_t$$

设

$$\mathbf{m}_n^o(\gamma^*)=n^{-1}\sum_{t=1}^{n}\mathbf{X}_t^o\boldsymbol{\Omega}_t^{-1}\varepsilon_t$$

接着由定理 4.54(iii.a)和(ii)得

$$\begin{aligned}\sqrt{n}(\beta_n^*-\beta^o)&=\left(n^{-1}\sum_{t=1}^{n}\mathbf{X}_t^o\boldsymbol{\Omega}_t^{-1}\mathbf{X}_t^{o\prime}\right)^{-1}n^{1/2}\mathbf{m}_n^o(\gamma^*)\\&=\mathbf{Q}_n^o(\gamma^*)^{-1}n^{1/2}\mathbf{m}_n^o(\gamma^*)\\&\quad+\left[\left(n^{-1}\sum_{t=1}^{n}\mathbf{X}_t^o\boldsymbol{\Omega}_t^{-1}\mathbf{X}_t^{o\prime}\right)^{-1}-\mathbf{Q}_n^o(\gamma^*)^{-1}\right]n^{1/2}\mathbf{m}_n^o(\gamma^*)\\&=\mathbf{Q}_n^o(\gamma^*)^{-1}n^{1/2}\mathbf{m}_n^o(\gamma^*)+o_{p^o}(1)\end{aligned}$$

所以

$$\text{avar}^o(\beta_n^*)=\mathbf{Q}_n^o(\gamma^*)^{-1}\mathbf{V}_n^o(\gamma^*)\mathbf{Q}_n^o(\gamma^*)^{-1}$$

其中,应用迭代期望定律可得

$$\begin{aligned}\mathbf{V}_n^o(\gamma^*)&=E^o\left(n^{-1}\sum_{t=1}^{n}\mathbf{X}_t^o\boldsymbol{\Omega}_t^{-1}\varepsilon_t\varepsilon_t'\boldsymbol{\Omega}_t^{-1}\mathbf{X}_t^{o\prime}\right)\\&=n^{-1}\sum_{t=1}^{n}E^o(\mathbf{X}_t^o\boldsymbol{\Omega}_t^{-1}\varepsilon_t\varepsilon_t'\boldsymbol{\Omega}_t^{-1}\mathbf{X}_t^{o\prime})\\&=n^{-1}\sum_{t=1}^{n}E^o(\mathbf{X}_t^o\boldsymbol{\Omega}_t^{-1}E^o(\varepsilon_t\varepsilon_t'\mid\mathcal{F}_{t-1})\boldsymbol{\Omega}_t^{-1}\mathbf{X}_t^{o\prime})\\&=n^{-1}\sum_{t=1}^{n}E^o(\mathbf{X}_t^o\boldsymbol{\Omega}_t^{-1}\mathbf{X}_t^{o\prime})\end{aligned}$$

根据假设,$\mathbf{Q}_n^o(\gamma^*)=n^{-1}\sum_{t=1}^{n}E^o(\mathbf{X}_t^o\boldsymbol{\Omega}_t^{-1}\mathbf{X}_t^{o\prime})$,所以

$$\text{avar}^o(\beta_n^*)=\left[n^{-1}\sum_{t=1}^{n}E^o(\mathbf{X}_t^o\boldsymbol{\Omega}_t^{-1}\mathbf{X}_t^{o\prime})\right]^{-1}$$

根据逆函数的连续性和 $\mathbf{Q}_n^o(\gamma^*)=\mathbf{V}_n^o(\gamma^*)$是一致正定的,由定理 4.54(iii.a)和假设 $\mathbf{Q}_n^o(\gamma^*)=n^{-1}\sum_{t=1}^{n}E^o(\mathbf{X}_t^o\boldsymbol{\Omega}_t^{-1}\mathbf{X}_t^{o\prime})$可得 $\hat{\mathbf{D}}_n$ 的一致性。■

习题 4.60

证明:和习题 4.58 类似,有

$$\begin{aligned}\sqrt{n}(\beta_n^* - \beta^o) &= \left(n^{-1}\sum_{t=1}^n \mathbf{X}_t^o \hat{\mathbf{\Omega}}_{nt}^{-1} \mathbf{X}_t^{o\prime}\right)^{-1} n^{-1/2}\sum_{t=1}^n \mathbf{X}_t^o \hat{\mathbf{\Omega}}_{nt}^{-1}\varepsilon_t \\
&= \left(n^{-1}\sum_{t=1}^n E^o(\mathbf{X}_t^o \mathbf{\Omega}_t^{o-1}\mathbf{X}_t^{o\prime})\right)^{-1} n^{-1/2}\sum_{t=1}^n \mathbf{X}_t^o \mathbf{\Omega}_t^{o-1}\varepsilon_t \\
&\quad + \left[\left(n^{-1}\sum_{t=1}^n \mathbf{X}_t^o \hat{\mathbf{\Omega}}_{nt}^{-1}\mathbf{X}_t^{o\prime}\right)^{-1} - \left(n^{-1}\sum_{t=1}^n E^o(\mathbf{X}_t^o \mathbf{\Omega}_t^{o-1}\mathbf{X}_t^{o\prime})\right)^{-1}\right] \\
&\quad \times n^{-1/2}\sum_{t=1}^n \mathbf{X}_t^o \mathbf{\Omega}_t^{o-1}\varepsilon_t \\
&\quad + \left(n^{-1}\sum_{t=1}^n E^o(\mathbf{X}_t^o \mathbf{\Omega}_t^{o-1}\mathbf{X}_t^{o\prime})\right)^{-1} \\
&\quad \times \left[n^{-1/2}\sum_{t=1}^n \mathbf{X}_t^o \hat{\mathbf{\Omega}}_{nt}^{-1}\varepsilon_t - n^{-1/2}\sum_{t=1}^n \mathbf{X}_t^o \mathbf{\Omega}_t^{o-1}\varepsilon_t\right] \\
&\quad + \left[\left(n^{-1}\sum_{t=1}^n \mathbf{X}_t^o \hat{\mathbf{\Omega}}_{nt}^{-1}\mathbf{X}_t^{o\prime}\right)^{-1} - \left(n^{-1}\sum_{t=1}^n E^o(\mathbf{X}_t^o \mathbf{\Omega}_t^{o-1}\mathbf{X}_t^{o\prime})\right)^{-1}\right] \\
&\quad \times \left[n^{-1/2}\sum_{t=1}^n \mathbf{X}_t^o \hat{\mathbf{\Omega}}_{nt}^{-1}\varepsilon_t - n^{-1/2}\sum_{t=1}^n \mathbf{X}_t^o \mathbf{\Omega}_t^{o-1}\varepsilon_t\right] \\
&= \left(n^{-1}\sum_{t=1}^n E^o(\mathbf{X}_t^o \mathbf{\Omega}_t^{o-1}\mathbf{X}_t^{o\prime})\right)^{-1} n^{-1/2}\sum_{t=1}^n \mathbf{X}_t^o \mathbf{\Omega}_t^{o-1}\varepsilon_t \\
&\quad + o_{p^o}(1)O_{p^o}(1) + O(1)o_{p^o}(1) + o_{p^o}(1)o_{p^o}(1)\end{aligned}$$

对上式的第 2 项、第 3 项、第 4 项应用定理 4.54 的条件(iii.a)和条件(ii)，得到最终结果。根据定理 4.54(iii.a)可知，

$$\text{avar}^o(\beta_n^*) = \left(n^{-1}\sum_{t=1}^n E^o(\mathbf{X}_t^o \mathbf{\Omega}_t^{o-1}\mathbf{X}_t^{o\prime})\right)^{-1}$$

的一致估计量为

$$\hat{\mathbf{D}}_n = \left(n^{-1}\sum_{t=1}^n \mathbf{X}_t^o \hat{\mathbf{\Omega}}_{nt}^{-1}\mathbf{X}_t^{o\prime}\right)^{-1} \blacksquare$$

习题 4.61

证明:(i) 让 $\widetilde{\mathbf{W}}_t^o = (1, W_t^o)'$；然后

$$\begin{aligned}\hat{\alpha}_n &= \left(n^{-1}\sum_{t=1}^n \widetilde{\mathbf{W}}_t^o \widetilde{\mathbf{W}}_t^{o\prime}\right)^{-1} n^{-1}\sum_{t=1}^n \widetilde{\mathbf{W}}_t^o \hat{\varepsilon}_t^2 \\
&= \left(n^{-1}\sum_{t=1}^n \widetilde{\mathbf{W}}_t^o \widetilde{\mathbf{W}}_t^{o\prime}\right)^{-1} n^{-1}\sum_{t=1}^n \widetilde{\mathbf{W}}_t^o (\varepsilon_t - \mathbf{X}_t^{o\prime}(\hat{\beta}_n - \beta^o))^2\end{aligned}$$

$$=\left(n^{-1}\sum_{t=1}^{n}\widetilde{\mathbf{W}}_t^o\widetilde{\mathbf{W}}_t^{o\prime}\right)^{-1}n^{-1}\sum_{t=1}^{n}\widetilde{\mathbf{W}}_t^o\varepsilon_t^2$$

$$-2\left(n^{-1}\sum_{t=1}^{n}\widetilde{\mathbf{W}}_t^o\widetilde{\mathbf{W}}_t^{o\prime}\right)^{-1}n^{-1}\sum_{t=1}^{n}\widetilde{\mathbf{W}}_t^o\varepsilon_t\mathbf{X}_t^{o\prime}(\hat{\beta}_n-\beta^o)$$

$$+\left(n^{-1}\sum_{t=1}^{n}\widetilde{\mathbf{W}}_t^o\widetilde{\mathbf{W}}_t^{o\prime}\right)^{-1}n^{-1}\sum_{t=1}^{n}\widetilde{\mathbf{W}}_t^o(\mathbf{X}_t^{o\prime}(\hat{\beta}_n-\beta^o))^2$$

$$=\left(n^{-1}\sum_{t=1}^{n}\widetilde{\mathbf{W}}_t^o\widetilde{\mathbf{W}}_t^{o\prime}\right)^{-1}n^{-1}\sum_{t=1}^{n}\widetilde{\mathbf{W}}_t^o\widetilde{\mathbf{W}}_t^o\alpha_o+o_{p^o}(1)+o_{p^o}(1)$$

$$=\alpha_o+o_{p^o}(1)$$

给定以下等式

$$\left(n^{-1}\sum_{t=1}^{n}\widetilde{\mathbf{W}}_t^o\widetilde{\mathbf{W}}_t^{o\prime}\right)^{-1}=O_{p^o}(1)$$

$$n^{-1}\sum_{t=1}^{n}\widetilde{\mathbf{W}}_t^o\varepsilon_t\mathbf{X}_t^{o\prime}=O_{p^o}(1)$$

$$n^{-1}\sum_{t=1}^{n}\widetilde{\mathbf{W}}_t^o(\mathbf{X}_t^{o\prime}\otimes\mathbf{X}_t^{o\prime})=O_{p^o}(1)$$

和$(\hat{\beta}_n-\beta^o)=o_{p^o}(1)$。

根据第三个条件可得

$$n^{-1}\sum_{t=1}^{n}\widetilde{\mathbf{W}}_t^o(\mathbf{X}_t^{o\prime}(\hat{\beta}_n-\beta^0))$$

$$=n^{-1}\sum_{t=1}^{n}\widetilde{\mathbf{W}}_t^o\mathbf{X}_t^{o\prime}(\hat{\beta}_n-\beta^o)(\hat{\beta}_n-\beta^o)'\mathbf{X}_t^o$$

$$=n^{-1}\sum_{t=1}^{n}\widetilde{\mathbf{W}}_t^o(\mathbf{X}_t^{o\prime}\otimes\mathbf{X}_t^{o\prime})\mathrm{vec}((\hat{\beta}_n-\beta^o)(\hat{\beta}_n-\beta^o)')$$

$$=O_{p^o}(1)O_{p^o}(1)=O_{p^o}(1)$$

因为W_t^o是有界的，所以第一个条件普遍成立。设$\widetilde{W}_n^o\equiv n^{-1}\sum_{t=1}^{n}W_t^o$，然后

$$n^{-1}\sum_{t=1}^{n}\widetilde{\mathbf{W}}_t^o\widetilde{\mathbf{W}}_t^{o\prime}=\begin{pmatrix}1 & \overline{W}_n^o\\ \overline{W}_n^o & n^{-1}\sum_{t=1}^{n}W_t^{o2}\end{pmatrix}$$

如果该矩阵是非奇异的，那么它的逆矩阵为$O_{p^o}(1)$，由此使得$\overline{W}_n^o$是0到1之间有界的。

(ii) 考虑

$$n^{-1/2}\sum_{t=1}^{n}\mathbf{X}_t^o\hat{\mathbf{\Omega}}_{nt}^{-1}\varepsilon_t-n^{-1/2}\sum_{t=1}^{n}\mathbf{X}_t^o\mathbf{\Omega}_t^{o-1}\varepsilon_t$$

$$=n^{-1/2}\sum_{t=1}^{n}\mathbf{X}_t^o(\hat{\mathbf{\Omega}}_{nt}^{-1}-\mathbf{\Omega}_t^{o-1})\varepsilon_t$$

$$=n^{-1/2}\sum_{t=1}^{n}\mathbf{X}_t^o((\tilde{\mathbf{W}}_t^{o\prime}\hat{\alpha}_n)^{-1}-(\tilde{\mathbf{W}}_t^{o\prime}\alpha^o)^{-1})\varepsilon_t$$

$$=n^{-1/2}\sum_{t=1}^{n}\mathbf{X}_t^o((\hat{\alpha}_{1n})^{-1}-(\alpha_1^o)^{-1})\varepsilon_t 1[W_t^o=0]$$

$$+n^{-1/2}\sum_{t=1}^{n}\mathbf{X}_t^o((\hat{\alpha}_{1n}+\hat{\alpha}_{2n})^{-1}-(\alpha_1^o+\alpha_2^o)^{-1})\varepsilon_t 1[W_t^o=1]$$

$$=((\hat{\alpha}_{1n})^{-1}-(\alpha_1^o)^{-1})n^{-1/2}\sum_{t=1}^{n}\mathbf{X}_t^o\varepsilon_t 1[W_t^o=0]$$

$$+((\hat{\alpha}_{1n}+\hat{\alpha}_{2n})^{-1}-(\alpha_1^o+\alpha_2^o)^{-1})n^{-1/2}\sum_{t=1}^{n}\mathbf{X}_t^o\varepsilon_t 1[W_t^o=1]$$

$$=o_{p_o}(1)O_{p^o}(1)+O_{p^o}(1)O_{p^o}(1)$$

为了得到最后的等式,我们对 $n^{-1/2}\sum_{t=1}^{n}\mathbf{X}_t^o\varepsilon_t 1[W_t^o=j]$,其中 $j=0, 1$,应用鞅差序列 CLT,同时要求 α_1^o 和 $\alpha_1^o+\alpha_2^o$ 都不等于 0。

类似地,

$$n^{-1}\sum_{t=1}^{n}\mathbf{X}_t^o\hat{\mathbf{\Omega}}_{nt}^{-1}\mathbf{X}_t^{o\prime}-n^{-1}\sum_{t=1}^{n}\mathbf{X}_t^o\mathbf{\Omega}_t^{o-1}\mathbf{X}_t^{o\prime}$$

$$=((\hat{\alpha}_{1n})^{-1}-(\alpha_t^o)^{-1})n^{-1}\sum_{t=1}^{n}\mathbf{X}_t^o\mathbf{X}_t^{o\prime}1[W_t^o=0]$$

$$+((\hat{\alpha}_{1n}+\hat{\alpha}_{2n})^{-1}-(\alpha_1^o+\alpha_2^o)^{-1})n^{-1}\sum_{t=1}^{n}\mathbf{X}_t^o\mathbf{X}_t^{o\prime}1[W_t^o=1]$$

$$=o_{p^o}(1)O_{p^o}(1)+o_{p^o}(1)O_{p^o}(1)\ \blacksquare$$

习题 4.63

证明:和习题 4.60 类似,我们有

$$\sqrt{n}(\beta_n^*-\beta^o)=\left(n^{-1}\sum_{t=1}^{n}\hat{\mathbf{X}}_t^o\hat{\mathbf{\Omega}}_{nt}^{-1}\hat{\mathbf{X}}_t^{o\prime}\right)^{-1}n^{-1/2}\sum_{t=1}^{n}\hat{\mathbf{X}}_t^o\hat{\mathbf{\Omega}}_{nt}^{-1}\varepsilon_t$$

$$=\left(n^{-1}\sum_{t=1}^{n}E^o(\tilde{\mathbf{X}}_t^o\mathbf{\Omega}_t^{o-1}\mathbf{X}_t^{o\prime})\right)^{-1}n^{-1/2}\sum_{t=1}^{n}\tilde{\mathbf{X}}_t^o\mathbf{\Omega}_t^{o-1}\varepsilon_t$$

$$
\begin{aligned}
&+\left[\left(n^{-1}\sum_{t=1}^{n}\hat{\mathbf{X}}_t^o\hat{\boldsymbol{\Omega}}_{nt}^{-1}\mathbf{X}_t^{o\prime}\right)^{-1}-\left(n^{-1}\sum_{t=1}^{n}E^o(\tilde{\mathbf{X}}_t^o\boldsymbol{\Omega}_t^{o-1}\mathbf{X}_t^{o\prime})\right)^{-1}\right]\\
&\times n^{-1/2}\sum_{t=1}^{n}\tilde{\mathbf{X}}_t^o\boldsymbol{\Omega}_t^{o-1}\varepsilon_t\\
&+\left(n^{-1}\sum_{t=1}^{n}E^o(\tilde{\mathbf{X}}_t^o\boldsymbol{\Omega}_t^{o-1}\mathbf{X}_t^{o\prime})\right)^{-1}\\
&\times\left[n^{-1/2}\sum_{t=1}^{n}\hat{\mathbf{X}}_t^o\hat{\boldsymbol{\Omega}}_{nt}^{-1}\varepsilon_t-n^{-1/2}\sum_{t=1}^{n}\tilde{\mathbf{X}}_t^o\boldsymbol{\Omega}_t^{o-1}\varepsilon_t\right]\\
&+\left[\left(n^{-1}\sum_{t=1}^{n}\hat{\mathbf{X}}_t^o\hat{\boldsymbol{\Omega}}_{nt}^{-1}\mathbf{X}_t^{o\prime}\right)^{-1}-\left(n^{-1}\sum_{t=1}^{n}E^o(\tilde{\mathbf{X}}_t^o\boldsymbol{\Omega}_t^{o-1}\mathbf{X}_t^{o\prime})\right)^{-1}\right]\\
&\times\left[n^{-1/2}\sum_{t=1}^{n}\hat{\mathbf{X}}_t^o\hat{\boldsymbol{\Omega}}_{nt}^{-1}\varepsilon_t-n^{-1/2}\sum_{t=1}^{n}\tilde{\mathbf{X}}_t^o\boldsymbol{\Omega}_t^{o-1}\varepsilon_t\right]\\
=&\left(n^{-1}\sum_{t=1}^{n}E^o(\tilde{\mathbf{X}}_t^o\boldsymbol{\Omega}_t^{o-1}\mathbf{X}_t^{o\prime})\right)^{-1}n^{-1/2}\sum_{t=1}^{n}\tilde{\mathbf{X}}_t^o\boldsymbol{\Omega}_t^{o-1}\varepsilon_t\\
&+o_{p^o}(1)O_{p^o}(1)+O(1)o_{p^o}(1)+o_{p^o}(1)o_{p^o}(1)
\end{aligned}
$$

对上式的第 2 项、第 3 项、第 4 项应用定理 4.54 的条件(iii.a)和条件(ii)，得到最终结果。根据迭代期望定律可得

$$
\begin{aligned}
E^o(\tilde{\mathbf{X}}_t^o\boldsymbol{\Omega}_t^{o-1}\mathbf{X}_t^{o\prime})&=E^o(E^o(\tilde{\mathbf{X}}_t^o\boldsymbol{\Omega}_t^{o-1}\mathbf{X}_t^{o\prime})\mid\mathcal{F}_{t-1})\\
&=E^o(\tilde{\mathbf{X}}_t^o\boldsymbol{\Omega}_t^{o-1}\tilde{\mathbf{X}}_t^{o\prime})
\end{aligned}
$$

所以

$$
\operatorname{avar}^o(\beta_n^*)=\left(n^{-1}\sum_{t=1}^{n}E^o(\tilde{\mathbf{X}}_t^o\boldsymbol{\Omega}_t^{o-1}\tilde{\mathbf{X}}_t^{o\prime})\right)^{-1}
$$

为了证明该矩阵的一致估计量为

$$
\hat{\mathbf{D}}_n=2\left(n^{-1}\sum_{t=1}^{n}\hat{\mathbf{X}}_t^o\hat{\boldsymbol{\Omega}}_{nt}^{-1}\mathbf{X}_t^{o\prime}+n^{-1}\sum_{t=1}^{n}\mathbf{X}_t^o\hat{\boldsymbol{\Omega}}_{nt}^{-1}\hat{\mathbf{X}}_t^{o\prime}\right)^{-1}
$$

只要满足 $\hat{\mathbf{D}}_n^{-1}-\operatorname{avar}^o(\beta_n^*)^{-1}=o_{p^o}(1)$。再次应用迭代期望定律可得

$$
\begin{aligned}
&\hat{\mathbf{D}}_n^{-1}-\operatorname{avar}^o(\beta_n^*)^{-1}\\
=&(1/2)\left(n^{-1}\sum_{t=1}^{n}\hat{\mathbf{X}}_t^o\hat{\boldsymbol{\Omega}}_{nt}^{-1}\mathbf{X}_t^{o\prime}+n^{-1}\sum_{t=1}^{n}\mathbf{X}_t^o\hat{\boldsymbol{\Omega}}_{nt}^{-1}\hat{\mathbf{X}}_t^{o\prime}\right)\\
&-n^{-1}\sum_{t=1}^{n}E^o(\tilde{\mathbf{X}}_t^o\boldsymbol{\Omega}_t^{o-1}\tilde{\mathbf{X}}_t^{o\prime})\\
=&(1/2)\left(n^{-1}\sum_{t=1}^{n}\hat{\mathbf{X}}_t^o\hat{\boldsymbol{\Omega}}_{nt}^{-1}\mathbf{X}_t^{o\prime}-n^{-1}\sum_{t=1}^{n}E^o(\tilde{\mathbf{X}}_t^o\boldsymbol{\Omega}_t^{o-1}\mathbf{X}_t^{o\prime})\right)
\end{aligned}
$$

$$+(1/2)\left(n^{-1}\sum_{t=1}^{n}\mathbf{X}_t^o\hat{\mathbf{\Omega}}_{nt}^{-1}\hat{\mathbf{X}}_t^{o\prime}-n^{-1}\sum_{t=1}^{n}E^o(\mathbf{X}_t^o\mathbf{\Omega}_t^{o-1}\tilde{\mathbf{X}}_t^{o\prime})\right)$$

根据定理 4.54 条件(iii)和定理 4.62 条件(iii),结果如下

$$n^{-1}\sum_{t=1}^{n}\hat{\mathbf{X}}_t^o\hat{\mathbf{\Omega}}_{nt}^{-1}\mathbf{X}_t^{o\prime}-n^{-1}\sum_{t=1}^{n}E^o(\tilde{\mathbf{X}}_t^o\mathbf{\Omega}_t^{o-1}\mathbf{X}_t^{o\prime})\xrightarrow{p^o}\mathbf{0}\ \blacksquare$$

习题 4.64

证明:(i) (a) 设 $\boldsymbol{v}_t=\mathbf{X}_t'^o-E(\mathbf{X}_t'^o\,|\,\mathcal{F}_{t-1})$,所以 $\mathbf{X}_t'^o=\mathbf{Z}_t^{o\prime}\boldsymbol{\pi}_o+\boldsymbol{v}_t$。然后

$$\begin{aligned}\hat{\pi}_n&=\left(n^{-1}\sum_{t=1}^{n}\mathbf{Z}_t^o\mathbf{Z}_t^{o\prime}\right)^{-1}n^{-1}\sum_{t=1}^{n}\mathbf{Z}_t^o\mathbf{X}_t^{o\prime}\\&=\pi_o+\left(n^{-1}\sum_{t=1}^{n}\mathbf{Z}_t^o\mathbf{Z}_t^{o\prime}\right)^{-1}n^{-1}\sum_{t=1}^{n}\mathbf{Z}_t^o\boldsymbol{v}_t\\&=\pi_o+o_{p^o}(1)\end{aligned}$$

给定 $n^{-1}\sum_{t=1}^{n}\mathbf{Z}_t^o\mathbf{Z}_t^{o\prime}=O_{p^o}(1)$和 $n^{-1}\sum_{t=1}^{n}\mathbf{Z}_t^o\boldsymbol{v}_t=o_{p^o}(1)$;后者由鞅差弱大数定律得到。

(b) 用下式替换

$$\hat{\varepsilon}_t=\varepsilon_t+\mathbf{X}_t^{o\prime}(\beta^o-\tilde{\beta}_n)$$

可得

$$\begin{aligned}\hat{\mathbf{\Sigma}}_n&=n^{-1}\sum_{t=1}^{n}\hat{\varepsilon}_t\hat{\varepsilon}_t'\\&=n^{-1}\sum_{t=1}^{n}\varepsilon_t\varepsilon_t'\\&\quad+n^{-1}\sum_{t=1}^{n}\varepsilon_t(\beta^o-\tilde{\beta}_n)'\mathbf{X}_t^o+n^{-1}\sum_{t=1}^{n}\mathbf{X}_t^{o\prime}(\beta^o-\tilde{\beta}_n)\varepsilon_t'\\&\quad+n^{-1}\sum_{t=1}^{n}\mathbf{X}_t^{o\prime}(\beta^o-\tilde{\beta}_n)(\beta^o-\tilde{\beta}_n)'\mathbf{X}_t^o.\end{aligned}$$

给定 $n^{-1}\sum_{t=1}^{n}\varepsilon_t\mathbf{X}_t^o$ 和 $n^{-1}\sum_{t=1}^{n}\mathbf{X}_t^{o\prime}\mathbf{X}_t^o$ 是 $O_{p^o}(1)$,得

$$n^{-1}\sum_{t=1}^{n}\mathbf{Z}_t^{o\prime}\mathbf{Z}_t^o=O_{p^o}(1)$$

$$n^{-1}\sum_{t=1}^{n}\mathbf{Z}_t^{o\prime}\varepsilon_t=o_{p^o}(1)$$

因为最后三项依概率趋近于零，所以$(\beta^o-\tilde{\beta}_n)=o_{p^o}(1)$。为了对此进行证明，对每项应用该法则，$\text{vec}(ABC)=(C'\otimes A)\text{vec}(B)$，例如

$$\text{vec}\left(n^{-1}\sum_{t=1}^{n}\varepsilon_t(\beta^o-\tilde{\beta}_n)'\mathbf{X}_t^o\right)=n^{-1}\sum_{t=1}^{n}(\mathbf{X}_t^{o\prime}\otimes\varepsilon_t)\text{vec}((\beta^o-\tilde{\beta}_n)')$$
$$=O_{p^o}(1)o_{p^o}(1)=O_{p^o}(1)$$

给定 $n^{-1}\sum_{t=1}^{n}\varepsilon_t\varepsilon_t'\xrightarrow{p^o}\mathbf{\Sigma}^o$ 然后得 $\hat{\mathbf{\Sigma}}_n=\mathbf{\Sigma}^o+o_{p^o}(1)$。

(ii) 为了验证定理 4.62 的条件(iii)，

$$n^{-1/2}\sum_{t=1}^{n}\hat{\pi}'_n\mathbf{Z}_t^o\hat{\mathbf{\Sigma}}_n^{-1}\varepsilon_t-n^{-1/2}\sum_{t=1}^{n}\boldsymbol{\pi}_o'\mathbf{Z}_t^o\mathbf{\Sigma}^{o-1}\varepsilon_t$$
$$=\hat{\pi}'_n n^{-1/2}\sum_{t=1}^{n}\mathbf{Z}_t^o\hat{\mathbf{\Sigma}}_n^{-1}\varepsilon_t-\boldsymbol{\pi}_o'n^{-1/2}\sum_{t=1}^{n}\mathbf{Z}_t^o\mathbf{\Sigma}^{o-1}\varepsilon_t$$
$$=\hat{\boldsymbol{\pi}}'_n n^{-1/2}\sum_{t=1}^{n}\mathbf{Z}_t^o(\hat{\mathbf{\Sigma}}_n^{-1}-\mathbf{\Sigma}^{o-1})\varepsilon_t$$
$$+\hat{\boldsymbol{\pi}}'_n n^{-1/2}\sum_{t=1}^{n}\mathbf{Z}_t^o\mathbf{\Sigma}^{o-1}\varepsilon_t-\boldsymbol{\pi}_o'n^{-1/2}\sum_{t=1}^{n}\mathbf{Z}_t^o\mathbf{\Sigma}^{o-1}\varepsilon_t$$
$$=\hat{\boldsymbol{\pi}}'_n n^{-1/2}\sum_{t=1}^{n}(\varepsilon_t'\otimes\mathbf{Z}_t^o)\text{vec}(\hat{\mathbf{\Sigma}}_n^{-1}-\mathbf{\Sigma}^{o-1})$$
$$+(\hat{\boldsymbol{\pi}}'_n-\boldsymbol{\pi}_o')n^{-1/2}\sum_{t=1}^{n}\mathbf{Z}_t^o\mathbf{\Sigma}^{o-1}\varepsilon_t$$
$$=O_{p^o}(1)O_{p^o}(1)o_{p^o}(1)+o_{p^o}(1)O_{p^o}(1)=o_{p^o}(1)$$

同样地，为了验证定理 4.62 的条件(iv)，

$$n^{-1}\sum_{t=1}^{n}\hat{\boldsymbol{\pi}}'_n\mathbf{Z}_t^o\hat{\mathbf{\Sigma}}_n^{-1}\mathbf{X}_t^o-n^{-1}\sum_{t=1}^{n}\boldsymbol{\pi}_o'\mathbf{Z}_t^o\mathbf{\Sigma}^{o-1}\mathbf{X}_t^o$$
$$=\hat{\boldsymbol{\pi}}'_n n^{-1}\sum_{t=1}^{n}(\mathbf{X}_t'\otimes\mathbf{Z}_t^o)\text{vec}(\hat{\mathbf{\Sigma}}_n^{-1}-\mathbf{\Sigma}^{o-1})$$
$$+(\hat{\pi}'_n-\pi'_o)n^{-1}\sum_{t=1}^{n}\mathbf{Z}_t^o\mathbf{\Sigma}^{o-1}\mathbf{X}_t$$
$$=O_{p^o}(1)O_{p^o}(1)o_{p^o}(1)+o_{p^o}(1)O_{p^o}(1)=o_{p^o}(1)\quad\blacksquare$$

习题 5.4

证明：验证习题 4.26 的条件。为了应用定理 5.2，令 $\mathcal{Z}_t\equiv\boldsymbol{\lambda}'\mathbf{V}^{-1/2}\mathbf{Z}_t\varepsilon_t$，

其中$\boldsymbol{\lambda}'\boldsymbol{\lambda}=1$同时考虑

$$n^{-1/2}\sum_{t=1}^{n}\boldsymbol{\lambda}'\mathbf{V}^{-1/2}\mathbf{Z}_t\varepsilon_t=n^{-1/2}\sum_{t=1}^{n}\mathcal{Z}_t$$

根据引理3.2,给定条件(ii)中的$E(\mathcal{Z}_t)=0$和条件(iii.a),又给定条件(iii.b)条件(iii.c)和$\text{var}(\mathcal{Z}_t)=\boldsymbol{\lambda}'\mathbf{V}^{-1/2}\mathbf{V}\mathbf{V}^{-1/2}\boldsymbol{\lambda}=1$,可知被加数$\mathcal{Z}_t$是独立同分布的。因此,由定理5.2可得

$$n^{-1/2}\sum_{t=1}^{n}\mathcal{Z}_t=n^{-1/2}\sum_{t=1}^{n}\boldsymbol{\lambda}'\mathbf{V}^{-1/2}\mathbf{Z}'\varepsilon=\boldsymbol{\lambda}'\mathbf{V}^{-1/2}n^{-1/2}\mathbf{Z}'\varepsilon\overset{A}{\sim}N(0,\ 1)$$

由命题5.1可得,$\mathbf{V}^{-1/2}n^{-1/2}\mathbf{Z}'\varepsilon\overset{A}{\sim}N(\mathbf{0},\ \mathbf{I})$,因为如果$\mathcal{Y}\sim N(\mathbf{0},\ \mathbf{I})$,那么对于所有满足$\boldsymbol{\lambda}'\boldsymbol{\lambda}=1$的$\boldsymbol{\lambda}$,都有$\boldsymbol{\lambda}'\mathcal{Y}\sim N(0,\ 1)$。由(iii.b)和条件(iii.c)可得,$\mathbf{V}$是$O(1)$和非奇异的。由定理3.1和定理2.24可得,给定条件(ii)、条件(iv.a)和条件(iv.b),$\mathbf{Z}'\mathbf{X}/n-\mathbf{Q}\xrightarrow{p}\mathbf{0}$。因为根据假设,习题4.26其他的条件都满足,所以结果如上。■

习题5.5

证明:给定习题5.4的独立同分布假设,

$$\mathbf{V}=n^{-1}\sum_{t=1}^{n}E(\varepsilon_t^2\mathbf{Z}_t\mathbf{Z}_t')=E(\varepsilon_t^2\mathbf{Z}_t\mathbf{Z}_t')$$

可得

$$\begin{aligned}E(\varepsilon_t^2\mathbf{Z}_t'\mathbf{Z}_t)&=E(E(\varepsilon_t^2\mathbf{Z}_t\mathbf{Z}_t'\,|\,\mathbf{Z}_t))\\&=E(E(\varepsilon_t^2\,|\,\mathbf{Z}_t)\mathbf{Z}_t\mathbf{Z}_t')\\&=\sigma_o^2E(\mathbf{Z}_t\mathbf{Z}_t')\equiv\sigma_o^2\mathbf{L}\end{aligned}$$

故$\mathbf{V}=\sigma_o^2\mathbf{L}$。根据习题4.47,有效工具变量估计量选择$\mathbf{P}=\mathbf{V}^{-1}$作为工具变量估计量来产生2SLS估计量,

$$\tilde{\beta}_{2SLS}=(\mathbf{X}'\mathbf{Z}(\mathbf{Z}'\mathbf{Z})^{-1}\mathbf{Z}'\mathbf{X})^{-1}\mathbf{X}'\mathbf{Z}(\mathbf{Z}'\mathbf{Z})^{-1}\mathbf{Z}'\mathbf{Y}$$

$\mathbf{V}$的自然估计量是$\hat{\mathbf{V}}_n=\tilde{\sigma}_n^2(\mathbf{Z}'\mathbf{Z}/n)$,其中

$$\tilde{\sigma}_n^2=(\mathbf{Y}-\mathbf{X}\tilde{\beta}_{2SLS})'(\mathbf{Y}-\mathbf{X}\tilde{\beta}_{2SLS})/n$$

习题5.4的条件并不足以保证$\hat{\mathbf{V}}_n$和$\mathbf{V}$是一致的。还需添加以下条件:

(i′) $E|\varepsilon_t^2|<\infty$；

(ii′) (a) $E|Z_{ti}^2|<\infty$，$i=1, \cdots, l$；

(b) $E|X_{tj}^2|<\infty$，$j=1, \cdots, k$；

(c) $\mathbf{L}\equiv E(\mathbf{Z}_t\mathbf{Z}_t')$是非奇异的。

根据柯西—施瓦茨不等式，由(ii′.a)和(ii′.b)一起推出了(iv.a)。

我们证明了 $\mathbf{Z}'\mathbf{Z}/n \xrightarrow{p} \mathbf{L}$ 和 $\tilde{\sigma}_n^2 \xrightarrow{p} \sigma_o^2$。给定(ii)，$\{\mathbf{Z}_t\mathbf{Z}_t'\}$是独立同分布序列，所以根据定理 3.1 和定理 2.24 可得，(ii′.a) $\mathbf{Z}'\mathbf{Z}/n=n^{-1}\sum_{t=1}^n \mathbf{Z}_t\mathbf{Z}_t' \xrightarrow{p} \mathbf{L}$。接下来考虑

$$\begin{aligned}\tilde{\sigma}_n^2 &= n^{-1}(\varepsilon-\mathbf{X}(\tilde{\beta}_{2SLS}-\beta_o))'(\varepsilon-\mathbf{X}(\tilde{\beta}_{2SLS}-\beta_o))\\ &=\varepsilon'\varepsilon/n-2(\tilde{\beta}_{2SLS}-\beta_o)'\mathbf{X}'\varepsilon/n+(\tilde{\beta}_{2SLS}-\beta_o)'(\mathbf{X}'\mathbf{X}/n)(\tilde{\beta}_{2SLS}-\beta_o)\end{aligned}$$

现在 $\tilde{\beta}_{2SLS}-\beta_o \xrightarrow{a.s.} 0$。给定(i′)和(ii′.b)，$\mathbf{X}_t\varepsilon_t$ 的元素存在有限的期望绝对值。因此由定理 3.1 可得，$\mathbf{X}'\varepsilon/n=O_{a.s.}(1)$。类似地，给定(ii′.b)，$\mathbf{X}_t\mathbf{X}_t'$存在有限的期望绝对值。由于$\{\mathbf{X}_t\mathbf{X}_t'\}$是独立同分布序列，根据定理 3.1，$\mathbf{X}'\mathbf{X}/n=O_{a.s.}(1)$。从而由定理 2.24 和引理 2.30 可得

$$2(\tilde{\beta}_{2SLS}-\beta_o)\mathbf{X}'\varepsilon/n \xrightarrow{p} \mathbf{0}$$

和

$$(\tilde{\beta}_{2SLS}-\beta_o)'(\mathbf{X}'\mathbf{X}/n)(\tilde{\beta}_{2SLS}-\beta_o) \xrightarrow{p} \mathbf{0}$$

最后，考虑

$$\varepsilon'\varepsilon/n=n^{-1}\sum_{t=1}^n \varepsilon_t^2$$

现在，给定(ii)，$\{\varepsilon_t^2\}$是一个独立同分布序列，给定(i′)，存在有限的期望绝对值。由定理 3.1 可得，

$$n^{-1}\sum_{t=1}^n \varepsilon_t^2-E(\varepsilon_t^2)=n^{-1}\sum_{t=1}^n \varepsilon_t^2-\sigma_o^2 \xrightarrow{a.s.} 0$$

因此根据引理 2.30，$\hat{\mathbf{V}}_n-\mathbf{V}=\tilde{\sigma}_n^2(\mathbf{Z}'\mathbf{Z}/n)-\sigma_o^2\mathbf{L} \xrightarrow{p} \mathbf{0}$。给定 $\sigma_o^2>0$ 和 $\mathbf{L}$ 非奇异，由引理 2.30 可得

$$\hat{\mathbf{P}}_n-\mathbf{P}=\hat{\mathbf{V}}_n^{-1}-\mathbf{V}^{-1}=(\tilde{\sigma}_n^2(\mathbf{Z}'\mathbf{Z}/n))^{-1}-(\sigma_o^2\mathbf{L})^{-1} \xrightarrow{p} \mathbf{0} \quad \blacksquare$$

习题 5.9

证明:对一个同分布序列$\{Z_t\}$, $E(Z_t)=\mu$, $\text{var}(Z_t)=\sigma^2<\infty$,林德伯格条件减少到

$$\lim_{n\to\infty}\sigma^{-2}\int_{(z-\mu)^2>\varepsilon n\sigma^2}(z-\mu)^2dF(z)=0$$

现在让

$$g_n(z)=(z-\mu)^2 1_{\{(z-\mu)^2\leqslant\varepsilon n\sigma^2\}}(z)$$

那么$\{g_n\}$是一个增函数并且收敛到 $g(z)=(z-\mu)^2$。根据单调收敛定理(参见 Rao, 1973, p.135),交换极限和积分的顺序

$$\begin{aligned}\lim_{n\to\infty}\int_{(z-\mu)^2\leqslant\varepsilon n\sigma^2}(z-\mu)^2dF(z)&=\lim_{n\to\infty}\int_{-\infty}^{\infty}g_n(z)dF(z)\\&=\int_{-\infty}^{\infty}\lim_{n\to\infty}g_n(z)dF(z)\\&=\int_{-\infty}^{\infty}(z-\mu)^2dF(z)=\sigma^2\end{aligned}$$

可得

$$\begin{aligned}&\lim_{n\to\infty}\sigma^{-2}\int_{(z-\mu)^2\leqslant\varepsilon n\sigma^2}(z-\mu)^2dF(z)\\&=\lim_{n\to\infty}\sigma^{-2}\left[\sigma^2-\int_{(z-\mu)^2\leqslant\varepsilon n\sigma^2}(z-\mu)^2dF(z)\right]\\&=\sigma^{-2}\left[\sigma^2-\lim_{n\to\infty}\int_{-\infty}^{\infty}g_n(z)dF(z)\right]\\&=\sigma^{-2}[\sigma^2-\sigma^2]=0\quad\blacksquare\end{aligned}$$

习题 5.12

证明:验证定理 4.25 的条件。为了应用定理 5.11,让 $Z_{nt}\equiv\boldsymbol{\lambda}'\mathbf{V}_n^{-1/2}\mathbf{X}_t'\varepsilon_t$,同时考虑

$$n^{-1/2}\sum_{t=1}^{n}\boldsymbol{\lambda}'\mathbf{V}_n^{-1/2}\mathbf{X}_t\varepsilon_t=n^{-1/2}\sum_{t=1}^{n}Z_{nt}$$

根据引理 3.3,给定(ii),加总项 Z_{nt} 是独立的,由(iii.a)可知均值 $E(Z_{nt})=0$,由(iii.c)可知方差

$$\bar{\sigma}_n^2 \equiv \mathrm{var}(\sqrt{n}\,\mathcal{Z}) = \boldsymbol{\lambda}'\mathbf{V}_n^{-1/2}\mathrm{var}(n^{-1/2}\mathbf{X}'\varepsilon)\mathbf{V}_n^{-1/2}\boldsymbol{\lambda}$$
$$= \boldsymbol{\lambda}'\mathbf{V}_n^{-1/2}\mathbf{V}_n\mathbf{V}_n^{-1/2}\boldsymbol{\lambda} = 1$$

根据(iii.b)，$E|\mathcal{Z}_{nt}|^{2+\delta}$是一致有界的(通过应用闵可夫斯基不等式得到)。因此,对于所有的 $\boldsymbol{\lambda}$，$\boldsymbol{\lambda}'\boldsymbol{\lambda}=1$,

$$n^{-1/2}\sum_{t=1}^{n}\mathcal{Z}_{nt} = n^{-1/2}\sum_{t=1}^{n}\mathbf{V}_n^{-1/2}\mathbf{X}_t\varepsilon_t = \boldsymbol{\lambda}'\mathbf{V}_n^{-1/2}n^{-1/2}\mathbf{X}'\varepsilon \overset{A}{\sim} N(0,\ 1)$$

因此,根据引理 5.1 可得,$\mathbf{V}_n^{-1/2}n^{-1/2}\mathbf{X}'\varepsilon \overset{A}{\sim} N(\mathbf{0},\ \mathbf{I})$。

假设(ii)、(iv.a)和(iv.b)都确保,由推论 3.9 和定理 2.24 得到的 $\mathbf{X}'\mathbf{X}/n - \mathbf{M}_n \xrightarrow{p} \mathbf{0}$ 成立。给定(iv.a)得 $\mathbf{M}_n = O(1)$,给定(iv.b)得一致正定。因为(v)也成立,结果由定理 4.25 得证。■

习题 5.18

证明:下列为渐进正态的充分条件:

(i′) (a) $Y_t = \beta_{o1}Y_{t-1} + \beta_{o2}Y_{t-2} + \varepsilon_t$;

(b) $-1 < \beta_{o2} < 1$

$\beta_{o2} - \beta_{o1} < 1$

$\beta_{o1} + \beta_{o2} < 1$

(ii′) (a)$\{\varepsilon_t\}$是一个平稳遍历序列;

(b) $\{\varepsilon_t,\ \mathcal{F}_t\}$是一个鞅差序列,其中

$$\mathcal{F}_t = \sigma(\cdots,\ \varepsilon_{t-1},\ \varepsilon_t)$$

(iii′) (a) $E(\varepsilon_t^2|\mathcal{F}_{t-1}) = \sigma_o^2 > 0$。

(b) $E|\varepsilon_t|^4 = \Delta < \infty$。

验证定理 5.17 的条件。

(i) 可由(i′)推出;

(ii) 根据定理 3.35,$\{(\mathbf{X}_t',\ \varepsilon_t)\} \equiv \{(Y_{t-1},\ Y_{t-2},\ \varepsilon_t)\}$是一个平稳遍历序列,

(iii.a) (i′.a)中给定的数据生成过程是一个 $AR(2)$时间序列过程,同时条件(i′.b)是常见的平稳性条件,使得多项式 $1-\beta_{o1}z-\beta_{o2}z^2$ 的根落在单位圆外。给定(i′.b),我们可以把 Y_t 看做无限移动平均,$Y_t = \sum_{j=0}^{\infty}c_j\varepsilon_{t-j}$,其中 $c_j = (|\beta_{02}|^{1/2})^j a(j)$和$|a(j)| < \Delta' < \infty$对所有 $j > 0$ 成立(参见 Dhrymes, 1980, pp.394—395)。由$|\beta_{o2}| < 1$ 可得$\sum_{j=0}^{\infty}|c_j| < \infty$。所以,$Y_t$ 是 $\mathcal{F}_t$-可测的,

并且

$$E(Y_{t-1}\varepsilon_t|\mathcal{F}_{t-1})=Y_{t-1}E(E(\varepsilon_t|\mathcal{F}_{t-1}))=0$$
$$E(Y_{t-2}\varepsilon_t|\mathcal{F}_{t-1})=Y_{t-2}E(E(\varepsilon_t|\mathcal{F}_{t-1}))=0$$

给定(ii$'$.a)，$\{\mathbf{X}_t\varepsilon_t, \mathcal{F}_t\}$是一个鞅差序列和混合鞅。因此定理 5.17(iii.a)成立。
(iii.b) 根据柯西—施瓦茨不等式，有 $E|Y_{t-1}\varepsilon_t|^2<(E|Y_{t-1}|^4)^{1/2}(E|\varepsilon_t|^4)^{1/2}$。因此，如果能证明 $E|Y_{t-1}|^4<\infty$，那么就能验证条件(iii.b)。根据闵可夫斯基不等式可得(见习题 3.53)，

$$\begin{aligned}E|Y_t|^4&=E\left|\sum_{j=0}^{\infty}c_j\varepsilon_{t-j}\right|^4\\&\leqslant\left(\sum_{j=0}^{\infty}|c_j|(E|\varepsilon_{t-j}|^4)^{1/4}\right)^4\\&<\Delta\left(\sum_{j=0}^{\infty}|c_j|\right)^4<\infty\end{aligned}$$

(iii.c) 根据鞅差假设和平稳性，如果 $E(Y_{t-1}^2)^2-E(Y_{t-2}Y_{t-1})^2>0$，或者说，如果 $E(Y_t^2)>E(|Y_tY_{t-1}|)$，

$$\begin{aligned}\mathbf{V}_n&=n^{-1}\sum_{t=1}^{n}E(\mathbf{X}_t\varepsilon_t\varepsilon_t\mathbf{X}'_t)=\sigma_o^2E(\mathbf{X}_t\mathbf{X}'_t)\\&=\sigma_o^2\begin{pmatrix}E(Y_{t-1}^2)&E(Y_{t-1}Y_{t-2})\\E(Y_{t-2}Y_{t-1})&E(Y_{t-2}^2)\end{pmatrix}=\sigma_o^2\mathbf{M}\end{aligned}$$

是正定的。现在

$$E(Y_t^2)=\sigma_o^2(1-\beta_{o2})\left[(1+\beta_{o2})(1-\beta_{o2})-\beta_{o1}^2\right]^{-1}$$
$$E(Y_tY_{t-1})=\sigma_o^2\beta_{o1}\left[(1+\beta_{o2})(1-\beta_{o2})-\beta_{o1}^2\right]^{-1}$$

(见 Granger and Newbold，1977，Ch.1)，所以当且仅当$(1-\beta_{o2})>|\beta_{o1}|$时，$E(Y_t^2)>E(|Y_tY_{t-1}|)$成立。(i$'$.b)确保前述成立，故条件成立。
(iv.a) 根据詹森不等式，$E|Y_{t-i}^2|<\infty$可直接由 $E|Y_{t-i}^4|<\Delta$ 得出。
(iv.b) (iii.c)已经证明 $\mathbf{M}$ 是正定的。■

习题 5.19

证明：证明习题 4.26 的条件。证明

$$\mathbf{V}_n^{-1/2}n^{-1/2}\mathbf{Z}'\varepsilon\overset{A}{\sim}N(\mathbf{0},\mathbf{I})$$

跟证明定理 5.17 中

$$\mathbf{V}_n^{-1/2} n^{-1/2} \mathbf{X}'\varepsilon \overset{A}{\sim} N(\mathbf{0}, \mathbf{I})$$

时用 **Z** 替换 **X** 是完全类似的。接下来，给定(ii)、(iv.a)和(iv.b)，由遍历定理(定理 3.34)可以得到 $\mathbf{Z}'\mathbf{X}/n - \mathbf{Q} \xrightarrow{p} \mathbf{0}$，其中 **Q** 是有限矩阵且列满秩。因满足习题 4.26 的条件，可以得到

$$\mathbf{D}_n^{-1/2} \sqrt{n} (\tilde{\beta}_n - \beta_0) \overset{A}{\sim} N(\mathbf{0}, \mathbf{I})$$

其中，

$$\mathbf{D}_n \equiv (\mathbf{Q}'\mathbf{P}\mathbf{Q})^{-1} \mathbf{Q}'\mathbf{P}\mathbf{V}_n \mathbf{P}\mathbf{Q}(\mathbf{Q}'\mathbf{P}\mathbf{Q})^{-1}$$

因为 $\mathbf{D}_n - \mathbf{D} \to \mathbf{0}$，根据引理 4.6 可以得到

$$\begin{aligned} &\mathbf{D}^{-1/2}\sqrt{n}(\tilde{\beta}_n - \beta_0) - \mathbf{D}_n^{-1/2}\sqrt{n}(\tilde{\beta}_n - \beta_0) \\ &= (\mathbf{D}^{-1/2}\mathbf{D}_n^{-1/2} - \mathbf{I})\mathbf{D}_n^{-1/2}\sqrt{n}(\tilde{\beta}_n - \beta_0) \xrightarrow{p} \mathbf{0} \end{aligned}$$

因此，根据引理 4.7，可以得到 $\mathbf{D}^{-1/2}\sqrt{n}(\tilde{\beta}_n - \beta_0) \overset{A}{\sim} N(\mathbf{0}, \mathbf{I})$。■

习题 5.21

证明：证明习题 4.25 的条件。首先根据定理 5.20 和命题 5.1 证明 $\mathbf{V}_n^{-1/2} n^{-1/2} \mathbf{X}'\varepsilon \overset{A}{\sim} N(\mathbf{0}, \mathbf{I})$。考虑

$$\boldsymbol{\lambda}'\mathbf{V}_n^{-1/2} n^{-1/2} \mathbf{X}'\varepsilon = n^{-1/2} \sum_{t=1}^{n} \boldsymbol{\lambda}'\mathbf{V}_n^{-1/2} \mathbf{X}_t \varepsilon_t$$

根据定理 3.49，给定(ii)，$\{\boldsymbol{\lambda}'\mathbf{V}_n^{-1/2}\mathbf{X}_t\varepsilon_t\}$是一个混合序列，其中要么其系数 ϕ 的尺度为 $-r/(2r-1)$，$r>2$，要么其系数 α 的尺度为 $-r/(r-2)$，$r>2$。进一步，给定(iii.a)，$E(\boldsymbol{\lambda}'\mathbf{V}_n^{-1/2}\mathbf{X}_t\varepsilon_t)=0$，并根据闵可夫斯基不等式，给定(iii.b)，存在 $\delta>0$，对于任意给定的 t，下式成立

$$E(|\boldsymbol{\lambda}'\mathbf{V}_n^{-1/2}\mathbf{X}_t\varepsilon_t|^{r+\delta}) < \Delta < \infty$$

根据定理 5.20，对于所有的 $\boldsymbol{\lambda}$，$\boldsymbol{\lambda}'\boldsymbol{\lambda}=1$，可以得到

$$n^{-1/2} \sum_{t=1}^{n} \boldsymbol{\lambda}'\mathbf{V}_n^{-1/2} \mathbf{X}_t \varepsilon_t = \boldsymbol{\lambda}'\mathbf{V}_n^{-1/2} n^{-1/2} \mathbf{X}'\varepsilon \overset{A}{\sim} N(\mathbf{0}, \mathbf{I})$$

因此，根据命题 5.1，$\mathbf{V}_n^{-1/2} n^{-1/2} \mathbf{X}'\varepsilon \overset{A}{\sim} N(\mathbf{0}, \mathbf{I})$，从而定理 4.25(ii)成立。

然后，根据推论 3.48 和定理 2.24，给定(iv.a)，$\mathbf{X}'\mathbf{X}/n-\mathbf{M}_n \xrightarrow{p} \mathbf{0}$。给定(iv.a)，得到 $\mathbf{M}_n=O(1)$，并且给定(iv.b)，对于所有足够大的 n，可以得到 $\det(\mathbf{M}_n)>\delta>0$。因此，满足定理 4.25 的条件，结论成立。■

习题 5.22

证明：以下条件是渐近正态的充分条件：

(i′) (a) $\mathbf{Y}_t=\beta_{o1}\mathbf{Y}_{t-1}+\beta_{o2}\mathbf{W}_t+\varepsilon_t$；

(b) $|\beta_{o1}|<1$，$|\beta_{o2}|<\infty$；

(ii′) $\{\mathbf{Y}_t\}$是一个混合序列，其中其系数 ϕ 的尺度为 $-r/2(r-1)$，$r>2$，或 α 的大小为 $-r/(r-2)$，$r>2$；$\{\mathbf{W}_t\}$是有界非随机序列；

(iii′) (a) $E(\varepsilon_t|\mathcal{F}_{t-1})=0$，$\mathbf{t}=1, 2, \cdots$，其中 $\mathcal{F}_{t-1}=\sigma(\mathbf{Y}_t, \mathbf{Y}_{t-1}, \cdots)$；

(b) $E|\varepsilon_t|^{2r}<\Delta<\infty$，$\mathbf{t}=1, 2, \cdots$；

(c) $\mathbf{V}_n\equiv \mathrm{var}(n^{-1/2}\sum_{t=1}^n \mathbf{X}_t\epsilon_t)$是一致正定的，其中 $\mathbf{X}_t\equiv(\mathbf{Y}_{t-1}, \mathbf{W}_t)$；

(iv′) (a) 对于所有足够大的 n，可以得到 $\mathbf{M}_n\equiv E(\mathbf{X}'\mathbf{X}/n)$，$\det(\mathbf{M}_n)>\delta>0$。

证明习题 5.21 的条件。因 $\varepsilon_t=Y_t-\beta_{o1}Y_{t-1}-\beta_{o2}W_t$，根据定理 3.49，给定(ii′)，$\{(\mathbf{X}_t, \varepsilon_t)\}=\{(Y_{t-1}, W_t, \varepsilon_t)\}$是一个混合序列，其中要么其系数 ϕ 的尺度为 $-r/2(r-1)$，$r>2$，要么其系数 α 的尺度为 $-r/(r-2)$，$r>2$。因此，习题 5.21 的条件(ii)得到满足。

接下来考虑条件(iii)。给定(iii′.a)，$E(W_t\varepsilon_t)=W_tE(\varepsilon_t)=0$。同样地，通过重复替换，我们可以把 Y_t 表示为

$$Y_t=\beta_{o2}\sum_{j=0}^{\infty}\beta_{o1}^jW_{t-j}+\sum_{j=0}^{\infty}\beta_{o1}^j\varepsilon_{t-j}$$

根据命题 3.52，给定条件(iii′.a)和(iii′.c)，$E(Y_{t-1}\varepsilon_t)=0$。因此，$E(\mathbf{X}_t\varepsilon_t)=(E(Y_{t-1}\varepsilon_t), E(W_t\varepsilon_t))'=0$，从而满足条件(iii.a)。至于条件(iii.b)，给定(iii′.b)，可以得到 $E|W_t\varepsilon_t|^r=\Delta'E|\varepsilon_t|^r<\Delta'\Delta<\infty$，其中$|W_t|<\Delta'<\infty$。根据柯西—施瓦茨不等式，可以得到

$$E|Y_{t-1}\varepsilon_t|^r<(E|Y_{t-1}|^{2r})^{1/2}(E\ |\varepsilon_t|^{2r})^{1/2}$$

给定(iii′.b)，因为 $E|\varepsilon_t|^{2r}<\Delta<\infty$，我们还需要证明 $E|\mathbf{Y}_t|^{2r}<\infty$，应用闵可夫斯基不等式(见习题 3.53)，当且仅当$|\beta_{o1}|<1$，

$$E|Y_t|^{2r}=E\Big(\beta_{o2}\sum_{j=0}^{\infty}\beta_{o1}^{j}W_{t-j}+\sum_{j=0}^{\infty}\beta_{o1}^{j}\varepsilon_{t-j}\Big)^{2r}$$

$$\leqslant\Big(|\beta_{o2}|\sum_{j=0}^{\infty}|\beta_{o1}^{j}||W_{t-j}|+\sum_{j=0}^{\infty}|\beta_{o1}^{j}|(E|\varepsilon_{t-j}|^{2r})^{1/(2r)}\Big)^{2r}$$

$$<\Big(|\beta_{o2}|\Delta'+\Delta^{1/(2r)}\sum_{j=0}^{\infty}|\beta_{o1}^{j}|\Big)^{2r}<\infty$$

成立。因此，给定(i′)和(iv′.a)，$E|Y_{t-1}\varepsilon_t|^r<\infty$，条件(iii.b)得到满足。接下来，对条件5.21(iii.c)施加5.22(iii′.c)的条件。我们仍需证明5.21(iv.a)的条件。现在给定(iv.a)，$E|W_t^2|^r=|W_t|^{2r}<\Delta'^{2r}$和已经证明的$E|Y_t^2|^{r/2}<\infty$，因此习题5.21的所有条件都得到满足，$(\beta_{o1},\beta_{o2})$的OLS估计是一致且渐近正态的。■

习题 5.27

证明：首先运用推论5.26和命题5.1证明

$$\mathbf{V}_n^{-1/2}n^{-1/2}\mathbf{Z}'\varepsilon\overset{A}{\sim}N(\mathbf{0},\mathbf{I})$$

给定(iii′.a)，$\{\mathbf{Z}_t\varepsilon_t\}$是一个鞅差序列，根据(iii′.b)，$\mathrm{var}(n^{-1/2}\mathbf{Z}'\varepsilon)=\mathbf{V}_n$是有限的，并且在给定(iii′.c)时，对于所有足够大的n，$\det(\mathbf{V}_n)>\delta>0$均成立。因此，考虑

$$\boldsymbol{\lambda}'\mathbf{V}_n^{-1/2}n^{-1/2}\mathbf{Z}'\varepsilon=n^{-1/2}\sum_{t=1}^{n}\boldsymbol{\lambda}'\mathbf{V}_n^{-1/2}\mathbf{Z}_t\varepsilon_t$$

由于

$$\boldsymbol{\lambda}'\mathbf{V}_n^{-1/2}\mathbf{Z}_t\varepsilon_t=\sum_{h=1}^{p}\sum_{i=1}^{k}\tilde{\lambda}_{in}Z_{thi}\varepsilon_{th}$$

在给定(iii.a)下，$E(Z_{thi}\varepsilon_{th}|\mathcal{F}_{t-1})=0$，条件期望的可加性表明

$$E(\boldsymbol{\lambda}'\mathbf{V}_n^{-1/2}\mathbf{Z}_t\varepsilon_t|\mathcal{F}_{t-1})=\sum_{h=1}^{p}\sum_{i=1}^{k}\tilde{\lambda}_{in}E(Z_{thi}\varepsilon_{th}|\mathcal{F}_{t-1})=0$$

给定(iii′.b)，应用闵可夫斯基不等式，可以得到

$$E|\boldsymbol{\lambda}'\mathbf{V}_n^{-1/2}\mathbf{Z}_t\varepsilon_t|^r=E\Big|\sum_{h=1}^{p}\sum_{i=1}^{k}\tilde{\lambda}_{in}Z_{thi}\varepsilon_{th}\Big|$$

$$\leqslant\Big[\sum_{h=1}^{p}\sum_{i=1}^{k}\tilde{\lambda}_{in}(E|Z_{thi}\varepsilon_{th}|^r)^{(1/r)}\Big]^r$$

$$<\left[\Delta\sum_{h=1}^{p}\sum_{i=1}^{k}\Delta^{1/r}\right]^{r}<\infty$$

此外，对于所有足够大的 n，

$$\begin{aligned}\bar{\sigma}_n^2 &= \mathrm{var}(\boldsymbol{\lambda}'\mathbf{V}_n^{-1/2}n^{-1/2}\mathbf{Z}'\varepsilon)\\ &= \boldsymbol{\lambda}'\mathbf{V}_n^{-1/2}\mathrm{var}(n^{-1/2}\mathbf{Z}'\varepsilon)\mathbf{V}_n^{-1/2}\boldsymbol{\lambda}=1\end{aligned}$$

接下来，考虑

$$n^{-1}\sum_{t=1}^{n}\boldsymbol{\lambda}'\mathbf{V}_n^{-1/2}\mathbf{Z}_t\varepsilon_t\varepsilon_t'\mathbf{Z}_t'\mathbf{V}_n^{-1/2}\boldsymbol{\lambda}$$

由于 $\{\mathbf{Z}_t\varepsilon_t\varepsilon_t'\mathbf{Z}_t'\}$ 是一个混合序列，要么 ϕ 的尺度为 $-r/2(r-1)$，$r>2$，要么 α 的尺度为 $-r/(r-2)$，$r>2$，给定(iii$'$.b)，由定理 3.49 可以推出 $n^{-1}\sum_{t=1}^{n}\mathbf{Z}_t\varepsilon_t\varepsilon_t'\mathbf{Z}_t'-\mathbf{V}_n\xrightarrow{p}\mathbf{0}$。据命题 2.30，

$$\begin{aligned}&n^{-1}\sum_{t=1}^{n}\boldsymbol{\lambda}'\mathbf{V}_n^{-1/2}\mathbf{Z}_t\varepsilon_t\varepsilon_t'\mathbf{Z}_t'\mathbf{V}_n^{-1/2}\boldsymbol{\lambda}-\boldsymbol{\lambda}'\mathbf{V}_n^{-1/2}\mathbf{V}_n\mathbf{V}_n^{-1/2}\boldsymbol{\lambda}\\ &=n^{-1}\sum_{t=1}^{n}\boldsymbol{\lambda}'\mathbf{V}_n^{-1/2}\mathbf{Z}_t\varepsilon_t\varepsilon_t'\mathbf{Z}_t'\mathbf{V}_n^{-1/2}\boldsymbol{\lambda}-1\xrightarrow{p}0\end{aligned}$$

因此，序列 $\{\boldsymbol{\lambda}'\mathbf{V}_n^{-1/2}\mathbf{Z}_t\varepsilon_t\}$ 满足推论 5.26 的条件，可以得到 $\boldsymbol{\lambda}\mathbf{V}_n^{-1/2}n^{-1/2}\sum_{t=1}^{n}\mathbf{Z}_t\varepsilon_t=\boldsymbol{\lambda}'V_n^{-1/2}n^{-1/2}\mathbf{Z}'\varepsilon\overset{A}{\sim}N(0,1)$。根据命题 5.1，$\mathbf{V}_n^{-1/2}n^{-1/2}\mathbf{Z}'\varepsilon\overset{A}{\sim}N(\mathbf{0},\mathbf{I})$。

现在，给定(ii$'$)、(iv.a)和(iv.b)，由推论 3.48 和定理 2.24 可以得到 $\mathbf{Z}'\mathbf{X}/n-\mathbf{Q}_n\xrightarrow{p}\mathbf{0}$。其余结论和之前的类似。■

习题 6.2

证明：满足以下条件：

(i) $\mathbf{Y}_t=\mathbf{X}'t\beta_o+\varepsilon_t$，$t=1,2,\cdots,\beta_o\in\mathbb{R}^k$；

(ii) $\{(\mathbf{Z}_t',\mathbf{X}_t',\varepsilon_t)\}$ 是一个混合序列，要么其系数 ϕ 的尺度为 $-r/2(r-1)$，$r>2$，要么其系数 α 的尺度为 $-r/(r-2)$，$r>2$；

(iii) (a) 对所有的 t，$E(Z_{tgi}\varepsilon_{th}|\mathcal{F}_{t-1})=0$ 均成立，其中 $\{\mathcal{F}_t\}$ 为 $\{Z_{tgi}\varepsilon_{th}\}$，其中 $g,h=1,\cdots,p$，$i=1,\cdots,l$；

(b) 存在 $\delta>0$，$g,h=1,\cdots,p$，$i=1,\cdots,l$，对所有的 t，$E|Z_{tgi}\varepsilon_{th}|^{r+\delta}<\Delta<\infty$ 和 $E|\varepsilon_{th}|^{r+\delta}<\Delta<\infty$ 均成立；

(c) $E(\varepsilon_t\varepsilon_t'|\mathbf{Z}_t)=\sigma_o^2\mathbf{I}_p$，$t=1,\cdots,n$；

(iv) (a) 存在 $\delta>0$, $h=1, \cdots, p$, $i=1, \cdots, l$, $j=1, \cdots k$,对所有的 t, $E|Z_{thi}|^{r+\delta}<\Delta<\infty$ 和 $E|X_{thj}|^{r+\delta}<\Delta<\infty$ 均成立；

(b) 对所有足够大的 n, $\mathbf{Q}_n \equiv E(\mathbf{Z}'\mathbf{X}/n)$ 一致列满秩；

(c) 对所有足够大的 n, $\mathbf{L}_n \equiv E(\mathbf{Z}'\mathbf{Z}/n)$, $\det(\mathbf{L}_n)>\delta>0$。

给定条件(i)至(iv),根据习题(4.47),渐近有效估计量为

$$\tilde{\beta}_n=\tilde{\beta}_{2SLS}=(\mathbf{X}'\mathbf{Z}(\mathbf{Z}'\mathbf{Z})^{-1}\mathbf{Z}'\mathbf{X})^{-1}\mathbf{X}'\mathbf{Z}(\mathbf{Z}'\mathbf{Z})^{-1}\mathbf{Z}'\mathbf{Y}$$

首先考虑 $\mathbf{Z}'\mathbf{Z}/n$。根据命题 3.50, $\{\mathbf{Z}_t\mathbf{Z}_t'\}$ 是一个与 $\{(\mathbf{Z}_t', \mathbf{X}_t', \varepsilon_t)\}$ 大小相同的混合序列。因此,根据推论 3.48,给定(iv.a), $\mathbf{Z}'\mathbf{Z}/n-\mathbf{L}_n=n^{-1}\sum_{t=1}^n \mathbf{Z}_t\mathbf{Z}_t'-n^{-1}\sum_{t=1}^n E(\mathbf{Z}_t\mathbf{Z}_t')\xrightarrow{a.s.}\mathbf{0}$,根据定理 2.24, $\mathbf{Z}'\mathbf{Z}/n-\mathbf{L}_n\xrightarrow{p}\mathbf{0}$。

接着考虑

$$\begin{aligned}\tilde{\sigma}_n^2 &\equiv(np)^{-1}(\mathbf{Y}-\mathbf{X}\tilde{\beta}_n)'(\mathbf{Y}-\mathbf{X}\tilde{\beta}_n)\\ &=(\varepsilon-\mathbf{X}(\tilde{\beta}_n-\beta_o))'(\varepsilon-\mathbf{X}(\tilde{\beta}_n-\beta_o))/(np)\\ &=\varepsilon'\varepsilon/(np)-2(\tilde{\beta}_n-\beta_o)'\mathbf{X}'\varepsilon/(np)\\ &\quad+(\tilde{\beta}_n-\beta_o)'(\mathbf{X}'\mathbf{X}/n)(\tilde{\beta}_n-\beta_o)/p\end{aligned}$$

由于习题 3.79 的条件已满足,可以得到 $\tilde{\beta}_n-\beta_o\xrightarrow{a.s.}\mathbf{0}$。给定(ii)、(iiii.b)和(iv.a),由推论 3.48,可以得到 $\mathbf{X}'\varepsilon/n=O_{a.s.}(1)$。因此由习题 2.22 和定理 2.24 得到 $(\tilde{\beta}_n-\beta_o)\mathbf{X}'\varepsilon/n\xrightarrow{p}\mathbf{0}$。同样, $\{\mathbf{X}_t\mathbf{X}_t'\}$ 是一个大小在(ii)中给定的混合序列,给定(iv.a),其元素满足推论 3.48 的矩条件,由此可推出 $\mathbf{X}'\mathbf{X}/n=O_{a.s.}(1)$,进而 $(\tilde{\beta}_n-\beta_o)'(\mathbf{X}'\mathbf{X}/n)(\tilde{\beta}_n-\beta_o)\xrightarrow{p}0$。最后考虑

$$\varepsilon'\varepsilon/(np)=p^{-1}\sum_{h=1}^{p}n^{-1}\sum_{t=1}^{n}\varepsilon_{th}^2$$

现在对所有的 $h=1, \cdots, p$, $\{\varepsilon_{th}^2\}$ 是一个混合序列,要么其系数 ϕ 的尺度为 $-r/2(r-1)$, $r>2$,要么其系数 α 的尺度为 $-r/(r-2)$, $r>2$。给定(iii.b), $\{\varepsilon_{th}^2\}$ 满足推论 3.48 的矩条件,给定(iii.c),可以得到 $E(\varepsilon_{th}^2)=\sigma_o^2$,进而推出

$$n^{-1}\sum_{t=1}^{n}\varepsilon_{th}^2-n^{-1}\sum_{t=1}^{n}E(\varepsilon_{th}^2)=n^{-1}\sum_{t=1}^{n}\varepsilon_{th}^2-\sigma_o^2\xrightarrow{p}0$$

因此, $\varepsilon'\varepsilon/(np)\xrightarrow{p}\sigma_o^2$,根据习题 2.35,可以推出 $\tilde{\sigma}_n^2\xrightarrow{p}\sigma_o^2$。■

习题 6.6

证明：这个证明类似于定理 6.3。为简单起见，考虑 $p=1$ 的情况，将 $\hat{\mathbf{V}}_n-\mathbf{V}_n$ 分解如下：

$$\hat{\mathbf{V}}_n-\mathbf{V}_n=n^{-1}\sum_{t=1}^{n}\varepsilon_t^2\mathbf{Z}_t\mathbf{Z}_t'-n^{-1}\sum_{t=1}^{n}E(\varepsilon_t^2\mathbf{Z}_t\mathbf{Z}_t')$$
$$-2n^{-1}\sum_{t=1}^{n}(\tilde{\beta}_n-\beta_o)'\mathbf{X}_t'\varepsilon_t\mathbf{Z}_t\mathbf{Z}_t'$$
$$+n^{-1}\sum_{t=1}^{n}(\tilde{\beta}_n-\beta_o)'\mathbf{X}_t\mathbf{X}_t'(\tilde{\beta}_n-\beta_o)\mathbf{Z}_t\mathbf{Z}_t'$$

给定(ii)，$\{\varepsilon_t^2\mathbf{Z}_t\mathbf{Z}_t'\}$是一个要么其系数 ϕ 的尺度为$-r/(2r-1)$，$r>1$，要么其系数 α 的尺度为$-r/(r-1)$，$r>1$ 的混合序列，给定(iii.b)，其元素满足推论 3.48 的矩条件。因此

$$n^{-1}\sum_{t=1}^{n}\varepsilon_t^2\mathbf{Z}_t\mathbf{Z}_t'-n^{-1}\sum_{t=1}^{n}E(\varepsilon_t^2\mathbf{Z}_t\mathbf{Z}_t')\xrightarrow{p}\mathbf{0}$$

使用混合序列的结论代替平稳遍历序列的结论，类似定理 6.3，可以得到其余的项依概率收敛于零。比如，根据柯西—施瓦茨不等式，给定(iii.b)和(iv.a)，可以得到

$$E|X_{t\kappa}Z_{ti}Z_{tj}\varepsilon_t|^{r+\delta}<(E|X_{t\kappa}Z_{ti}|^{2(r+\delta)})^{1/2}(E|Z_{tj}\varepsilon_t|^{2(r+\delta)})^{1/2}<\Delta<\infty$$

由于$\{X_{t\kappa}Z_{ti}Z_{tj}\varepsilon_t\}$是一个大小在(ii)中给定的混合序列，满足推论 3.48 的矩条件，所以可以推出

$$n^{-1}\sum_{t=1}^{n}X_{t\kappa}Z_{ti}Z_{tj}\varepsilon_t-n^{-1}\sum_{t=1}^{n}E(X_{t\kappa}Z_{ti}Z_{tj}\varepsilon_t)\xrightarrow{p}0$$

由于在给定的条件下，$\tilde{\beta}_n-\beta_o\xrightarrow{p}\mathbf{0}$，据习题 2.35 可以推出

$$n^{-1}\sum_{t=1}^{n}(\tilde{\beta}_n-\beta_o)'\mathbf{X}_t\varepsilon_t\mathbf{Z}_t\mathbf{Z}_t'\xrightarrow{p}\mathbf{0}$$

最后，考虑第三项。柯西—施瓦茨不等式给出 $E|X_{t\kappa}X_{t\lambda}Z_{ti}Z_{tj}|^{r+\delta}<\infty$，因此据推论 3.48，可以得到

$$n^{-1}\sum_{t=1}^{n}X_{t\kappa}X_{t\lambda}Z_{ti}Z_{tj}-n^{-1}\sum_{t=1}^{n}E(X_{t\kappa}X_{t\lambda}Z_{ti}Z_{tj})\xrightarrow{p}0$$

因此,第三项依概率消失,由习题 2.35 可以得到 $\hat{\mathbf{V}}_n-\mathbf{V}_n \xrightarrow{p} \mathbf{0}$。■

习题 6.7

证明:该证明可从习题 5.27 和习题 6.6 直接得证。■

习题 6.8

证明:条件(i)至(iv)确保习题 6.6 对 $\tilde{\beta}_n$ 和 $\hat{\mathbf{V}}_n-\mathbf{V}_n \xrightarrow{p} \mathbf{0}$ 成立。在习题 6.7 中设 $\hat{\mathbf{P}}_n=\mathbf{V}_n^{-1}$,则 $\mathbf{P}_n=\mathbf{V}_n^{-1}$,结论成立。■

习题 6.12

证明:恰如定理 6.9 的证明,

$$
\begin{aligned}
&(n-\tau)^{-1}\sum_{t=\tau+1}^{n}\mathbf{Z}_t\varepsilon_t\varepsilon_{t-\tau}\mathbf{Z}'_{t-\tau}-E(\mathbf{Z}_t\varepsilon_t\varepsilon_{t-\tau}\mathbf{Z}'_{t-\tau})\\
&-(n-\tau)^{-1}\sum_{t=\tau+1}^{n}\mathbf{Z}_t\mathbf{X}'_t(\tilde{\beta}_n-\beta_o)\varepsilon_{t-\tau}\mathbf{Z}'_{t-\tau}\\
&-(n-\tau)^{-1}\sum_{t=\tau+1}^{n}\mathbf{Z}_t\varepsilon_t(\tilde{\beta}_n-\beta_o)'\mathbf{X}_{t-\tau}\mathbf{Z}'_{t-\tau}\\
&+(n-\tau)^{-1}\sum_{t=\tau+1}^{n}\mathbf{Z}_t\mathbf{X}'_t(\tilde{\beta}_n-\beta_o)(\tilde{\beta}_n-\beta_o)'\mathbf{X}_{t-\tau}\mathbf{Z}'_{t-\tau}
\end{aligned}
$$

所有的项依概率收敛于零。需要注意的是,定理 3.49 保证了加总项是(ii)中给定大小的混合序列,柯西—施瓦茨不等式可被用来证明推论 3.48 的矩条件。例如,给定(ii),$\{\mathbf{Z}_t\varepsilon_t\varepsilon_{t-\tau}\mathbf{Z}'_{t-\tau}\}$ 是一个要么 ϕ 的尺度为 $-r/(2r-2)$,$r>2$,要么 α 的尺度为 $-r/(r-2)$,$r>2$ 的混合序列,给定(iii.b),其元素满足推论 3.48 的矩条件。

因此,

$$
(n-\tau)^{-1}\sum_{t=\tau+1}^{n}\mathbf{Z}_t\varepsilon_t\varepsilon_{t-\tau}\mathbf{Z}'_{t-\tau}-(n-\tau)^{-1}\sum_{t=\tau+1}^{n}E(\mathbf{Z}_t\varepsilon_t\varepsilon_{t-\tau}\mathbf{Z}'_{t-\tau})\xrightarrow{p}\mathbf{0}
$$

类似于定理 6.3,其余的项可以被证明依概率收敛于零。■

习题 6.13

证明:该证明可从习题 5.22 和习题 6.12 直接得证。■

习题 6.14

证明:条件(i)至(iv)确保习题 6.12 对 $\tilde{\beta}_n$ 和 $\hat{\mathbf{V}}_n-\mathbf{V}_n\xrightarrow{p}\mathbf{0}$ 成立。在习题 6.13 中设 $\hat{\mathbf{P}}_n=\hat{\mathbf{V}}_n^{-1}$,则 $\mathbf{P}_n=\mathbf{V}_n^{-1}$,结论成立。■

习题 6.15

证明:在定理 6.9 或习题 6.12 的条件下,$\hat{\mathbf{V}}_n-\mathbf{V}_n\xrightarrow{p}\mathbf{0}$ 成立,所以当 $\tilde{\mathbf{V}}_n-\hat{\mathbf{V}}_n\xrightarrow{p}\mathbf{0}$ 时,结论成立。现在

$$\tilde{\mathbf{V}}_n-\hat{\mathbf{V}}_n=\sum_{\tau=1}^{m}(w_{n\tau}-1)n^{-1}\sum_{t=\tau+1}^{n}\mathbf{Z}\tilde{\varepsilon}_t\tilde{\varepsilon}'_{t-\tau}\mathbf{Z}'_{t-\tau}+\mathbf{Z}_{t-\tau}\tilde{\varepsilon}_{t-\tau}\tilde{\varepsilon}'_t\mathbf{Z}'_t$$

因为对于每个 $\tau=1,\cdots,m$,都有

$$n^{-1}\sum_{t=\tau+1}^{n}\mathbf{Z}_t\tilde{\varepsilon}_t\tilde{\varepsilon}'_{t-\tau}\mathbf{Z}'_{t-\tau}+\mathbf{Z}_{t-\tau}\tilde{\varepsilon}_{t-\tau}\tilde{\varepsilon}'_t\mathbf{Z}'_t=O_p(1)$$

由于 $w_{n\tau}\xrightarrow{p}1$,所以

$$\tilde{\mathbf{V}}_n-\hat{\mathbf{V}}_n=\sum_{\tau=1}^{m}(w_{n\tau}-1)O_p(1)$$
$$=\sum_{\tau=1}^{m}o_p(1)O_p(1)=o_p(1)\quad ■$$

习题 7.2

证明:由于 $\mathcal{X}_t=\mathcal{X}_0+\sum_{s=1}^{n}\mathcal{Z}_s$,根据任意 r 不等于 s, $\mathcal{Z}_r$ 和 $\mathcal{Z}_s$ 是互相独立的,可以推出

$$E(\mathcal{X}_t)=E\left(\mathcal{X}_0+\sum_{s=1}^{t}\mathcal{Z}_s\right)$$
$$=0+\sum_{s=1}^{t}E(\mathcal{Z}_s)=0$$

和

$$\operatorname{var}(\mathcal{X}_t)=\operatorname{var}\left(\mathcal{X}_0+\sum_{s=1}^{t}\mathbf{Z}_s\right)$$
$$=0+\sum_{s=1}^{t}\operatorname{var}(\mathcal{Z}_s)=t\sigma^2\ ■$$

习题 7.3

证明:注意

$$\mathcal{X}_{t_4}-\mathcal{X}_{t_3}=\mathcal{Z}_{t_4}+\mathcal{Z}_{t_4-1}+\cdots+\mathcal{Z}_{t_3+1}$$
$$\mathcal{X}_{t_2}-\mathcal{X}_{t_1}=\mathcal{Z}_{t_2}+\mathcal{Z}_{t_2-1}+\cdots+\mathcal{Z}_{t_1+1}$$

由于$(\mathcal{Z}_{t_1+1},\cdots,\mathcal{Z}_{t_2})$与$(\mathcal{Z}_{t_3+1},\cdots,\mathcal{Z}_{t_4})$是独立的,根据命题 3.2(ii),可以推出 $\mathcal{X}_{t_4}-\mathcal{X}_{t_3}$和 $\mathcal{X}_{t_2}-\mathcal{X}_{t_1}$是独立的。■

习题 7.4

证明:根据定义,

$$\begin{aligned}\mathcal{W}_n(b)-\mathcal{W}_n(a)&=n^{-1/2}\sum_{t=[na]+1}^{[nb]}\mathcal{Z}_t\\&=n^{-1/2}([nb]-[na])^{1/2}\\&\quad\times([nb]-[na])^{-1/2}\sum_{t=[na]+1}^{[nb]}\mathcal{Z}_t\end{aligned}$$

根据 CLT,最后一项为$([nb]-[na])^{-1/2}\sum_{t=[na]+1}^{[nb]}\mathcal{Z}_t\xrightarrow{d}N(0,1)$,当 $n\to\infty$时,$n^{-1/2}([nb]-[na])^{1/2}=(([nb]-[na])/n)^{1/2}\to(b-a)^{1/2}$。因此,$\mathcal{W}_n(b)-\mathcal{W}_n(a)\xrightarrow{d}N(0,b-a)$。■

习题 7.22

证明:(i) 设$\mathcal{U}\in C$,且$\mathcal{U}_n$ 是D 中的一个映射序列,使得$\mathcal{U}_n\to\mathcal{U}$,也就是说,当 $n\to\infty$时,$b_n\equiv d_u(\mathcal{U}_n,\mathcal{U})=\sup_{a\in[0,1]}|\mathcal{U}_n(a)-\mathcal{U}(a)|\to0$。
由此可得

$$\begin{aligned}d_u(\mathcal{U}_n^2,\mathcal{U}^2)&=\sup_{a\in[0,1]}|\mathcal{U}_n(a)^2-\mathcal{U}(a)^2|\\&=\sup_{a\in[0,1]}|\mathcal{U}_n(a)-\mathcal{U}(a)||\mathcal{U}_n(a)+\mathcal{U}(a)|\\&\leqslant b_n\sup_{a\in[0,1]}|\mathcal{U}_n(a)+\mathcal{U}(a)|\end{aligned}$$

其中 $b_n\equiv d_u(\mathcal{U}_n,\mathcal{U})$。$\mathcal{U}$的有界性和$b_n\to0$ 意味着对于所有足够大的 n,$\mathcal{U}_n$ 在$[0,1]$上有界。因此,$\sup_{a\in[0,1]}|\mathcal{U}_n(a)+\mathcal{U}(a)|=O(1)$,进而可以推出 $d_u(\mathcal{U}_n^2,\mathcal{U}^2)\to0$,$M_1$ 在$\mathcal{U}$处连续得证。

给定

$$\mathcal{V}(a)=\begin{cases}\text{int}\left(\dfrac{1}{1-\alpha}\right),\text{对于 } 0\leqslant a<1\\ 0, \quad \text{对于 } a=1\end{cases}$$

考虑定义在[0, 1]上的函数。当 $0<a<1/2$ 时,函数值为 1,当 $a=1/2$ 时,函数值为 2,当 $a=2/3$ 时,函数值为 3, 以此类推。显然 $\mathcal{V}(a)$右连续并且处处有左极限,所以 $\mathcal{V}\in D=D[0, 1]$。

接下来,存在 $\varepsilon>0$,定义函数序列 $\mathcal{V}_n(a)=\mathcal{V}(a)+\varepsilon/n$,因此 $\mathcal{V}_n\in D$ 且 $\mathcal{V}_n\to\mathcal{V}$。

因为

$$\begin{aligned}d_u(\mathcal{V}_n^2, \mathcal{V}^2)&=\sup_{a\in[0, 1]}|\mathcal{V}_n(a)^2-\mathcal{V}(a)^2|\\&=\sup_{a\in[0, 1]}|(\mathcal{V}_n(a)-\mathcal{V}(a))(\mathcal{V}_n(a)+\mathcal{V}(a))|\\&=(\varepsilon/n)\sup_{a\in[0, 1]}|\mathcal{V}_n(a)+\mathcal{V}(a)|\end{aligned}$$

对所有 n 都是无穷大,所以可以得到 $\mathcal{V}_n^2\nrightarrow\mathcal{V}^2$。因此,$M_1$ 在 D 中不是处处连续的。

(ii) 令 $\mathcal{U}\in C$,则 $\mathcal{U}$ 是有界的且 $\int_0^1|\mathcal{U}(a)|da<\infty$。设 $\{\mathcal{U}_n\}$ 是 D 中的函数序列,$\mathcal{U}_n\to\mathcal{U}$。定义 $b_n\equiv d_u(\mathcal{U}_n, \mathcal{U})$,则 $b_n\to 0$, $\int_0^1|\mathcal{U}_n(a)|da<\int_0^1|\mathcal{U}(a)|da+b_n$。

因为

$$\begin{aligned}\left|\int_0^1\mathcal{U}_n(a)^2da-\int_0^1\mathcal{U}(a)^2da\right|&\leqslant\int_0^1|\mathcal{U}_n(a)^2-\mathcal{U}(a)^2|da\\&=\int_0^1|\mathcal{U}_n(a)-\mathcal{U}(a)||\mathcal{U}_n(a)+\mathcal{U}(a)|da\\&\leqslant b_n\int_0^1|\mathcal{U}_n(a)+\mathcal{U}(a)|da\\&\leqslant b_n\left(b_n+2\int_0^1|\mathcal{U}(a)|da\right)\to 0\end{aligned}$$

M_2 在 $\mathcal{U}\in C$ 上连续。

(iii) 对于所有的 $a\in[0, 1]$,设 $\mathcal{V}(a)=a$,对于所有的 $0<a<1/n$,设 $\mathcal{V}_n(a)=0$,对于所有的 $a>1/n$,设 $\mathcal{V}_n=\mathcal{V}(a)$。因此,$d_u(\mathcal{V}, \mathcal{V}_n)=1/n$ 和 $\mathcal{V}_n\to\mathcal{V}$; 然而,尽管对所有的 n,$\int_0^1\log(|\mathcal{V}_n(a)|)da=-\infty$,由于 $\int_0^1\log(|\mathcal{V}(a)|)da=-1$, $\int_0^1\log(|\mathcal{V}_n(a)|)da\nrightarrow\int_0^1\log(|\mathcal{V}(a)|)da$,因此,可

以得出 M_3 是不连续的。■

习题 7.23

证明：如果$\{\varepsilon_t\}$满足异质混合 CLT 的条件，且满足全局协方差平稳，则根据定理 7.18，定理 7.21 的(ii)直接成立。由于假设$\{\varepsilon_t\}$是混合的，那么$\{\varepsilon_t^2\}$也是大小相同的混合(见命题 3.50)。由推论 3.48 可知，$n^{-1}\sum_{t=1}^n \varepsilon_t^2 - n^{-1}\sum_{t=1}^n E(\varepsilon_t^2)=o_p(1)$。如果当 $n\to\infty$ 时，$n^{-1}\sum_{t=1}^n E(\varepsilon_t^2)$收敛，则定理 7.21 的(iii)成立。

若要求 $\sigma^2=\tau^2$，就需要 $\lim n^{-1}\sum_{t=2}^n\sum_{s=1}^{t-1}E(\varepsilon_{t-s}\varepsilon_t)=0$。只要满足$\{\varepsilon_t\}$是独立的或$\{\varepsilon_t, \mathcal{F}_t\}$是鞅差序列就足够了。■

习题 7.28

证明：从唐斯克定理和连续映射定理可以推出，$n^{-2}\sum_{t=1}^n X_t^2 \Rightarrow \sigma_1^2\int \mathcal{W}_1(a)^2 da$。唐斯克定理的多元版本表明

$$(n^{-1/2}X_{[na]}, n^{-1/2}Y_{[na]}) \Rightarrow (\sigma_1\mathcal{W}_1(a), \sigma_2\mathcal{W}_2(a))$$

将连续映射定理应用于映射

$$(x, y) \longmapsto \int_0^1 x(a)y(a)da$$

可以得到

$$\begin{aligned} n^{-2}\sum_{t=1}^n X_tY_t &= n^{-1}\sum_{t=1}^n \sigma_1\mathcal{W}_{1n}(a_{t-1})\sigma_2\mathcal{W}_{2n}(a_{t-1}) \\ &= \sigma_1\sigma_2\int_0^1 \mathcal{W}_{1n}(a)\mathcal{W}_{2n}(a)da \\ &\Rightarrow \sigma_1\sigma_2\int_0^1 \mathcal{W}_1(a)\mathcal{W}_2(a)da \end{aligned}$$

因此，

$$\begin{aligned} \hat{\beta}_n &= \left(n^{-2}\sum_{t=1}^n X_t^2\right)^{-1} n^{-2}\sum_{t=1}^n X_tY_t \\ &\Rightarrow \left(\sigma_1^2\int_0^1 \mathcal{W}_1(a)^2 da\right)^{-1}\sigma_1\sigma_2\int_0^1 \mathcal{W}_1(a)\mathcal{W}_2(a)da \\ &= (\sigma_2/\sigma_1)\left(\int_0^1 \mathcal{W}_1(a)^2 da\right)^{-1}\int_0^1 \mathcal{W}_1(a)\mathcal{W}_2(a)da \end{aligned}$$ ■

习题 7.31

证明：由于$\{\eta_t, \varepsilon_t\}$满足定理 7.30 的条件，则

$$(n^{-1/2}X_{[na]}, n^{-1/2}Y_{[na]}) = (\sigma_1\mathcal{W}_{1n}(a_{t-1}), \sigma_2\mathcal{W}_{2n}(a_{t-1})) \Rightarrow (\sigma_1\mathcal{W}_1(a), \sigma_2\mathcal{W}_2(a))$$

其中σ_1^2和σ_2^2是$\boldsymbol{\Sigma}$的对角线元素(由于η_t和ε_t的独立性，非对角线元素为零)。应用连续映射定理，可以得出$\hat{\beta}_n$的极限分布与习题 7.28 中的相同。■

习题 7.43

证明：(i) 如果$\{\boldsymbol{\eta}_t\}$和$\{\varepsilon_t\}$是独立的，那么对于所有的s和t，$E(\boldsymbol{\eta}_s\varepsilon_t')=\mathbf{0}$，所以

$$\begin{aligned}\boldsymbol{\Lambda}_n &\equiv \boldsymbol{\Sigma}_1^{-1/2} n^{-1}\sum_{t=2}^{n}\sum_{s=1}^{t-1}E(\boldsymbol{\eta}_s\varepsilon_t')\boldsymbol{\Sigma}_2^{-1/2'}\\ &=\mathbf{0}\end{aligned}$$

显然$\boldsymbol{\Lambda}_n\to\boldsymbol{\Lambda}=\mathbf{0}$。

(ii) 如果$\boldsymbol{\eta}_t=\varepsilon_{t-1}$，则有

$$\begin{aligned}\boldsymbol{\Lambda}_n &\equiv \boldsymbol{\Sigma}_1^{-1/2} n^{-1}\sum_{t=2}^{n}\sum_{s=1}^{t-1}E(\boldsymbol{\eta}_s\varepsilon_t')\boldsymbol{\Sigma}_2^{-1/2'}\\ &=\boldsymbol{\Sigma}_1^{-1/2} n^{-1}\sum_{t=2}^{n}\sum_{s=1}^{t-1}E(\varepsilon_{s-1}\varepsilon_t')\boldsymbol{\Sigma}_1^{-1/2'}\end{aligned}$$

如果序列$\{\varepsilon_t\}$是协方差平稳的，可定义$\boldsymbol{\rho}_h\equiv E(\varepsilon_t\varepsilon_{t-h}')$，那么

$$\begin{aligned}n^{-1}\sum_{t=2}^{n}\sum_{s=1}^{t-1}E(\varepsilon_{s-1}\varepsilon_t') &= n^{-1}\sum_{t=2}^{n}\sum_{s=2}^{t}E(\varepsilon_{t-s}\varepsilon_t')\\ &=n^{-1}\sum_{t=2}^{n}\sum_{s=2}^{t}\boldsymbol{\rho}_s'\\ &=\sum_{s=2}^{n}\frac{(n+1-s)}{n}\boldsymbol{\rho}_s'\end{aligned}$$

所以

$$\boldsymbol{\Lambda}_n \equiv \boldsymbol{\Sigma}_1^{-1/2}\left(\sum_{s=2}^{n}\frac{(n+1-s)}{n}\boldsymbol{\rho}_s\right)\boldsymbol{\Sigma}_1^{-1/2'} \to \boldsymbol{\Lambda}$$

在这种情况下，

$$\mathbf{\Sigma}_1 = \mathbf{\Sigma}_2 = \lim_{n\to\infty} n^{-1}\sum_{t=1}^{n}\sum_{s=1}^{n}\boldsymbol{\rho}_{t-s} = \boldsymbol{\rho}_0 + \lim_{n\to\infty}\sum_{s=1}^{n-1}\frac{(n-s)}{n}(\boldsymbol{\rho}_s + \boldsymbol{\rho}_s')$$

请注意，当$\{\varepsilon_t\}$是一个变量相互独立的序列时，若对于 $s>1$，$\boldsymbol{\rho}_s=\mathbf{0}$，那么 $\mathrm{var}(\varepsilon_t)=\boldsymbol{\rho}_0=\mathbf{\Sigma}_1$ 和 $\mathbf{\Lambda}=\mathbf{0}$。对于 Johansen(1988，1991)在协整过程的似然分析中假设的 $\eta_t=\varepsilon_t$ 的情况，这仍然是正确的。■

习题 7.44

证明：(a)这是定理 7.21(a)的推论，或者

$$n^{-2}\sum_{t=1}^{n}X_t^2 = \sigma_1^2\int_0^1 \mathcal{W}_{1n}(a)\mathcal{W}_{1n}(a)da \Rightarrow \sigma_1^2\int_0^1 \mathcal{W}_1(a)^2 da$$

(b) 同样地，因为$\{\varepsilon_t\}$和$\{\boldsymbol{\eta}_t\}$是独立的(见习题 7.43)，根据定理 7.42 和 $\mathbf{\Lambda}=0$，可以推出

$$n^{-1}\sum_{t=1}^{n}X_t\varepsilon_t = \sigma_1\int_0^1 \mathcal{W}_{1n}(a)d\mathcal{W}_{2n}(a)\sigma_2 \Rightarrow \sigma_1\sigma_2\int_0^1 \mathcal{W}_1(a)d\mathcal{W}_2(a)$$

(c)

$$n(\hat{\beta}_n - \beta_o) = \left(n^{-2}\sum_{t=1}^{n}X_t^2\right)^{-1}\left(n^{-1}\sum_{t=1}^{n}X_t\varepsilon_t\right)$$

$$\Rightarrow (\sigma_2/\sigma_1)\left[\int_0^1 \mathcal{W}_1(a)da\right]^{-1}\int_0^1 \mathcal{W}_1(a)d\mathcal{W}_2(a)$$

(d) 由(c)可知，$n(\hat{\beta}_n-\beta_o)=O_p(1)$，由习题 2.35 可知，$(\hat{\beta}_n-\beta_o)=n^{-1}n(\hat{\beta}_n-\beta_o)=o_p(1)O_p(1)=o_p(1)$。所以$\hat{\beta}_n \xrightarrow{p} \beta_o$。■

参考文献

Dhrymes, P. (1980). *Econometrics*. Springer-Verlag, New York.

Granger, C. W. J. and P. Newbold(1977). *Forecasting Economic Time Series*. Academic Press, New York.

Johansen, S. (1988). "Statistical Analysis of Cointegration Vectors". *Journal of Economic Dynamics and Control*, 12, 231—254.

(1991). "Estimation and Hypothesis Testing of Cointegration Vectors in Gaussian Vector Autoregressive Models". *Econometrica*, 59, 1551—1580.

Laha, R. G. and V. K. Rohatgi(1979). *Probability Theory*. Wiley, New York.

Rao, C. R. (1973). *Linear Statistical Inference and Its Applications*. Wiley, New York.

上海市版权局著作权合同登记号:图字:09-2023-0540